危害辨識與風險評估

張一岑◎著

Hazard Identification and Risk Assessment

序

　　自從1992年美國職業安全衛生署（OSHA）頒布「製程安全管理法規」（29CFR1910119）後，製程安全管理制度成為國際潮流，普遍為世界各國政府、石油煉製及化工產業所接受。我國行政院勞動部於民國103年12月31日頒布「製程安全評估定期實施辦法」，明文規定石油產品之裂解反應，以製造石化基本原料之工作場所與製造、處置或使用危險物及有害物之工作場所應每五年實施製程安全評估。因此，製程安全評估已成為在石油煉製、石油化學及高危險化學品處理如半導體代工等場所服務的工程師必備的技能。風險危害評估也是工業安全高普考及技師考試的科目之一。

　　本書分為十六章，第一章為導論，介紹安全及風險的基本概念。第二章介紹危害基本觀念及分類。第三章至第九章分別介紹質性（檢核表、初步危害分析、安全稽核及安全複檢）、假設狀況分析、半定量（危害與可操作分析、相對危害排序、失效模式與影響分析等）、故障樹及事件樹等定量方法等。第十章敘述因果分析、人因可靠度分析、蝴蝶結技術、有向圖分析等特殊方法。第十一章探討危害辨識方法的選擇。第十二章至十五章分別介紹風險評估基本概念、影響分析、可能性分析及風險分析等。民國103年，高雄市地下管線爆炸後，管線風險開始受到重視，因此在第十六章介紹應用於地上及地下管線的風險評估方法。

　　本書文字淺顯易懂，除了第十五及十六章風險評估相關章節外，盡量避免公式推導與計算，凡具大學二年級程度者皆可理解。由於每章習題皆收羅過去公職及技師考試試題，因此，本書不僅可作為安全工程師的入門書籍，還可作為準備工業安全技師及高普考的教材。筆者限於能力，僅

能拋磚引玉，未盡善美之處，比比皆是，敬祈學者、專家不吝指正。最後謹向葉忠賢先生、閻富萍小姐及編輯們表達最大的謝意。沒有他們的鼎力協助，本書無法順利出版。

張一岑
民國114年3月
高雄科技大學第一校區

目　錄

序 i

Chapter 1　導論 1

　　壹、危害 2
　　貳、意外 5
　　參、風險 9
　　肆、本質安全 20
　　伍、合理的因應態度（代結論） 27
　　參考文獻 30

Chapter 2　危害辨識 31

　　壹、定義 32
　　貳、危害辨識與風險評估的關係 32
　　參、危害辨識的類型及方法 33
　　肆、危害辨識與法規 36
　　伍、任務 39
　　陸、執行前準備工作 39
　　柒、執行步驟 47
　　捌、危害辨識的限制 51
　　玖、結語 52
　　參考文獻 54

Chapter 3	定性危害辨識方法	55
	壹、前言	56
	貳、檢核表	56
	參、安全稽核	64
	肆、安全複檢	69
	伍、初步危害分析	78
	參考文獻	90
Chapter 4	假設狀況分析	91
	壹、定義	92
	貳、發展歷程	95
	參、適用範圍	96
	肆、適用時機	97
	伍、執行步驟	98
	陸、分析所需時間	102
	柒、優缺點	103
	捌、範例	104
	玖、半計量性假設狀況分析	106
	拾、結構化假設狀況分析	112
	拾壹、假設狀況／檢核表分析	114
	拾貳、結語	115
	參考文獻	118
Chapter 5	危害與可操作性分析	119
	壹、定義	120
	貳、發展歷程	120

參、適用範圍　　　　　　　　　　　　　　　　122

　　　肆、適用時機　　　　　　　　　　　　　　　　122

　　　伍、常用術語　　　　　　　　　　　　　　　　123

　　　陸、執行步驟　　　　　　　　　　　　　　　　125

　　　柒、分析所需時間　　　　　　　　　　　　　　128

　　　捌、優缺點　　　　　　　　　　　　　　　　　128

　　　玖、範例　　　　　　　　　　　　　　　　　　129

　　　拾、以經驗為基礎的危害與可操作性分析　　　　131

　　　拾壹、創意檢核表式的危害與可操作性分析　　　135

　　　拾貳、半計量性危害與可操作性分析　　　　　　136

　　　拾參、結語　　　　　　　　　　　　　　　　　138

　　　參考文獻　　　　　　　　　　　　　　　　　　141

Chapter 6　相對危害排序　　　　　　　　　　　　143

　　　壹、總論　　　　　　　　　　　　　　　　　　144

　　　貳、陶氏火災與爆炸指數　　　　　　　　　　　148

　　　參、蒙得指數　　　　　　　　　　　　　　　　157

　　　肆、物質危害指數　　　　　　　　　　　　　　158

　　　伍、化學暴露指數　　　　　　　　　　　　　　161

　　　陸、閾值規劃數量　　　　　　　　　　　　　　164

　　　柒、結語　　　　　　　　　　　　　　　　　　165

　　　參考文獻　　　　　　　　　　　　　　　　　　167

Chapter 7　失效模式與影響分析　　　　　　　　　169

　　　壹、定義　　　　　　　　　　　　　　　　　　170

　　　貳、發展歷程　　　　　　　　　　　　　　　　170

　　　參、適用範圍　　　　　　　　　　　　　　　　172

	肆、適用時機	173
	伍、優缺點	173
	陸、類型	174
	柒、各種類型的比較	176
	捌、執行步驟	178
	玖、標準版範例	186
	拾、簡化版	188
	拾壹、簡化版範例	189
	拾貳、分析所需時間	193
	拾參、結語	193
	參考文獻	195

Chapter 8　故障樹　197

	壹、定義	198
	貳、發展歷程	199
	參、適用範圍	200
	肆、適用時機	200
	伍、邏輯及事件符號	201
	陸、布林代數	203
	柒、故障的類別	206
	捌、執行步驟	207
	玖、分析所需時間	211
	拾、優缺點	211
	拾壹、範例	213
	拾貳、共同原因失誤模式分析（CCF）	218
	拾參、故障樹的電腦程式	223
	拾肆、結語	226
	參考文獻	231

Chapter 9　事件樹分析　　233

壹、定義　　234
貳、發展歷程　　235
參、適用範圍　　236
肆、適用時機　　237
伍、分析步驟　　238
陸、分析所需時間　　239
柒、優缺點　　239
捌、範例　　241
玖、電腦程式　　246
拾、結語　　247
參考文獻　　250

Chapter 10　其他危害辨識方法　　251

壹、因果分析　　252
貳、人因可靠度分析　　259
參、蝴蝶結技術　　269
肆、有向圖分析　　272
伍、多重失效錯誤分析　　279
陸、圍堵失效分析　　281
柒、危害警告樹　　282
捌、其他　　284
參考文獻　　286

Chapter 11　危害辨識方法選擇　　289

壹、前言　　290
貳、影響因素　　290

參、選擇步驟　　　　　　　　　　　　　292
　　肆、結語　　　　　　　　　　　　　　301
　　參考文獻　　　　　　　　　　　　　　302

Chapter 12　風險評估　　　　　　　　　　303

　　壹、定義　　　　　　　　　　　　　　304
　　貳、風險評估的目標　　　　　　　　　305
　　參、發展歷程　　　　　　　　　　　　305
　　肆、適用範圍　　　　　　　　　　　　307
　　伍、適用時機　　　　　　　　　　　　308
　　陸、優缺點　　　　　　　　　　　　　309
　　柒、限制　　　　　　　　　　　　　　310
　　捌、安全風險評估　　　　　　　　　　311
　　玖、風險管理　　　　　　　　　　　　317
　　拾、結語　　　　　　　　　　　　　　320
　　參考文獻　　　　　　　　　　　　　　322

Chapter 13　影響分析　　　　　　　　　　323

　　壹、定義　　　　　　　　　　　　　　324
　　貳、發展歷程　　　　　　　　　　　　324
　　參、適用範圍　　　　　　　　　　　　325
　　肆、執行步驟　　　　　　　　　　　　326
　　伍、危害性物質排放模式　　　　　　　328
　　陸、火災模式　　　　　　　　　　　　336
　　柒、爆炸模式　　　　　　　　　　　　341
　　捌、效應模式　　　　　　　　　　　　353
　　玖、電腦軟體程式　　　　　　　　　　357

拾、結語	360
參考文獻	362

Chapter 14　可能性分析　367

壹、定義	368
貳、發展歷程	369
參、適用範圍	369
肆、可能性數據估算	370
伍、歷史數據的應用	371
陸、設備可靠度	375
柒、物理模式	381
捌、結語	384
參考文獻	386

Chapter 15　風險分析　387

壹、定義	388
貳、發展歷程	388
參、適用範圍	389
肆、安全風險指標	390
伍、電腦程式	398
陸、範例	399
柒、結語	399
參考文獻	400

Chapter 16　管線風險評估　401

壹、前言	402
貳、發展歷程	402

		參、適用時機	403
		肆、管線風險評估簡介	404
		伍、指標法	406
		陸、物理模式法	413
		柒、機率型模式	423
		捌、電腦軟體程式	427
		玖、結語	427
		參考文獻	429
附錄一	己烷及庚烷蒸餾分離設施風險評估		431
		壹、系統／製程說明	432
		貳、基本假設	434
		參、影響分析	434
		肆、可能性分析	441
		伍、風險分析	445
		陸、結論	448
附錄二	液化石油氣輸儲中心風險評估（SAFTI程式應用）		449
		壹、背景	450
		貳、危害辨識	452
		參、影響分析	455
		肆、風險分析	457
		伍、結論	460

Chapter 1

導論

壹、危害

貳、意外

參、風險

肆、本質安全

伍、合理的因應態度（代結論）

安全是不受傷害、受傷害或損失的狀態

壹、危害

危害（Hazard）係指系統中可能造成人員傷亡、財產損失、環境或生態破壞的潛在因素，例如有害物質、條件或能量。危害性物質為具備易燃性、不穩定、易分解、毒性（人畜接觸後會造成健康危害者）；過熱或過冷、反應性（與水、空氣產生劇烈反應）、對於雜質、溫度、壓力、濃度、酸鹼度敏感者[1、2]。

危害依其危害的條件或狀況可分物理性危害、化學性危害、生物性危害與人因性危害等四大類。

一、物理性危害

物理性危害係指對人體或物體造成的傷害或危險，常見的物理性危害為：

1. 機械危害：機器、工具或設備引起的傷害，如切割、擠壓、撞擊或損傷。
2. 熱危害：熱能或高溫引起的危害，如燒傷、燙傷或中暑。
3. 冷危害：低溫引起的危害，例如凍傷或低體溫症。
4. 輻射危害：包括電離輻射（如X射線或γ射線）和非電離輻射（如紫外線或微波）可能對人體組織產生的損害。
5. 噪音危害：長時間或過高噪音水準可能導致聽力損害、睡眠問題和其他健康問題。
6. 振動危害：持續或強烈的振動可能對人體造成損害，尤其是對骨骼、肌肉和神經系統。
7. 電擊危害：接觸電源或電流可能導致電擊傷害、電擊中毒或觸電等。

8.異常氣壓：在異常氣壓工作如潛水、高壓艙內及高空飛行時對人體健康所造成的損害。

二、化學性危害

化學性危害泛指與化學物質相關的潛在危害，例如對人體、環境和財產的損害。常見的化學性危害為：

1. 腐蝕性：當具有強酸、強鹼或其他具有腐蝕性物質與人體組織接觸時，會導致組織壞或損傷。
2. 可燃性：易燃性或可燃性物質與點火源接觸或暴露於高溫時，會發生火災或爆炸。
3. 爆炸性：可燃易燃或化學結構不穩定的物質暴露於火源、高溫、磨擦或振動時，體積會急速上升而產生劇烈的爆炸。
4. 毒性：如果人體長時間暴露於高濃度的毒性物質時，可能會造成呼吸及神經系統、皮膚或眼睛的損傷。
5. 致癌及致突變性：某些化學物質可能對基因造成損害，導致突變和細胞異常增長，增加患癌症的風險。

造成化學性危害的物質依其物理狀態可分為下列四類[3]：

1. 粒狀物質、懸浮微粒粉塵、燻煙、霧滴、煙、霧、煙霧、纖維等。
2. 氣態物質：
    (1) 窒息性氣體：一氧化碳、氰酸、氮氣、氫氣、甲烷氣體等。
    (2) 毒性氣體：二氧化硫、二氧化氮、硫化氫、氯氣、氨氣等。
    (3) 蒸氣：有機溶劑如苯、甲苯、酒精、汽油、四氯化碳等液體。
3. 液體、霧滴、強酸、強鹼、煤焦油、切削油、有機溶劑等液體。
4. 重金屬。

三、生物性危害

生物性危害是指與生物體相關的潛在危害：

1. 傳染病：包括由病原體（如細菌、病毒、真菌和寄生蟲）引起的傳染性疾病。
2. 生物毒素：生物毒素是由生物體產生的有毒物質，例如細菌產生的毒素。攝入或接觸這些毒素可能導致食物中毒、中毒或其他健康問題。
3. 動植物威脅：某些動物和植物物種可能對人類和生態系統產生威脅。例如，有毒動物、攻擊性動物、有害的入侵物種或有毒植物等。
4. 過敏原：某些物質（如花粉、塵蟎、寵物皮屑、食物和藥物等）可能引起過敏反應，導致過敏性疾病，如哮喘、過敏性鼻炎和皮膚過敏等。
5. 蟲媒疾病：某些病原體透過昆蟲、蜱蟲等向人類和動物傳播，引發疾病。例如，蚊子傳播瘧疾和登革熱、蜱蟲傳播萊姆病等。

四、人因性危害

人因性危害是指由人類活動引起的潛在危險和不良影響。狹義的人因性危害為職業安全與衛生危害，例如工作場所可能存在的與人類肢體或心理活動相關的危害，如機械傷害、化學物質暴露、物體墜落、高處作業、噪音、振動和職業病等，威脅勞工的安全及健康。廣義的人因性危害包括意外、犯罪及暴力、環境汙染、社會及經濟影響等。

貳、意外

一、意外特徵

意外事件具有期望率（預測率）低、避免程度低及企圖與意願程度甚低等三個特徵。意外事故並非當事人預謀或有意造成的；它幾乎無法預測，而且難以有效避免。一個微小的意外事故很可能引發嚴重的災害如人員傷亡與財產損失。

二、意外發生過程

意外發生的過程可分為下列三個階段：發起、散布與後果等三個階段（**表1-1**）。

首先發生的意外事件為發起事件，例如，機械設備的失常、管線破裂、電力或蒸氣的中斷、天災、人禍等，如果發起事件的影響範圍很小或不引發一連串的連續事件時，不致造成災害；例如一個未與控制元件直接相連溫度計的損壞，也許會造成操作人員的不便，但並不一定會直接造成控制閥的錯誤開啟或操作員的判斷失誤。如果此溫度計的指示數據直接控制冷卻水的流量，失常後，冷卻水供應減少，反應器內的溫度不斷上升，而溫度計又無法正確指示正確情況及指示冷卻水控制閥加大開啟速度，反應即可能在短時間內失去控制，壓力則不斷上升，如果疏解閥或排放系統設計不良時，即可能發生爆炸或可燃物質外洩的後果。

這種機械、系統或操作人員對於發起事件的反應事件稱為中間事件。中間事件發生後的階段為散布階段，此階段的設計或人為性的疏解、災害控制或制止的因應措施也屬於中間事件。中間事件演變的結果會造成可怕的後果，例如火災、爆炸、有害或物質的洩漏，這些後果發

表1-1　意外事故演變的過程[3]

危害	發起事件／意外	中間事件		後果
		散布	修正及控制	
過量的危害物儲存量 • 著火物質 • 可燃物質 • 不穩定物質 • 毒性物質 • 過熱或過冷物質 • 惰性物質 快速反應特性 • 反應物 • 產品 • 中間產品 • 副產品 對下列參數或物質敏感的反應 • 雜質 • 溫度、壓力、濃度、酸鹼度等參數	機械設備失常 • 泵、閥、壓縮機 • 儀器、偵測器 圍堵失效 • 管線 • 桶槽 • 儲槽 • 氣密墊 人為失誤 • 操作 • 維修 • 測試 公共設施中斷 • 電力 • 水 • 空氣 • 蒸氣 天災人禍 • 洪水、颱風、地震、雷擊 • 恐怖份子破壞方法及資訊錯誤 • 設計 • 傳播	程序參數失常 • 溫度 • 壓力 • 濃度 • 流速 • 相態 圍堵失效 • 同左 物質外洩 • 可燃性 • 爆炸性 • 毒性 • 反應性著火及爆炸（操作員失誤） • 忽略 • 安裝 • 診斷／決策 外在因素 警示遲滯 未警示 方法及資訊錯誤 • 數量 • 實用性 • 時效性	安全系統反應 • 疏解閥 • 備用公共設施 • 備用機件／系統緩和系統應變 • 通氣 • 短堤 • 火炬 • 噴水系統 • 控制反應 • 計劃中 • 臨時決定 意外發生後應變措施 • 警示 • 緊急應變 • 個人防護設備 • 疏散及警衛 外在事件 • 早期偵測 • 早期警告 資訊傳送 • 路徑 • 方法 • 時效	火災 爆炸 撞擊 劇毒物質散布 快速反應物質散布

生後，又會引發出其他的事件及後果，例如管線破裂後，可燃性氣體外洩，而形成蒸氣雲，遇火源著火後爆炸；氣雲爆炸會造成其他桶／槽或設備的損壞，又可引發毒性物質的外洩、散布、火災與爆炸的後果，進而造成人畜傷亡及社區環境、生態的破壞[2]。

危害是造成化學災變的潛在因子，例如易燃、可燃、反應性或劇毒性物質等。意外發生時，足以造成廠區及附近地區人員的傷亡及財產的損失。發起事件則為設備失常、失控、人為失誤、公共設施的中斷、洪水、地震、雷電、颱風等天災或恐怖份子蓄意破壞；散布階段的中間事件為操作條件（壓力、溫度、流速、濃度及相態）的變化、圍堵失效、有害物質外洩、潑灑及控制失常；後果則為火災、爆炸、撞擊、毒物散布等。

以1984年發生的波帕爾異氰酸甲酯排放事件為例，起始事件為水或雜質進入儲槽之中，造成溫度上升。由於冷卻系統失常，槽內異氰酸甲酯蒸發造成壓力上升，最後引發釋壓閥的開啟。約三噸的毒氣外洩後，毒氣雲籠罩著工廠附近的社區，造成兩千多人死亡、二十多萬人住院治療的悲劇。

在1974年英國傅立克斯鎮爆炸事件中，由於許多工作人員都犯了小錯誤，例如，不應為了達到生產目標未經設計與審慎查核程序，就隨意更換管線；也未測試修改後的管線支撐與軟管的張力或疏解閥是否合乎工程規範；廠區內不應囤積大量原物料等。

三、意外事件的類型

意外事件可透過許多不同的方式分類與探討。依據其發生的原因，意外事件可分為程序性、工程性及組織性等三種[5]。程序性意外事故是最普遍的類型，主要是指不當選擇或不遵循規定行事所造成的意外。舉例來說，民航業中的程序性意外事故常被視為是「飛行員的錯誤」。這類意外都是由於誤判重要的儀表、起飛前未掌握天候狀況，或違反規定和程序所導致的後果。這類錯誤不見得只會發生在飛行員的身上，航管和維修人員也會犯下這些錯誤。工程師必須防範可能造成意外的程序性問題，這些問題包括在繳交工程圖前未能審慎檢查、沒有遵照設計規定，或是未依據工

程界所認同的規範進行設計等等。工程界已充分瞭解程序性意外，只要加強訓練與監督、制定新的法規，以及要求管制者審慎檢核，就可以找出合適的解決方法。

　　工程性意外則是由設計上的瑕疵所引起的，例如材料使用不當、設備或零件未能發揮預期的功能，或是無法在任何情況下都能操作正常等。例如飛機引擎中渦輪機的螺旋槳葉有時會有非常細微的縫隙出現，當這些縫隙嚴重到一定程度後，螺旋槳葉就會產生故障，甚至解體。這樣的結果有時會造成金屬碎片飛入機艙而傷及乘客。設計時就必須預測工程性錯誤，在測試過程中找出問題所在，並設法改善；然而，預測所有可能發生的狀況是不可能的，有時測試項目也未必涵蓋所有可能發生的操作狀況。這類意外事故可以理解，而且透過現場經驗和實驗過程中所獲得的知識，即可減少意外的發生。

　　組織性意外難以瞭解，也不易掌控，這類意外事件的發生是複雜的科技與那些必須應用這些科技的複雜組織的特徵。民航業是這種現象的最完美的例子。現代客機是非常複雜的系統，需要許多人員，包括處理行李的員工、技工、空服員、飛機駕駛員、政府檢察員、督察與航管人員等共同作業，才能確保飛機運轉得當。在整個飛航過程中，很多階段都可能會發生錯誤，這些錯誤會造成嚴重的後果。一個小錯誤並不致於造成問題，但是一連串的小錯誤卻會引發大的災難[5]。由於現代化學工廠或大眾運輸系統必須仰賴複雜的控制和安全防護系統，因此特別容易發生組織性意外[5]。

　　工程師設計產品時很難把組織性意外列入考量，因為許多微不足道的因素難以考慮周全，更難以預測它們同時發生的可能性。然身為一位設計者，工程師也有部分責任撰寫使用手冊，以及使用該產品的步驟。儘管工程師無法確保使用者完全依照這些步驟，但還是得謹慎地去完成這些說明。

參、風險

一、定義

風險（Risk）定義為發生事故的可能性與後果的乘積。可能性為發生的機率或頻率，而後果則為意外造成的人員傷亡數目或財產損失數值。

風險＝可能性×後果嚴重度

由於風險的嚴重程度與危害及預防或安全措施有關，因此風險也可使用下列的概念關係表示：

風險＝危害／安全設施

或風險是危害、接觸頻率、預防與安全措施的函數：

風險＝f（危害、接觸頻率、預防與安全措施）

整合以上的定義，風險為：

1. 不確定性（機率）與損害的組合。
2. 危害對於安全防範的比例。
3. 意外事故、機率及後果的組合。

二、安全與風險

安全（Safety）是一個既明確但又模糊的詞彙，模糊的原因是就某種程度而言，安全只是一種價值判斷，有些人不肯乘坐飛機，因為他們認為飛機失事後乘客存活率很低，但是從統計數據可知，乘坐飛機所發生意外的機率遠比騎機車低。什麼是可接受的風險呢？何謂足夠的安全程度

呢？為了回答這些問題，首先必須探討安全與風險的本質[5]。

三、風險範例

風險是應用於意外或損失的名詞，一般人往往忌諱這個詞彙。但大多數人都買過樂透彩、六合彩或愛國獎券等彩券，而且期望中大獎。因此，應用購買彩券的期望值來解釋風險可能比較容易接受。購買彩券時，大家往往只注意獎金的大小，卻忽略中獎的機率。如果我們計算一下彩券的實際價值時，就會發現彩券的平均價值遠低於彩券的價錢。假設某彩券每張50元，總共發行100萬張，獎金為2,000萬元，則中獎的機率只有百萬分之一。彩券的平均價值（期望值）為中獎機率與獎金的乘積；因此，每張平均價值（中獎期望值）只有20元，僅為彩券面值的40%。不中獎的期望值就是風險（$1-1/10^6 ≒ 1$）；購買50元彩券的風險就是不中獎的期望值，也就是不中獎機率與所損失的金額（後果）的乘積（≒50元）。由此可見，買任何彩券都是一種賭博或投機的行為。

四、社會風險與個人風險

社會風險為整個社會所承受的風險（一年中意外所發生的次數），而個人風險則為個人所承受的平均風險（一年中任何一個人發生意外的平均次數）。

兩者差異可以用下列車禍例子區別。假設台灣一年內發生100萬次（10^6）車禍，其中200次中有一次造成一個人的死亡，台灣車禍死亡的社會風險為：

10^6次 × 1／200人／次＝5,000人死亡／年

台灣共有2,200萬人，個人車禍死亡風險為：

5,000人死亡／年（22,000,000人）＝$2.28 × 10^{-4}$

五、風險性活動

風險性活動依據參與者的意願可分為自發（自願）性風險活動與非自發或被動性風險的活動。自發（自願）性風險為參與者主動或自願從事的活動相關風險，例如開車、吸菸、運動等風險；非自發或被動性風險則為非自發性風險並非受體（受害者）所自願的風險，例如天災、失火、爆炸、空氣汙染所造成的風險。為了滿足個人的慾望、利益需求，一般人願意冒較高的風險，去從事他們所喜歡活動，但是卻不願意承擔與他們個人利益或興趣無關的經濟活動所帶來的風險。即使這些活動有助於地方發展或公益，而且風險遠低於他所樂意從事的活動（如飆車、划獨木舟等）。**表1-2**中列出自發性與非自發性活動的致命風險。

六、影響風險知覺的因素

一般社會大眾對於風險或導致風險的活動的看法（知覺）與專家評估的結果不同，由於風險為機率性而非決定性或絕對性，社會大眾難以瞭解風險評估的結果。即使這些定義已很明確，但本質上安全與風險意識不僅主觀，而且取決於下列許多因素[5]：

(一)自願和非自願風險

許多人覺得自願遠比被迫從事一項冒險行為來得安全。舉例來說，如果房地產的價格夠低，便會吸引一些人願意在會排放少量有毒廢氣的工廠附近購屋。這些人為了較低的房價，寧可冒險。可是如果有人已經是住在排放有毒廢氣的工廠附近，但卻不知道實情，他們的風險意識就會大幅提高，因為這些人不是自願去接受這項風險。即使在這兩個案例中，工廠所排放的毒氣程度完全相同，這項原則也不會改變。

表1-2　非工業性活動的致命風險[6]

活動	致命意外率（FAR）（死亡次數／10^8時）	致命機率（平均每年每人致命率）
自發性活動		
1.居家	3	
2.乘坐交通工具		
公共汽車	3	
火車	5	
小汽車	57	17×10^{-5}
自行車	96	
飛機	240	
摩托車	660	
3.戶外運動		
打美式足球	-	4×10^{-5}
獨木舟	1000	
攀爬岩壁	4000	4×10^{-5}
4.吃避孕丸	-	2×10^{-5}
5.抽菸（每天一包）	-	500×10^{-5}
非自發性活動		
被隕石擊中		6×10^{-11}
被雷擊中（英國）		1×10^{-7}
失火		150×10^{-7}
被車輛撞到		600×10^{-7}
核能電廠的輻射外洩（1公里）（英國）		1×10^{-7}
飛機失事（英國）		0.2×10^{-7}
壓力容器爆炸（美國）		0.5×10^{-7}
潮水漲出提防（荷蘭）		1×1010^{-7}
白血病		800×10^{-7}

(二)短期與長期後果

有些事可能會造成一時的病痛或傷害，也有些事則可能會造成終身殘廢。前者看起來似乎比後者安全。舉例來說，可能造成腿骨斷折的風險，遠比導致脊骨斷折的風險低，因為腿斷雖會疼痛不已，幾個月無法行動，但一般來說還是會完全康復，可是脊骨折斷則會造成終身殘廢。

(三)預期的機率

許多人認為百萬分之一的機率會造成嚴重傷害的風險程度是可以接受的；然而卻無法接受在50%的機率下，導致相當輕微損傷的風險。對許多人來說，要他們在有大量水母聚集的海邊游泳是不可能的，因為雖然被水母螫傷不會致命，但他們被螫到的機率很高。在同樣的海灘上如果被鯊魚攻擊，雖然可能喪失生命或肢體損傷，但是因為風險極低，群眾還是會去海灘游泳。在此必須瞭解的是，這種預期機率不過是根據經驗所作的猜測而已，並沒有任何科學依據。

(四)可逆效應

社會大眾認為可逆的或可挽回的冒險活動，風險較低。這一點和前述的長、短期風險的觀念類似。

(五)風險程度的恕限值

社會大眾認為在高頻率暴露狀況下，才會導致危害的活動，比在一般頻率下就會造成危害的活動安全。舉例來說，不管開車的次數是否頻繁，車禍的機率是相同的（減少開車的頻率，當然可以降低發生車禍的可能性）。相對的，研究結果指出少量的輻射線其實是有益於人體的健康，除非是暴露在大量輻射線下，才會對健康造成重大傷害或是死亡。只要不超過一定的恕限值，壞的後果就不會發生時，大眾對這種活動的風險容忍度會大幅提高。

(六)延遲與立即風險

有些活動在多年後才會造成危害，有些則立即發生；前者似乎比後者來得安全。舉例來說，近幾年來，美國人早被警告，長期攝食高熱量食物對健康會有不良的影響，這種飲食習慣會引起慢性心臟疾病或是導致中風；然而，許多人卻都忽略了這些警告，他們並不在乎這些在很久以後才會發生的風險。但是他們卻認為如高空跳傘之類發生意外就會立即傷亡的活動非常危險。

一個人的對於風險的態度往往受職業、性別、社會因素、文化背景、經濟狀況以及權力與控制的感覺等因素的影響。由於每個人對安全的感覺不同，往往難以認同他人的安全感覺。表1-3中列出影響公眾的風險知覺的因素。

表1-3　影響風險知覺的因素[7]

因素	公眾關懷度高	公眾關懷度低
具毀滅，劇烈破壞性潛勢的裝置、設施、事件	多數人同時死亡（飛機失事）	散布各地、零星的傷亡（汽車、摩托車失事）
熟悉度	從未聽過	司空見慣
瞭解程度	低（不瞭解）	高（瞭解）
人為控制	無法控制	可以控制
自願(發)性	非自願(發)性	自願(發)性
與孩童的關係	危及孩童	對孩童並無危險
效應(後果)時效	延遲／後發性	立即發生
對未來世代的風險	具有風險	無風險
受害者的身分	有名有姓公眾人物或可確認身分者	統計數字
恐懼	是	否
相信程度	低（缺乏信心）	高（具有信心）
媒體注意程度	高	低
公正性	低（不公平）	高（公正性）
可逆度	不可逆	可逆

美國環保署認為自然的活動如溫室效應（地球暖化）、臭氧層破壞、物種絕種、生物生態圈的變化及破壞的風險最高，認為短暫但劇烈性的局部汙染或破壞的風險較低；然而社會大眾卻較恐懼突發性、劇烈性的活，但對於緩慢地變化但具長期效應的活動，卻不重視（表1-4）。

七、風險評估

(一)定義

風險評估為一種系統化的評估過程，當危害發生或存在後，用以估算所有被曝露或承受後果的對象的主要風險因素。視危害的種類及評估目

表1-4　美國環保署與社會大眾對於風險活動的看法[7]

美國環保署	社會大眾
1.高風險活動	
・地球暖化（高風險）	・化學廢棄物處置
・物種絕種（喪失多元化）	・水汙染
・生物群改變及生態破壞	・化學災變
・臭氧層破壞（高風險）	・空氣汙染
・消費性產生化學危害（高健康風險）	
2.中風險活動	
・殺蟲劑／除草劑	・油品潑灑
・地面水源（河川、湖泊）（高生態風險）	・勞工暴露
・酸雨	・殺蟲劑
・空浮毒性物質（Airborne Toxics）（高健康風險、低生態風險）	・飲水衛生
3.低風險活動	
・油品潑灑	・地球暖化
・地下水汙染	・空內空氣汙染
・熱汙染危害	・消費性產品化學
・有害廢棄物儲存／處置場所	・危害

的而定，可將危害（汙染、破產、意外、火災等）所造成的影響、後果及其風險，以計量或定性方式表達出來，以作為決策、改善的依據。

(二)執行步驟

風險評估可分為危害辨識、機率分析、後果分析與風險分析等四個主要部分（圖1-1）。危害辨識為發現程序或系統中可能具危害特性或造成危害的來源；機率分析則為計算危害造成意外或意外發生的機率；後果分析為估算意外所造成的後果，如人員傷亡及財物損失。風險為機率與後果的乘積，風險分析則為整合機率分析與後果分析的結果。

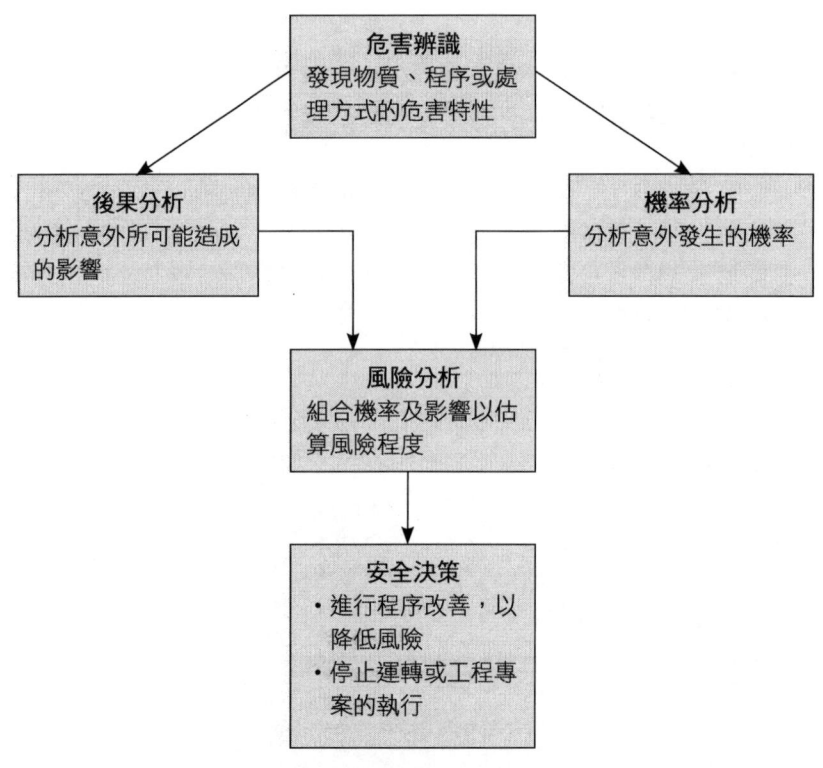

圖1-1　風險評估的執行步驟

(三)風險矩陣

風險評估的結果視危害因子所造成的後果特性而異，例如人員的死亡風險是以分率（萬分或百萬分之一）顯示，財物損失風險是以貨幣的分率表示。因此，不同危害因子所導致的風險難以相互比較或排序。為了相互比較及優先排序起見，與其應用實際量測的機率及後果分析數據表達，不如將發生可能性及後果嚴重度分級，然後應用他們的乘積比較易於分辨。發生可能性及後果嚴重度的分級如**表**1-5及**表**1-6所顯示。

將發生可能性與後果嚴重度分別列於笛卡兒直角座標上，則可得到如**圖**1-2所顯示的風險矩陣。由於風險矩陣圖可以清晰地將不同危害因子所可能造成的風險的相互等級分辨出來，以便於管理者排定處理的優先順序，因此風險矩陣普遍被應用於實際風險評估及管理作業中。

表1-5　發生率等級

等級	環境衝擊（洩漏中毒）	人員傷亡	財物損失	生產損失
5	及於廠外	1人死亡或3人受傷	2000萬以上	停工1個月
4	及於場外	永久失能	1000萬至2000萬	停工2週
3	工場內	暫時失能	500萬至1000萬	停工1週
2	局部設備附近	醫療傷害	500萬以下	短時間停爐
1	無明顯危害	無明顯危害	無明顯危害	無明顯危害

表1-6　後果嚴重度等級

等級	環境衝擊（洩漏中毒）	人員傷亡	財物損失	生產損失
5	及於廠外	1人死亡或3人受傷	2000萬以上	停工1個月
4	及於場外	永久失能	1000萬至2000萬	停工2週
3	工場內	暫時失能	500萬至1000萬	停工1週
2	局部設備附近	醫療傷害	500萬以下	短時間停爐
1	無明顯危害	無明顯危害	無明顯危害	無明顯危害

後果嚴重性	發生率				
	5	4	3	2	1
5	25	20	15	10	5
4	20	16	12	8	4
3	15	12	9	6	3
2	4	4	4	4	2
1	5	4	3	2	1

註：風險等級20~25 –5; 15~19 –4; 9~12 –3; 6~8-2; 1~5 –1。

圖1-2　風險矩陣圖

八、風險量測指標

不同領域皆設定風險量測指標（**表1-7**）以作為反映風險程度的嚴重性，例如環境醫學應用的劇毒指標或安全風險評估所使用的致命率等。

九、可接受的風險程度

風險評估的結果為機率性的估算數值，僅具評比意義，無法提供絕對或肯定的答案，政策制定機關或風險管理者必須判斷。事實上，吾人的日常活動中，難免具有風險。為了避免更大的風險，必須從事一些風險較低的活動，例如，打防疫針可能會引起副作用，但是可以避免疾病發生；X光對人體有輕微的害處，但是可以協助醫生偵測肺部狀況。既然零風險無法達到的，是否應找出一個最低風險數值作為判斷呢？

當風險低於某程度，已不具任何實際意義，自然可以認為是「安全」或「不具危險」了。最低風險值或可接受風險值的概念雖然合理，而且具吸引力，但是訂定一個整個社會皆可認同的數值，卻也不容易。

美國環保署（EPA）、食品藥品管理署（FDA）、消費性產品安全委員會（CPSC）皆使用百萬分一（10^{-6}）作為個人一生的可接受的參考

表1-7　風險量測指標[7]

1. 劇毒指標
   LC_{50}、LD_{50}造成曝露生物中50%致命的濃度（LC）或致命劑量（LD）
2. 安全風險
   - 死亡人數、受傷人數、喪失工作天數
   - 財產損失
   - 生產或營收損失
3. 健康（衛生）風險
   - 遞增或癌症人數
   - 非癌症危害（呼吸、神經、生育效應）
4. 生態／環境風險
   - 物種多元化
   - 生物及生態系統變化（功能、容量）
   - 自然資源破壞
5. 公共福利／商譽風險
   - 資源運用的限制（地面水）
   - 臭味、外觀、觀瞻影響
   - 財產價值
6. 財務風險
   - 保險（費率、償還率）
   - 負擔（短期、長期）
   - 營收

風險值，這個數值目前已普遍為社會大眾所接受。由**表1-2**可知一般人對於造成10^{-6}致命風險的活動，例如吸1.4支香菸，喝500 cc.的酒（酒精含量12%）或坐150英里的汽車皆為司空見慣之事。由於任何人都有類似經驗，不會覺得有何危險，因此相對活動的風險如果低於此數值（10^{-6}），皆可為大家所接受。**圖1-3**明確地顯示出不同風險程度的評比。

荷蘭對於既有工廠所設定的個人風險上限為1×10^{-5}／年，新設工廠上限為1×10^{-6}／年；英國上限為1×10^{-5}／年，下限為1×10^{-6}／年；澳大利亞的上限為5×10^{-5}／年，下限為5×10^{-7}／年。

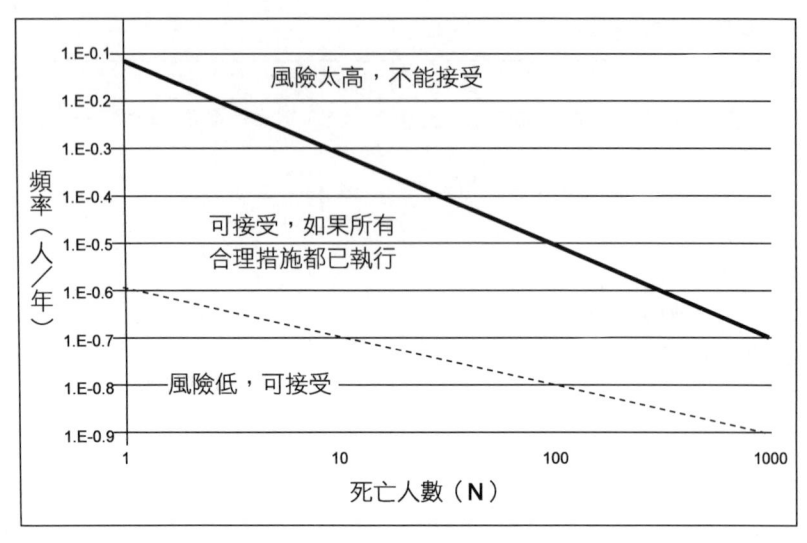

```
                    1.E-0.1
                            \
                    1.E-0.2  \   風險太高，不能接受
                              \
                    1.E-0.3    \
                                \
          頻  1.E-0.4             \
          率                       \
          ︵  1.E-0.5  可接受，如果所有  \
          人           合理措施都已執行    \
          ／  1.E-0.6 --------              \
          年           --------                \
          ︶  1.E-0.7          --------          \
                                       --------
                    1.E-0.8 ── 風險低，可接受 ────────
                    1.E-0.9
                         1         10        100       1000
                                  死亡人數（N）
```

圖1-3　風險程度對受害人數

　　另外一個經常使用於風險管理的效標為避免造成死亡的邊際成本（Marginal Cost of Avoiding a Fatality），此一成本約在200萬至1,000萬美元之間。歐洲各界明確地應用此類經濟效標，但是美國工商界雖默認此效標的存在。2020年，美國聯邦緊急事務管理署（FEMA）則以750萬美元作為決策的依據。

肆、本質安全

　　本質安全（Inherent Safety）或本質較安全（Inherently Safer）的概念起緣於英國工程師克萊茲（Trevor A. Kletz）於1978年所發表的論文「What You Don't Have, Can't Leak」中的理念[8]：「製程設計應以消除或降低危害，而不是以控制危害為原則。」此原則與俗語「有得必有失」或佛家所謂的「本來無一物，何處惹塵埃」的意義類似。最初，克萊茲應用

Intrinsic Safety,後來為了避免與防爆電機工程用語混淆,而改用Inherent Safety。1991年,克萊茲在他所出版的《安全工廠設計》(*Plant Design for Safety: A User-Friendly Approach*)中,提出本質設計概念與技巧。

一、安全工廠

任何意外事故的發生都是由人為或機械性失誤所造成的。如欲降低系統或環境中的風險,首先應從減少危害因子著手,將工作或家居場所轉換為一個友善的環境。換句話說,就是設計如3C消費產品所謂的「對使用者友善」(user friendly)的製程。一個對使用者友善的製程不僅容易控制,而且引發失誤的機率也低。即使發生失誤,也可將危害性物質與所產生的後果圍堵在安全範圍之內,不致於引發可怕的災難。

一個工業製程或工廠是否友善,可以應用下列幾個項目來衡量:

1.危害性物質使用的類別與數量。
2.技術可靠度與複雜性。
3.材質與設備的選擇是否適當。
4.操作條件(溫度、壓力、濃度、酸鹼度等)。
5.廠址與設備布置。
6.安全防護設施。

凡是危害性物質使用量低、化學反應緩和、處理步驟簡單、設備材質足以承受反應失常或失控所產生的高壓與溫度,同時又具備足夠的防火防爆設施的生產工廠,不僅對操作者的友善度高,而且也易於操作。**表1-8**列出友善與不友善工廠的比較,以供參考。

二、本質安全概念

安全可分為內在安全與外在安全等兩種層次;內在安全又稱本質安全,其設計理念為改善置成本質中的缺陷,直接去除製程中的危害因子與

表1-8 友善與不友善工廠的比較[8]

項目	友善（安全）	不友善（危險）
危害物質的使用量	少	多
危害物質的儲存量	最少量	多
製程複雜度	簡單	複雜
製程可靠度	高	低
操作經驗	多	少
地點	遠離人口稠密地區 無地震、颱風等天災威脅	在都市附近 有天災威脅
設備間距離	安全距離	未考慮
設計標準	嚴格	標準不一
操作條件	溫和	高溫、高壓
反應速率	緩和	快速、劇烈
設備與管線設計	可承受反應失控或設備失常的溫度與壓力	依賴安全疏解系統
反應器型式	連續	批式
流體驅動方式	重力	泵浦或氣動
易燃物質處理區域	露天	密閉
儲槽接縫強度	弱	強
壓縮機閥	無法相互替換	可相互替換
控制應變反應	平緩	快速、劇烈
溫度變化的影響	溫度升高會造成反應停頓	溫度升高會造成反應失控
安全防範設施	足夠	過多或缺乏

可能引發危險的設備；外在安全為與防範、緩和或圍堵危害所造成的後果。在製程的企劃與流程設計階段，加強內在安全的機會很多；但是，隨著工程設計的進行，內在安全的機會愈來愈少。到了興建與操作階段時，由於既有環境與設計上的限制，改善機會更低，只能加強外在安全設施，難以增加內在安全程度（**圖1-4**）。因此，理想的安全設計理念是直接去除或降低製程中的危害因子，以增加製程本質的安全程度，盡量避免應用軟體（行政管理或控制）或硬體（防範或保護設施）方式，以降低風

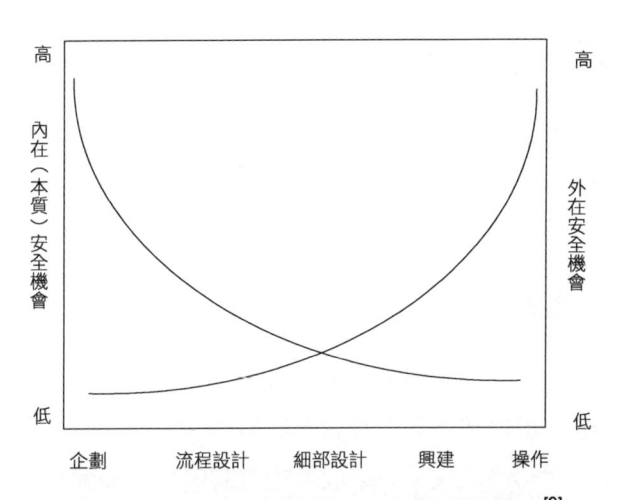

圖1-4　安全設計機會與設計階段的關係[9]

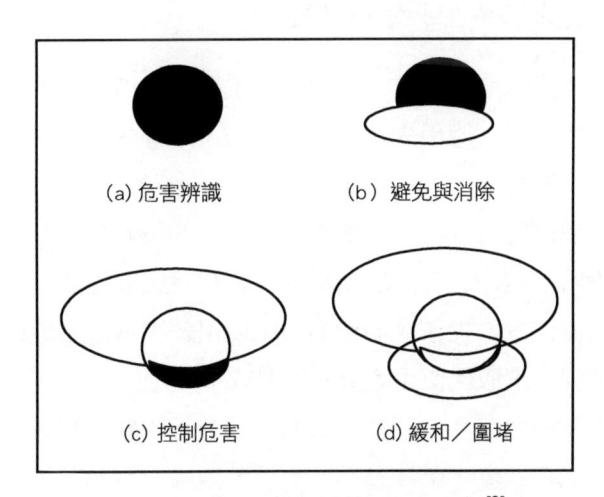

圖1-5　製程安全的四個基本步驟[9]

(a) 危害辨識　(b) 避免與消除　(c) 控制危害　(d) 緩和／圍堵

險[2, 9]。

　　提升製程安全的基本步驟如圖1-5所顯示，可分為危害辨識、避免與去除危害、控制危害及緩和或圍堵危害。最後還須將製程中所產生的危害性物質經適當處理，將危害性物質去除後才可排放於環境之中。

(一)危害辨識

危害辨識是發現製程或系統中的潛在危害的過程。危害辨識的方法很多,如初步危害分析、安全複檢、檢核表、假設狀況分析、危害與可操作性分析、失敗模式與影響分析、故障樹等。

(二)避免與消除危害

製程系統是由設備、管線與儀控系統所組合而成,將原料經由反應、加工、分離等步驟轉化為消費者所需的產品。製程設計的原則是在安全條件下達到生產的最適化。如果危害物質的使用量與儲存量高或在異常的條件(高溫、高壓或極低溫等)下運轉時,風險自然提高;因此,首先應由降低物質的危害特性或操作條件著手。

1. 強化:如降低危害物質的使用量、選擇容量需求低的反應器、改善化學反應路徑、應用先進的分離方法、改善蒸餾塔的設計及使用高效能熱交換器等。
2. 取代高危害物質或程序:如果「強化」的策略不可行,則考慮「取代」策略。使用較安全的化學物質來代替較危險的,生產較安全的產品以取代危險性較高的產品,以使用較不具危險性的原料或中間體的製程,來取代使用危險性原料或中間體的製程。
3. 調整操作與儲存條件:在較低壓力下進行化學反應與安全儲存與運輸,例如在低溫下儲存易燃性丙烷、丙烯、環氧乙烯、氯乙烯等易燃性液體或劇毒的氯氣與氨氣,可以降低危害。
4. 簡化製程:加強設備結構以降低疏解需求、避免造成人為失誤的機會、避免加設不必要的設備、降低程序的彈性與變化度等。

(三)控制危害

如果無法直接消除危害,則設法控制危害狀況的發生與控制危害發

生後所產生的後果，例如安裝足夠的測試儀器與監控系統、設置足夠的空間與距離、將處理易燃物質的生產設備放置於開放結構中、安全的程序控制、安裝自動停機系統及應用互鎖系統等。

(四)圍堵危害

圍堵的目的為限制危害影響的範圍，以避免蔓延與擴散至其他地區，引發連鎖與骨牌效應。圍堵方式為在儲槽周圍設置短堤以防止固液態危害物質散布、應用適當的管線、閥、氣墊圈及泵浦及應用化學藥劑以急速抑止化學反應的進行。

(五)處理危害

危害性液體或固體經圍堵後，可暫時儲存、回流、回收或送至廢水與廢棄物處理場所中，將危害特性去除。氣體無法暫時儲存，圍堵或分離後，必須經過處理，才可排放至環境中。危害性氣／液態物質可應用吸附、液體吸收、冷凝、燃燒等方法處理，固態粉塵可經由靜電集塵器、袋濾器收集後掩埋或固化。

三、製程安全策略

生產製程的安全策略可分為本質性、被動性、主動性與程序性等四種策略。前三種為工程控制，最後一種為行政控制。本質性與被動性策略較後兩者可靠，但是執行一個完整的製程安全管理制度時，每種策略皆不可缺少[10]。

(一)本質性

本質安全手段為改變生產製程，應用較安全的物質為原料在較和緩的條件下操作，以去除或減少危害。這些改變對於產品或製程而言，必須

是完整而且不會輕易地被替換或淘汰。以水溶性塗料取代油溶性的塗料是一個典型本質安全改善的範例，因為不僅可以降低環境中揮發性有機物的濃度，而且還可免於生產或使用時油溶性塗料所可能引發的火災、爆炸的風險。

(二)被動性

被動性的手段為應用製程或設備的設計特性等，以降低危害發生的可能性與後果；例如，在盛裝危害性物質的儲槽周圍設置短堤，可將洩漏的危害性物質圍堵在內。

(三)主動性

主動性的手段為應用程序控制系統、安全儀電系統或噴淋灑水裝置等，以控制危害。這些裝置設計的目的是感測與因應危害性的狀況，可以抑止意外後果的蔓延與擴大，卻無法防止火災的發生。

危害性物質儲槽皆安裝高液位互鎖系統，當儲槽內的液位高時，此連鎖系統會自動將供應泵浦停機，並關閉供應閥，以免液體繼續進入槽內。儲槽區安裝灑水系統，當火災發生時，灑水系統會自動啟動、滅火。

(四)程序性

程序性手段為標準作業程序（SOP）、安全規範與程序、緊急應變、員工安全訓練、安全管理制度等。對於高危害製程而言，程序性方法無法有效降低風險，因為人性不很穩定，而且對於緊急狀況的判斷與反應往往不夠迅速。

伍、合理的因應態度（代結論）

20世紀以來，由於科學與技術的發展，帶動工業的快速成長，大幅提高人類的生活水準；然而，由於程序日趨複雜，能量與有害物質的使用量愈來愈多，任何微小的機械或人為失誤都可能造成嚴重的財產損失與人員的傷亡。社會大眾固然享受現代工業社會所提供的生活享受與便利，但是又恐懼可能帶來的災變。這種愛恨交加的心理普遍存在於工業區附近的居民中，地方上雖可得到工業所帶來的經濟繁榮與就業機會，但如果發生意外，社區與居民必須付出慘痛的代價。

我們究竟應該採取何種態度呢？

這個問題爭議性頗高，見仁見智，難有定論，如果處理不當，往往會演變成政治性的對抗。英國製程安全專家克萊茲（T. A. Kletz）曾以一個傳聞已久的寓言：美女與野獸，比喻現代人的處境，頗為傳神。

這個寓言間接反映現代人的處境，三位候選人代表多元化的現代人群，兇殘的獅子代表工業的危害與可能發生的災變，美麗的公主代表工業所帶來的高度生活水準。我們當然可以效法第一位候選人，放棄現代化，回歸自然；然而，回歸自然並不一定帶來幸福。依據統計，農業生產與田園生活的傷亡率遠高於現代化工業，況且傳統的農業經濟無法養活現有的人類，遑論良好的衛生與醫療環境。

我們也可學習第二位候選人，努力進行複雜的測試與評估工作，企圖找出風險最低的途徑，但是無論如何，人類的活動永遠具有風險，只能降低意外發生的可能性與其影響，無法完全避免。合理的因應態度應如第三位候選人，學習馴服獅子的技術（安全技術），只要努力改善生產技術與工作環境，不僅可以享受工業文明所帶來的生活水準，自然可將風險降至最低。

危害辨識就是提升工程安全的首要工作，而風險評估則為降低風險

決策的依據。唯有嚴格執行危害辨識與風險評估才能踏入製程安全管理的第一步。

寓言：美女與野獸

許久以前，有個國王膝下只有一個女兒（公主）。公主不僅有沉魚落雁、閉月羞花的美貌，而且精通棋琴書畫；因此，各國王孫公子前往求婚者絡繹不絕。經過半年的挑選，終於選出三位文武雙全的年輕人。由於三人條件相當，難以取捨，國王決定考驗他們的膽識。他要求他們輪流走進一個有兩個出口的迷宮，一個出口會遇見公主，另一個則是獅子；如果遇見美麗的公主，即可成為駙馬，榮華富貴，不在話下，將來還有接掌王位的可能；如果不幸遇見兇殘的獅子，只好葬身獅腹。

第一位候選人考慮了一陣子，決定放棄，他認為駙馬的尊榮為身外之物，不足以冒著生命危險去爭取；因此，他寧可安貧樂道，平凡的度過一生。

第二位候選人聘請風險與環境評估的專家，組成專案小組，不僅應用精密儀器量測迷宮中的各種狀況，還以複雜的數學方法發展預測模式，企圖研發一套風險最低的判斷方法與途徑；然而，他花費許多時間，仍然無法確認最佳途徑。由於一再延期的結果，國王與公主已經無法忍受，要求他儘快做出決定。最後，他在有限的資訊下，應用專家建議的途徑，結果遇上了獅子，慘遭獅吻。臨死前，他仍然不明白為何應用科學方法，仍然失敗。

第三位候選人馬上聘請馴獸師，學習馴獅術。

習 題

1. 解釋名詞

    (1) 風險（84、85、90、110年工安技師高考）

    (2) 危害（97、85、84年工安技師高考）何謂危害分析？何謂風險評估？（97、111年工安技師高考）

    (3) 本質較安全（97年工安技師高考）

2. 何謂風險評估？（97年工安技師高考）

3. 可接受的風險？（97年工安技師高考）

4. 不可接受的風險？（97年工安技師高考）

5. 風險曲線（97年工安技師高考）

6. 風險矩陣（97年工安技師高考）

7. 本質安全的工廠設計，一般具有那些特性，請說明之？（110年高考）

8. 請說明何謂本質較安全之設計？本質較安全設計有何策略？（111年地方特考）

9. 何謂風險評估？請詳列風險評估之作業流程（63年甲級安全）

10. 風險的兩個重要因子為：機率與後果，因此，對機率的了解就會是很重要的事。現在有A、B、C三個門，其中只有一道門後面有獎品，如果你選對了門，就可以得到該獎品。甲同學選了A門後，教授提供百分之百正確資訊說道：「C門後面沒有獎品。」此時，甲同學可以再作一次選擇，請問：

    (1) 甲同學應該維持原來A門的選擇，還是應該變更選擇改選B門？請說明。（10分）

    (2) 甲同學維持原來A門的選擇，得獎的機率有多少？（5分）

    (3) 甲同學變更選擇改選B門時，得獎的機率有多少？（5分）（101年工安技師高考）

參考文獻

1. 張一岑（2004）。〈職業災變分析〉。大專人為災害通識教材第二章。張一岑主編，防災e學院。
2. 張一岑（2009）。《安全工程》，第一章。全華圖書。
3. 中山醫學大學職業衛生護理中心（2023）。〈化學性危害知多少〉。https://yiancares.com.tw/osh-knowledge/chemical/
4. AIChECCPS (1985). *Guidelines for Hazard Evaluation Procedures*. American Institute of Chemical Engineers, NY, USA.
5. Fleddermann, C. B. (2012). *Engineering Ethics* (4th Edition). Prentice Hall, NJ, USA.
6. Lees, F. P. (1986). *Loss Prevention in the Process Industries*. Butterworths, London, UK.
7. Kollaru, R., Bartell, S., Pitblaclo, R., & Stricoff, S. (1996). *Risk Assessment and Management Handbook for Environmental, Health and Safety Professionals*. McGrow Hill, NY, USA.
8. Kletz, T. A. (1978). What you don't have can't leak. *Chemistry and Industry*, 6, pp. 287-292.
9. Greenberg, H., & Cramer, J. J. (1991). *Risk Assessment and Risk Management for the Chemical Process Industry*. Stone Webster Engineering corp.
10. Hendershot, D. C. (2011). Inherent safer design: An overview of key elements. *Professional Safety*, February, pp. 48-55.

2 危害辨識

壹、定義
貳、危害辨識與風險評估的關係
參、危害辨識的類型及方法
肆、危害辨識與法規
伍、任務
陸、執行前準備工作
柒、執行步驟
捌、危害辨識的限制
玖、結語

危害辨識是發現與鑑定系統或製程中潛在危害的程序

壹、定義

　　危害辨識又稱危害分析，是辨別及分析製程或系統中潛在的危害因子的定性型方法或過程。組織或企業可以透過危害辨識的執行，發現潛在的風險及威脅，進而採取因應的措施以消除或降低這些潛在危害的威脅[1]。危害辨識執行過程中會提出下列兩個問題[2]：

1. 製程或系統中是否存在危害因子呢？
2. 這些危害因子是否會造成人畜傷亡、財產損失或環境或生態的破壞呢？

　　危害辨識的應用範圍廣泛，適用於安全、衛生及環境等領域。在安全領域中，危害辨識的重點在於發現系統中可能引發意外事故的危害因子，如不當的設計及操作行為、易燃性物質的不當使用與儲藏、設備或管線的缺陷等。在環境領域中，分析重點在於發現可能對環境產生負面影響的因子，如有害廢棄物、污染物或毒性物質的洩漏及排放等。在衛生領域中，重點在於發現對人畜健康威脅的化學性、毒性、放射性物質或傳染病等。

貳、危害辨識與風險評估的關係

　　風險是意外發生的可能性（機率或頻率）與損害的組合，也就是危害對於安全的比例。風險評估則是評估一個系統風險程度的系統化方法，其目的在於事先發現程序的危害、機率、影響，以及三者組合的危險程度。它的評估結果計量化，可以作為決策的依據，因此普遍應用於核能發電、航空及化學等工業。

風險評估基本上提供一套系統化的架構及步驟，以回答下列四個問題：

1. 那些部分會造成意外？
2. 造成意外、失誤的原因？
3. 意外、失誤引起的後果？
4. 意外、失誤發生的機率、頻率？

風險評估可分為危害辨識、可能性分析、後果分析與風險分析等四個主要部分。危害辨識則為風險評估的第一步。

參、危害辨識的類型及方法

一、分類

危害辨識可分為類型與方法兩大類別：類型界定分析的深度、時期及覆蓋的系統範圍，而方法則界定執行分析的步驟及規範。**表2-1**及**圖2-1**分別列出兩者之差異、相互關係及範例。

由於類型只界定在生命週期中的階段所需分析的目標、範圍及內容，並未提供分析步驟，將不在此深入介紹。

二、方法比較

危害辨識的方法繁多，由簡單的檢核表一直到系統化的危害與可操作性分析及故障樹等。檢核表僅需一兩位工程師照表操課，幾個小時內即可將一個簡單的製程分析完畢；較系統化地方如危害與可操作性分析則需一組5-10人的專業人員花費一個星期時間去分析一個中型製程。

表2-1　危害分析的類型與方法比較

類型	方法
1. 建構分析的場地、時間及內容 2. 在系統的生命週期中特殊時期所建構的分析任務 3. 提供資訊以滿足分析類型 4. 提供特別的設計重點 5. 範例：CD-HAT、PD-HAT、DD-HAT SD-HAT、OD-HAT、HD-HAT	1. 界定分析所應用的步驟 2. 建構獨特的分析方法 3. 建構分析所欲達到的目標的意圖 4. 範例：PHA、FMEA、HAZOP、FTA ETA、What If、Checklist等

生命週期階段

構想/可行型研究
初步設計
細部設計
系統整合
測試
生產
操作
廢置及拆解

分析類型

CD-HAT 構想設計危害分析類型
PD-HAT 初步設計危害分析類型
DD-HAT 細部設計危害分析類型
SD-HAT 系統設計危害分析類型
OD-HAT 操作設計危害分析類型
HD-HAT 健康設計危害分析類型
RD-HAT 需求設計危害分析類型

分析方法

PHA	初步危害分析
What if	假設狀況分析
Checklist	檢核表
HAZOP	危害與可操作性分析
FMEA	失效模式與影響分析
FTA	故障樹
ETA	事件樹
CCA	因果分析
F&EI	陶氏火災爆炸指數
SHI	物質危害指數

生命週期階段　　　　執行時間與內容深度　　　　分析方法

圖2-1　危害分析類型與方法的相互關係[1]

　　依其計量特性可分為質性、半計量及計量等三類（**表2-2**）。質性分析方法不提供危害因子發生的可能性及所導致後果的嚴重度，無法分辨出不同危害因子的風險程度。半計量方法不僅提供可能造成意外事故的潛在危害因子及其後果，也提供這些潛在危害因子發生可能性或後果嚴重度的相對分級。將發生可能性、後果嚴重度及風險的相對等級列出，並繪出風險矩陣圖，可協助風險管理者分辨不同危害因子所導致的風險程度。分析

表2-2　各種危害辨識方法比較

危害辨識方法	類型	深度	非計量	半計量	計量	非情境	情境
檢核表	SD-DD/OD-HAT	低	x			x	
假設狀況分析	SD-DD/OD-HAT	中高	x				x
安全稽核	SD-DD/OD-HAT	低	x			x	
安全複檢	SD-DD/OD-HAT	中低	x			x	
初步危害分析	PD-HAT	中低	x			x	
危害與可操作性分析	SD-DD/OD-HAT	中高	x				x
相對危害等級						x	
－ 陶氏火災爆炸指數	SD-DD/OD-HAT	低		x		x	
－ 蒙得毒性指數	SD-DD/OD-HAT	低		x		x	
－ 物質危害指數	SD-DD/OD-HAT	低		x			x
失效模式與影響分析	SD-DD/OD-HAT	中高			x		x
故障樹	SD-DD/OD-HAT	中高			x		x
事故樹	SD-HAT	中高			x		x
因果分析	SD-DD/OD-HAT	中高			x		x
人為可靠度分析	SD-DD/OD-HAT	中高			x		x
蝴蝶結分析	SD-DD/OD-HAT	中高			x		x

　　者可依據分辨兩者乘積而分辨出危害因子的相對風險程度，也可排列出優先順序；因此，它們的適用範圍遠大於非計量性方法。半計量化危害辨識方法包括相對危害排序及失敗模式及影響分析。計量性方法則提供實際量測的風險數值，如人員死亡率或財產損失等。

　　危害辨識依其分析方式則可分為非情境型與情境型等。分析者應用情境型的方法時，不僅必須找出危害因子，而且還必須模擬可能發生的情境以作為判別危害所可能造成的後果。分析者應用非情境型方法則不須研擬可能發生的情境。**表2-2**中列出各種不同危害辨識方法的比較，以供參考。有些分析方法如假設狀況分析及危害與可操作性分析亦可略為改善而提升為半定量型分析方法。

肆、危害辨識與法規

　　二次世界大戰以後，廉價石油大量供應，化學工業發展神速，大幅提高人類的生活水準。由於科技的進步，產品種類快速增長，化學工業的製造程序日趨複雜，詭異的化學反應亦不斷地增加，單位成本雖然大幅降低，但所隱藏的危險性也不斷地升高。根據統計資料，化學工業的安全性雖然遠較其他工業高，但是由於化工廠儲存著大量的易燃性或危害性的物質，任何小的設備或操作上的失誤，都可能造成人員的傷亡、財物損失與環境生態的破壞。當時，先進國家雖然沒有制定嚴格的製程安全相關法規，但是業界多遵循專業學會如美國機械工程師學會、美國石油協會等制定的規範以執行製程設計、操作與維修。工程師在新製程設計或變更過程中的不同階段皆會執行危害辨識的任務，只是當時所應用的方法多為非系統化方法如安全複檢、假設狀況分析或檢核表等，導致辨識的成效因執行者的經驗與能力而異。

　　1974年，傅立克斯鎮（Flixborough, UK）環己烷工廠發生爆炸，大火燃燒十日之久，不僅造成廠內員工28人死亡及36人受傷，還波及附近社區，損壞1,821棟房屋及167間商店，總財產損失高達四億美元。此意外事故震驚了整個英國，大幅改變了政府與化學工業界對於安全的態度。一夕之間，工業安全成為產、官、學界最重要的議題。英國政府召集專家、學者及工業界代表，成立了一個嚴重危害顧問委員會（Advising Committee on Major Hazards, ACMH），全面檢討重大性工業危害。這個委員會自1976、1984年間，不僅發表了三個影響深遠的報告，並且列出了：鑑定、認知、去除／降低危險機率、評估等四個控制工業危害的原則。這四個原則已普遍為工業化國家及國際性工業組織所接受（ACMH, 1976, 1979, 1984）。英國衛生與安全署也分別於1974及1984年公布健康與安全法案（The Health and Safety at Work Act）與工業重大意外控制規定（The

Control of Industrial Major Accidents Regulations）。

1989年，美國德州帕薩丁納市（Pasadena, Texas）的菲力浦化學公司高密度聚乙烯工廠發生爆炸事件，造成23人死亡，314人受傷。由於爆炸威力相當於10噸的三硝基甲苯炸藥，一時黑煙蔽天，周圍十哩之內皆會感到震波，兩個生產高密度聚乙烯的工廠全部被毀壞，財產損失高達近八億美元。此事件發生後，震驚美國化學工業界、國會及政府主管機關，因而加速工業安全管理法規之修正。高危害性化學物質製程安全管理聯邦法規OSHA1910.119之迅速頒布及執行與此事件有很大的關係。美國製程安全管理法規要求在下列兩中狀況下必須執行危害辨識：

1. 在製程危害分析項目中，明文規定每五年必須執行危害辨識。
2. 在變更管理中規定在任何製程變更前皆必須執行危害辨識，以確保安全與健康衝擊已被充分考慮。

民國83（1994）年，行政院勞工委員會頒布「危險性工作場所審查暨檢查辦法」，再經86年修訂，規定危險性工作場所應經審查暨檢查合格，始得使勞工在該場所作業。一般化學製程受此法影響者主要為甲類工作場所，事業單位向檢查機構申請審查甲類工作場所，應填具申請書，並檢附製程安全有關資料。OSHA所規定的項目較多，但除商業機密外，多已納入勞委會所列的項目中。民國109（2020）年，公布的製程安全評估定期實施辦法除將美國製程安全管理法案所規定的十四個項目包括在內，並規定下列事業單位必須在五年內實施製程安全評估：

1. 勞動檢查法第二十六條第一項第一款所定從事石油產品之裂解反應，以製造石化基本原料之工作場所。
2. 勞動檢查法第二十六條第一項第五款所定製造、處置或使用危險物及有害物，達勞動檢查法施行細則附表一及附表二規定數量之工作場所。

3. 製程安全評估應使用下列一種以上之安全評估方法,以評估及確認製程危害:如果—結果分析、檢核表、危害及可操作性分析、失誤模式及影響分析、故障樹分析或其他經中央主管機關認可具有同等功能之安全評估方法。製程安全評估所使用的方法皆為危害辨識的方法。

其他國家如歐盟、澳洲、南韓、墨西哥、新加坡及阿拉伯聯合大公國等皆陸續制定與危害辨識相關法規(**表2-3**)。

表2-3　各國危害辨識相關法規[2]

國家或地區	法規
中華民國	製程安全評估定期實施辦法2020
	危險性工作場所審查暨檢查辦法1994
歐盟	重大工業災害控制訓令Seveso II Directive 2003/105/EC
澳洲	控制嚴重危害場所的國家標準(NOHSC:1014, 1996)
墨西哥	化學物質製程安全NOM-028-STPS-2004
新加坡	國家環保署
南韓	工業安全與衛生法案—第20款安全與管理法規準備
聯合大公國	聯邦勞工法規1980及環保法規1999
英國	重大危害控制,Control of Major Hazard 1976
美國	高危害化學品之製程安全管理29CFR1910.119
	化學意外事故釋放預防之風險管理40CFR 68

伍、任務

危害辨識工作包括下列三個部分：

1. 辨識危害：在辨識團隊的協助下，進行危害辨識。這可以是定性的或定量的評估，通常使用專家知識和經驗來識別潛在的危害因素。
2. 評估危害：評估已識別的危害的嚴重性和可能性。這可以透過評估可能的後果、頻率和曝露程度來完成。
3. 優先排序：根據危害的嚴重性和可能性，將危害按照優先順序排序。這有助於確定應該首先解決的危害和分配資源的優先順序。

陸、執行前準備工作

一、管理階層的承諾

管理層必須具備企業安全文化並支持製程安全評估的任務，同時要求各部門積極提供資源與人力的協助。為了建立成本效益的危害評估計畫所需的基礎設施，必須做出下列三個關鍵性承諾：

1. 提供完整資訊的承諾。
2. 提供人力及技術支援的承諾。
3. 及時因應危害評估結果的承諾。

(一)提供完整資訊的承諾

企業可以應用電腦化技術資訊管理系統以實現第一個承諾。這個系統蒐集及時因應危害評估結果的承諾及記錄與該過程及設備相關的最新資

訊，例如流程設計圖、管線及儀器圖、標準作業程序、公司標準、導引及檢查清單等。企業應該定期審查及更新此類資訊，以確保資訊的完整性。

(二)提供人力及技術支援的承諾

第二個承諾為要求組織內的管理層提供具備能力的人員參與危害評估，並承認參與者貢獻的重要性。這些參與者可能是企業員工，也可能是供應商、承包商或顧問。操作及維修員及單元工場主管也必須參與，以提供單元工場的實際操作及維護情況。

(三)及時因應危害評估結果的承諾

企業或組織不僅應該審慎評估危害評估的結果報告，並及時做出回應。此外，必須將危害評估的結果及後續因應措施計畫及執行進度詳細記錄與保存於電腦化安全資訊管理系統中，以確保危害評估報告並非紙上談兵或順應法規的要求。

二、界定目標

危害辨識的目標隨專案性質與生產工場的生命週期的階段而異。以下是一些不同階段的範例，以供參考。

(一)研究發展

1. 發現可能產生失控反應、火災、爆炸及危害物質溢散的化學反應或相互作用。
2. 確認所需的製程安全數據。

(二)構想設計

1. 發現本質安全的機會。
2. 評比不同場地的危害。
3. 提供場地及緩衝區的需求。

(三)實驗工場

1. 發現危害性物質溢散的路徑。
2. 找出可以將觸媒失效的方法。
3. 發現可能發生操作失誤狀況。
4. 辨識降低危害性廢棄物的方法。

(四)製程及細部設計

1. 找出避免在製程設備中產生可燃性混合物的方法。
2. 研擬避免引發危害性物質潑灑的方法。
3. 研擬避免引發失控反應的製程控制方法。
4. 發現降低危害性物質儲存量的方法。
5. 評估所設計的安全防護設施是否足以將風險控制在最低合理可行（ALARP）的水準之下。
6. 發現必須定期檢查、測試及維護的關鍵性安全設備。

(五)營建及試俥

1. 發現可能在啟動及操作過程中產生失誤的錯誤狀況。
2. 確認在前幾個階段中所有的危害辨識中所提出的議題及缺點都已解決。
3. 發現在營建過程中附近生產單元可能對營建工人造成的危害。
4. 發現與桶槽清洗程序的相關危害。

5.發現設計圖與設備的差異。

(六)正常操作

1.發現作業程序中可能對員工造成的危害。
2.發現可能造成暫時性升壓方式。
3.修正過去危害辨識內容，以符合實際操作狀況。
4.發現停用設備的危害。

(七)製程改善及擴充

1.確認原料成分的改變不會引發新的危害。
2.發現與新增設備相關的危害。

(八)除役

1.確認拆除作業不會危害鄰近生產單元的操作。
2.發現殘留在工場中任何可能引發火災、爆炸及危害性物質洩漏的殘渣。

三、界定分析邊界及範圍

邊界係指所欲分析的生產單元、設備或管線。執行小組首先必須選擇出所欲分析的設備及管線，以免混淆。

範圍係指危害辨識工作所必須涵蓋的具體內容，例如是否要考慮邊界內非管制的設備呢？或是否要對邊界中的公用及環保設施呢？

當邊界及範圍界定任務完成後，分析小組必須將物理邊界及設備管線分別在場地布置圖和管線及儀表圖上標示出來，以便於未來任務的執行。

四、資料需求

資料需求則視工程專案的執行階段以及所應用的危害辨識方法而異。在可行性研究階段，只需基本的製程構想、原物料及產品的物理、化學及危害特性等；到了製程設計階段，所需的資料則為基本構想、原物料及產品特性、質能平衡、流程圖、管線及儀器圖、設備規範及場地布置圖等。對於已運轉有年的生產單元，除上列資料外，還必須具備標準作業程序、維修紀錄、生產計畫及目標、定期維修計畫、緊急應變步驟等。**表2-4**中列出所有可能需要的資料。

表2-4　資訊需求[2]

1.管理系統資訊 　操作及維修程序 　緊急應變計畫 　意外事故調查報告 　過去安全相關研究 　內部標準與檢核表 　安全政策 　相關產業經驗 　法規與許可規範 　適用的業界規範與標準 　其他 2.製程技術資訊 　相關主要及次要化學反應 　觸媒特性 　主要化學反應的動力學數據 　操作條件如壓力、溫度、濃度限制 　質能平衡及流程圖 　主要原料存貨量 　製程控制理念 　其他與設計相關的特殊考慮 3.化學危害資訊 　所有化學品的反應化學數據 　原料與中間產品的安全衛生與環保數據	4.設備資訊 　場地用電設備分類圖 　建築物於設備布置圖 　設備的電力分類 　管線及儀表圖 　機械設備數據表 　機械設備目錄 　設備圖表、維修與操作手冊閥／儀器數 　　據表 　管線規範 　公用設施規範 　測試及檢查報告 　電線路圖 　儀器迴路圖及邏輯圖 　控制系統及敘述 　電腦控制系統軟硬體 　釋壓系統設計基準 　通風設計基準 　防火及安全系統設計基準 4.場地資訊 　布置圖 　氣象數據 　人口分布數據 　場地水文圖

五、分析小組與人力需求

危害辨識的工作任務應該交付一組由不同專長的工程師或技術人員所組成的專案小組全權負責執行，以維持辨識任務的連續性、完整性及時效性。專案小組的成員則視任務的性質、目標、所欲應用的方法與分析範圍而異。分析一個小型專案可能只需要兩、三人，但是評估一個生產單元則多至七、八人。為了有效溝通及安排會議時程，應該避免招集太多人員，否則難以及時完成任務。專案小組由小組長、秘書及具不同專長的人員組成，他們的背景需求與責任如後：

(一)小組長責任與能力需求

小組長是專案小組的靈魂人物，負責專案小組的籌組、提供分析的方向、組織及執行分析任務、召開及主持會議等。小組長通常是由經驗豐富的工程師擔任，他必須具備足夠的能力及專業背景，才能有效地領導與執行危害辨識專案。以下是他的背景及能力需求[2]：

1. 專業知識和經驗：小組長應該對危害辨識有深入的專業知識和經驗，瞭解相關的法規標準、工程技術及最佳實踐方式。他應該熟悉危害辨識方法、工具和技術，並能夠指導團隊成員進行正確的評估及分析。
2. 領導和管理能力：小組長應該具備優秀的領導和管理能力，能夠有效地組織和協調團隊成員的工作。他們應該能夠設定明確的目標和期望，並能夠提供指導和支持，以確保專案的順利進行。
3. 溝通和協調能力：小組長需要具備優秀的溝通和協調能力，能夠與團隊成員、相關利益相關方與管理階層有效的溝通。他必須能夠清晰地傳達訊息、促進團隊之間的合作、解決問題並做出決策。
4. 分析和解決問題能力：小組長應該具備良好的分析和解決問題能

力，能夠識別潛在的危害、風險和問題，並提出相應的解決方案和措施。他們應該能夠進行全面的危害評估，運用創造性的思維解決複雜的問題。
5. 專案管理能力：小組長需要具備專案管理的能力，能夠制定計畫、監控進度、分配資源、管理風險並達成預定的目標。他們應該熟悉專案管理工具和技巧，能夠有效地組織和執行專案。
6. 培訓和教育能力：小組長應該能夠向團隊成員提供必要的培訓和教育，確保他們具備足夠的知識和技能來執行危害辨識任務。他們應該能夠發展團隊成員的能力，提供持續的專業發展和支持。

小組長的責任及任務如**表2-5**所列。

(二)秘書責任與能力需求

秘書負責文件整合及會議安排等行政工作，多由年輕資淺的安全工程擔任，具體任務如下：

1. 會議組織與管理：負責組織和安排危害辨識小組的會議，這包括確定會議日期、時間和地點，發送會議邀請，準備會議議程和材料，並確保會議紀錄的準確性。
2. 文件和資料管理：負責管理和維護危害辨識小組的文件和資料，這

表2-5　小組長的責任與任務[2]

1. 確保選擇及使用適當的方法	9. 鼓勵小組成員發言討論
2. 組織專案小組及尋求資源	10. 專注在主要議題
3. 與各部門溝通聯繫	11. 在會議中取得共識
4. 激勵專案小組達成任務	12. 具同理心，接納及欣賞不同意見
5. 與任務相關的人員溝通協調	13. 管控進度，以確保能限期完成
6. 解讀工程圖表與理解製程及操作	14. 維持小組同心合力
7. 以公正、客觀、誠實及符合倫理的態度執行任務	15. 放棄小組無法解決的議題
	16. 實現小組的心理需求
8. 忠實報導所發現的問題	17. 避免傷害小組成員的自我

可能包括建立和維護文件儲存系統,處理文件的分發和彙總,以及確保文件的保密性和安全性。

3. 協助報告和文件撰寫:協助專案團隊成員撰寫及編輯相關的報告和文件,這可能包括蒐集和整理資料、進行初步的審查和編輯,以確保文件的一致性和完整性。

4. 任務分配和追蹤:協助分配及追蹤危害辨識專案中的任務,包括確保任務的分派清晰明確、追蹤任務的進度、與團隊成員溝通,並確保任務按時完成。

5. 溝通及協調:協助處理與危害辨識專案相關的內部和外部溝通,包括與相關利益相關方聯繫、會議安排、處理文件交流,與回答相關的查詢及請求。

6. 資訊整合及更新:負責整理、組織和更新相關的危害辨識資訊,包括相關法規標準、最佳實踐和技術文件。這有助於確保團隊成員擁有最新和準確的資訊來執行危害辨識任務。

7. 協助專案管理:支援專案管理工作,如計畫制定、進度追蹤、資源分配及風險管理等方面。

(三)專家或顧問

專案小組長依任務需求邀請具不同領域的專業人士或顧問參與,例如:

1. 專業工程師:具有製程設計、操作、維修、儀電及控制、材料、土木等專業知識,能夠評估危害對工業製程、設備及工程設施的潛在影響,提供相關的建議及解決方案的工程專業人員。

2. 安全專家:擁有安全管理及危害評估的專業知識,能夠辨識及評估潛在的安全風險及危害。

3. 環境專家:具有環境科學、環境工程或環境管理的專業背景,能夠

評估危害對環境的影響及採取相應的控制措施。
4. 工業衛生專家：專注於工作場所健康與安全的專業人士，能夠評估工作環境中的危害和風險，提供相應的預防和保護措施。
5. 化學師：具有化學知識及實驗室經驗，能夠評估與管理及化學物質相關的危害及風險。
6. 醫生：在醫學領域具有專業知識，能夠評估及管理與人體健康相關的危害及風險。
7. 法律顧問：擁有相關法律知識，能夠幫助解釋和應用相關法規和標準，確保危害辨識過程的合規性。
8. 社會科學專家：具備社會科學或心理學專長，能夠評估危害對社會及人員行為的影響，提供相應的管理和溝通策略。
9. 數據分析專家：具有數據分析及統計學知識，能夠處理和解釋與危害辨識相關的數據，提供定量分析和評估。

柒、執行步驟

危害辨識工作的執行可分為時程安排、啟動會議、製程說明、小組討論、結論與報告撰寫等。

一、時程安排

危害辨識專案小組組成後，小組秘書必須馬上安排工作流程及時程表。由於小組成員來自不同的單位或公司，必須提早將任務及時程排出，以方便成員積極參與。由於危害辨識的工作多在小組會議中完成，密集性開會已取得共識是常態；因此，小組成員必須承諾積極參與，否則難以得到預期的成效。

二、啟動會議

啟動會議的目的[4]為：

1.小組長宣示專案開始啟動。
2.說明專案的目的、目標。
3.介紹小組成員。
4.取得小組成員的承諾。
5.建立團隊間彼此的工作關係。
6.討論運作時的溝通規則與管理辦法。

小組長在啟動會議中可以指定一位成員負責介紹專案的分析範圍、物理邊界及所欲應用的危害辨識方法等。

三、製程說明

由於小組成員背景複雜，在執行任務之前必須粗略理解製程技術與流程。此類工作多由該生產單元資深工程師或企業內具類似知識的技術人員擔任。製程說明可以使用方塊圖、流程圖（PFD）或者管線及儀表圖（P & ID）來描述。說明者可以由每種化學物質、水電及蒸氣等公用設施的輸入開始敘述，並按照與技術流程相同的方向進行。說明者應該將較複雜的製程細分為不同的系統，以便可以討論，例如可將公共設施分為鍋爐及蒸氣系統、冷卻水系統、電力設施，或將汙染防治系統分為廢水、空氣汙染及廢棄物處理等。

四、現場考察

製程說明後，所有危害辨識小組成員皆必須到所分析的生產單元或

製程現場實地考察。實地考察的介紹工作則由資深操作人員及熟悉該製程技術的工程師負責。這種組合不但可以清楚地介紹該製程的設計理念及預期操作方式、實際建造與日常運行情況。當小組進行實地考察時，必須遵守該製程區域的所有安全要求。在實地考察過程中，應鼓勵小組成員踴躍發問，以釐清疑問並避免產生誤會。如果危害辨識的對象是正在設計階段的製程，則應安排小組參觀類似設施。有些公司使用檢核表以提醒小組成員檢查與關鍵性製程安全相關設備。

五、安全紀錄複檢

執行正式的危害辨識任務之前，除了進行製程說明及現場考察外，還必須審查製程安全文件及紀錄，例如與該製程相關的化學反應、技術及設備數據、標準操作程序、公共設施需求、供應商等。此時，製程工程師應向危害辨識小組介紹營造及維護的業界標準與規範（例如API、ASME、NFPA等）、電力分級。參與危害辨識的成員應清楚理解製程設計的理念及危害，以及過去該製程的操作及維護經驗。

六、意外歷史複檢

小組成員應該審查過去十年內與此製程相關的意外事故，例如引發事故的原因、虛驚、人員傷亡及財產損失等。這些資訊可以用來檢視是否已經從過去慘痛的教訓中獲得經驗，並且修正過往的缺失。

七、小組討論會議

危害辨識的主要任務是辨識危害、評估危害及排列出消除或降低危害的優先順序。絕大多數的辨識工作時間花費在小組討論會議之上。會議

次數的多寡則視所欲分析的製程規模與複雜度而異，簡單製程可能只需一兩次即可，複雜製程可能需要5-8次之多。

會議係以腦力激盪方式進行。腦力激盪是一種激發眾人創造力的思考方式，參與者可以隨意將個人對於主題相關的意見提出，然後再將大家的意見重新分類整理，以找出最佳或最合適的見解。在整個過程中，無論提出的意見和見解多麼可笑、荒謬，其他人都不得打斷及批評。它的目的是擺脫現實或傳統的限制，以便於衍生很多的創新觀點及解決問題的方法。

腦力激盪中有四項基本規則[5]：

1. 追求數量：以量變產生質變的原則，鼓勵發言，提出的構想數量越多，越有機會出現高明有效的方法。
2. 禁止批評：不得批評參與者所提出的構想，以免參與者的思考受到限制。
3. 提倡獨特的想法：避免陷入刻板印象及制式化的思考。
4. 綜合並改善構想：綜合的過程可以激發有建設性的構想。

小組長應該主導討論的議題及方向，及控制會議的時間，並且避免主題偏失方向。小組長應確保所有小組成員充分表達他們的專業意見，並尊重每一位小組成員的意見。

八、結案報告

危害辨識報告內容可分為下列八個項目：

1. 前言：緣起及背景。
2. 分析目標及範圍。
3. 製程描述。
4. 安全法規與標準。

5.小組成員。
6.所使用的危害辨識方法。
7.危害辨識結果、表格等。
8.建議。
9.附件:相關的文件、圖表、安全數據、會議紀錄等。

九、定期追蹤及監控

危害辨識小組將結案報告繳交後,雖已完成任務,但工作並未結束。委託單位接到結案報告後,除建檔保存外,必須審查其內容,並依據結案報告建議逐步將所發現的危害因子消除或降低其危害程度,並定期追蹤及監控改善進度。危害辨識工作只是風險評估及管理的第一步,如果只執行危害辨識卻不進行改善及追蹤改善成果,則所有的努力只是流於形式而已,毫無實際意義。

捌、危害辨識的限制

無論採取任何危害辨識的方法,危害辨識工作有人為因素、資料不完整或缺乏、複雜性、完整性及重複性、創新技術及製程、時間與成本考量、多種因素交互作用等[4]。

1. 人為因素:危害辨識必須仰賴執行小組的主觀判斷及經驗,會受到個人主觀意識的影響。不同背景與經驗的專家們對於相同製程的危害可能會有不同的看法,因而導致辨識結果的差異。
2. 資料不完整或缺乏:必須具備大量的資料,如製程設計參數、生產條件、材料特性等。如資料不完整或不可靠時,則難以準確地發現潛在危害。

3. 複雜性：有些製程非常複雜，涉及多種參數、變數及商業機密。進行全面的安全危害辨識不僅變得非常困難，而且費時。
4. 完整性及重複性：品質與專案小組的經驗及能力有密切的關係。任何人難以保證所有潛在的危害因子皆已被發現。不同專案小組所得的結論未必完全相同。必須慎選具豐富經驗的執行小組負責人與成員。
5. 創新技術及製程：小組成員往往缺乏創新的技術及製程的認識及經驗，再加上可能牽涉未公開的商業機密，有時難以發現潛在的危害因子。
6. 時間與成本考量：可能需要時間及資源的投入視製程的複雜度及創新度而異。創新或複雜製程可能需要大量的時間及資源的投入。如果公司或組織受限於經費或時間，則難以獲得高品質的結果。
7. 多種因素交互作用：製程中的危害可能是由多個因素的交互作用所引起的。辨識這些因素及其交互作用是一個非常複雜的問題。

玖、結語

　　危害辨識普遍應用於風險評估、工程設計、環境管理及公共衛生活動之中。應用危害辨識方法，可以協助業者發現工業製程、工作場所與環境中可能導致意外事故、人員傷亡、財產損失等潛在危害因子及來源。一旦潛在危害因子被辨識出來後，業者可以對其進行評估，以確定其風險程度，並應用適當的控制方法以降低或消除與這些危害相關的風險。

　　危害辨識方法很多，依其特性可分為定性、半定量及定量等類型，也可依據其對於假設性意外情境的描述與否分為情境型及非情境型等。業者可依據需求選擇適當的方法執行。危害辨識工作係由具安全、製程設計、操作、儀電及控制、設備等專長的人員所組成的小組團隊來執行。小

組長是團隊的靈魂人物,負責人員招集、目標設定、排程、會議主持及意見彙總、報告撰寫等。危害辨識工作結束後,業主不僅須審查結案報告、歸檔,還必須制定改善計畫與定期追蹤改善結果,以免辨識工作流於形式及因應法規需求。

習題

1. 解釋名詞
   (1)危害辨識;(2)計量性方法;(3)質性方法
2. 請寫出三種質性危害辨識方法。
3. 請說明非情境型與情境型危害辨識方法的差異,並各別寫出三個方法名稱。
4. 系統安全分析的目的為何?(44次甲級安全)
5. 除失誤樹分析外,請列舉五種系統安全分析的方法(44次甲級安全)
6. 請說明危害分析法有那些限制須予注意?(20分)(111年工安技師高考)
7. 請說明危害辨識與風險評估的關係。
8. 請列出五個已制定危害辨識相關法規的國家。
9. 依據製程安全評估定期實施辦法鎖定製程安全評估,應由那些人員組成評估小組?(110年地方特考)
10. 勞動部於中華民國103年12月31日訂定發布「製程安全評估定期實施辦法」,並於中華民國104年1月1日正式施行。該辦法適用的工作場所為何?依該辦法規定,實施製程安全評估須準備的資料及評估報告內容應包括的項目與美國職業安全衛生署(OSHA)製程安全管理的14個單元一致的工作場所有那些?對於安全評估方法,該辦法的規定與「危險性工作場所審查暨檢查辦法」的規定有何不同?(104年工安技師高考)

參考文獻

1. Ericson, C. A. (2005). *Hazard Analysis Techniques for Safety Analysis*. John & WileySons, Hodoken, NJ, USA.
2. AIChECCPS (1985). *Guidelines for Hazard Evaluation Procedures*. American Institute of Chemical Engineers, NY, USA.
3. Kamrin, M. A. (2014). Hazard Identification. In *Encyclopedia of Toxicology* (3rd Edition), edited by Philip Wexler. Academic Press.
4. 游振昌（2023）。什麼是Kick-Off Meeting？。Project Club. https://www.projectclub.com.tw/hard-power/gibson_projectmanagement/1761-kick-off-meeting.html
5. 維基百科（2023）。腦力激盪法。https://zh.wikipedia.org/wiki/%E8%85%A6%E5%8A%9B%E6%BF%80%E7%9B%AA%E6%B3%95

3 定性危害辨識方法

壹、前言
貳、檢核表
參、安全稽核
肆、安全複檢
伍、初步危害分析

定性分析的目的是揭示出隱藏的現象、關係及結構

壹、前言

　　定性危害辨識方法係指分析結果僅提供可能造成意外事故的潛在危害因子，但不提供這些潛在危害因子發生可能性或後果嚴重度量化數據的方法。由於辨識結果無法分辨危害因子之間的相對風險程度，也無法排列優先順序，因此，這些方法僅適用於專案初期的初步可行性評估及現場查核或檢視等。這些方法包括檢核表（Checklists）、安全複檢（Safety Review）、安全稽核（Safety Audit）、初步危害分析（Preliminary Hazard Analysis, PHA）、假設狀況分析（What If Analysis）、危害及可操作性分析（Hazard and Operability Analysis, HAZOP）等。本章僅討論檢核表、安全複檢、安全稽核及初步危害分析等四種方法。由於假設狀況分析與危害及可操作性分析可經修改而提升至半計量性方法，將分別於第四及第五章中介紹。

貳、檢核表

一、定義

　　檢核表是一種檢查及驗證程序、系統設計或操作方法是否合乎標準或合理的清單統稱，普遍應用於例行性的檢查、清查及符合性稽查等業務；例如定期性車輛或設備的安全檢查、健康檢查、場地安全巡視、產品或工程驗收等。由於檢核表已經將必須檢核的相關項目或問題列在表格中之中，執行者只須依據所列的項目逐一檢驗，以確保工作任務的各項步驟皆已經遵循規定或完成。

二、適用範圍

檢核表可應用於下列領域：

1. 工作場所安全檢查：用於評估工作場所是否符合安全標準，例如消防安全、電氣安全等。
2. 品質管理檢查：以確保產品或服務符合業界公認的標準及品質要求。
3. 環境檢查：以評估企業或組織的操作是否遵守環境法規及排放標準。
4. 專案管理：以確保工程專案項目進度、預算及執行。
5. 旅行或活動：以確保活動或旅行計畫皆已妥善處理及規劃（**表 3-1**）。

三、適用時機

檢核表的應用時機取決於特定任務或活動的需要。它們是一種簡單且有效的工具，可確保關鍵步驟不被遺漏，並有助於提高工作的一致性和準確性。使用檢核表時，還應根據具體情況和要求對其進行定期更新和調整，確保其始終保持實用和有效。

四、執行步驟

檢核表分析過程包括下列三個主要步驟：

1. 選擇或研擬適當的檢核表。
2. 執行分析。
3. 彙總及記錄分析結果。

表3-1　風險管理計畫檢核表（參考範例）[1]

團隊名稱				活動日期		
活動地點				活動內容		
團隊組成名單							
編號	姓名	性別	年齡	聯絡電話	電子郵件	通訊地址
1						
2						
3						
盤點潛在風險與因應作為（風險因子得視實際狀況自行增減）							
潛在風險因子			可能傷害／風險		控制／補救措施或方法	
人為因素	參與者	體能狀況				
		健康狀況				
		戶外活動經驗與風險認知				
	裝備器材	裝備損壞故障				
		通訊裝備不足				
		裝備電源不足				
環境因素	氣候	豪大雨				
		氣溫變化				
		部分路段大風				
		下雪				
	地形環境	有困難地形				
		路面起伏、濕滑				
		狹窄路段				
		有毒動植物				
緊急應變計畫與相關作為檢核				團隊自我評估		
	檢核項目		已完成者打✓		評估項目	自評分數（分數0～10分）
1	風險因子評估		☐	1	專業技能	分
2	學員健康狀況調查		☐	2	經驗等級	分
3	緊急應變處理程序		☐	3	安全意識	分

（續）表3-1　風險管理計畫檢核表（參考範例）[1]

4	緊急事件任務編組	☐	4	團隊溝通	分
5	緊急救護與醫療資源	☐	5	急救能力	分
6	交通運輸與撤退計畫	☐	6	裝備器材	分

綜合評估：本次活動經評估為（☐高、☐中、☐低）度風險活動。
填表人：　　　　　日期：　　　年　　月　　日

1. 定期檢查：檢核表通常應用於定期檢查，以確保重複性高的工作或製程能夠按照標準程序進行；例如日常檢查、月度檢查或年度檢查。
2. 新任務或新人培訓：在引入新任務、工作或新進員工時，檢核表可以用來確保新人瞭解並遵從相應的步驟和要求。
3. 事故調查：在事故發生後，可以使用檢核表來檢查是否有缺陷或不符合標準的項目，以幫助找出事故原因。
4. 新專案或計畫：新的專案、計畫或任務啟動時，可應用檢核表以確保所有必要步驟及準備工作皆已考慮及處理。
5. 監督和審核：管理者或主管可以應用檢核表來監督和審核員工的工作，以確保工作品質和合規性。
6. 核查符合規範：檢核表常被應用於確保組織或公司遵守相關法規、法律或行業標準。
7. 品質控制：檢核表在品質控制中是一個有用的工具，以確保產品或服務符合品質標準及客戶需求。
8. 故障排除：在檢查故障或問題時，檢核表可被應用於確保所有可能的原因都被納入考慮。

　　分析的品質與所研擬或選擇的檢核表有密切的關係。若選用不當的檢核表，即使具豐富經驗的分析者也難以提供高品質的分析結果。反之，如果所使用的檢核表可以充分提供檢核或查證需求，資淺的分析者也能順利完成任務。

五、分析所需時間

　　分析所需時間視分析標的規模而異，小型系統僅需10-20小時，可在一、兩天內完成，大型製程則需一至兩個星期（**表3-2**）。

表3-2　檢核表分析所需時間

規模	準備	分析	紀錄彙總	小計
小系統	2 - 4 時	4 - 8 時	4 - 8 時	10 - 20 時
大製程	1 - 3 天	3 - 5 天	2 - 4 天	6 - 12 天

六、優缺點

(一)優點

檢核表的優點為：

1. 項目列表：檢核表上列出了需要被評估或檢查的項目，例如操作步驟、程序、要求或標準等。
2. 是／否選項：對於每個項目，檢核表通常提供是／否或符合／不符合等選項，以便於執行者評估該項目是否已達到要求。
3. 評估標準：有些檢核表中會提供有關每個項目應該滿足的標準或要求條件，以協助評估人員進行較準確的評估；例如健康檢核表中會列出合格的血壓、血糖、膽固醇或BMI的範圍；作業環境監測檢核表則列出二氧化碳或粉塵濃度的許可標準等。
4. 備註欄：檢核表通常還包含備註欄，可允許評估人員記錄對評論意見或提供進一步的解釋。

(二)缺點

檢核表的缺點為缺乏彈性、遺漏資訊、不適用於特殊狀況、受限於檢核表設計品質、忽略主觀因素、未促進學習及改進、過分依賴檢核表等：

1. 檢核表通常是事先設計好的固定清單，可能無法完全適應特定情況或需要。這種特性可能限制了評估的全面性和深度。

2. 遺漏資訊：由於檢核表是固定的，可能無法覆蓋所有可能的情況或細節，因此可能會遺漏一些重要的訊息或問題。
3. 不適用於複雜情況：依據過去的經驗所設計的，難以因應複雜的情況。
4. 受限於檢核表設計品質：有效性取決於它的設計。一個不好的檢核表可能無法涵蓋所有必要的項目或可能包含不必要的項目，導致評估的準確性和可靠度下降。
5. 忽略主觀因素：只是客觀而忽略了主觀及經驗因素。主觀判斷及專業意見無法被納入檢核表中。
6. 未促進學習及改進：分析者只能機械性地勾選項目，而缺乏深入的思考和學習，可能阻礙問題的改進及改善方案的制定。
7. 缺乏思考：使用者往往過度依賴檢核表，自我限制思考，因而難以發覺與製程相關的特殊危害。

雖然檢核表具有這些缺點，但在許多情況下，它們仍然是一個方便和有效的工具，特別是在重複性高且流程相對固定的場景中。適當地使用檢核表，可以幫助確保不漏掉重要的細節和步驟。然而，使用檢核表時，仍應該保持警覺，並根據具體情況進行靈活調整和補充。

七、範例：磷酸二銨製程檢核表分析

(一)製程說明

磷酸二銨合成的流程如**圖3-1**所顯示，氨水溶液透過流量控制閥供應到攪拌反應器中。氨水與磷酸接觸後會反應生成磷酸二銨（DAP）。磷酸二銨產品會從反應器流入一個頂部開放的儲槽中。儲槽及反應器上皆設置安全閥。

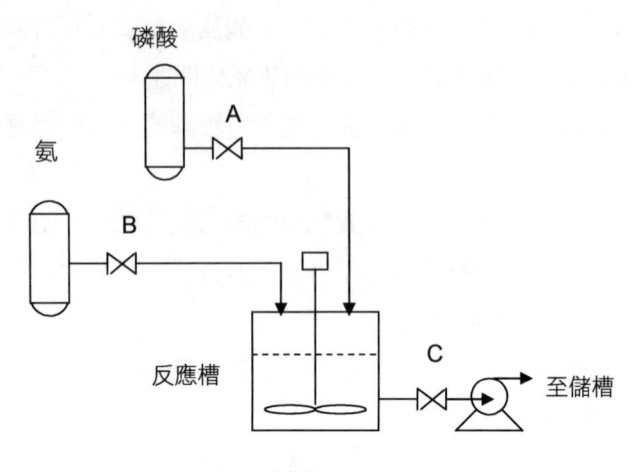

圖3-1　磷酸二銨製程

(二)失控狀況

失控狀況為：

1. 磷酸過多：如果添加的磷酸過多時，會產生不合規格的產品，但反應仍然安全。
2. 氨水與磷酸流速增加：能量釋放速率會隨著流速加快而上升，則反應器的設計無法因應所產生的溫度及壓力上升。
3. 氨水添加過量：如果添加的氨水過多，未反應的氨水可能會被送至磷酸二銨儲槽中後釋放至環境中而導致工作人員的接觸及受傷；因此，工作區內設置氨氣檢測器及警報，以警示工作人員。

(三)檢核表

分析者將原料、設備及作業程序的檢核項目分別列於**表3-3**之中。

表3-3　磷酸二銨製程檢核表範例[1]

原料	檢查結果
1.是否所有原料符合設計規格？	否；氨水的濃度雖然提高，但流速已經依據濃度而調整。
2.每次原料進貨時是否查驗過呢？	是；原料製造廠商交貨時，廠方皆確認送貨清單，但並未實際取樣量測。
3.操作人員是否理解物質安全資料表？	是；物質安全資料表放置在工作場所與辦公室內。
4.是否設置防火及安全器材？	是；皆定期檢測，狀態良好。
設備	
1.是否定期檢查所有設備呢？	是；維修人員定期檢查。
2.是否定期檢查所有釋壓閥呢？	是。
3.是否定期測試安全及緊急停機系統呢？	是。
4.是否有維修時所需的零組件呢？	是。
程序	
1.作業程序是最新且符合實際作業嗎？	是；六個月前才依據最新的製程改善後修訂的。
2.操作人員是否遵循作業程序呢？	否；操作員認為部分操作程序並未考慮操作員的安全。
3.新操作員是否接受過適當訓練？	是；新進員工皆經過充足的訓練。
4.環境是否整潔？	是。
5.作業前是否申請作業安全許可呢？	是。

八、結語

　　檢核表是一種簡單而有效的工具，可用於確保工作的完整性和合規性，同時也可用於追蹤和改進過程中的問題；因此，它是一種最經常應用於工作場所或製程安全的危害辨識方法。通常是一連串針對不同項目的安全措施的是非題，以方便使用。由於一般工業製程非常複雜，研擬一份完善的問卷以評估設備或系統之間的相互作用及影響，是一件很艱鉅且困難的工作，因此，檢核表並不適合應用於評估製程的安全或發現所有的危害因子。它的目的僅在於提醒檢核者一些標準性及一般性的安全考慮，以免疏忽而已。

檢核表的研擬應該由具有運轉、設計經驗及安全訓練的資深工程師負責。此類檢核表並不具任何工業機密，適於各公司之間相互觀摩及意見交換。使用者僅需熟悉基本工程或安全衛生基礎，即可於短期內進入狀況，並不需要正式的培訓及講習。許多公司通常使用標準形式或問題的表格，以抽驗工廠之運轉或工程專案的進行。有時也作為管理階層批准或評估專案之可行性的工具；因此它被認為是一種針對安全上的溝通及管制方法。

參、安全稽核

一、定義

安全稽核（Safety Audit）是一種非結構化但具有評估及審查過程的危害辨識方法。它的主要目的在於確認工廠具有安全管理制度以及工廠的安全管理制度是否有效執行；因此，經常被應用於評估組織、設施或專案的安全性能、程序及實踐成效。安全稽核的主要目標是識別潛在的危險、不安全條件及操作程序，並提供改進建議，以預防事故、傷害，並確保符合安全法規。

二、適用範圍

安全稽核可以在各個行業進行，包括製造業、建築業、醫療保健、交通運輸等產業的下列作業之中：

1. 組織層級的安全稽核：適用於各種類型的企業及機構，從小型企業到大型跨國公司，以評估整體安全性能和合規性。
2. 專案或工程安全稽核：在進行特定專案或工程前或期間，對其安全

Chapter 3　定性危害辨識方法

管理和措施進行審查，以確保專案執行期間的安全。
3. 行業安全標準遵從性：適用於需要符合特定行業標準或法規的組織，例如醫療保健、石油、天然氣、化工、發電及航空等行業。
4. 工廠或生產線安全稽核：針對製造業的生產設施和流程進行稽核，以識別潛在的安全風險。
5. 資訊安全稽核：對系統、資料庫、網路及應用程式的安全性進行審查。

三、適用時機

安全稽核的適用時機為：

1. 定期稽核：定期進行安全稽核有助於組織保持對安全措施的持續關注，並及時識別和解決潛在的安全問題。
2. 新專案啟動前：在啟動新專案或工程之前，進行安全稽核有助於確保專案在安全環境下進行，並制定相應的安全管理計畫。
3. 重大事件後：在發生重大事故、安全性漏洞或安全違規事件後，進行安全稽核有助於查明原因、改進措施，並防止類似事件再次發生。
4. 變更管理時：當組織進行重大變更時，如新設備引入、工藝改進或組織結構調整，進行安全稽核有助於評估變更對安全性的影響。
5. 符規審查：定期或不定期地進行合規性審查，以確保組織遵守適用的法規和標準。

四、執行步驟

安全稽核包括以下步驟：

1. 資訊蒐集：蒐集組織的安全政策、事故紀錄及安全性能相關的資訊。
2. 現場檢查：對工作場所、設備和工作過程進行實地檢查，以發現潛在的危險、不安全條件及實踐。
3. 安全合規檢查：確保組織符合相關的安全法規、行業標準和最佳實踐。
4. 員工訪談：與各個層級員工訪談，以瞭解安全作業、培訓及意識情況。
5. 檔案審查：檢查與安全相關的檔案，包括安全手冊、培訓紀錄、事故報告及緊急應變計畫。
6. 危害辨識：辨識需要解決的潛在危害、風險及安全問題。
7. 初步風險評估：根據識別的危險評估潛在事故或事件的嚴重性和可能性。
8. 報告及建議：準備詳細報告，概述稽核結果、安全缺陷及改進建議。
9. 糾正措施：與組織合作以執行改善措施，解決所發現的安全問題及風險。
10. 追蹤及監督：進行後續稽核，以確保所建議的安全改進措施有效實施。

針對既有的生產工廠，安全稽核步驟如下：

1. 目視工廠製程單元。
2. 複核操作及修護保養紀錄。
3. 比較設計需求與操作步驟的異同。
4. 比較原始設計與實際設備的異同。
5. 撰寫報告。

對於新設的製程單元,則檢視下列文件:

1. 設計基礎及製程描述。
2. 流程圖、設備數據表、管線及儀表圖。
3. 操作與維修步驟。
4. 廠址布置圖、電力分類圖。
5. 管線及儀控規範。
6. 緊急應變措施。

安全稽核的任務可應用檢核表執行,以提升稽核速度及效率。

五、分析所需時間

安全稽核所需時間視分析目標及場所的規模及而異,與執行檢核表類似。小型系統僅需一、兩個人到現場檢視操作狀況及文件,可在一、兩天內完成。大型製程的製程安全管理的符合性稽核則需一組5-10人的小組負責,可能需要一至兩個星期才能完成任務(**表3-4**)。

表3-4　安全稽核所需分析時間

規模	準備	分析	紀錄彙總	小計
小系統	2 - 4 時	4 - 8 時	4 - 8 時	10 - 20 時
大製程	1 - 3 天	3 - 5 天	2 - 4 天	6 - 12 天

六、優缺點

(一)優點

安全稽核具有以下特點:

1. 全面性:安全稽核是一項全面的評估和審查過程,涵蓋組織、設施

或專案的各個方面,包括安全性能、程式、實踐和文檔等。它致力於全面瞭解安全狀況,以便識別潛在的安全風險和問題。

2. 客觀性:安全稽核應該是客觀、公正、沒有偏見的。它不受利益相關者的影響,專注於基於事實和證據的評估,以準確地發現安全問題和改進機會。

3. 獨立性:為了確保客觀性,安全稽核通常由獨立的協力廠商或專業的內部安全團隊執行。這樣可以避免利益衝突,保證稽核的獨立性和可靠性。

4. 重點關注風險:安全稽核著重識別潛在的安全風險和危害。它會對可能導致事故、傷害或損失的因素進行重點審查,以確保優先處理高風險問題。

5. 連續性:是一個連續進行的過程,而不是一次性的事件。組織會定期進行稽核,以保持安全措施的有效性,並及時應對新出現的風險和挑戰。

6. 合規性:不僅關注內部的安全標準及程序,還確保組織符合適用的安全法規、行業標準及最佳實踐方法,以確保組織營運合法性及安全性。

7. 建議及改進:不僅限於發現問題,還提供改進建議及解決方案。

(二)缺點

安全稽核的缺點為:

1. 成本及時間:詳盡的安全稽核必須投入大量的人力成本及時間,尤其是對於大型組織或複雜的安全系統,往往由於資源不足而流於形式。

2. 稽核侷限性:較適於檢視安全工作是否依照法規或業界標準執行,但是難以完全發現系統或製程中的危害,特別是對於新出現的風險。

3.人為偏見：稽核人員的經驗及主觀判斷直接影響稽核的成效。

七、結語

安全稽核對於維護安全的工作環境、減少事故和傷害，並在組織內推廣安全文化至關重要。透過辨識及解決安全缺陷，組織可以主動降低風險、提高安全性能，並保護員工和利益相關者的福祉。通常僅需一、兩個人，或三、五人的小組即可稽核工廠內的安全規範，例如製程設計基準、操作條件及步驟、安全設施及管理制度或與相關風險管理方案等。安全稽核可以加強操作人員的安全意識，發現一些操作人員忽視的危害，以防範意外的發生，其缺點為無法深入發現潛在的危害。

肆、安全複檢

一、定義

安全複檢（Safety Review）是最古老也是最常應用的危害辨識方法，早在製程安全管理開始被重視及推廣之前，就已普遍應用於製程設計、製程改善及變更、損失預防任務之中。由於它不是一種結構化或系統化的方法，進行複檢的方式及對象則視情況而異。一般生產工廠的定期性檢查或檢視，例如工程設計階段有關安全的複檢及工場試俥前的複檢都可稱為安全複檢。

1990年以前，安全複檢是工程設計過程中不可缺少的步驟，設計者必須滿足安全複檢者的問題，有時必須修改設計，以增加安全程度，否則工程專案無法繼續進行。安全複檢通常是由資深而且瞭解製程的工程師擔任，他們除了熟悉安全標準及法規外，尚必須具備設計的能力。複檢的工

作主要是找出設計上的缺陷，提出問題或建議改善措施。由於缺乏系統化的步驟，複檢品質會因複檢者的經驗而有差異。近年來，安全複檢雖已被危害及操作性分析（HAZOP）所取代，但是生產工廠中的局部改善、實驗室或先導型實驗工廠的設計階段仍然使用傳統的安全複檢。

安全複檢可以確保製程單元設計、操作及維護作業與設計意圖及營建標準相符。安全複檢目的如下：

1.促使營運人員對生產製程中的危害保持警覺。
2.審查營運程序進行必要的修訂。
3.尋求識別可能引入新危害的設備或過程變更。
4.評估控制系統、儀器保護系統和緊急救援系統的設計基準。
5.審查新技術對現有危害的應用。
6.檢查維護和安全檢查的充分性。

二、適用範圍

安全複檢的應用範圍廣泛，幾乎遍及各個行業和領域：

1. 工業設施：通常應用於化工廠、煉油廠、電廠等工業設施。這些場所通常涉及複雜的生產過程和危險物質，因此必須定期進行安全複檢，以確保設施的營運符合安全標準及減少事故風險。
2. 營建工程：確保建築物、橋梁、隧道結構及設計符合建築規範及安全標準。
3. 運輸系統：公路、鐵路、航空等也需要進行定期的安全複檢，以確保交通設施的安全性及營運的可靠度。
4. 能源設施：天然氣管線、油氣儲存設施等場所皆須安全複檢，以防止危害性物質洩漏後發生火災或爆炸等事故。
5. 醫療機構：定期進行安全複檢，以確保病人、醫護人員和設施本身

的安全。
6. 科學研究設施：由於經常處理危險化學品及高風險的實驗，必須進行定期安全複檢。
7. 網路及數據安全：安全複檢可確保系統的防火牆、安全設置和及數據保護符合最新的安全標準。
8. 環境監測：確保環境保護措施有效實施並符合相關法規。

三、適用時機

1. 定期檢查：許多行業及設施會定期進行安全複檢，例如每年、每季或每個特定的週期。這樣的定期檢查有助於確保安全標準和規範的持續遵守，並在可能出現問題之前及早發現和解決。
2. 製程變更或擴建：當場所或設施進行重大變更、擴建或更新時，應進行安全複檢，以確保新的設施或系統符合最新的安全要求。
3. 新設施啟用前：對於全新建設的設施，應在啟用之前進行安全複檢。這有助於確保設施的初始營運符合安全標準，以降低營運後可能出現的問題。
4. 事故或事件後：發生事故或重大事件後，應該立即進行安全複檢，以找出原因、強化措施並預防類似事件的再次發生。
5. 法規或標準更新：當相關的法規或安全標準修訂或更新時，相應的設施及系統應該進行安全複檢，以確保符合最新的要求。
6. 創新技術應用：當引入創新技術或新設備時，應進行安全複檢，以評估其對安全性的影響並確保正確的使用和操作。
7. 管制機構要求：某些場所或行業可能需要根據管制機構的要求進行定期安全複檢，以確保其合法營運和安全運作。

四、執行步驟

執行安全複檢任務時應該該遵循標準執行步驟,以確保設施或系統的安全性符合相關的法規和標準。

(一)執行前準備工作

執行前必須確定所將評估的系統、製程及作業範圍。複檢小組的成員應具有不同的背景、專長及職責,以確保複檢任務的全面性及平衡性。在複檢會議之前,應完成以下任務:

1. 資料蒐集:蒐集工廠的詳細描述(例如布置圖、P&ID及PFD等)、作業程序(例如操作、維護、緊急停機和應急響應)、事故及培訓紀錄等。
2. 與評審團隊成員一起複習已知的危害及技術歷史。
3. 查閱所有相關的法規、標準及公司要求以往的安全複檢的建議。
4. 與相關的操作人員、管理者、技術人員等進行交流,瞭解他們的觀點及經驗,以便於全面地評估安全狀況。
5. 蒐集有關人員傷害、事故報告、設備檢查、壓力減壓閥測試、安全衛生稽核等的紀錄及資訊。
6. 與工廠經理或適當的管理階層代表安排啟動及結束日期。
7. 制定計畫:確定進行安全複檢的範圍和目標,制定執行計畫,包括複檢的時間表、人員分配和檢查項目。
8. 確定標準:建立明確的評估標準、法規、標準、行業指南、內部安全規範等。

(二)執行複檢任務

依據檢核表或標準進行現場實地觀察、檢查,並記錄及評估各項安全要素:

1. 製程說明：參與複檢人員皆必須接受製程說明簡報，以瞭解製程或系統的設計理念、操作條件、產品及副產品規格及數量、汙染防治及廢棄物處理等。
2. 巡視現場：應到現場檢視設備及製程操作狀況、消防及安全設備設置等。
3. 進行評估：評估工作在會議中進行，小組長應明確制定目標及複檢的重點，小組成員根據所蒐集到的資訊及檢核表，對各個安全方面進行評估，以確定是否符合安全標準。
4. 報告撰寫：小組長依據評估結果撰寫報告，除記錄發現的問題、缺陷或不符合要求的項目外，並提供改進建議。

(三)追蹤與監控

1. 實施改進：根據所建議的改進措施，進行相應的調整及改善。
2. 監督追蹤：除確保改進措施皆已付諸實施外，並定期進行追蹤和監督。
3. 更新紀錄：將所有的安全複檢資料、報告和改進措施紀錄歸檔，以便日後查閱及回顧。

五、設備檢查與評估

設備檢查必須進行視覺或診斷評估，並且需要查閱工廠紀錄。通常這項工作僅限於對最關鍵的設備。以下是可能涉及的一些問題：

1. 是否有系統來保持重要的技術文件及及工程圖的更新？
2. 設備是否處於良好狀態？
3. 壓力減壓裝置或其他安全設備是否安裝正確、維護良好並且標識正確？

4.工廠紀錄是否顯示對設備和安全設備進行檢查及測試的歷史？

5.腐蝕性或侵蝕性材料的設備，是否經常進行材料檢查及厚度測量？

6.工廠是否有受過培訓的檢查員，其對修理或更換的建議得到管理層的接受？

7.是否遵守安全工作規程並使用許可證？

儀表保護及緊急停機系統值得特別關注。這些系統必須定期進行測試，以驗證控制是否操作正常。盡可能在停機期間安排部分安全測試，以便評審人員能夠目睹在正常營運條件下無法測試的安全系統的實際驗證。

檢查消防及安全設施是否足夠，並檢查維修紀錄，以確保消防及安全設備得到良好維護。複檢小組應與操作主管協商，測試消防及安全維護系統的適用性。

六、所需分析時間

所需時間視分析目標及場所的規模及而異。小型系統可在2-3天內完成。大型製程則需5-10人的小組工作一至兩個星期才能完成（**表3-5**）。

表3-5　安全複檢所需分析時間

規模	準備	分析	紀錄彙總	小計
小系統	2 - 4 時	6 - 12 時	4 - 12 時	12 - 28 時
大製程	1 - 3 天	3 - 5 天	3 - 6 天	7 - 14 天

七、優缺點

(一)優點

安全複檢是一種定期或不定期的危害辨識程序，以確保機構、設施

或系統的安全性仍然符合特定的安全標準和規範。進行安全複檢具有下列優點：

1. 事故預防：安全複檢可以幫助及早發現潛在的安全隱患和風險，從而採取相應的措施來預防事故和災害的發生。它有助於確保設施和系統的安全運作，減少事故造成的損失。
2. 合規性確認：安全複檢有助於確保組織或公司遵守相關法規、法律或行業標準。透過檢查和評估，確保工作符合法規和要求，避免可能的法律風險。
3. 客觀評估：進行安全複檢可以提供客觀的評估，不僅依賴於內部人員的意見，還可以引入外部專業人員的視角和經驗，確保全面性和客觀性。
4. 優化營運：透過安全複檢，可以識別和改進可能存在的問題或缺陷，提高設施和系統的效率和可靠性，優化營運流程。
5. 提升員工安全意識：安全複檢可以提高員工對安全的認識和重視，促進安全文化的建立，使員工更加關注安全工作和行為。
6. 透明度和信任：進行安全複檢顯示了組織或公司對安全問題的重視，增加了內部和外部利益相關者對組織的信任和透明度。

(二)缺點

安全複檢具有以下缺點：

1. 侷限性：它是基於特定時間點的檢查，難以涵蓋所有情況及變化。因此，有可能錯過一些潛在的安全隱患或風險。
2. 專業知識不足：依賴內部或外部評估人員的專業知識和經驗，可能會出現專業水平參差不齊的情況。如果評估人員缺乏相應的專業知識，可能導致評估結果不夠準確和全面。
3. 費用高昂：大型系統需要投入大量的時間、人力和資源。

4. 過度依賴文件及紀錄：可能過度依賴文件和紀錄，而忽略實際場景中可能存在的問題。如果紀錄不完整或不準確，可能導致評估的不全面性。
5. 員工防禦心態：一些員工可能會抱著防禦心態，害怕揭示問題而不敢坦誠地報告實際情況而導致評估的不完整。

八、安全複檢範例

本節以一個甲苯水洗的製程為例，說明傳統安全複檢的結果。

(一)製程說明

甲苯水洗製程如**圖3-2**所顯示，含水的甲苯溶液經過波特貝爾尼克離心機（Podbielniak Centrifuge，簡稱POD），利用甲苯與水的密度差異而將兩者分離。它是由俄裔工程師華德彌爾·波特貝爾尼克（Wladimir Podbielniak）於20世紀40年代所開發的液／液分離設備，普遍應用於化學工業及實驗室中[3]。

密度較輕的含水的甲苯從離心機的周邊進料，然後向中心移動。密度較重的水則從離心機的中心進料，與甲苯逆向朝向離心機的周邊運動。離心製程的操作溫度為攝氏88度。密度較高的水溶液由離心機底部排出後送往廢水處理場，密度較輕的甲苯則被收集於55加侖桶中。

(二)改善建議

改善建議共有十點：

1. 將所有連接點、桶槽及處理容器接地及連結。
2. 在所有桶槽以惰性氣體盲封及清除空氣。
3. 在所有桶槽上加裝象鼻管以提供通風。
4. 在所有桶中加裝沉降管，以防止溶劑的自由落下，從而產生及積聚

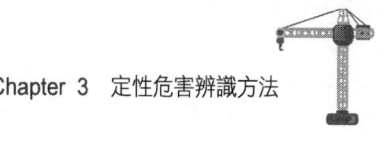

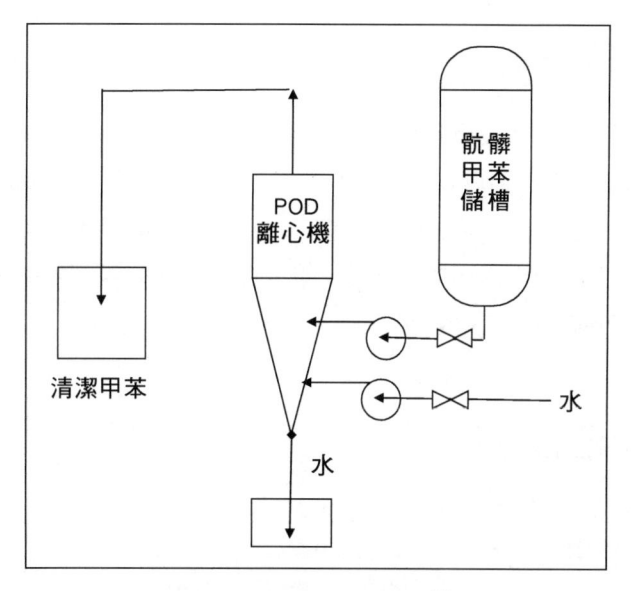

Chapter 3 定性危害辨識方法

圖3-2 甲苯水洗製程[3]

靜電。
5. 加裝一個帶有接地、連結、惰性氣體置換及通風的充電桶。
6. 在汙染甲苯儲槽上加裝真空連接口以進行充填。
7. 在汙染甲苯儲槽上加裝安全閥。
8. 在所排放流體中加裝冷卻器,將出口溶劑冷卻至其閃火點之下。
9. 提供廢水收集桶,可在離心機發生故障時收集所有含有大量甲苯的廢水。
10. 在操作及緊急應變程序增列下列項目:
   (1) 定期使用比色管檢測室內空氣品質,以確定空氣中是有甲苯蒸氣的存在。
   (2) 更改洩漏的緊急應變程序:(a)啟動洩漏警報;(b)將通風速度增加到高速;(c)將下水道隔離閥關閉,以防止溶劑進入主下水道管線。

九、結語

　　安全複檢是傳統工業製程開發中不可或缺的步驟，其目的是找出設計上的缺陷，提出問題或建議改善措施。由於缺乏系統化的步驟，複檢品質會因複檢者的經驗而有差異。近年來，安全複檢雖已被危害及操作性分析所取代，但是生產工廠中的局部改善、實驗室或先導型實驗工廠的設計階段仍然使用傳統的安全複檢方式。

伍、初步危害分析

一、定義

　　初步危害分析（Preliminary Hazard Analysis, PHA）是在一個工程專案可行性研究或構想設計時，最常使用的辨識及分析系統、產品或工程專案中的潛在危害的方法。它是系統安全工程中的一個重要步驟，有助於在設計和開發階段識別可能的問題，並採取預防措施以降低潛在的危害。

　　初步危害分析是1966年美國國防部所引入的危害辨識工具，以滿足軍事標準系統的安全需求。它可以協助工程師於設計初期發現基本設計構想中的缺陷可能產生的危害，確定安全設計準則，及時修正設計中的缺失。使用初步分析可以避免設計完成後，才發現危害項目，而必須修正基本設計的人力及時間的浪費。

　　初步危害分析是危害分析的前奏，它的主要焦點在於程序所使用的危害性物質、基本流程及設備功能。通常僅檢討反應失常或失控時危害性物質或能量的處置方式是否安全、妥善。基本上它是一種非計量式的表列原料、產品、反應及處理方式、安全設施等類別危害項目的方法，但缺乏數值（危害相對指數，損害）的估算及危害順序的比較。

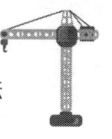

二、適用範圍

初步危害分析適用於各種不同的系統、產品或工程專案的早期階段，以辨識潛在的危害及風險。它的適用範圍包括但不限於以下情況：

1. 新產品開發：有助於在產品設計階段發現可能存在的設計缺陷或故障模式，並提出改進建議。
2. 工程專案：可應用於建築、基礎設施或工業工程專案，以發現可能對專案成功產生負面影響的潛在風險及危害。
3. 生產流程及製造過程：發現可能導致生產事故或產品品質問題的潛在危害。
4. 系統整合：應用於識別各子系統整合時所可能產生的交互影響及潛在危險。
5. 運輸及交通領域：辨識交通系統中可能導致事故或運輸過程中的潛在風險。
6. 創新技術應用：可應用於引入創新技術或新的工作方法時，以評估其潛在危害及風險，以確保適當的控制措施皆已裝置。

三、適用時機

1. 可行性研究：評估原料、產品、廢棄物的危害特性及化學反應的失控及潛在危害。
2. 專案啟動時：在專案啟動時進行，以便儘早識別潛在的危害和風險。
3. 產品設計：可以幫助設計工程師發現可能的設計缺陷、故障模式以及與功能或操作相關的潛在問題。
4. 技術評估：PHA可應用於評估其潛在影響和風險，並確定是否需要

特別的控制措施。
5. 重大變更時：作為篩選不同方案的安全性的依據。
6. 決策支援：為專案決策提供關鍵性資訊，協助團隊理解潛在風險及成本效益，並在專案的初期就採取必要的預防措施。

四、執行步驟

初步危害分析作業可分為資料蒐集、分析、系統作用危害分析與報告撰寫等四個主要步驟。

(一)資料蒐集

由於進行初步分析時，可能僅完成構想或基本流程設計，但缺乏詳細的管線及設備布置設計圖，因此資料的蒐集僅包括下列項目：

1. 原料、中間產物、產品、殘渣及廢棄物的特性、流量。
2. 基本化學反應、處理方式。
3. 設備規格及功能。
4. 公共設施（水、電、蒸氣）。
5. 生產目標。
6. 環境保護法規及排放標準。
7. 工業安全標準。
8. 預定建廠地點的一般資訊。

過去類似工廠的工程設計資料，也在蒐集範圍之內，因為過去的經驗可以協助分析者迅速進入狀況。

(二)分析

分析者除了辨識出程序中的危害所可能造成意外的事件，以及導

致嚴重災禍的事件外，必須找出可以避免或降低危害性的設計準則（**表3-6**）。分析重點為：

1. 識別系統或產品的功能和操作：瞭解系統或產品的設計和預期操作，包括其所涉及的各種功能和子系統。
2. 確定潛在危害：識別可能導致事故或故障的潛在危害和風險，如能源釋放、機械損壞、操作失誤等。
3. 評估危害的可能性和嚴重性：對每種潛在危害進行評估，包括可能發生的頻率和嚴重程度。
4. 識別現有控制措施：確定當前已存在的控制措施，這些措施可能包括設計措施、安全規程、培訓等。
5. 提出建議的風險控制措施：基於分析結果，提出降低潛在危害的控制措施，如改進設計、增加安全設備、更新操作規程等。

表3-6　必須考慮的項目

1. 本質危害分析： 　(1) 原物料及產品是否具危害特性？ 　(2) 不同物質的相容性及儲存方式 　(3) 物質的輸送、搬運所可能產生的危險 　(4) 降低危害性物質儲存量 　(5) 輸送所須採取的工程設計 　(6) 操作步驟或行政管制的準則 2. 主要處理方式： 　(1) 操作狀況考慮是否正確 　(2) 是否以最壞的狀況為設計基準 　(3) 設備設計規格及材質選擇 　(4) 失控時安全設計 3. 公共及支援設施，單元工場間相互關係 　(1) 公共及支援設施容量是否充分 　(2) 公共及支援設施的設計準則 　(3) 連通管路及控制系統的可靠度 　(4) 緊急停工時，物料輸送路徑及處理方式	4. 環境因素： 　(1) 氣候變化與天災的影響 　(2) 靜電、濕度、雷電的影響 5. 預期運轉狀況： 　(1) 基本或正常運轉方式 　(2) 起動、停俥、維修、測試、緊急停機狀況 　(3) 操作及維修時間表 　(4) 行政管制及人為的失誤 6. 一般場所設施： 　(1) 廠內估能單位的布置 　(2) 區域照明、通風、通道及警示的設計準則 　(3) 高危險生產單元及危害性物質儲存的隔離 7. 安全防護設施： 　(1) 基本消防設施配置準則 　(2) 緊急排放管線及處置系統 　(3) 互鎖控制系統 　(4) 緊急疏散路徑及應變作業準則

6.評估建議措施的有效性：對提出的控制措施進行評估，確保其能夠有效降低潛在危害。

(三)系統作用危害分析

評估步驟與評估標準如下：

1. 劃分製程區域，如反應區、後處理區、成品區、原料儲槽區等。針對各製程區進行檢核，符合下列條件即為重大潛在危害區域。
   (1) 高放熱反應：氧化、硝化、鹵化、有機金屬化、偶氮化（Diazotization）、氫化、裂解／熱分解、聚合、磺化及縮合。
   (2) 製程中之組成在爆炸下限（LEL）以上，爆炸上限（UEL）以下，或濃度在此範圍附近者（操作條件於正常操作變化25%時會達爆炸範圍）。
   (3) 具有在100°C以下熱不安定性，或與一般物質，如空氣、水、其他可能汙染物接觸後起反應之物質。
   (4) 製程中有明顯之高低壓差，ΔP；（上游高壓）≥4（下游低壓）。
2. 為方便分析結果以表格的形式記錄，內容包括辨識出的危險、原因、可能結果、危害等級以及控制或預防措施，分析結果記錄表格式樣。有些公司還添加其他欄位以記錄重要項目的實施時間和負責人及實務採用的控制措施等。

(四)報告撰寫

分析報告應包括緣起或分析目的、背景說明、分析結果（包括可接受的安全計畫部分、設計準則、危害項目、類別、危害說明、建議改善方案等）及結論。

五、所需分析時間

小型系統僅需一至二位具工業安全經驗的化學工程師即可完成，複雜的工程專案可行性研究的初步危害分析則需要5-10人組成的小組負責。所需時間則視程序的複雜性而異，少至3-6天，多至9-17天（**表3-7**）。

表3-7 初步危害分析所需時間

規模	準備	分析	紀錄彙總	小計
小系統	4-8時	1-3天	1-2天	3-6天
大製程	1-3天	4-7天	4-7天	9-17天

六、優缺點

(一)優點

初步危害分析通常應用於專案的設計初期，可以協助設計者及早發現基本設計的缺點，促進設計者加強設計準則，增添安全防護設施。所需的人力及時間遠較其他分析方法低。主要優點為：

1. 簡單易行：相對簡單，不需要大量的資料及複雜的模型，僅須透過專家討論、經驗及判斷即可進行，較容易實施。
2. 早期識別風險：可在專案或產品的早期階段進行，有助於儘早發現潛在的危害和風險。
3. 識別重要風險：團隊可以集中精力對關鍵風險進行分析及處理，從而確保有限的資源用於最重要的問題。

(二)缺點

分析為定性式，無法計量化，因此無法區分危害項目的嚴重性及順序。由於分析非系統化，分析結果的品質視分析者的經驗、能力及直覺而

異。主要缺點為：

1. 精確度有限：它是早期發展出的評估方法，它可能忽略一些潛在的細節或較為複雜的風險。因此，它的精確度相對較低，可能會漏掉某些重要的風險。
2. 缺乏計量資料：主要依賴於專家的判斷和主觀意見，而缺乏計量的資料支援，這可能導致評估結果的不確定性。
3. 不適用於深層次的分析：它是一個初步的評估工具，它並不適用於進行深入的細節分析。
4. 風險交互影響：由於它通常應用於單一危險源上，可能忽略不同風險之間的相互影響及複雜性。

七、範例

(一)硫化氫輸送

第一個範例是評估一個將硫化氫（H_2S）從鋼瓶中輸送到一個生產單元的設計概念。由於在設計階段，分析者只知道所欲輸送的物質名稱而已，但無法得知輸送地方式或管線的設計，僅能從硫化氫的特性如毒性及易燃性作為分析的重點。**表3-8**列出分析結果。

由於硫化氫的洩漏可能導致人員傷亡或火災爆炸的意外，因此分析師首先列出了以下可能導致洩漏的原因，以提供設計者注意：

1. 壓力貯存氣瓶洩漏或破裂。
2. 生產製程未能完全消耗所有的硫化氫。
3. 硫化氫供應管線洩漏或破裂。
4. 硫化氫鋼瓶連接過程中發生洩漏。

然後，分析者依據每種可能的洩漏狀況，提出下列改善及預防建

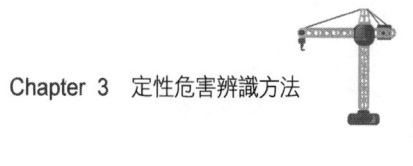

表3-8　硫化氫輸儲初步危害分析表[1]

場所： 圖號：				日期： 小組成員：	
危害	原因	效應	危害等級	改善建議	
現場儲存大量高危害性物質（硫化氫）	1.鋼瓶或連接管線洩漏	1.大量毒性物質逸散	4級	1.安裝洩漏警報系統 2.降低現場硫化氫儲存量 3.定期檢查鋼瓶	
	2.化學反應失控	2.大量毒性物質逸散	3級	1.安裝硫化氫蒐集及處理系統 2.安裝洩漏偵測及緊急停機裝置 3.確認硫化氫處理系統在啟動前安裝完成	

註：危害等級：1.無害；2.輕微；3.嚴重；4.非常嚴重

議，以作為設計的準則及導引：

1. 應用一個生產硫化氫的裝置以替代硫化氫鋼瓶。
2. 開發一個系統以收集並消除生產製程中未反應的硫化氫。
3. 在現場安裝硫化氫感測器及洩漏警報系統。
4. 在不增加過多的交付作業條件下，盡量減少現場硫化氫的儲存量。
5. 應用人因程序以連接鋼瓶。
6. 在硫化氫鋼瓶上安裝具硫化氫偵測儀觸發的灑水系統。
7. 將鋼瓶放置於易於進出的位置，但遠離其他交通要道。
8. 制定培訓計畫，向所有員工介紹硫化氫的特性、危害及緊急應變程序。

(二)以氟酸為觸媒的批式反應

1. 製程說明：圖3-3顯示一個以氟酸為觸媒的批式反應器。由於化學

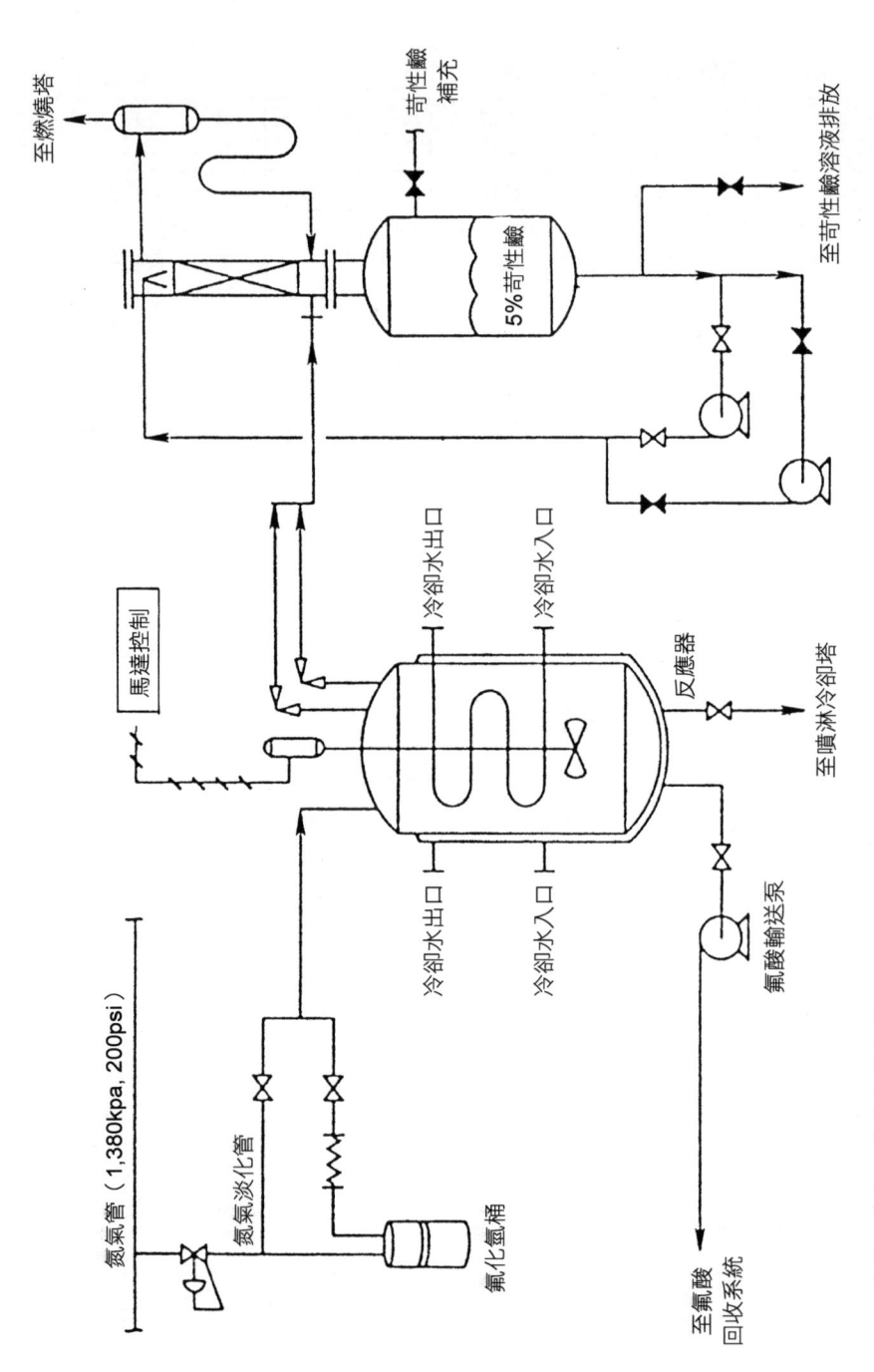

圖3-3 基本流程圖[4]

說明：反應以氟酸為催化劑

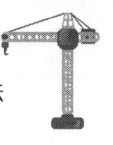

反應為放熱反應，必須以循環冷卻水降溫。氟酸的輸送、排放氣體的中和及洗滌，所有的隔離閥都是氣動式，如果空氣供應停止的話，隔離閥會自動關閉。氟酸具強烈腐蝕性及毒性，其排放是否安全是分析重點，其他反應物不具危害性，則不在此討論[4]。

2. 資料蒐集：由於本製程尚在研究發展階段，沒有過去相同技術的設計或運轉經驗可供參考。分析者僅有基本流程圖與簡單的程序說明，必須尋找其他製程中使用氟酸的設備資料及數據，以作為分析者的參考。

3. 危害分析結果：

(1) 危害性物質：

A. 氟酸添加處（氟酸桶及輸出管線）無保護或覆蓋裝置，容易受到損害。

B. 氟酸輸送管線未具特殊安全裝置（例如套管），如果洩漏或破裂，會放出毒性氟化氫氣體。

C. 氟酸以氮氣壓力輸入反應器，若氮氣壓力調閥損壞，高壓（1,380kpa）氮氣會造成氟酸桶的過壓，將氟酸洩至桶外。

D. 氟酸具強烈腐壞性，如果反應物含水量高，會加速管線的腐蝕及破裂。

(2) 主要處理或反應部門：

A. 放熱反應所產生的熱量必須以冷水去除，如果冷卻水供應不足，反應溫度會繼續升高，反應失控，氣體產生量及壓力上升，造成壓力疏解閥的開啟。因此壓力疏解閥容量的選擇及壓力設定是非常重要的，如果容量不足，壓力無法及時疏解，會造成反應器的損害。

B. 反應器的攪拌裝置並未連接備用供電系統，如果電源供應停止，攪拌器停機，反應器內物質混合不均勻，反應無法正常進行。

C. 批式反應完成後，反應器中的氟酸由泵浦排至氟酸回收器中，應選擇具防漏裝置的泵浦，以避免氟酸洩漏。

D. 公共及支援設施：

a. 冷卻水循環系統配置三個相同的離心泵，每個泵浦的容量為總容量的50%。正常運作時，僅須使用其中的兩個，另外一個為備用。由於反應器的運轉是否正常與冷卻水的供應有直接關係，為了避免泵浦損壞時，反應受到影響，備用泵浦應安裝遙控開關及起動系統，俾方便操作員迅速因應。

b. 儀控用空氣系統僅具一個壓縮機；應加裝備用壓縮機，以增加系統可靠性。

(3) 預期運轉方式：為了避免取樣時接觸腐蝕性氟化氫氣體，取樣裝置的設計與取樣步驟的研擬必須考慮安全措施。

(4) 安全防護設施：氟酸具水溶性，與水混合，會放出熱量，而且會經水流散布。因此失火時，必須先使用其他消防及滅火器具，最後再考慮使用噴水系統。

八、結語

初步危害分析是一個廣泛適用於許多不同行業和領域的工具，它可以幫助團隊在項目早期發現潛在風險，從而在後續的設計、開發和營運中採取適當的措施來降低風險，確保系統或產品的安全性和可靠性。它的主要目標是在專案或產品的早期階段識別潛在的危險，並確定可能需要進一步詳細分析的領域。在進行正式的風險評估之前，它可以說明團隊識別哪些風險需要更深入地調查，以確保系統或產品的安全性。

初步危害分析的優點為簡單易學、可以協助設計者及早發現基本設計的缺點。由於分析為定性式，無法計量化，因此無法區分危害項目的嚴重性及順序。分析也非系統化，分析品質視分析者的經驗、能力及直覺而異。

Chapter 3 定性危害辨識方法

習題

1. 解釋名詞

   (1)初步危害分析；(2)檢核表；(3)安全查核；(4)安全複檢

2. 請說明安全查核與安全複檢的差異。

3. 請說明危害分析法中What-If、PHA、ETA與FTA之優缺點（111年工安技師高考）

4. 國內化工相關製程進行初步危害分析時常採用本質危害暨系統作用危害分析。其中，本質危害分析會完成檢核表A、B、C三份檢核表。試問該方法中，本質危害分析或系統作用危害分析何者可以判斷製程區屬於重大危害區域？或兩者均可以？檢核表B為物質相容性檢核表，於檢核表B的分析中，應考慮那兩種類型物質的相容性問題？相同化學品間有沒有相容性的問題？若不考慮加入的先後順序，化學品甲和化學品乙間的相容性與化學品乙和化學品甲間的相容性是否一樣？（104年工安技師高考）

5. 請說明初步危害分析的適用範圍及時機。

6. 請說明檢核表的適用時機。

7. 請說明安全複檢的優缺點。

8. 請說明安全稽核的適用範圍。

9. 請說明初步危害分析時必須考慮的項目。

10. 請寫出一個汽車或機車的每半年定期檢查的檢核表。

參考文獻

1. 教育部共用法規系統（2020）。附件、風險管理計畫檢核表（參考範例）。
2. AIChECCPS (1985). *Guidelines for Hazard Evaluation Procedures*. American Institute of Chemical Engineers, NY, USA.
3. Process Operations (2023). Hazard Identification: Safety Review Example. http://processoperations.com/HazIDRA/HZ_Chp01a.htm
4. Greenberg, H. G., & Cramer, J. J. (1991). *Risk Assessment and Risk Management for the Chemical Process Industry*. Van Nostrand Reinhold, New York, USA.

4 假設狀況分析

壹、定義
貳、發展歷程
參、適用範圍
肆、適用時機
伍、執行步驟
陸、分析所需時間
柒、優缺點
捌、範例
玖、半計量性假設狀況分析
拾、結構化假設狀況分析
拾壹、假設狀況／檢核表分析
拾貳、結語

壹、定義

假設狀況分析（What if Analysis）又稱假設分析或如果─結果分析，是一種應用假設事物以決定它們的可能性及後果的腦力激盪的結構性危害分析方法。普遍應用於企業管理、市場預測與辨識系統或製程之中的危害。

一、英文What if用法與中文意思

全民學英文（https://tw.englisher.info/2021/04/22/what-if/）

What if後面可以接現在式、過去式及過去完成式，前兩者假設未來可能發生的事，但過去式發生的可能性較現在式低；What if後面接過去完成式，則為詢問如果過去沒有發生的事發生時，會怎麼做呢[1]？

1. What if用來詢問假設性問題：
   What if the bus is late? 如果公車誤點怎麼辦？
2. What if給予建議或建設性提問：
   What if she never tells you the truth? 如果她從未告訴過你真相怎麼辦？
3. What if假設未來可能發生，但可能性較低：
   What if＋過去簡單式：假設未來可能發生的事
   What if we moved the sofa over here? Would that look better?
   如果我們把沙發移到這裡呢？看起來會更好嗎？
4. What if過去沒發生，但假設過去如果發生：
   What if＋過去完成式，談論與過去事實相反的事，過去沒發生，但假設過去如果發生會怎樣。
   What if you had missed the flight? 如果你錯過班機了，怎麼辦？

二、企業管理

假設狀況分析是一種評估的程式,假設如果採取不同的策略方案會產生何種結果,以便作最佳的決策[2]。

三、人工智慧定義

假設狀況分析是一種評估不同情境下可能結果的技術或方法。它通常用於商業、金融、專案管理、供應鏈和風險管理等領域,以預測在不同變數或因素改變的情況下可能發生的結果。它通常建立在數據模型或模擬的基礎上,透過對模型進行不同變數值的調整,模擬和預測可能的結果[3]。

它可以用於解答以下類型的問題:

1. 情境分析:評估特定情境下的結果。例如,在投資決策中,可以分析不同市場條件下的回報和風險。
2. 預測分析:預測未來可能發生的事情。例如,在供應鏈管理中,可以模擬不同供應和需求的情況,以預測庫存水平和交貨時間。
3. 選擇分析:評估不同選擇或策略的影響。例如,在產品定價中,可以模擬不同價格水平下的銷售量和利潤。
4. 風險分析:評估潛在風險對結果的影響。例如,在項目管理中,可以模擬不同風險事件的發生概率和影響,以評估其對項目進度和預算的影響。

四、情境分析

情境分析是一種應用於評估在不同假設或情境下的可能後果的分析方法。它有助於瞭解在不同變數或因素改變的情況下,對系統、組織或項

目的影響。假設分析的目的是提供決策者對於不同假設或情境的洞察，以幫助他們做出更明智的決策。它有助於評估不確定性和風險，並制定相應的應對措施，以減輕負面影響或最大化潛在機會[4]。

此分析方法通常包括以下步驟：

1. 確定關鍵變數：首先，需要確定影響結果的關鍵變數或因素。這些變數可以是市場條件、政府政策、技術發展等。
2. 定義假設情境：根據不同的假設或情境，制定不同的假設案例。每個假設案例描述了特定變數值的改變或情境的轉變。
3. 分析結果：使用合適的方法和工具，對每個假設案例進行分析。這可以包括數據模型、模擬、專家評估等。分析結果可以是定量的（例如財務指標、市場等）或定性的（例如影響程度、風險評估等）。
4. 評估風險和機會：根據假設案例的結果，評估可能的風險和機會。這有助於確定每個假設的影響程度以及相應的風險管理或機會利用策略。
5. 應對策略：基於假設分析的結果，制定應對策略。這可能包括調整業務計畫、重新分配資源、制定風險管理計畫等。

五、危害辨識定義

它的主要目的為分析程序或系統在環境或操作因素如反應失控、溫度／壓力變化及管線破裂等假設狀況下所產生的危害因素及後果，以作為設計改善的依據。這種分析方法通常在新工廠的設計或運轉有年的工廠製程更新、擴廠的工程設計或改變現行操作步驟時使用[6]。分析者首先回答一連串的假設狀況的問題表，然後再將可能具有危害的狀況及項目列出。由於缺乏危險程度的計算，分析結果無法計量化，無從比較相互間的危害程度。假設狀況的問題表多由熟悉各生產部門的專家根據以往的經驗

研擬，然後交由各部門專業工程師回答及分析。

貳、發展歷程

　　假設分析的歷史發展反映了決策者在複雜環境中理解和管理不確定性、評估風險並做出明智選擇的持續追求。它的歷史發展可以追溯到決策理論及作業研究的早期歷史。以下是它的演進年代順序概述：

一、20世紀中葉

　　20世紀中葉，決策理論與作業研究（Operation Research，或稱運籌研究學）開始受到重視；決策理論致力於理解個人及組織如何做出選擇與評估風險的依據；作業研究旨在利用數學建模與分析來優化複雜系統的決策。

二、1940年代：蒙地卡羅模擬

　　蒙地卡羅模擬（Monte Carlo Simulation）是以摩納哥的蒙地卡羅賭場命名的數學模擬方法。它是機率統計理論為導引的數值計算方法，可以預測在不確定狀況的可能發生的結果。蒙地卡羅模擬有助於評估可能結果的範圍及其相關的機率。

三、1960～1970年代

1. 情境分析：依據情況，建構多個可能發生的未來情景，然後評估它們發生後所產生後果，可以幫助組織預測及準備應對不同的後果。
2. 敏感性分析：探討眾多不確定性因素對於系統輸出的影響，有助於

辨識最具影響力的因素,以及它們的變化所產生的後果。
3. 決策樹:以樹形圖象分析決策過程中所有可能發生的情境的機率、後果的分析方法。分析者可將發生的機率分配於不同的決策分支,以便於評估各種不同情境發生的機率以作為決策的依據。
4. 以電腦為基礎的模式:分析者應用複雜的軟體及所蒐集的大數據資料庫在電腦建立模式工具進行複雜的模擬、情景分析、敏感性分析及最佳化。
5. 人工智慧的整合:機器學習及預測分析等AI算法可以分析大量的數據,識別模式並進行預測。這種整合提高假設情景和決策過程的準確性及效率。

參、適用範圍

　　假設狀況分析(What If Analysis)是一種常見的數據分析方法,應用於探討在可能情境下所發生的結果及變化。它被廣泛的應用於商業、金融、預測、製程安全及國防等領域之中。以下是假設分析的適用範圍:

1. 危害辨識:假設狀況分析是早期應用於製程設計或緊急應變系統規劃的危害辨識的方法。分析者提出各種不同的可能發生的假設狀況,以探討製程設計或緊急應變系統規劃是否完善。
2. 商業決策:假設狀況分析可應用於預測各種不同商業決策所可能造成的影響,例如價格調整、產品投放、市場拓展等。透過對各種情況的模擬,管理者可以更深入理解決策的風險及潛在回收率,進而做出明智的選擇。
3. 財務規劃:假設分析可應用於預測不同投資策略、資產配置及風險管理方案所產生的後果,有助於投資者及金融機構做出更明智的投資決策。

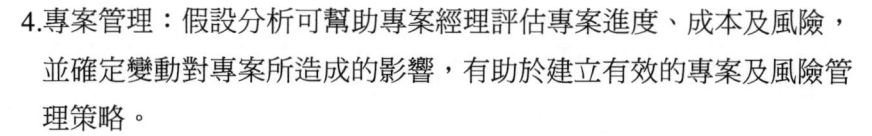

4. 專案管理：假設分析可幫助專案經理評估專案進度、成本及風險，並確定變動對專案所造成的影響，有助於建立有效的專案及風險管理策略。
5. 生產計畫：假設狀況分析可以被應用於評估不同生產計畫及供應鏈配置對生產效率及成本所造成的影響，從而優化生產流程。
6. 市場預測：可透過模擬不同情況下的可能發展，協助企業及投資者因應市場的波動。
7. 產品開發：在產品開發過程中，假設狀況分析多被應用於評估不同設計選擇及功能所造成的影響，可協助設計團隊改善既有的設計及功能選擇。
8. 行銷策略：可應用於預測不同策略對銷量、市場占有率及品牌認知的影響，從而優化行銷策略。
9. 兵棋推演：假設狀況分析經常被應用於國防、兵棋推演及戰場行動模擬之中，以測試防禦系統的布署及後勤補給作業是否健全。

肆、適用時機

假設狀況分析在需要探索不同情境及評估可能發生的後果時非常有用。它可以幫助決策者做出明智的決策、規劃未來、評估風險、優化業務及管理專案。假設狀況分析適用於下列時機：

1. 決策制定：假設分析可以幫助評估不同選項的可能結果。透過提出不同假設情境，可以預測各種可能的結果，從而做出更明智的決策。
2. 預測及規劃：假設分析可以用於預測未來的情景和趨勢，幫助規劃相應的行動和策略。透過制定不同假設的變數及參數，可以獲得對

未來可能情況的理解,從而制定更有效的預測及計畫。
3. 風險評估:在面對不確定性和風險時,假設分析可以幫助評估不同情境下的風險和潛在損失。透過探索不同的假設,可以識別風險因素、估計可能損失的幅度,並制定相應的風險管理策略。
4. 作業最適／佳化:可應用於改進業務管運和流程。透過模擬不同的假設情境,可以評估各種變數和因素對業務績效的影響,有助於找到最佳策略、優化流程、提高效率及利潤的方案。
5. 專案管理:透過不同假設情境,可以評估專案目的進展、風險及影響。這有助於確定關鍵風險和問題,並制定適當因應措施以確保專案的成功。

伍、執行步驟

假設狀況分析是一種評估在特定情境或決策中,對某些變數進行變動可能產生的影響的技術。以下是執行假設分析的一般步驟[5、6、7]:

一、團隊組成

組建一個由具有解決問題專長的人才如安全、操作、製程設計(方法工程)、儀電、成本估價、維修、熟悉安全作業標準及法規的工程師等組成,集思廣益,幫助制定策略及決策過程。

二、界定分析範圍及目標

明確界定你想要評估的具體目標及範圍。由危害的類別以界定危害源及受影響的物理界限。危害的類別包括火災、爆炸、毒性氣體的排放、毒性液體排放、臭氣散布等。危害源則為生產、輸送、儲存或廢棄物

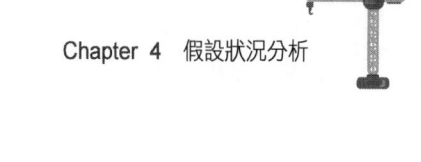

處理所需的設備。界定危害源的範圍時，宜考慮設備間或生產工廠間的相互影響，有些設備失控時，本身並不具嚴重的危害性，但是可能會促使上、下游的設備運轉失常，而造成嚴重的後果。

三、資料蒐集

主要資料如下：

1. 流程圖、管線及儀表圖、流程說明。
2. 質能平衡、操作狀況。
3. 設備規格。
4. 設備及設施布置圖。
5. 操作及維修資料操作步驟及職司、生產計畫及目標、定期維修計畫、緊急應變步驟等。

四、確定關鍵變數及基準值

辨識對於在步驟二中所界定的目標具有重大影響的關鍵變數或因素。為每個關鍵變數設定基準值。這些基準值代表變數的當前值或預期值。你可以使用歷史數據、專家意見或市場研究來確定這些值。

五、界定假設狀況（情境）

選擇可能發生的情境，然後依據情境，以「假設」性問題方式表達出來。「假設」問題能夠協助團隊辨識未來的風險。問題的安排宜系統化，自原料的儲存、輸送一直至生產部門，逐步安排（**圖4-1**）。

假設狀況應包括下列狀況：

1. 設備運轉失常或失控。

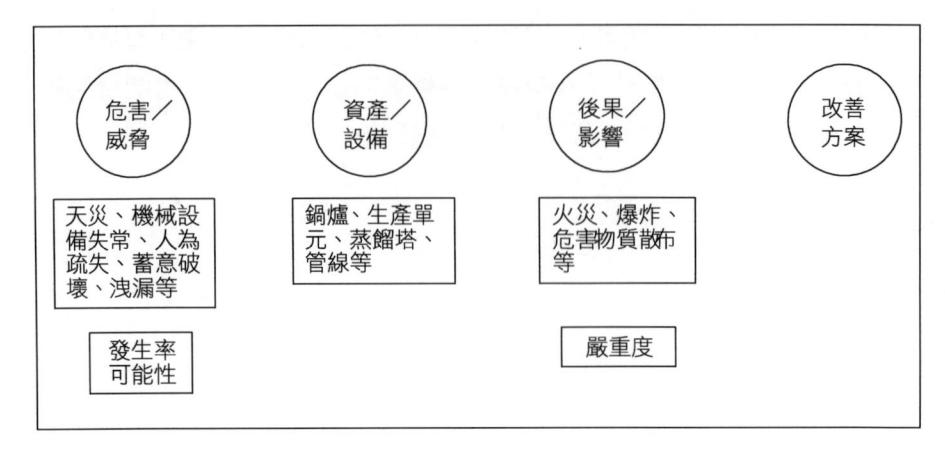

```
┌─────────────────────────────────────────────────────────────────┐
│   ( 危害／   )      ( 資產／  )      ( 後果／  )     ( 改善  )   │
│     威脅              設備            影響           方案        │
│                                                                 │
│   ┌────────┐      ┌────────┐      ┌────────┐                    │
│   │天災、機械設│   │鍋爐、生產單│   │火災、爆炸、│                │
│   │備失常、人為│   │元、蒸餾塔、│   │危害物質散布│                │
│   │疏失、蓄意破│   │管線等      │   │等          │                │
│   │壞、洩漏等  │   └────────┘      └────────┘                    │
│   └────────┘                                                    │
│   ┌────────┐                       ┌────────┐                   │
│   │發生率   │                      │嚴重度  │                   │
│   │可能性   │                      └────────┘                   │
│   └────────┘                                                    │
└─────────────────────────────────────────────────────────────────┘
```

圖4-1　假設狀況（情境）分析

2.運轉狀況失常（由於壓力、溫度或原料的變化）。

3.儀器或控制系統損壞。

4.公共設施供應停止或不足。

5.操作人員失誤。

6.未遵照標準作業程序執行或執行錯誤。

7.標準作業程序未更新。

8.與維修相關的意外。

9.廠內發生的意外（車禍、升降機失控等）。

10.外在意外（飛機失事、人為性破壞、暴風、地震等）。

六、分析影響

1.分析人員首先閱讀所蒐集的資料，熟悉廠區方位、設備、布置、生產程序、作業步驟、安全規定、安全標準及安全設施。

2.針對每個可能發生的情境，估算對目標或決策的影響，或使用數學模型，評估關鍵變數的變動如何影響整體結果或表現。

3. 回答假設狀況的問題，找出危害及可能發生的影響，並研擬解決方案。

七、解讀結果

1. 評估並解讀分析結果。
2. 辨識哪些變數對目標具有最大的影響。
3. 瞭解變數之間的關係，以及變數之間的變動對其他變數的影響。
4. 確定不同情境的風險或不確定性影響。

八、決策

1. 應用分析中獲得的結論做出明智的決策、確定策略或行動來減輕風險、利用機會或優化結果。
2. 考慮不同決策的權衡取捨和潛在影響。

九、報告整理與撰寫

假設狀況分析的結果通常記錄於標準作業表格（**表4-1**）中，報告內容包括：

1. 緣起或分析目的。
2. 分析對象及範圍。
3. 假設狀況問題、回應、可能性、後果與建議改進措施。
4. 標準作業表。
5. 建議改善措施。
6. 結論。
7. 附錄（包括主要相關資料及圖表）。

表4-1　假設狀況分析表

部門 生產工廠	操作說明			執行人 日期
假設狀況	後果	可能性	嚴重度	改善建議

十、監控與更新

1. 操作人員應繼續監控操作變數的變化及影響。
2. 追蹤內外部因素或其他相關因素的變化。
3. 定期更新分析，以確保其保持相關性及可靠性。
4. 表列危害影響及建議改善措施等項目，使之易於瞭解。

陸、分析所需時間

所需時間視分析單位的規模而異，小型系統約需2-4天，大型製程則需2-4週（**表4-2**）。

表4-2　假設狀況分析所需時間

規模	準備	分析	紀錄彙總*	小計
小系統	6 - 12 小時	6 - 12 小時	4 - 8 小時	2 - 4 天
大製程	1 - 3 天	4 - 7 天	1 - 3 週	2 - 4 週

*小組長負責

柒、優缺點

一、優點

1. 簡單易用：可電子表格軟體（例如Microsoft Excel）來執行，操作簡單易用。用戶可以輕鬆設置假設條件並查看結果。
2. 適用於工廠的任何階段（設計建廠，或擴廠、修改）。
3. 作業程序簡單、費用低，僅需參與人員的時間；表列危害影響及建議改善措施等項目，易於瞭解。
4. 探索性：透過模擬不同情境，假設狀況分析能讓分析者以一種實驗性質的方式探索各種可能性，進而理解特定變量及參數對結果的影響。
5. 預測效果：可以協助預測特定變數變化對結果的影響，促使分析者做出更明智的決策或者制定風險管理策略。
6. 快速評估：由於假設分析使用模擬的方式，可以快速地評估多個可能情況，節省時間和資源。
7. 無需大量數據：適用於複雜模型或大數據需求不高的情況。

二、缺點

1. 分析作業由不同專長人員組成，時間不易配合，工作進度難以有效

控制。
2. 假設狀況的研擬及分析品質依賴參與人員的經驗、直覺及想像力等。
3. 缺乏客觀及系統化步驟，分析結果主觀性強。
4. 分析屬定性式，缺乏計量式機率及影響值的計算。
5. 假設狀況分析是基於已知數據及假設，其結果可能與實際情況難免會有偏差，有時難以考慮所有可能的變數及複雜關係。
6. 假設分析結果取決於事先設定的假設條件，如果這些假設不準確或遺漏了重要資訊，結果可能不可靠。
7. 假設狀況分析告訴我們特定變數變化的影響，但它並不能提供背後的原因或解釋為什麼會產生這樣的結果。
8. 假設分析經常使用線性模型或簡單的數學方程式，在某些情況下可能過度簡化了複雜的現實問題。
9. 無法預測未知情況：假設分析僅能預測在已知情況下的變化，無法預測未來可能出現的新情況或未知變數。

捌、範例

一、固體原料傾倒

(一)製程說明

將顆粒形的固體原料由55加侖桶倒入1,000加侖具攪拌器的反應槽內與苛性鈉（NaOH）混合反應。

(二)分析範圍

1. 分析對象以操作人員的安全為重點。

2.危害源為苛性鈉與相關設備。
3.影響範圍侷限於工廠物理界限之內。

(三)分析結果

假設狀況、可能性／後果及建議改善措施則列於**表4-3**中。

二、易燃性物質輸送

將丙酮由槽車中輸入地下儲槽之中。危害源為丙酮；分析重點在是否輸入正確的儲槽、輸送軟管洩漏或儲槽溢滿時所可能發生的後果。

假設狀況：

1.如果丙酮槽車連接到錯誤的儲槽進行卸貨，會發生什麼情況？
2.如果連接儲罐的軟管洩漏，會發生什麼情況？

表4-3　假設狀況分析案例一[6]

部門 生產工廠		操作說明			執行人 日期
假設狀況		後果	可能性	嚴重度	改善建議
1.顆粒狀固體無法自由流動？		1.將塊狀固體擊碎時，可能會傷害背部	可能性高	嚴重	設計擊碎塊狀固體的器具
2.桶槽未貼標籤？		2.品管問題	低	嚴重	聯絡供應商
3.錯誤物質？		3.如果潮濕，可能會放出熱能	不太可能	輕微	定期檢視
4.未使用桶槽起重機？		4.背部受傷	可能	嚴重	加強訓練
5.兩桶加在一起？		5.可能	低	輕微	檢視重量
6.桶槽秤重錯誤？		6.品管問題	可能	嚴重	加強管理
7.起重機失誤？		7.腿、腳、背、手受傷	低	嚴重	無
8.桶槽腐蝕？		8.鐵汙染、桶槽破裂、受傷	低	嚴重	定期檢視
9.通風不良？		9.灰塵大與人員暴露	不太可能	輕微	定期檢視通風狀況
10.顆粒粉塵化？		10.同上	可能性高	輕微	無
11.操作員手上沾上粉末？		11.灼傷	可能	嚴重	使用手套與防塵衣
12.液面過高？		12.苛性鈉潑濺與品質問題	低	非常嚴重	使用護目鏡與圍裙

表4-4 將丙酮由槽車輸入地下儲槽假設狀況分析表

假設狀況	後果	可能性	嚴重度	改善建議
1. 槽車軟管連接到錯誤儲槽	1a. 影響儲槽成品品質 1b. 可能會與儲槽內產品發生化學反應、火災或爆炸等	低	嚴重 嚴重	1. 連接前確認沒有接錯儲槽
2. 連接軟管洩漏	2a. 丙酮洩漏，會受熱揮發 2b. 丙酮與熱源接觸後失火或爆炸	低	嚴重 非常嚴重	2. 使用前確認軟管沒有洩漏孔
3. 地下儲罐溢滿時	3. 同2a及2b	低	非常嚴重	3. 加裝儲槽液位裝置及警報器

3.如果地下儲罐溢滿時，會發生什麼情況？

上述問題僅提供一個思考的方向，讀者可自行研擬更多的假設性問題。分析結果列於**表4-4**之中。

玖、半計量性假設狀況分析

一、定義

為了改善假設狀況非計量的缺點，可將分析表中的可能性及嚴重度分級，再將兩者相乘，即可得到相對風險值；最後再依據風險值的大小分級，即可將其計量化。

二、方法

半計量性假設狀況分析步驟如後：

1.將**表4-4**中的可能性及嚴重度依照第一章**表1-5**、**表1-6**的情況描述分級。

Chapter 4 假設狀況分析

2. 再將可能性與嚴重度相乘,以求出每一個假設狀況的相對風險程度。

相對風險值＝可能性×嚴重度

3. 將可能性與嚴重度繪製成風險矩陣圖。
4. 風險等級：20～25＝5；15～16＝4；9～12＝3；6～8＝2；1～5＝1。

三、範例

(一)固體原料傾倒

將可能性、嚴重度及相對風險值加入範例一的分析表（**表4-1**），則可得到具相對風險值分析表（**表4-5**）。表4-5中,第1項風險等級為4,第4、11及12項為3,第2、7、8為2,其餘為1。

表4-5　具相對風險值的假設狀況分析案例一

假設狀況	後果	可能性	嚴重度	相對風險	改善建議
1.顆粒狀固體無法自由流動？	1.將塊狀固體擊碎時,可能會傷害背部	4	4	16	設計擊碎塊狀固體的器具
2.桶槽未貼標籤？	2.品管問題	2	4	8	聯絡供應商
3.錯誤物質？	3.如果潮濕,可能會放出熱能	1	1	1	定期檢視
4.未使用桶槽起重機？	4.背部受傷	3	4	12	加強訓練
5.兩桶加在一起？	5.可能	2	1	2	檢視重量
6.桶槽秤重錯誤？	6.品管問題	3	4	3	加強管理
7.起重機失誤？	7.腿、腳、背、手受傷	2	4	8	無
8.桶槽腐蝕？	8.鐵汙染、桶槽破裂、受傷	2	4	8	定期檢視
9.通風不良？	9.灰塵大與人員暴露	1	1	1	定期檢視通風狀況
10.顆粒粉塵化？	10.同上	4	1	4	無
11.操作員手上沾上粉末？	11.灼傷	3	4	12	使用手套與防塵衣
12.液面過高？	12.苛性鈉潑濺與品質問題	2	5	10	使用護目鏡與圍裙

(二)磷酸二銨合成

1. 製程說明：製程及失控狀況已在第三章中檢核表的範例中說明，不在此重複。磷酸二銨製程的管線及儀表圖如**圖4-2**所顯示。
2. 假設狀況[9]：
   (1) 流量過高，產生高溫高壓。
   (2) 反應槽、管線或閥洩漏。
   (3) 氨槽的槽體受大地震影響而導致槽體或管路或閥件破裂而洩漏。
   (4) 氨水進料大於磷酸。

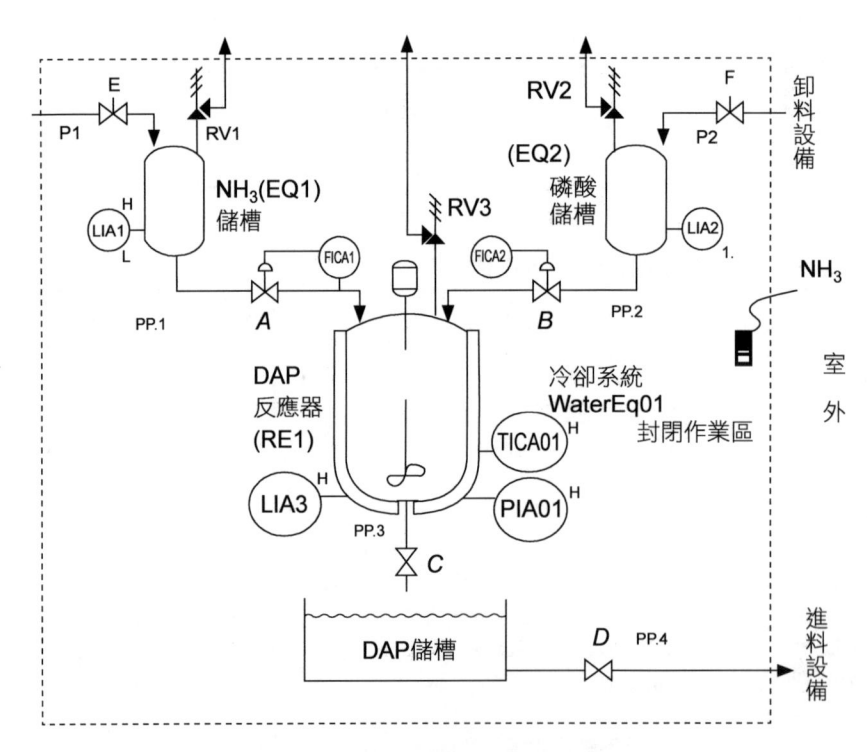

圖4-2　磷酸二銨的管線儀表圖

Chapter 4 假設狀況分析

(5)氨槽壓力過高。

3.分析結果：如**表4-6**所顯示。

表4-6　磷酸二銨合成製程的假設狀況分析[8]

1.致災路徑	2 失效情境、原因與影響			3.現有防護設施			4.評估風險			5.降低風險所採取之控制措施(風險等級為5或4則必須建議且強制改善，3以下則可更精進之建議但不強制)	6.控制後預估風險		
異常路徑編號	萬一	危害類型	後果	工程控制(含偵測或連鎖)	管理控制	個人防護具	嚴重性	可能性(頻率)	風險等級		嚴重性	可能性(頻率)	風險等級
1	流量過高產生高溫高壓	爆炸	壓力過高攪拌槽發生爆炸	(1) 預防：FICA1與FICA2之流量控制；(2) 矯正：RV3洩壓閥			S4	P1	3	(1) 預防(工程)：提高流量控制器FICA1與FICA2儀表安全等級，及改3選2 (2) 預防(工程)：閥A與閥B皆為NC設計(即故障時為閥關閉之安全設計) (3) 預防(工程)：儀表加裝UPS (4) 矯正(工程)：增加第二組洩壓閥及破裂盤			
2	氨槽之槽體、管路或閥件洩漏	爆炸	氨氣蓄積至15.5%以上遇火發生爆炸引發人員傷亡	矯正：氨氣感測器連鎖噴霧系統作噴霧動作為洩漏	預防：槽體與管路需定期非破壞檢測、閥件需定期檢修與測試		S4	P2	4	矯正(工程) (1)加裝多個氨氣偵測器；(2)加裝多個獨立之供水系統(含各個灑水系統之水槽獨立、供水泵浦獨立、泵浦之電源獨立與加裝UPS)；(3)灑水噴霧管路之並聯，以及(4)多處之灑水頭。針對"遇火"之管理措施包含(1)嚴格的動火申請；(2)嚴禁煙火標示；(3)此處嚴禁煙火之嚴重罰則訂定。	S4	P1	3

（續）表4-6　磷酸二銨合成製程的假設狀況分析[8]

1.致災路徑	2 失效情境、原因與影響			3.現有防護設施			4.評估風險			5.降低風險所採取之控制措施(風險等級為5或4則必須建議且強制改善，3以下則可更精進之建議但不強制)	6.控制後預估風險		
異常路徑編號	萬一	危害類型	後果	工程控制(含偵測或連鎖)	管理控制	個人防護具	嚴重性	可能性(頻率)	風險等級		嚴重性	可能性(頻率)	風險等級
	氨槽之槽體因大地震導致槽體或管路或閥件破裂而洩漏	爆炸	氨氣蓄積至15.5%以上遇火發生爆炸引發人員傷亡	矯正：氨氣感測器連鎖噴霧系統作噴霧動作為洩漏	預防：槽體與管路需定期非破壞檢測、閥件需定期檢修與測試		S4	P1	3	矯正(工程) (1) 加裝多個氨氣偵測器；(2)加裝多個獨立之供水系統(含各個灑水系統之水槽獨立、供水幫浦獨立、泵浦之電源獨立與加裝 UPS)；(3)灑水噴霧管路之並聯，以及(4)多處之灑水頭；(5)針對此情境計算水槽之水量。 針對"遇火"之管理措施包含(1)嚴格的動火申請；(2)嚴禁煙火標示；(3)此處嚴禁煙火之嚴重罰則訂定。	S4	P1	3
3	氨比磷酸多	爆炸	氨氣蓄積至15.5%以上遇火發生爆炸引發人員傷亡	預防：液氨之流量控制 矯正：氨氣感測器連鎖噴霧系統作噴霧動作為洩漏			S4	P1	3	(1) 預防(工程)：提高流量控制器 FICA1 儀表安全等級，及改3選2 (2) 預防(工程)：閥 A 為 NC 設計(即故障時為閥關閉之安全設計) (3) 預防(工程)：儀表加裝 UPS 針對"遇火"之管理措施包含(1)嚴格的動火申請；(2)嚴禁煙火標示；(3)此處嚴禁煙火之嚴重罰則訂定。			

（續）表4-6　磷酸二銨合成製程的假設狀況分析[8]

1.致災路徑	2 失效情境、原因與影響			3.現有防護設施			4.評估風險			5.降低風險所採取之控制措施（風險等級為5或4則必須建議且強制改善，3以下則可更精進之建議但不強制）	6.控制後預估風險		
異常路徑編號	萬一	危害類型	後果	工程控制(含偵測或連鎖)	管理控制	個人防護具	嚴重性	可能性(頻率)	風險等級		嚴重性	可能性(頻率)	風險等級
4	氨比磷酸多	化學品汙染	人員吸入性危害	預防：液氨之流量控制 矯正：氨氣感測器連鎖噴霧系統作噴霧動作為洩漏			S3	P1	3	矯正(管理)：氨氣之偵測警報器與室外需吊掛多個呼吸器提供人員使用			
5	氨槽之壓力過高	爆炸	槽體因壓力過高發生爆炸	矯正：RV1洩壓			S4	P1	3	矯正(工程)：增加第二組洩壓閥及破裂盤			
	因輸入錯誤化學品導致氨槽之壓力過高	爆炸	槽體因壓力過高發生爆炸	矯正：RV1洩壓			S4	P1	3	預防(管理)：槽車進料需進行重複確認輸入之化學品 矯正(工程)：增加第二組洩壓閥及破裂盤			

(三)乙烯／醋酸乙酯共聚物乾燥流程[9]

1. 製程說明：流程圖如**圖4-3**所顯示，合成的共聚物由左上角的儲槽輸入噴霧乾燥槽中與熱空氣接觸，再由槽底由加壓空氣送入旋風器中；乾燥固體由旋風器底部的收集槽接收，氣體則由旋風器上部出去，經濾袋將粉塵去除後，再經濕式洗滌塔將酸氣去除後排放至大氣之中。

2. 假設狀況：
   (1)空氣加熱器溫度設定過低。
   (2)空氣加熱器溫度設定過高。
   (3)冷空氣進風機失效。

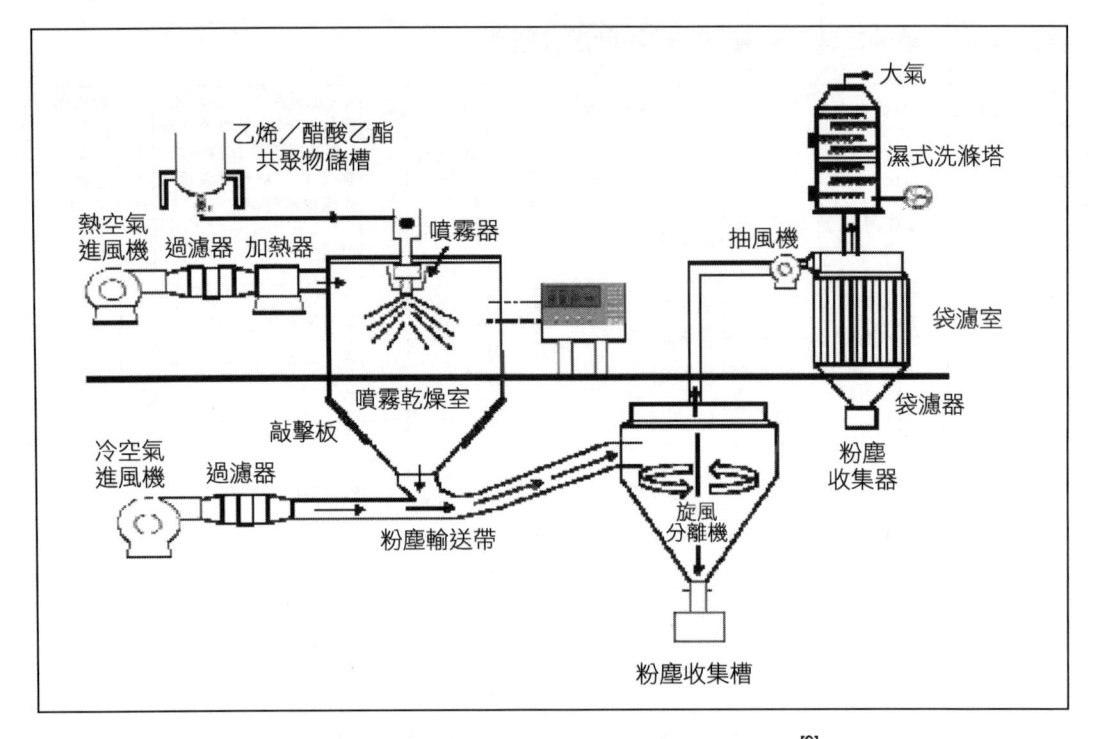

圖4-3　乙烯／醋酸乙酯共聚物乾燥流程[9]

(4)旋風分離器失效。

3.分析結果：列於**表4-7**之中。

拾、結構化假設狀況分析

一、定義

　　結構化假設狀況分析（Structured What If Analysis, SWIFT）是一種結構化的腦力激盪方法，應用預先界定的導詞（例如危害與可操作性分析所

表4-7 乙烯／醋酸乙酯共聚物乾燥的假設狀況分析[9]

假設狀況	後果	可能性	嚴重度	相對風險	改善建議
1.空氣加熱器溫度太低	1.產品濕度高，品質不佳	2	3	6	1.檢查設定溫度及溫度控制器
2.空氣加熱器溫度太高	2.引燃粉體，產生火災爆炸	2	4	8	2.加裝高溫警報及停機裝置
3.冷空氣進風機失效	3a.粉體堆積在乾燥器下方及管線中	2	2	4	3a.乾燥器底加設高溫警報器
	3b.粉體堆積會累積熱量而自燃	2	4	8	3b.加裝停機警報器
4.旋風分離器失效	4a.氣固體分離不佳 4b.排氣中粉體含量高 4c.影響下游濾袋室運轉 4d.廢品率高	1	2	2	4.粉體蒐集槽加裝秤重設備，並定期監控粉體產率

使用的錯誤、故障、多寡等導詞）與參與者提出的提示相結合，這些提示通常以「如果……會怎樣？」或「如何能夠……？」等[10]。

二、導詞

它的核心是一個以全面檢視風險或風險來源的導詞列表，分析小組應用導詞及「如果……會怎樣？」的提示，探討下列問題[10]：

1.已知的風險。

2.風險來源和驅動因素。

3.先前的經驗、成功和事件。

4.已知和現有的控制措施。

5.法規要求和限制。

請參閱**表5-1**危害與可操作性分析所使用的導詞。

拾壹、假設狀況／檢核表分析

一、定義

　　檢核表是檢查及驗證程序、系統設計或操作方法是否合乎標準或合理的清單。它通常是由一連串針對不同項目的安全措施所組合的是非題，以方便使用。檢核表是一種非計量性辨識方法。它可能提供針對程序或系統某種問題上的瞭解，協助找出某個單一設備或作業步驟的缺失及危害。將檢核表與假設狀況分析結合，可以協助經驗不足的分析者快速進入狀況，以確保分析的完整與詳盡[11]。

二、範例：氯乙烯單體（VCM）裂解爐拆解

　　氯乙烯單體（VCM）工場已經運轉三十五年。由於需求減少，公司決定將氯乙烯單體工場拆解。

(一)製程說明

　　單體工場流程圖如**圖4-4**所顯示。二氯乙烯（Ethylene Dichloride, EDC）原料由儲槽輸入四個裂解爐將氯化氫脫除後再經兩個驟冷塔冷卻及分餾塔將氯化氫與氯乙烯單體分離。

(二)檢核表問題

　　檢核表問題列於**表4-8**中。

Chapter 4　假設狀況分析

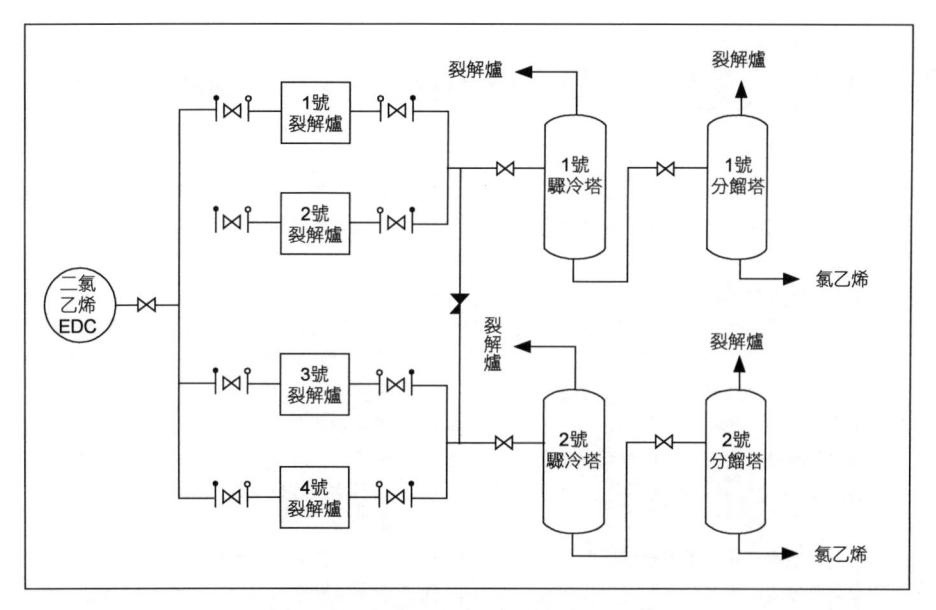

圖4-4　氯乙烯單體工場流程圖[11]

拾貳、結語

　　假設狀況分析的目的是探討當未來可能發生的情境或環境因素產生變化時，對於系統或製程產生的衝擊及影響，判斷風險及研擬解決方案，可協助決策者發現系統中的潛在危害及弱點，並依據風險的大小制定應對策略。這種分析方法通常適用於新工廠的設計或運轉有年的工廠製程更新、擴廠的工程設計或改變現行操作步驟。

　　假設狀況分析僅是一種模擬方法，其結果取決於所假設的參數和模型的準確性。因此，在進行假設狀況分析時，必須謹慎對待並確保所使用的數據和模型是可靠的。假設狀況分析通常是基於現有數據及已知條件，無法完全預測未來的複雜情況。因此，在實際應用中，需要結合其他方法及專業判斷來做出最終決策。

表4-8　檢核表問題[11]

項次	問題	項次	問題
1	**停機與隔離**	F.	是否需要熱作業許可證或管線切斷許可證明？
A.	是否有標準停機程序？拆除人員熟悉拆除嗎？	G.	如何處置排放的原物料呢？
B.	以前是否已經停機過？	H.	儲存排放物質的桶槽中是否有不相容的物質呢？
C.	是否有停役程序呢？這些程序是否經過技術審查？	4	**拆除**
D.	設備更改或修護資訊是否正確呢？	A.	如果發生洩漏，該區域是否有適當的通風？
E.	這些更改對維護工作所產生的影響是否已經處理過？	B.	是否有適當的排水系統？是否有足夠的防火設施？
F.	公用系統是否與該單元工場斷接了嗎？	C.	在排放期間，該區域的進入是否應受管制呢？
G.	是否有斷接互鎖系統呢？	D.	該區域是否有點火源或可燃性物質呢？
H.	這些斷接工作是否會影響其他單元工場嗎？	5	**清潔**
I.	本單元工場的管線將如何與其他工場系統隔離呢？	A.	在排放後，所有的設備是否會進行清潔？
J.	是否會有人進行這些隔離的驗證呢？	B.	清潔材料是否會與任何原物料產生反應？
K.	是否有緊急應變計畫？	C.	是否可以使用較少危險的材料？
L.	在停用期間是否需要進行特殊的環境監測呢？	D.	清潔材料需要特殊處理？需要個人防護裝備？
2	**在停用過程中是否有任何防火系統被禁用？**	E.	是否可能錯誤地使用了錯誤的清潔材料？
A.	設備是否總是保持接地呢？	F.	清潔廢液將如何處理？
B.	單元工場內的製程管線如何與其他工場系統隔離呢？	G.	如果清潔材料易燃，是否已採取適當的防火措施？
C.	是否有人驗證這些隔離任務呢？	H.	清潔後是否有殘留物質或其他相關問題必須考慮？
D.	所有被隔離的容器具有足夠的安全壓力釋放閥嗎？	6	**拆卸**
E.	在停用期間，壓力釋放路徑是否清晰且可以操作？	A.	將使用重型設備以拆解該單元工場嗎？
F.	在停用期間是否對任何被隔離的容器進行冷卻？	B.	是否已經採取足夠的措施監測重型機械的移動？
G.	是否有任何容器在排放過程中需要真空保護？	C.	是否需要進行起重機檢查？照明是否足夠？
H.	是否有從單元設備內排放原物料的程序？	D.	在該區域是否在事故中釋放的有害或易燃物料？
3	**排放**	E.	是否已經採取足夠的安全防護措施？
A.	是否有將原物料由單元工場排出的標準作業程序呢？	F.	單元工場中的設備是否會被重新使用？
B.	原物料排出期間內是否需要特殊的防護裝備呢？	H.	設備是否有適當的標籤？
C.	是否需要切斷管線才可排空工場或設備內的原物料呢？	I.	設備存放場所？是否有特殊的存儲要求？
D.	是否可確保管線中沒有高溫、極冷或高壓原物料呢？	J.	拆解是否需要特殊程序以符合環境法規？
E.	是否有足夠的措施以防止有毒或易燃物質的釋放呢？	K.	所使用的重型設備是否會影響其他工場、管線呢？

習題

1. 請說明危害分析法中What-If、PHA、ETA與FTA之優缺點（111年工安技師高考）
2. What if analysis的中文全名是什麼？
3. 請說明假設狀況／檢核表分析？
4. 請說明假設狀況分析的適用範圍及適用時機？
5. 假設狀況（What if analysis）的優缺點。
6. 執行假設狀況分析時，分析小組需蒐集那些資料？
7. 請說明危害分析法中What-If、PHA、ETA與FTA之優缺點（111年工安技師高考）
8. What if analysis的中文全名是什麼？
9. 請說明假設狀況／檢核表分析？
10. 請說明假設狀況分析的適用範圍及適用時機？
11. 假設狀況（What if analysis）的優缺點。
12. 執行假設狀況分析時，分析小組需蒐集那些資料？

參考文獻

1. 全民學英文（2021）。What if用法。https://tw.englisher.info/2021/04/22/what-if/
2. MBA智庫百科（2023）。假設分析。https://wiki.mbalib.com/zhtw/%E5%81%87%E8%AE%BE%E5%88%86%E6%9E%90
3. ChatGPT (2023). What If Analysis.
4. ChatGPT (2023). Scenario Analysis.
5. 張一岑（2009）。《安全工程》，第三章。全華圖書。
6. Dougherty, T. (1999). Risk Assessment Techniques. edited by Louis J. DiBerardinis, *Handbook of Occupational Safety and Health* (Second Edition), pp. 127-178. John Wiley and Sons.
7. Lyon, B. K., & Popov, G. (2020). The power of what if analysis. *Professional Safety Journal*, pp. 36-43, June 20.
8. 施元斌、陳善妍（2019）。〈What-If方法之修正應用〉。《南亞學報》，第39期，頁69-88。
9. 張承明、謝明宏（2013）。《聚氨酯等製程風險管理研究》，ISOH101-S301。行政院勞委會勞工安全衛生研究所。
10. Clements, C. (2012). The Structured What If/ Checklist A New Twist On An Old Approach. 8th Global Congress on Process Safety, April 1-4, Houston, Texas.
11. Dougherty, T. (1999). Decommissioning Phase. edited by Louis J. DiBerardinis, *Handbook of Occupational Safety and Health* (Second Edition), pp. 127-178. John Wiley and Sons.

5 危害與可操作性分析

壹、定義
貳、發展歷程
參、適用範圍
肆、適用時機
伍、常用術語
陸、執行步驟
柒、分析所需時間
捌、優缺點
玖、範例
拾、以經驗為基礎的危害與可操作性分析
拾壹、創意檢核表式的危害與可操作性分析
拾貳、半計量性危害與可操作性分析
拾參、結語

危害與可操作性分析是一種基於導詞的質性危害辨識方法

壹、定義

危害與可操作性分析（Hazard and Operability Analysis, HAZOP）是一種結構化及系統性的危害辨識方法，可應用於辨識工業製程、系統、設計或操作中的潛在危害因子的方法。它應用系統化方式仔細檢查製程或系統中每一個管線及設備，以探討偏離設計或操作意圖時所可能產生的不良後果。它原本是針對未曾實際運轉實績與經驗的創新製程所開發的危害辨識工具，但是後來也普遍應用於評估運轉中的生產製程，目前已成為化學與煉油工程製程設計中不可或缺的危害辨識工具。這種方法不僅可以用於評估連續式或批式生產製程，也可以適用於評估書面程序。HAZOP小組列出了偏離的潛在原因和後果，以及現有的保護措施來防範這些偏離。當小組確定對於可信的偏離缺乏足夠的保護措施時，通常建議採取措施以降低風險。

分析工作是由一個具有設計、操作、儀電、控制及安全專長的工程師所組成的小組負責執行。分析小組根據特定的設計或操作場景，應用導詞以激發小組成員的想像力及討論。小組成員可以依據缺陷、逆向、過多、過少等導詞的引導逐步檢視製程設計、操作程序、物料流動等，以辨識潛在的危害及操作問題。分析的目標在於及時發現潛在的危害因子，以避免事故發生，並提高工業製程的可操作性。圖5-1顯示危害與可操作性分析的概要。

貳、發展歷程

危害與可操作性分析是1960年代中期由英國安全工程專家克萊茲（T. A. Kletz）所開發的危害辨識方法[1]。1974年，勞萊（H. G. Lawley）將此

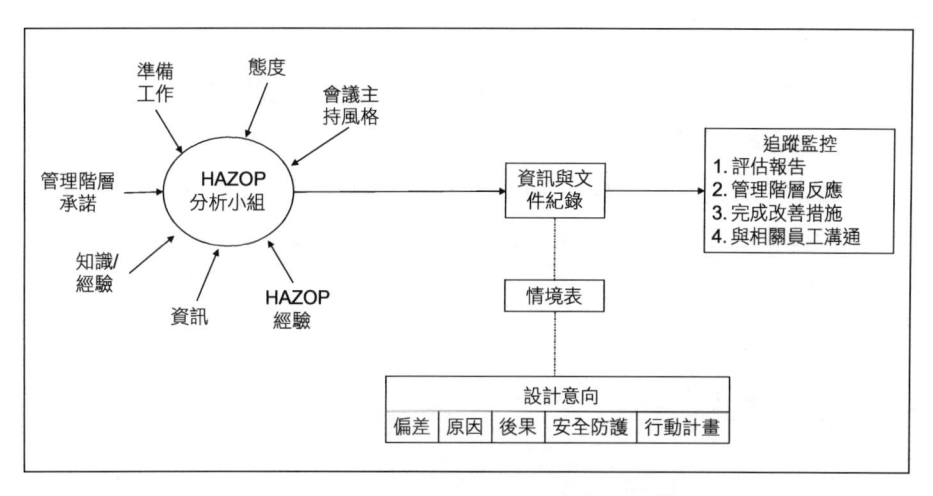

圖5-1　危害與可操作性分析概要[3]

方法發表於 Chemical Engineering Progress 期刊中[1,2]。當時，克萊茲不僅在帝國化學公司（Imperial Chemicals, Inc., ICI）工作，也是英國化學工程師學會（IChE）安全與損失預防小組成員。他的目標是開發一種新的方法以辨識及預防化學製程中的潛在危害。他在研究過程中，發現幾乎所有的意外事故都是由於人為失誤及設計缺陷所導致的，如欲降低意外事故的發生，必須消除製程中的潛在危害因子。1970年代初期，布拉克（C. J. Bullock）與詹寧（A. J. D. Jennings）在克萊茲的指導下開始在研究所講授此方法。1977年，英國化學工業協會（Chemical Industries Association）的化學工業安全與衛生委員會出版《危害與可操作性探討導引》（*A Guide to Hazard and Operability Studies*），以供工程師們學習及使用。

　　HAZOP開發後，不僅傳播迅速，而且還取得化學及石油工業界的認可。數年間即已廣泛應用於化工製程設計之中。目前，它為許多工業領域中辨識潛在危害的主要工具。幾乎所有國家安衛官制機關、跨國性企業及國際標準組織皆將它列為標準安全評估方法之一。它具有下列特點：

1. 標準化：工程專業學會或組織如美國化學工程師學會（AIChE）及國際電工委員會（IEC）等皆發布與HAZOP相關的標準及指引，以協助組織應用該方法。
2. 數位化：近年來，HAZOP分析軟體也被開發出來，使用者可以在數據化的專家系統協助下執行任務，可彌補分析者經驗不足的缺點。

參、適用範圍

1. 工業製程安全評估：可應用於評估化學、石油、製藥、能源生產等產業中。它不僅可以應用於新製程的設計階段，也可以應用於現有生產製程的安全優化及風險評估。
2. 設計審查：可應用於工業製程設計階段，協助設計者仔細檢查所有的設計圖表，以發掘潛在的危害因素及可能造成操作上的問題。
3. 操作程序評估：可應用於評估既有生產製程的操作程序，以確保操作員在操作過程中能夠辨識並應對可能發生的危害及風險。
4. 批次及連續製程：不僅適用於連續式製程，也可以應用於批次過程。
5. 書面程序評估：也適用於書面程序的評估，例如操作手冊、應急計畫等，以確保這些程序能夠處理潛在的風險情境。
6. 跨領域應用通常由多個領域的專家組成，它適用於各種工程、技術及科學領域，以檢測多方面的風險。

肆、適用時機

危害與可操作性分析適用於下列時機：

1. 專案或設施興建：可應用於新的生產製程、設施或系統的設計階段，以便於在設計時發現可能的潛在隱患，在興建之前幾可採取必要措施。
2. 現有製程或設施的變更：可應用於現有的工業製程、設備或系統進行重大更改或升級時，以發現這些變更可能引發的風險或危害。
3. 事故調查：可應用於分析事故發生的原因，以預防類似的事故再次發生。
4. 安全管理評估：可作為定期安全管理評估的一部分，以確保工業製程或設施安全運轉。
5. 標準作業：將HAZOP視為標準作業一部分，定期執行HAZOP分析。

伍、常用術語

一些基本的術語及討論分析時使用的標準導字／詞的說明如下：

1. 分析結（Study Node）：管線及儀器工程圖上所擬進行分析的位置。
2. 意向（Intention）：正常情況程序設計的意圖。
3. 操作步驟（Operation Steps）：分析小組執行任務中的離散性步驟，例如手動、自動或半自動的實施行動。
4. 偏差（Deviation）：與設計意向不同的表現。
5. 導字／導詞（Guide Words）：一些用來表達設計意向特性或數量的簡單字詞，例如無（None）、更多（More）等。**表5-1**列出導字與操作參數、偏差的關係。
6. 原因（Cause）：造成偏差的來源或原因。

表5-1　危害與可操作性分析的導字與操作參數、偏差的關係[3、4]

項次	導字	意義	操作參數	偏差說明
1	無（No/Not）	與設計意向完全相反	流動	不流動
2	更多（More）或更少（Less）	數量增加或減少	壓力 反應速率 流動	壓力升高或降低 速率增加或降低 流量增加或減少
3	如同（As well as）	除了設計意向外，其他情況同時發生	物質 相態	不同物質存在 雙相態
4	部分（Part of）	僅達到設計意向的一部分	物質	物質間的比例改變
5	逆（Reverse）	與設計意向相同情況發生	流動 合成反應	流動方向與設計方向相反 分解
6	其他狀況（Other than）	設計意向未達到，但是卻發生其他情況	正常操作	停機、維修、意外發生

7. 後果（Consequence）：偏差造成的結果或影響。

8. 安全防護（Safe Guards）：預防引發偏差或意外的工程設施或行政控制手段。

分析時經常使用的製程參數為流動、時間、頻率、混合、壓力、成分、黏度、添加、酸鹼度、電壓、分離、速率、液位、資訊及反應等。

將製程參數與導字／詞結合，即可得到**表5-2**所顯示的製程偏離矩陣：

表5-2　製程偏離矩陣

製程參數	較多	較少	無	相反	部分	不僅…又	除此之外
流量	多	少	無	逆流	錯誤成分	雜質	錯誤物質
壓力	高壓	低壓	真空				
溫度	高溫	低溫					
液位	高液位	低液位	無				
反應	速率快	速率慢	-	-		副反應	錯誤反應
時間	長	短	未執行				
程序	動作太晚	動作太早	程序疏失	錯誤程序	部分未執行	額外動作	錯誤

陸、執行步驟

分析工作的步驟為界定分析範圍及對象、分析小組組成、資料蒐集、討論及分析、報告撰寫及追蹤監控等六項。

一、界定分析範圍及對象

分析對象為功能獨立且易於分割的生產單元,例如一個蒸餾塔、反應製程、焚化系統或單元工場。一個包含許多生產單元的煉油或石化工廠應該分成幾個階段,逐步執行。

二、分析小組組成

分析小組由不同專業背景的技術人員所組成,中大型工業製程,通常需要5-7人,小型生產單元僅需2-3人。小組召集人應具備工業安全及實際進行危害及操作性分析經驗的資深工程師擔任,參與分析人員至少應具備下列背景:

1. 方法工程師:熟悉基本設計、程序模擬。
2. 熟悉系統工程師:熟悉管線及儀器圖及基本設備規範。
3. 操作工程師:熟悉標準操作步驟及標準。
4. 儀控工程師:具儀表及控制系統選擇經驗。
5. 安全工程師:瞭解安全標準、法規、消防設計。
6. 其他專業人員:工業衛生師、毒品專家、電機工程師、維修工程師等。

分析小組成員中,並非每一個人必須全程參與分析工作,部分人員如電機、工業衛生、毒品、維修工程師等為顧問性質,僅需要時參

與即可。

三、資料蒐集

危害及操作性分析工作進行前，必須蒐集下列資料：

1. 流程圖、管線及儀表圖、設計標準。
2. 流程說明、質能平衡、生產計畫、生產目標。
3. 設備規格設備布置圖。
4. 公共及支援設施說明。
5. 操作步驟（正常、起動、停俥）及維修計畫。

分析小組於資料蒐集齊全後，應先檢視資料的正確及相互連貫性。

四、討論及分析

基本上危害及操作性分析的實際作業是依據小組召集人的經驗，遵循一些標準的導詞的指引，在一連串的會議中利用腦力激盪方式，針對流程設計進行討論及分析，這種方式可以刺激參與人員的想像力，討論時應避免互相批評，以免部分人員為了避免爭論而降低其參與性。

會議開始時，先將製程分成許多分析結（Nodes），然後針對每一個分析結上，利用標準的導字進行討論。**圖5-2**顯示討論或分析的流程圖。

當危害確定以後，小組召集人應確保小組成員同意及瞭解。一些簡單而顯而易見的降低危害程度及解決操作問題的方案，可能在危害源及危害特性發現時，即可提出。複雜性、爭議性的問題往往必須等到所有的分析結束才可綜合解決。

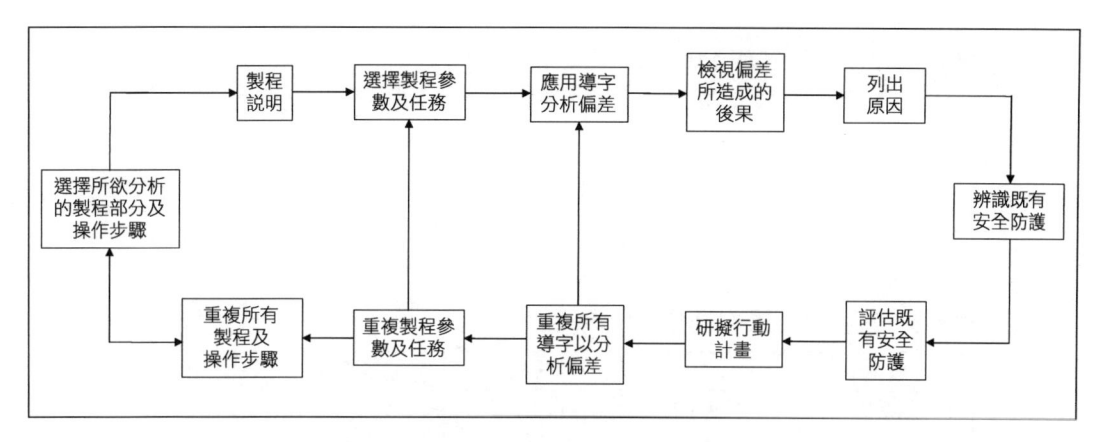

圖5-2　危害與可操作性分析流程[3]

五、報告撰寫

　　會議進行時，主要的危害項目及討論結果應該及時記錄於標準作業表格中，以免遺漏。會議結束前，小組成員應該檢討會議紀錄，以確保所有的討論皆已完全記錄。報告的撰寫由小組召集人負責，內容所包括的項目與前述其他的危害分析的報告類似。報告草稿應由主要小組成員檢討後才可送出。

六、追蹤監控

　　專案評估小組的工作將結案報告繳交後，就告一段落，但是危害辨識的工作仍未全部完成，只是將未完成的追蹤監控任務轉交給受檢單位的安全部門而已。安全部門接手後，必須定期查核以確認受檢單位將危害辨識報告中所建議的改善措施逐步實施，以免辨識工作流於形式化或裝飾門面而已。

柒、分析所需時間

分析所需時間視分析標的規模而異，小型系統約需2-7天，大型製程則需3-8週（**表5-3**）。

表5-3　危害與可操作性分析所需時間

規模	準備	分析	紀錄彙總*	小計
小系統	2－6時	1－3天	1－3天	2－7天
大製程	1－3天	1－3週	2－4週	3－8週

*小組長負責

捌、優缺點

危害與可操作性分析的優點為：

1. 系統性和全面性：HAZOP強調從不同的角度及視角來分析系統，評估更全面及系統性，可以涵蓋各種潛在的失敗模式及意外情況。
2. 簡單、易學而具結構化，分析品質易於控制。
3. 以地毯方式逐步檢討，可發現各種可能發生的危害以及設計的實用性。
4. 以多人集會討論方式進行，可刺激分析者想像力，使設計更趨完美。
5. 可找出設計或操作上可能疏忽的盲點，確認安全設施的周全性。
6. 可提供工廠預警系統、緊急應變、預知保養、標準操作程序規劃之參考。
7. 應用標準表格，可作為日後設計及操作改善依據及安全訓練之參考。

主要缺點為：

1. 分析為定性性質，缺乏計量化，難以區分危害項目的相互順序。
2. 資源消耗大：由於HAZOP需要進行系統性的細節分析，可能需要耗費大量的人力與時間。
3. 過分依賴團隊成員的能力：HAZOP的有效性取決於參與的小組成員的專業能力及經驗。如果團隊成員缺乏相關經驗，可能會影響到評估的品質。
4. 焦點侷限：HAZOP較關注於已知的失敗模式及風險，但可能無法完全預見未知的或不常見的風險，難以涵蓋所有可能的情況。
5. 分析者往往考慮過多的安全因素，而忽略製程的操作性，導致工程設計複雜化，不僅造成工程費用的大幅增加，而且降低製程的彈性。

玖、範例

一、磷酸二銨進料管線

由磷酸儲槽輸送磷酸至反應槽的1吋供管線，如第三章**圖3-1**所顯示。分析結果紀錄列於**表5-4**中。

二、乙二醇製程

乙二醇的生產製程如**圖5-3**所示，環氧乙烯由儲槽C1經1號管輸出，再經泵浦加壓後經2號管線在混合器中與水接觸後送至乙二醇反應槽中反應後合成乙二醇。為避免反應溫度快速上升而導致反應失控，反應器中必須輸入大量的水，以降低溫度。環氧乙烯儲槽中應避免水的進入，因為只

表5-4 磷酸二銨合成反應的危害及可操作性分析結果

導字	原因	後果	建議改善措施
1. 分析結#1：1號管：環氧乙烯輸入管			
停流	泵浦停機或輸出閥關閉或儲槽K-1液面低於下限	乙二醇生產停頓	安裝低流量及泵浦馬達低電流警訊
逆流	泵浦停機或壓力控制閥失常2號管上的HS閥未關閉	水進入1號儲槽，環氧乙烯分解，儲槽破裂	研擬防範2號及4號管的控制閥逆流措施
流量降低	閥部分關閉	生產量降低但不會造成危害	如停流
2. 分析結#2：1號泵浦A/B			
停流		泵浦排法阻塞，溫度升高，環氧乙烯分解，毀壞泵浦	安裝低流量自動停機裝置安裝泵浦馬達低電流裝置安裝高溫停機裝置
逆流	泵浦停機、壓力控制閥失常或洩漏、2號管上水閥未關閉	水進入1號儲槽，環氧乙烯分解，儲槽破裂	研擬防範2號及4號管的控制閥逆流措施
溫度升高	外界熱源或日光輻射熱由備用泵浦管線傳入	環氧乙烯分解，毀壞泵浦	安裝溫度警訊

要少量的水（約大於0.005%容積）即可能造成環氧乙烯的自行分解。分析結果列於於**表5-5**中。

三、聚合放熱反應

　　圖5-4顯示一個聚合放熱反應器，單體由左上角進入一個具攪拌器反應器中反應。由於聚合反應為放熱反應，反應器除安裝冷卻水管外，內外殼之間通以冷卻水，以移走反應所產生的熱量。冷卻水的供應是維護安全運轉的最主要的因素。如果冷卻水中斷，聚合反應所產生的熱量無法及時移出，反應速率會因溫度上升而不斷增加，最後可能會導致反應失控。分析結果如**表5-6**所示。

Chapter 5 危害與可操作性分析

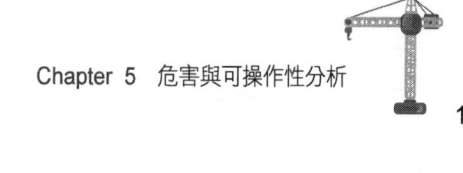

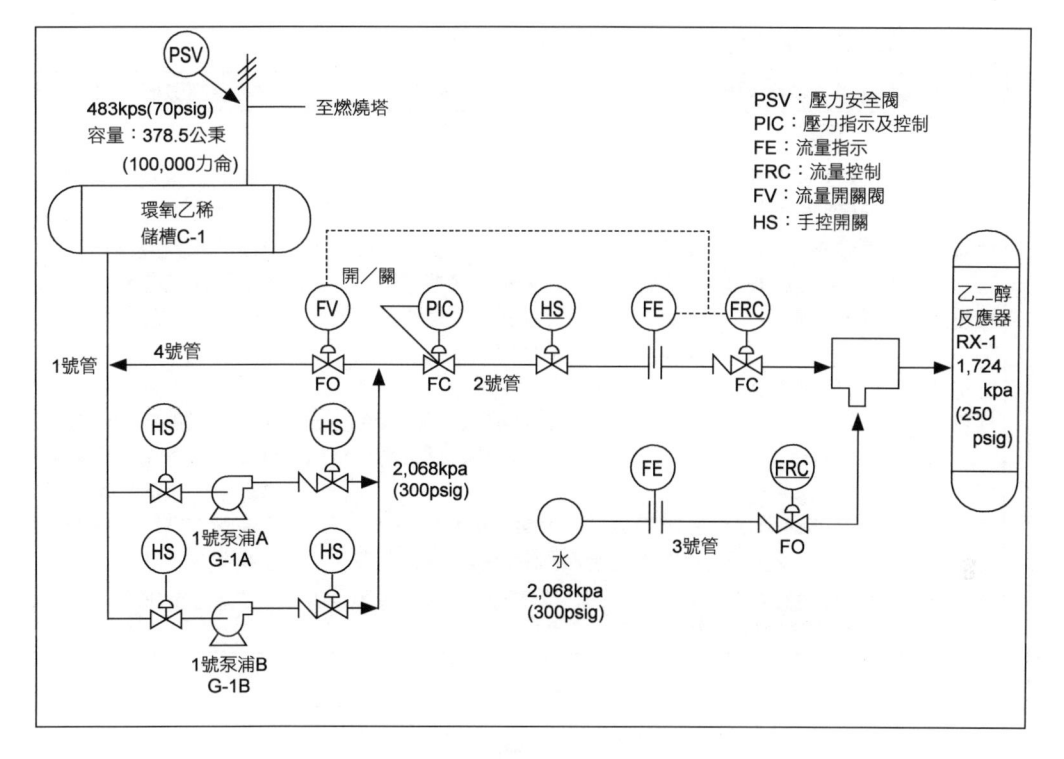

圖5-3 乙二醇合成管線及儀器圖

拾、以經驗為基礎的危害與可操作性分析

一、簡介

　　以經驗為基礎的危害與可操作性分析是應用過去與以往累積的同類型工廠的設計／操作經驗為基礎，而進行的分析方法。傳統分析過程中所使用的導字則被小組召集人的經驗或特殊的問卷所取代。分析的焦點在於比較目前的設計是否合乎以經驗為基礎所發展的設計準則及標準。

表5-5　乙二醇合成製程的危害與可操作性分析

導字	原因	後果	建議改善措施
1. 分析結#1： 1號管：環氧乙烯輸入管			
停流	泵浦停機或輸出閥關閉或儲槽K-1液面低於下限	乙二醇生產停頓	安裝低流量及泵浦馬達低電流警訊
逆流	泵浦停機或壓力控制閥失常2號管上的HS閥未關閉	水進入1號儲槽，環氧乙烯分解，儲槽破裂	研擬防範2號及4號管的控制閥逆流措施
流量降低	閥部分關閉	生產量降低但不會造成危害	如停流
2. 分析結#2： 1號泵浦A/B			
停流		泵浦排法阻塞，溫度升高，環氧乙烯分解，毀壞泵浦	安裝低流量自動停機裝置安裝泵浦馬達低電流裝置安裝高溫停機裝置
逆流	泵浦停機、壓力控制閥失常或洩漏、2號管上水閥未關閉	水進入1號儲槽，環氧乙烯分解，儲槽破裂	研擬防範2號及4號管的控制閥逆流措施
溫度升高	外界熱源或日光輻射熱由備用泵浦管線傳入	環氧乙烯分解，毀壞泵浦	安裝溫度警訊

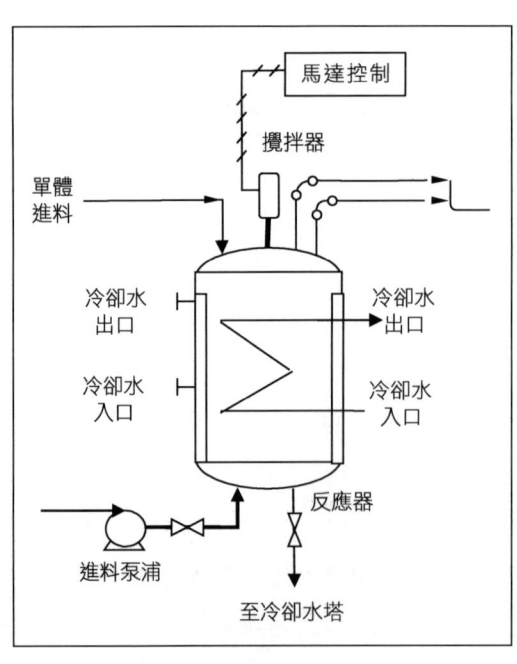

圖5-4　聚合放熱反應器

表5-6 聚合分熱反應的危害與可操作性分析表

項次	分析結	參數	偏差	原因	後果	改善措施
1A	冷卻水管	流動	無	1.冷卻水控制閥關閉	1.無法冷卻，導致溫度上升、反應失控	1.選擇失效開放的控制閥
				2.冷卻水管堵塞	2.同上	1.安裝過濾器/定期保養
						2.安裝具低流量警報的流量計與高溫警示裝置
				3.冷卻水系統停機	3.同上	3.檢查冷卻水供應系統
				4.控制器失效	4.同上	4.將控制閥列入關鍵儀器表中
				5.無空氣供應，閥關開	5.同上	5.如1A1
1B			高	1.控制閥失效	1.溫度降低，反應物濃度上升，加熱時會導致反應失控	1.請操作員修改作業步驟
1C			低	1.水管部分堵塞	1.冷卻效果差，可能導致反應失控	1.如1A2
				2.水壓過低	2.如上	2.如1A2
				3.控制閥失效	3.如上	4.將控制閥列入關鍵儀器表中
1D			正常	1.水供應系統汙染	無	無
1E			部分	1.如IC		
IF			逆流	1.水供應停止	1.無法冷卻導致失控	1.如1A2
				2.背壓過高	2.如上	2.安裝止流閥
1G			晚	1.操作員失誤	1.溫度上升，可能導致反應失控	1.安裝令卻水與進料系統互鎖裝置
1.H		溫度	低	1.冷卻水流量低		
1.L			高	1.冷卻水溫度高	1.冷卻系統受限	1.安裝高溫與高流量警報
2.A	攪拌器	攪拌狀況	無	1.馬達失效	1.反應物無法混合	1.與進料裝置互鎖
				2.停電	2.如上	2.停電時，進料閥應關閉
2.B			多	1.控制器失效，導致速度快	1.無	

以經驗為基礎的分析是最接近原始導字／詞的替代方法。小組招集人在會議之前，應該調查每一個潛在偏差的標準值，以確定那些可能會影響節點、管線或操作步驟的偏差。由於有些偏差對於節點或設備（例如一個存放不具危害性液體儲槽的高液位）不會產生重大危害，可以不必理會。因此，必須依據所涉及的設備類型（如反應器、柱塞、泵、儲罐、管線、熱交換器等），以決定必須關切的潛在偏差。**表5-7**列出不同設備或管線的相關偏差。

二、分析軟體

傳統的HAZOP分析在應用上常有耗時、浪費各部門人力及過度考量非必要性的危害等缺失，近年來，工安專家與電腦軟體工程師合作，共同開發出電腦輔助HAZOP分析系統，可將分析流程自動化，並將人為失誤的因子降至最低。此類系統係以安全專家的專業知識及經驗為基礎，建立專家系統（HAZOPExpert）的知識庫（Knowledge Bases），配合工廠分析師或程序設計師所提供的工廠資訊，模擬分析者的推理及思維以進行安

表5-7　不同設備或管線的相關偏差

偏差	塔	容器／儲槽	管線	熱交換器	泵
流量高／低			X		
液位高／低	X	X			
干擾高／低		X			
壓力高／低	X	X			
溫度高／低	X	X	X		
濃度高／低	X	X	X		
流量高／低	X	X	X		
逆流／流向偏差			X	X	
管線破裂				X	
洩漏	X	X	X	X	X
外殼破裂	X	X	X	X	X

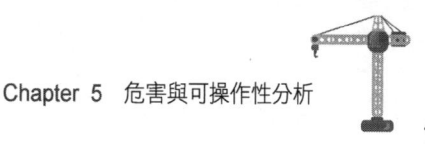

全及可靠度分析,最後則提出一份詳盡且完善的分析報告。其優點為品質得以維持一定的水準,但易於墨守成規,而造成設計與操作的停滯,無法持續改進。

目前常用的分析軟體為:

1. PHA-Pro:一個廣泛使用的HAZOP分析軟體,提供圖形化的用戶界面,便於進行HAZOP研究和管理相關數據。
2. SAPHIRE:SAPHIRE是由美國核能管理委員會(Nuclear Regulatory Commission)開發的軟體,主要用於進行核能領域的HAZOP分析。
3. PHAx(Process Hazard Analysis Xpress):這是由Primatec公司所開發的HAZOP分析軟體,可用於設計及分析多種工業製程。
4. Risk Spectrum HAZOP+:應用於核能行業的HAZOP分析軟體,由西屋電力公司(Westinghouse Electric Company)所開發。
5. HAZOP Manager:可協助用戶高效率執行HAZOP分析並管理相關資訊。
6. HAZOP Study Manager:一個基於網路的HAZOP分析軟體,旨在支持多用戶協作和HAZOP數據庫管理。

拾壹、創意檢核表式的危害與可操作性分析

創意檢核表式的危害與可操作性分析可以協助分析者檢視各種可能發生的情境,並提出相應的創新解決方案,以降低危害風險並改進操作過程。此方法與初步危害分析類似,僅需一、兩位分析者應用於專案初期或可行性研究階段。

一、適用時機

1. 在可行性研究的階段只有原料與產品資訊時。
2. 檢視生產單元工場對周圍環境所產生的不良相互作用時。

二、執行步驟

1. 應用危害特性（火災、反應性、毒性等）檢核表檢視原料及產品，以發現可能存在的危害。
2. 探討將所發現的危害特性是否會在生產單元內引發意外事故。如果分析者認為物資的危害特性可能導致意外時，則應提出消除或降低風險的措施。

拾貳、半計量性危害與可操作性分析

一、簡介

傳統危害與可操作性分析僅為定性式，無法提供所發現的危害因子的風險程度。為了彌補這個缺陷，可將危害因子發生的可能性（參閱第一章**表**1-5）與後果（第一章**表**1-6）分級，然後將後果及可能性相乘以求得風險值，最後再將可能性與嚴重度組合成風險矩陣（第一章**圖**1-2），即可判斷風險相對程度。目前，半定量性步驟已經成為危害與可操作性分析不可或缺的部分。

Chapter 5 危害與可操作性分析

二、範例

液化石油氣球槽

1. 製程說明:此液化石油氣球槽已營運多年,管線及儀表圖如**圖**5-5 所顯示。
2. 分析重點:
   (1) 球槽內液位:液化石油氣液位高時,球槽內壓力上升,可能會導致釋壓開啟而將氣化的石油氣排放至燃燒塔中燒毀。
   (2) 溫度高:溫度過高是由於槽外廠區失火所導致,球槽外殼可能會受損而破裂,導致大量液化石油氣排放至大氣中、失火或爆炸。

分析結果列於**表**5-8之中,溫度高所導致的風險遠大於液位高低的風險。由於既有的安全防護設施足以因應製程偏差,只需執行標準作業程序即可維持安全營運。

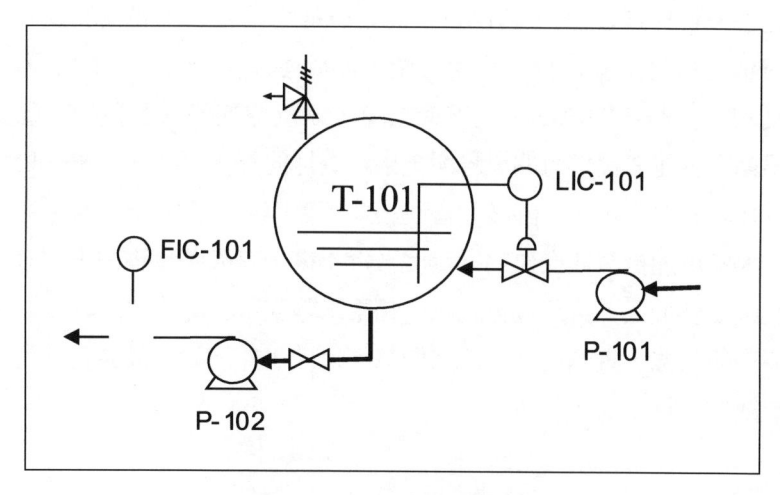

圖5-5　液化石油氣球槽

表5-8　液化石油氣HAZOP分析表

製程名稱：液化石油氣（LPG）製程				分析結：LPG-001			
管線或設備敘述：20003M LPG球槽				所含管線與設備編號：LPG-V1 LPG-V2			
圖號：LPG-001							

項次	導詞	原因	後果	保護措施說明	嚴重性	可能性	危害等級
1月1日	液位高	液位計故障	壓力升高，安全閥釋壓	有高壓警報PISAH，廢氣排放至廢氣燃燒塔處理	B	3	3
1月2日	低	輸出量計算錯誤	出料泵抽空，引發火災	泵設有空轉自動停止保護裝置及消防設備	C	3	4
2月1日	溫度高	槽區發生火災	嚴重時降低球槽鋼材強度，使得球槽倒塌	設有高溫警報，連結自動灑水降溫裝置及消防灑水設施	A	5	5

拾參、結語

　　HAZOP是一種專業的風險評估方法，它需要經過訓練和熟悉相關概念的小組進行。在進行HAZOP之前，確保小組成員具有足夠的專業知識和經驗是非常重要的，以確保評估的準確性和有效性。

　　危害與可操作性分析（HAZOP）是一種常用於安全和風險評估的方法，特別適用於工業過程、化學工廠、能源生產等領域。它的主要目的是識別和評估潛在的危險、災害或故障，以及採取適當的預防和應對措施。早期版本並未提供有關風險與後果嚴重性的評估，無法分辨分析結果與改善建議的優先順序，許多改善建議並不實際或著重於機率發生甚低的防範，大幅增加投資與操作的複雜度。近年來，有人將危害因子的發生可能性及嚴重度加入，可將危害因子的相對風險因子計算出來，以作為判斷優先順序的依據，大幅提升其使用價值。目前，此方法已成為化工設計中不可或缺的工具。

習題

1. 危害及可操作性研究（HAZOP）（91、100、105年工安技師高考／110年地方特考）

2. 說明危害及可操作性分析（Hazard and Operability Study）引導字的意義（95年工安技師高考）

3. 關於製程安全評估方法HAZOP，是回答下列問題（100、105年工安技師高考）：

    (1) HAZOP的英文全名為何？中文名稱為何？

    (2) HAZOP的執行作法有逐管線、逐容器或逐步驟來進行研討，這些方法針對的對象有何不同？

    (3) 寫出兩個與節點劃分有關的注意事項或相關技巧？

    (4) 執行HAZOP評估時，若將改善建議寫於防護措施的欄位，於風險控制時可能衍生那些不良的影響？

4. 某一工場於執行HAZOP分析時，於HAZOP工作表的可能危害／後果的欄位上寫：「輕油低流量，致反應溫度上升，反應器高溫跳脫。」請問該分析方式有何問題？於危害辨識中會出現什麼問題？應如何分析比較好？若將「輕油低流量，致反應溫度上升，反應器高溫跳脫。」的原始分析結果應用於製程安全管理（PSM），會產生那些問題？（104年工安技師高考）

5. 關於HAZOP，試回答下列問題（102年工安技師高考）：

    (1) 於執行HAZOP時，偏離應考慮何處的偏離？

    (2) 評估氧化製程時，空氣本身沒有危害，空氣進料管線是否需要評估？為什麼？

6. 危害與可操作性（Hazard and Operability，簡稱HAZOP）分析為國內最常用的製程安全評估方法。HAZOP分析中，「可能原因」應從那幾個方向思考？請舉例說明申論之。（112年普考工業安全工程）

7. 國內曾發生人為操作錯誤造成製程火災爆炸事故。程序HAZOP（Procedural HAZOP）為利用操作步驟偏離為引導，協助辨識人為操作錯

誤對製程衍生的危害。試說明於程序HAZOP分析中,如何得到操作步驟偏離。(109年工安技師高考)

8. 危害與可操作分析(Hazard and Operability Study, HAZOP)為我國製程安全分析中最常用之分析方法,請說明。

9. 有一針對液氯槽車罐裝出口管線進行HAZOP分析時,其所列偏離計有流量、低/無流量、逆流、高壓、低壓/真空、高溫、低溫、高意液位、低/無液位、錯誤物質、高、低、無反應等項目。請探究前述製程偏離之合宜性?(106年工安技師高考)

10. 當您使用HAZOP作為製程安全評估方法時,試回答下列問題(96年工安技師高考):

(1)防護措施與改善建議有何不同?

(2)考慮後果時要注意那些事項?

(3)針對半導體製程執行製程安全評估時,HAZOP小組至少應包括那些人員?

(4)估算事故頻率時要注意那些事項?

參考文獻

1. Kletz, T. A. (1997). HAZOP- past and future. *Reliability Engineering and System Safety, 55*, 263-266.
2. Lawley, H. G. (1974). Operability studies and hazard analysis. *Chemical Engineering Progress, 70*(4), 45.
3. AIChE CCPS (2008). *Guidelines for Hazard Evaluation Procedures* (3rd Edition). American Institute of Chemical Engineers, New York, USA.
4. 張一岑（2009）。《製程安全管理》。揚智文化。
5. 小工安部落格（2023）。危害與可操作性分析。https://knma.pixnet.net/blog/post/403957961

6 相對危害排序

壹、總論

貳、陶氏火災與爆炸指數

參、蒙得指數

肆、物質危害指數

伍、化學暴露指數

陸、閾值規劃數量

柒、結語

相對危害排序是比較不同製程或系統中的屬性以判定是否具

壹、總論

一、定義

相對危害排序（Relative Hazard Ranking）是一種半計量性危害辨識方法，它的目的為發現製程區域及操作程序中最主要的危害或不同物質的相對危害特性的排序及比較。它的理論源自風險評估中應用的三個基本問題[1]：

1. 可能發生什麼問題？
2. 發生的可能性有多大？
3. 後果及其嚴重程度？

相對排序方法可以協助業者在進行複雜及昂貴的危害評估或風險分析之前，迅速區分出各種不同製程單元及活動的相對安全程度，可避免將資源浪費於安全程度較高的製程或作業程序。

相對排序方法可應用於處理與火災、爆炸和／或毒性危害相關的安全、健康環境及經濟效應，不僅適用於生產製程，也可應用於操作程序或活動。分析人員可以使用相對排序方法來評估一個以上的製程，或同一個製程區域的幾個不同設計的相對危害程度。

二、種類

相對危害排序共有陶氏火災與爆炸指數（Dow Fire and Explosion Index, F & EI）、蒙得指數（Mond Index, MI）、物質危害指數（Substance Hazard Index, SHI）、化學暴露指數（Chemical Exposure Index, CEI）、材料危害指數（Material Hazard Index, MHI）及閾值規劃數量（Threshold Planning Quantity, TPQ）等六種。**表6-1**中列出六種指數的簡介。由於材

表6-1　相對危害排序方法[1]

方法	簡稱	開發單位	內容	參考文獻
陶氏火災與爆炸指數	F&EI	美國陶氏化學公司	由製程所使用的原物料及產品、操作參數及特性，估算發生火災及爆炸的相對指數	2
蒙得指數	MI	英國帝國化學公司	將物質毒性指數加入陶氏火災爆炸指數中	3、4
物質危害指數	SHI	美國組織資源顧問	蒸氣壓除以劇烈毒性濃度	5
化學暴露指數	CEI	美國陶氏化學公司	由劇毒指數、揮發性比例、距離、分子量及製程參數如溫度、壓力、反應性等所組成	6
材料危害指數	MHI	美國加州州政府	蒸氣濃度除以EPA關注值（LOC）	7
閾值規劃數量	TPQ	美國環保署	蒸氣壓、30分鐘立即危害容許濃度、100公尺以外的散布濃度的函數	8

料危害指數甚少應用於危害辨識中，將不在此介紹。

三、目的

相對排序可以協助分析者達到下列目的：

1. 發現整個工廠中最可能導致重大意外事故的單元設備或設施。
2. 發現製程區域或設施中易於導致意外事故發生材料特性、製程操作條件及流程特性。
3. 使用所估算的危害指數以作為設計、場所或營運方式的選擇依據。
4. 可與其他製程或設施的排序指數相比，以區別不同製程的相對安全程度。

四、適用時機

相對危害排序適用於以下情況：

1. 初步風險評估：當需要快速初步評估不同區域、製程或系統的風險

差異時，相對危害排序方法可以提供一個快速而簡便的解決方案。
2. 資源有限情況：當資源有限，無法進行全面的風險評估時，相對危害排序是一種經濟高效的選擇，因為它不需要大量的數據和專業人員。
3. 比較不同區域風險：當需要將不同區域、製程或系統的風險進行相對排名，以幫助優先處理高風險區域時，這種方法特別有用。
4. 制定優先行動計畫：透過相對危害排序，可以確定哪些區域或製程可能存在較高風險，從而集中資源和努力進行更深入的評估和改進，制定更有效的優先行動計畫。

五、分析步驟

基本分析步驟為準備工作、執行及記錄結果。

(一)準備工作

相對排序分析只需要一名分析者即可執行相對排序的任務。他必須蒐集下列資訊：

1. 場地平面圖。
2. 設計和營運數據。
3. 材料、化學性質和數量的列表。
4. 流程圖及設備布局圖。
5. 選擇相對危害排序方法及其技術指引。

(二)執行

依據所選擇的相對危害排序的技術指引上的說明，計算相對危害指數。

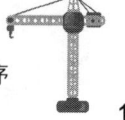

(三)記錄結果

分析者應將詳細記錄每一步驟的計算過程,以便於第三方審查。方析結果可以單獨使用,也可以與其他因素(例如成本)一起使用。分析者可以透過審查文件以確定導致指數數值增加的主要原因,以協助決定是否應採取改善措施,以降低設施的風險。

六、分析所需時間

分析所需時間視分析標的規模而異,小型系統僅需1-3天,大型製程則需3-5天(**表6-2**)。

表6-2 相對危害排序所需時間

規模	準備	分析	紀錄彙總	小計
小系統	2-4時	4-8時	2-4時	1-3天
大製程	1-3天	4-8時	2-4時	3-5天

七、優缺點

(一)優點

1. 簡單明瞭:方法相對簡單易懂,不需要複雜數學模式或大量數據,易於執行。
2. 快速高效:可在短時間內獲得初步結果。
3. 資源節省:僅需一名分析師即可進行評估。
4. 重點明確:由於評估結果可將不同區域、製程或系統之間的風險進行相對排序,可協助決策者分辨出不同區域或製程的相對風險,進而集中資源於高風險製程或區域。

(二)缺點

1. 相對性：僅進行區域之間的相對排序，但未提供絕對風險值，難以確定實際的風險差異。
2. 精確度差：由於簡化的特性，難以發現細微的風險變化，精確度較差。
3. 未考慮發生的可能性：該方法可能忽略了低機率但高後果的危害事件。
4. 缺乏細節：無法提供對具體危害因素或細節的探討，僅適用於初步評估。

八、結語

相對危害排序方法適用於評估和比較不同區域、製程或系統風險。由於方法簡單易懂，執行快速簡便，適用於初步評估不同區域、製程或系統的風險差異。然而，它無法提供全面危害評估，必須與其他辨識方法結合使用，以獲得較全面及精確的結果。

貳、陶氏火災與爆炸指數

一、定義

陶氏火災與爆炸指數是1964年美國陶氏化學公司（Dow Chemical Company）所發展出的危害辨識指標，後來又經過多次的修正及補充才演變成現在的形式。由於它提供了一種簡單的排列化學工廠中不同製程的相對風險程度的方法，使用者可以客觀地將不同的危害因子以計分方式填入標準表格中，算出失火及爆炸指數，然後再根據指數大小，判斷危害的嚴

表6-3　陶氏失火與爆炸指數的相對危害程度

陶氏失火及爆炸指數	相對危害程度
1-60	輕微
61-96	適度
97-127	普通
128-156	嚴重
159以上	非常嚴重

重性。**表6-3**列出指數嚴重性的分類，指數高於159時，則具非常嚴重的危害性。

二、目的

陶氏火災與爆炸指數亦可作為估算意外後果的基準，其主要目的為：

1. 火災及爆炸所造成的損失計量化。
2. 找出可能造成失火及爆炸的因素、物質或程序。
3. 將風險程度以金額表示，以提醒經理部門注意。

陶氏火災與爆炸指數可以協助使用者理解製程的相對危險程度及意外可能造成的損失，但是無法取代詳細的危害評析工作，僅能算作一種縱覽的工具。

三、執行步驟

(一)準備工作

應用陶氏火災與爆炸指數時，必須先具備下列文件：

1. 標準指數計算表格及使用手冊[2]。
2. 流程圖。
3. 費用或價值估算數據。
4. 工廠設備布置圖。

(二)計算失火與爆炸指數

依據表格及手冊的說明，將所需數據填入（**圖6-1**），顯示指數計算步驟。

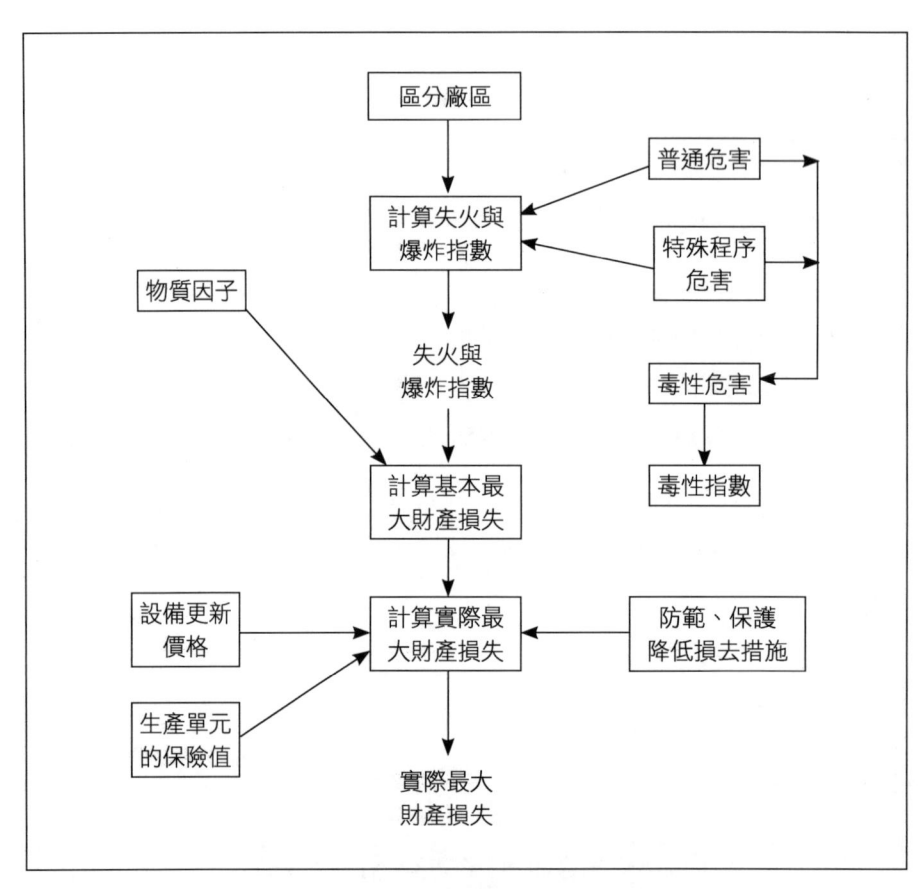

圖6-1　陶氏火災與爆炸指數計算過程

四、範例

為了協助讀者理解計算過程，此處以一簡單的聚合醇生產單元為例，逐步求得所需數據，**表6-4**至**表6-6**分別列出計算結果。

(一)製程說明

聚合醇的反應如**圖6-2**所顯示。首先將甘油輸入批式反應器中，再逐漸將環氧乙烯及環氧丙烯分別注入反應器中與甘油反應。反應完成後，除聚醇產品外，還有部分未參與反應的環氧丙烯。聚醇工場還具備爆炸控制、液體排放及噴淋滅火系統等安全設施。

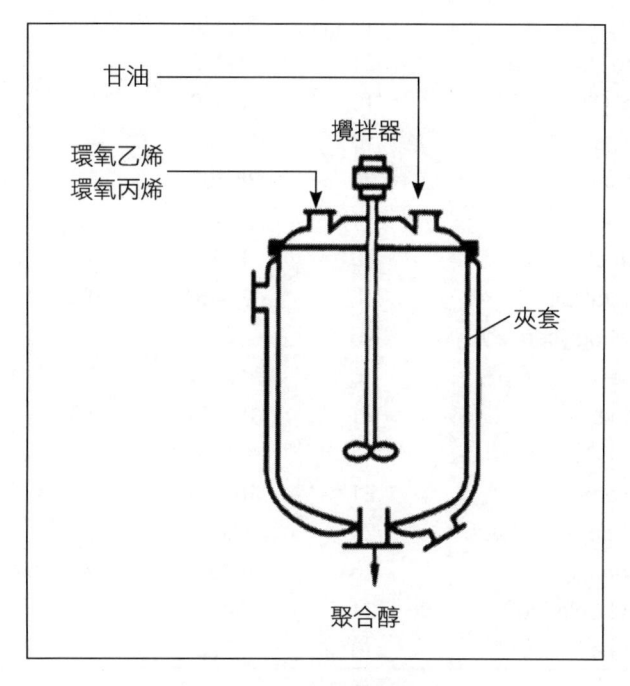

圖6-2　聚合醇反應器

表6-4　陶氏火災與爆炸指數物質因子[1]

化合物	物質因子	燃燒熱 千卡／公斤	閃火點 攝氏度數	沸點 攝氏度數
丙酮（Acetone）	16	6,833	-20	56
乙炔（Acetylene）	40	11,500	註	-83
苯（Benzene）	16	9,611	-11	80
溴（Bromine）	1	0	-	-
丁烷（Butane）	21	10,945	註	-0.6
碳化鈣（Calcium Carbide）	24	5,056	-	-
一氧化碳（CO）	16	2,389	註	-192
氯氣（Chlorine）	1	0	-	-
環己烷（Cyclohexane）	16	10,389	-20	82
環己醇（Cyclohexanol）	4	8,333	68	161
柴油（Diesel）	10	10,389	38-55	157
乙烷（Ethane）	21	11,333	註	-89
燃料油（Fuel Oil）	10	10,389	38-66	150-300
汽油（Gasoline）	16	10,444	-43	38-204
氫氣（Hydrogen）	21	28,667	註	-252
甲烷（Methane）	21	11,945	註	-161
甲醇（Methanol）	16	4,778	11	64
礦物油（Mineral Oil）	4	9,445	193	360
硝化甘油（Nitroglycerine）	40	4,333	-	-
辛烷（Octane）	16	11,389	13	126
戊烷（Pentane）	21	10,778	-40	36
原油（Crude Oil）	161	1,834	-39	-
丙烯（Propylene）	21	10,945	註	-47
環氧丙烯（Propylene Oxide）	24	7,333	34	34
甲苯（Toluene）	16	9,667	4	111
氯乙烯（Vinyl Chloride）	21	4,445	註	-14
二甲苯（Xylene）	16	9,778	27	144

註：常壓下為氣體

(二)計算過程

1. 決定基準物質及物質因子：環氧丙烯在反應器中的數量最多，而且也是最具危害性的物質。由**表6-4**化學品的危害特性及物質因子中，可查到環氧丙烯的物質因子為24。

2. 計算普通程序危害因子：普通程序危害因子包括放熱及吸熱化學反應、物質傳送、密閉式或室內操作情況（避免及降低氣體散布）、排放或潑灑控制因子。每一種危害因子視情況不同相異。以聚合醇合成為例，由於反應激烈，其因子值（處罰值）以最高值（1.25）填入。普通程序因子（F_1）值則為各危害因子的總和。

F_1（普通程序危害因子）$= 1.0 + 1.25 + 0.85 + 0.45 + 0.35 = 3.90$

3. 計算特殊程序危害因子：特殊危害因子為毒性、真空低壓、易燃溫度範圍操作、塵爆、操作壓力、易燃及不穩定物質數量、腐蝕及侵蝕情況、連接或圍堵洩漏、燃爐應用、熱媒交換系統及轉動機械等操作情況的危害因子的總和。在本例中，僅需考慮基本因子、毒性(A)、易燃溫度操作(C)、壓力(E)、不穩定物質(G)及轉動機械(L)，其總和為4.64。

F_2（特殊程序危害因子）$= 1.00 + 0.40 + 0.80 + 0.34 + 1.60 + 0.50 = 4.64$

4. 計算單元危害因子：單元危害因子（F_3）是一般因子（F_1）及特殊因子（F_2）的乘積，其最小值為1，最大值設定為8，任何乘積超過8時，仍以8計算。值為：

F_3（單元危害因子）$= F_1 \times F_2 = 3.90 \times 4.64 = 18.10 > 8.00$

$F_3 = 8.00$

5. 計算失火與爆炸指數：失火及爆炸指數（F&EI）為物質因子

表6-5　陶氏火災與爆炸指數表

工廠名稱	地址		
製程	製程單元：聚醇工廠		
物質	甘油、環氧乙烯、		
物質因子	環氧丙烯		
物質因子（MF）			24
1.一般製程危害		處罰值	使用處罰值
基準因子		1	1
A.放熱化學反應（0.3-1.25）			1.25
B.吸熱化學反應（0.2-0.4）			
C.物質傳送（0.25-1.25）			0.85
D.物質傳送（0.25-1.25）			0.45
E.其他		0.35	0.35
F.排放及潑灑控制（0.25-0.5）　　200加侖			
一般製程因子（F_1）			3.9
2.特殊製程因子			
基準因子		1	1
A.毒性物質（0.20-0.80）			0.4
B.低壓（壓力小於50mmHG）		0.5	
C.在火範圍內或附近溫度操作是否具惰性氣體			
1.儲槽區存有高燃物質		0.5	
2.製程失控或失常		0.3	
3.在著火範圍內		0.8	0.8
D.塵爆（0.25-2.00）			
E.壓力：操作壓力100psig釋放設定壓力125psig			0.34
F.低溫（0.20-2.00）			
G.易燃及不穩定物質數量：重量100lb；燃燒熱13,200Btu/lb			
1.製程中的液體、氣體及反應性物質			1.6
2.儲槽中的氣體或液體			
3.庫存易燃固體及製程中的塵埃			
H.腐蝕及侵蝕（0.10-0.75）			
I.洩漏一接頭及包覆（0.1-1.50）			
J.燃爐應用			
K.熱交換系統（0.15-1.15）			
L.轉動機械		0.5	0.5
特殊製程危害因子（F_2）			4.64
單元危害因子（$F_1 \times F_2 = F_3$）＝18.1＞8＝8（註）失火及爆			8
炸因子（$F_3 \times$ MF=F&EI）			**192**

（MF）與單元危害因子的乘積。

$$F \& EI = MF \times F_3 = 24 \times 8 = 192$$

由**表6-3**查出指數大於158，屬於最嚴重性的危害等級。**表6-5**列出陶氏火災與爆炸指數表格與計算數據。

6. 估計火災及爆炸所接觸的半徑及範圍。
7. 接觸半徑的估計視現場設備布置及防火、防爆設施而異，此處以50公尺為半徑（**表6-6**、A-2項）。估算接觸範圍內的財產價值：半徑50公尺以內，各類生產設備、管線、控制儀表、公共設施及房屋建築的估價，是以範圍內所有設備更新的價值估計，此處以50,000,000元估算，填入（**表6-6**、A-3項）內。
8. 估算損失因子：損失因子是估計設備可能遭受損害程度的機率，此處假設為0.88（**表6-6**、B項）。
9. 估算最大可能發生的財產損失：最大可能發生的財產損失為接觸範圍內財產值與損失因子的乘積為：

$$0.88 \times 50,000,000元 = 44,000,000元$$

10. 估算損失控制因子：損失控制因子包括程序控制（緊急供電、冷卻、防火、防爆、惰性氣體淡化、安全作業步驟、電腦控制），物質隔離（遙控、排放、互鎖裝置等降低危害物質含量措施）及消防設施（防漏、鋼結構、水源供應、噴水、水幕、泡沫、滅

表6-6　單元分析綜合表

A-1：失火及爆炸指數	192	D：損失控制因子	0.56
A-2：接觸半徑	50公尺	E：實際財產損失	24,640,000元
A-3：接觸範圍內價值	50,000,000元	F：最大可能的停工	25日
B：損失因子	0.88	日數G：停工損失	10,000,000元
C：最大可能的財產損失	44,000,000元		

火器及電纜防護等），如果損失控制設施完備，損失控制因子越低，反之則越高，如毫無任何控制設施，損失控制因子的數值為1.0。

此例中，控制因子分別為0.84、0.91及0.74（**表6-7**）。損失控制因子則為三項的乘積。由於本工廠具備爆炸控制（$C_1=0.84$）、液體排放（$C_2=0.91$）及噴淋系統（$C_3=0.74$），因此：

$$C = C_1 \times C_2 \times C_3 = 0.84 \times 0.91 \times 0.74 = 0.56$$

11. 估算實際最大可能發生的財產損失：最大可能發生的損失與損失控制因子的乘積為：

$$44,000,000 元 \times 0.56 = 24,640,000 元$$

表6-7　損失控制因子

1.製程控制（C_1）			
（a）緊急供電系統	0.98	（f）惰性氣體	0.94-0.96
（b）冷卻系統	0.97-0.99	（g）操作步驟	0.91-0.99
（c）爆炸控制	0.84-0.98	（h）反應性化學物檢討	0.91-0.98
（d）緊急停機系統	0.96-0.99		
（e）電腦控制	0.93-0.99		
C_1小計	**0.84**		
2.物質隔離（C_2）			
（a）搖控閥	0.96-0.98	（c）液體排放	0.91-0.97
（b）排放	0.96-0.98	（d）互鎖系統	0.98
C_2小計	0.91		
3.消防措施（C_3）	0.94-0.98	（f）噴淋系統	0.74-0.97
（a）洩漏防制	0.95-0.98	（g）水簾	0.97-0.98
（b）鋼結構	0.84-0.91	（h）化學泡沫	0.92-0.97
（c）埋於地下的儲槽	0.94-0.97	（i）防火及監視器	0.95-0.98
（d）水供應	0.91	（j）電纜防護措施	0.94-0.98
（e）特殊系統	**0.74**		
C_3小計			
損失控制率＝$C_1 \times C_2 \times C_3 = 0.56$			

12.估算停工日期及停工損失：依據陶氏火災與爆炸指數使用手冊，以過去137個意外的實際經驗值，再加上70%的機率估算停工日數；此處僅假設停工日數為25天：

即每日平均停工損失＝400,000元
停工總損失＝400,000元 × 25 ＝ 10,000,000元

由於化工廠的製程複雜，難以同時全部進行指數的估算。一般慣例僅著眼於最具風險性的生產單元。一個普通的生產單元僅需一個瞭解製程的化學工程師或化學師的單獨進行即可，平均一星期可完成兩個至三個單元工場。

參、蒙得指數

一、定義

蒙得指數或稱邦德指數，是由英國卜內門化學工業公司（Imperial Chemical Industries, ICI）屬下蒙得部門專家將陶氏火災與爆炸指數擴充而得的危害排序方法。它除了考慮物質的毒性外，並增加了一些所謂補償歸零（降低危害性）的考量。蒙得指數最適於化學工廠的營建企劃或工程設計時使用，它修改方案，同時增加防護或控制損失的設施（補償歸零的設施），以降低蒙得指數，換句話說，即增加程序的安全性。

二、執行步驟

蒙得指數的計算包括兩個主要部分，第一部分為計算工廠的最壞情況下的危害程度（指數），第二部分則計算安全及消防設施所可能降低危

害的程度。如果第二部分的計算結果，顯示危害程度仍具嚴重性而無法接受時，必須修正基本設計。

蒙得指數的計算步驟[9]如下：

1. 將工廠區分為不同的生產程序單元。
2. 辨認及鑑定程序單元輸出／輸入的物質、設備及程序的危害。
3. 估算危害項目的嚴重性。
4. 使用指南估算蒸氣產生的最大速率（Q）。
5. 選擇適當的限制蒸氣濃度值（X）。
6. 由Q和X計算基本毒性因子（T）。
7. 依據物質、技術及設備布置的特徵估算懲罰因子。
8. 結合基本毒性因子（T）及懲罰因子以確定最終指數值，並將有毒危害從低到極端評為七個等級。
9. 研擬改善設施，以降低危險程度（例如加設消防設施、防火牆、警示及儀控設備與增加設備之間的距離等）。

肆、物質危害指數

一、定義

物質危害指數（Substance Hazard Index, SHI）是物質的物理與毒性特性所組合而成的危害程度指數。指數數值愈高，危害程度愈大。由於物質蒸氣壓愈高，愈容易散布於大氣之中，而劇烈毒性濃度愈低，其毒性愈強；因此，這兩個數值的商可以作為分辨危害程度的指數[5]。物質危害指數可分為具毒性及慢性兩種。

二、劇毒危害指數

劇毒危害指數$(SHI)_a$計算公式為：

$$(SHI)_c = EVP/760 \times 10^6/ATC$$

其中　$(SHI)_a$＝危害指數（劇毒性）

EVP：化學物在攝氏20度時的蒸氣壓（公厘水銀柱，mmHg）

如果化合物的臨界溫度低於攝氏20度時，則使用1,111公厘水銀柱（mmHg）

ATC：新澤西州環保局公布劇烈毒性濃度（ppm）

美國職業安全與衛生署（OSHA）應用美國工業衛生協會（AIHA）公布的第三類緊急應變計畫準值（ERPG-3）取代ATC。有些化學公司則由ATC、ERPG-3或美國環保署公布的關懷準值（Level of Concerns）中，選擇適當數值取代。

危害指數值愈高，危害愈大，指數超過5,000以上，即為特殊危險物質，美國石油協會建議危害指數超過5,000以上者，宜遵循其公布的製程危害管理中的準則[10]，執行安全管理工作。

三、慢性危害指數

物質的慢性危害指數$(SHI)_c$界定為：

其中　$(SHI)_c = EVP/760 \times 10^6/EL$

$(SHI)_c$＝慢性危害指數

EL＝暴露恕限值（ppm），使用時間平均恕限值，許可接觸限值或其他限值中最低值

有些化學公司將危害指數區分為三至四個不同等級，並訂定不同程度的設計準則，以便於有效控制危害。

四、總量物質危害指數

物質危害指數僅提供危害性物質的相對危害指數，但不僅並未將儲存數量及發生意外後受影響的社區人數包括在內，也沒有考慮火災的風險，無法評估它對社區民眾的風險及威脅。為彌補此缺點，除將危害物質的數量及受影響的關係人口數考慮在內，並添加一個火災風險指數在內：

總量物質毒性危害指數（$MSHI_T$）＝ $SHI \cdot M^{0.5} \cdot P = EVC \cdot M^{0.5} \cdot P/IDLH$

總量物質火災危害指數（$MSHI_T$）＝ $SHI \cdot M^{0.5} \cdot P \cdot IDLH/LFL$

$$= EVC \cdot M^{0.5} \cdot P/LFL$$

其中　　EVC＝平衡蒸氣濃度（ppm）

　　　　M＝危害物質質量（噸）

　　　　P＝廠區1英里為半徑的範圍內千人數（1,000人）

　　　　IDLH＝立即致危濃度

　　　　LFL＝爆炸下限（ppm）

五、範例

表6-8列出評估四個工廠內所儲存的危害性物質的總量危害指數，以供參考，其中以A工廠所儲存的氯最高，危害排序為首。

表6-8　相對總量物質危害指數排序[1]

工廠	物質名稱	數量噸	SHI	1英里半徑內千人數	爆炸下限 ppm	MSHI x1000	排序
A	氯	90	73,000	2	無	1,390	1
	氨	1,000	3,400	2	無	822	2
B	砷	0.01	1,000,000	0.5	無	693	3
	二氧化硫	10	10,000	0.5	無	221	4
	氨	90	2,900	0.3	無	152	5
C	氟化氫	30	50,000	3	無	50	6
	氨	10	73,000	3	無	18	7
D	氧化丙烯	120	3,300	7	28,000	16	8
	二氧化硫	10	10,000	7	無	11	9

伍、化學暴露指數

一、定義

化學暴露指數（Chemical Exposure Index, CEI）是美國陶氏公司所開發的暴露指數，它是一種簡單的評估化學物質釋放後對鄰近工廠或社區中人們的短期急性健康風險的方法。應用此方法所計算的結果，決策者可以分辨不同危害性物質洩漏的相對風險。

二、功能

CEI的功能包括執行初步危害分析（PHA）；篩選工具及應用於緊急應變計畫。

三、執行步驟

1. 資料蒐集。制定化學暴露指數之前，需要以下資訊：
   (1) 工廠及其周圍區域的地圖。
   (2) 簡化的流程圖，其中包括容器、主要管線及化學品庫存量。
   (3) 危害性物質的物理及化學特性，以及美國工業衛生協會緊急響應計畫值（AIHA ERPG）。
2. 依據圖6-3所顯示的步驟進行計算。
3. 在流程圖上標識可能導致急性毒性化學物質大量釋放的管線或設備。
4. 根據指引的說明，確定化學暴露指數和危害距離。
5. 填寫CEI的摘要表格。

四、範例：氯氣洩漏

一個連結一噸氯氣鋼瓶的3/4吋管線破裂，劇毒性氯氣排放出來，試計算化學暴露指數。

(一) 基本數據

氯氣分子量：70.91

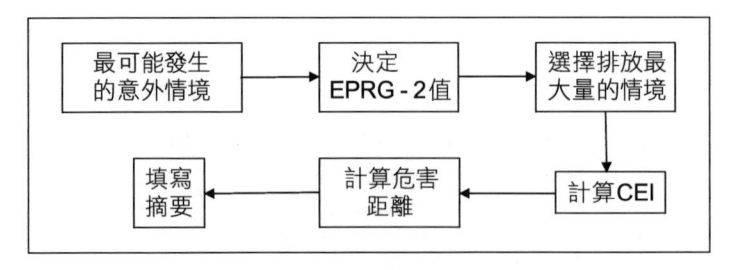

圖6-3　化學暴露指數計算步驟[6]

鋼瓶錶壓：788.1 kPa（絕對壓力：889.5kPa）

溫度：攝氏30度

管線破孔直徑：19毫米

(二)計算由破孔中所排放的氯氣空浮數量（AQ）

空浮數量（AQ）的計算公式為：

$AQ = 4.751 \times 10^{-6} D^2 Pa \ [(MW/(T+273)]^{1/2}$ kg/sec

Pa：絕對壓力＝(Pg＋101.35)

Pg：錶壓

MW：分子量

T：溫度（℃）

D：破孔直徑（毫米）

$AQ = 4.751 \times 10^{-6} (19)^2 (889.5)[70.91/(30+273)]^{1/2} = 0.74$ kg/sec

(三)計算化學暴露指數

$CEI = 655.1 \ (AQ/ERPG\text{-}2)^{1/2}$

ERPG-3：所有人暴露於此濃度1小時內，而不會出現或發展威脅生命的健康影響。

ERPG-2：所有人暴露於此濃度1小時內，不會出現或產生不可逆轉的或其他嚴重的健康影響或症狀。

ERPG-1：所有人暴露於此濃度此濃度1小時內，不會出現超過輕微、暫時的不良健康影響，也不會感知到明確的不適臭味。

其中　氯氣ERPG-2：9 mg/m³

$CEI = 655.1 \ (0.74/9.0)^{1/2} = 188$

(四)計算危害距離（HD）

危害距離（HD）＝6551 (AQ/ EPRG)

EPRG為緊急應變計畫數值－1，－2，－3
由於EPRG值有三種，必須計算各種EPRG值下的危害距離。

1. ERPG-2＝9 mg/m^{3}時
   HD＝6551 (0.74/9)$^{1/2}$＝1,878（米）
2. ERPG-1＝3 mg/m^3
   HD＝6551 (0.74/3)$^{1/2}$＝3,254（米）
3. ERPG-3＝58 mg/m^3
   HD＝6551 (0.74/58)$^{1/2}$＝740（米）

陸、閾值規劃數量

閾值規劃數量（Threshold Planning Quantity, TPQ）係指美國環保署SARA第三條條例（Emergency Planning and Community Right-to-Know Act, EPCRA）中的閾值規劃數量（Threshold Planning Quantity, TPQ）。它是針對嚴重危害性化學品所設定的法規閾值。如果一個場所儲存或使用的危險物質超過此閾值，則必須遵守特定的報告要求並制定應急計畫。此指標是依據物質的蒸氣壓力、30分鐘的即時致命濃度（IDLH）以及在距離釋放源100米的目標距離上進行的通用高斯擴散計算的函數所求得的濃度。

美國聯邦法規40 CFR Part 355, Appendix A中對所有的嚴重危害性物質列出兩個濃度數值。在下列情況下，應該應用低閾值[11]：

1. 如果固體是直徑小於100毫米的顆粒或是熔融狀態。
2. 符合美國國家消防協會（NAPA）所公布的反應活性等級中的2、

3、4級類化學物質。

如果不符合上述條件,則閾值規劃數量為10,000磅(4,536公斤)。為了符合緊急事故應變計畫與社區知權法(Emergency Planning and Community Right-to-Know Act, EPCRA)規定,工作場所中的危害性物質儲存量上限為10,000磅。然而,為符合緊急事故應變計畫與社區知權法311或312款規定,此閾值為500磅或355款附件A[12]所列數量兩者中的較低數值。

柒、結語

相對危害排序是一種用於比較不同危險因素或物質之間相對危害程度的方法。這種排序可以幫助決策者及研究人員識別與優先處理最嚴重的風險因素。相對危害排序的步驟和考慮因素為資料蒐集和評估、危害評估、暴露評估、風險特性、排序、決策及行動。相對危害排序是一個複雜的過程,涉及多個不同領域的專業知識及資料。它通常由政府機構、環保組織、健康部門及科學研究機構等利益相關者使用,以協助決策及資源配置。此危害排序的結果可能會受到不同利益相關者的價值觀和優先事項的影響,因此在進行相對危害排序時需要透明和參與利益相關者的意見。

習題

1. 解釋名詞

    (1)物質危害指數；(2)化學暴露指數；(3)閾值規劃數量

2. 道氏火災與爆炸指數（Dow Fire & Explosion Index, Dow F & EI）是屬於相對等級（relative ranking）之危害分析技術之一，其利用物質係數及製程危害中的每種化學反應或狀況給與危害點數；及透過各種安全防範措施等相關步驟，最後可估算出生產停頓損失（Business Interruption, BI）；其分析結果可提供管理決策者相當明確的量化數據。請說明Dow F & EI的風險分析程序。（99年工安技師高考）

3. 試說明陶氏火災與爆炸指數（Dow Fire & Explosion Index, Dow F & EI）的適用範圍及適用時機。

4. 道氏指數（Dow Index）與邦德指數（Mond Index）是危害分析技術中較常見的相對危害等級分析技術。其中，道氏指數僅適用於化學製程單元，作為化學工廠防範火災與爆炸參考用之指數，而邦德指數則可用於彌補道氏指數之不足，如毒性危害評估。請針對此兩種指數的估算基礎，說明下列問題：

    (1)道氏指數於評估火災與爆炸危害的基礎為何？如何實施道氏指數危害分析？

    (2)邦德指數於評估毒性危害的基礎為何？（5分）（108年工安技師高考）

5. 試說明相對危害排序方法的優缺點。

參考文獻

1. American Institute of Chemical Engineers (2008). *Guidelines for Hazard Evaluation Procedures* (3rd Edition). New York, USA.
2. American Institute of Chemical Engineers (1994). *Dow Fire & Explosion Index Hazard Classification Guide* (7'h Edition). Wiley, New York.
3. Lewis, D. J. (1979). The Mond Fire, Explosion & Toxicity Index- A development of the Dow Index, paper presented at the AICHE Loss Prevention Symposium, Houston, 1-5, April 14.
4. ICI. (1985). *The Mond Index* (2nd Edition). Imperial Chemical Industries, Monde Division Explosion Hazards Section, Technical Department, Winnington, Northwich, Cheshire, UK.
5. Organization Resources Counselors (1988). *Process Hazards Management of Substances with Catastrophic Potential*. Process Hazard Management Task Force, Washington, DC.
6. American Institute of Chemical Engineers (1988). *Dow's Chemical Exposure Index Guide*. ISBN 0-8 169-0647-5, Wiley, New York.
7. 40 CFR Part 355, U. S. Environmental Protection Agency, "Extremely Hazardous Substances List." Washington, DC, 1987.
8. State of California, Office of Emergency Services, Guidance for the Preparation of a Risk Management and Prevention Program, Sacramento, CA, 1989.
9. Tyler, B. J., Thomas, A. R., Doran, P. D., & Greig, T. R. (1997). A Toxicity Hazard Index, I. Chem. Symposium Series No. 13, pp.351-366, Institute of Chemical Engineers, UK.
10. NSC. (1984). *Accident Prevention Manual for Industrial Operations*. National Safety Council, Chicago, IL, USA.
11. US EPA (2023). Emergency Planning and Community Right-to-Know Act (EPCRA). https://www.epa.gov/epcra/two-threshold-planning-quantities-tpqs
12. USEPA (2023). Appendix A to Part 355- The List of Extremely Hazardous Substances and Their Threshold Planning Quantities.

7 失效模式與影響分析

壹、定義
貳、發展歷程
參、適用範圍
肆、適用時機
伍、優缺點
陸、類型
柒、各種類型的比較
捌、執行步驟
玖、標準版範例
拾、簡化版
拾壹、簡化版範例
拾貳、分析所需時間
拾參、結語

失效模式與影響分析是一種確定系統或產品中潛在失效模式及其原因的分析方法

失效模式與影響分析（Failure Mode and Effects Analysis, FMEA）是一種系統性的危害辨識方法，適用於辨識與評估設備、系統產品或製程中可能的失效模式及其對系統性能的影響。

壹、定義

失效模式與影響分析是一種系統性的危害辨識方法，其目的在於發現在設計、製造或操作過程中潛在的問題，並採取預防措施來減少風險[1、2、3、4]。FMEA可協助分析者辨識失敗或失效模式、評估失敗後果的嚴重性、分析失敗的原因、評估當前控制措施及提出改進措施。經由失敗模式與影響分析的執行，組織可以提前識別和解決潛在問題，降低系統故障的風險，並提高產品或過程的品質、可靠性和安全性。它在各種行業中廣泛應用，包括製造業、航空航太、醫療設備、汽車等。

貳、發展歷程

失效模式與影響分析的發展歷程可以追溯到20世紀40年代，起初是在軍事和航空領域中應用。隨著時間的推移，FMEA得到了廣泛的應用，並逐漸擴展到其他行業和領域。以下是FMEA發展的主要里程碑：

一、軍事及航空起源

20世紀40年代，美國軍國防及航空領域為提升武器及飛行系統的安全性及可靠度，開始應用FMEA方法以識別潛在的故障，並採取預防措施。

二、航空太空應用

20世紀60年代，美國國家航空暨太空總署（NASA）引入FMEA方法，以評估太空船的設計及飛行過程中的潛在風險。NASA所發展的FMEA方法廣泛被工業界所採用。

三、汽車工業的應用

20世紀70年代，FMEA開始應用於汽車工業，以分析設計、製造及裝配過程中的潛在失效，並制定預防措施。

四、FMEA手冊的發展

隨著FMEA的普及，許多行業及組織開始編制FMEA手冊，提供了一種標準化的方法和指南，以便更有效地執行FMEA分析。這些手冊通常包含特定行業或領域的最佳實踐和指導方針。

五、AIAG及其他標準

美國汽車工業行動組（Automotive Industry Action Group, AIAG）於1982年發布了第一版的《潛在失效模式與影響分析》（*Potential Failure Mode and Effects Analysis*, PFMEA）手冊，為汽車行業提供了一個通用的方法及範本。此後，AIAG多次更新了手冊，使其與行業實踐和標準保持一致。其他行業及組織也開發了類似的FMEA標準，如ISO 9000系列標準等。

六、製造和服務領域的應用

FMEA逐漸在其他製造及服務行業中得到應用，如航空航太、醫療設備、能源、電子、製藥等。這些行業使用FMEA來評估產品、過程及服務的可靠性、品質和安全性，並採取相應的控制措施。

參、適用範圍

FMEA的目的是尋找可能導致重大問題的潛在失效，並提出相應的預防措施，以減少風險並改進產品或系統的性能、可靠性和安全性。它是一種常用的風險管理工具，可應用於各種不同領域和產業：

1. 工程領域：應用於工程設計階段，幫助確定產品或系統可能的失效模式，以及評估這些失效對性能和功能的影響。
2. 製造業：評估製程中可能出現的失效，以及這些失效對製品品質和安全性的影響，從而採取預防措施。
3. 醫療領域：在醫療器械、醫療流程或藥物開發中，FMEA可應用於評估潛在的醫療失效，以降低患者風險並確保安全性。
4. 汽車工業：識別可能的故障模式，以提高車輛的可靠性和安全性。
5. 航空航天工業：應用於評估航空器件、設計和系統中可能的失效，以確保航空安全。
6. 電子產品：應用於識別可能的失效模式，從而改進產品可靠性和質量。

肆、適用時機

1. 設計階段：可以協助識別潛在的設計缺陷和風險，並採取預防措施以改進設計，確保產品在製造及使用過程中具有高度可靠度和安全性。
2. 技術規劃階段：可以識別可能導致製造或品質問題的技術缺陷。透過分析潛在的失效模式和影響，可以採取措施以降低缺陷率及提高生產效率。
3. 產品或製程變更時：不僅可以幫助評估變更對系統性能及可靠性的影響，並且可採取適當的措施來減少潛在的風險。
4. 事故或故障發生後：可以幫助識別導致問題的根本原因，並採取措施防止類似的問題再次發生，有助於改進產品、過程或操作。
5. 定期評估及改進：以確保持續提高產品或過程的品質和可靠性。定期執行FMEA可以發現新的失效模式，並採取相應的控制措施。

伍、優缺點

一、優點

FMEA可以提供預防性措施、改善品質和可靠性、降低成本、提高安全性，並促進團隊合作和知識共用。它已成為許多行業的主要危害辨識工具，以提高產品、過程和系統的績效和可靠性。

執行失效模式與影響分析（FMEA）具有以下幾個優點：

1. 預防潛在問題：FMEA識別及分析系統、產品或過程中的潛在失效模式及風險，可以採取預防措施來消除或減少潛在問題的發生。

2. 提高品質和可靠度：透過所採取相應的改進措施，可以減少缺陷率、提高產品壽命，並滿足客戶的期望。
3. 降低成本：透過預防措施及改進措施，可以降低故障率、減少產品退回和維修次數，從而降低生產和維護成本。
4. 提高安全性：透過分析潛在的失效模式及影響，可以協助業者識別可能導致安全問題或危險的因素，並採取相應的控制措施，以提高安全性。
5. 持續改進：定期進行評估、分析，可以發現新的失效模式，並採取相應的措施，以確保系統持續改進。

二、缺點

1. 主觀及依賴經驗：分析結果受到執行團隊成員的主觀判斷及經驗的影響。缺乏客觀性及標準化，可能影響到分析的準確性及一致性。
2. 時間及資源需求大：執行FMEA需要團隊成員的參與及詳細的分析、討論，可能需要大量的時間及資源。
3. 無法考慮未知失敗模式：是基於已知的失敗模式及經驗進行分析，但它無法完全預測未知的失敗模式。
4. 缺乏動態性：通常是在特定時間點進行的靜態分析，FMEA可能無法持續跟蹤及評估時間變化對產品的影響。
5. 管理複雜度高：大型系統或複雜專案的FMEA的執行複雜度高，如果管理不善，可能會導致FMEA的有效性下降。

陸、類型

根據應用的領域及目的，失效模式與影響分析的類型（圖7-1）為：

Chapter 7 失效模式與影響分析

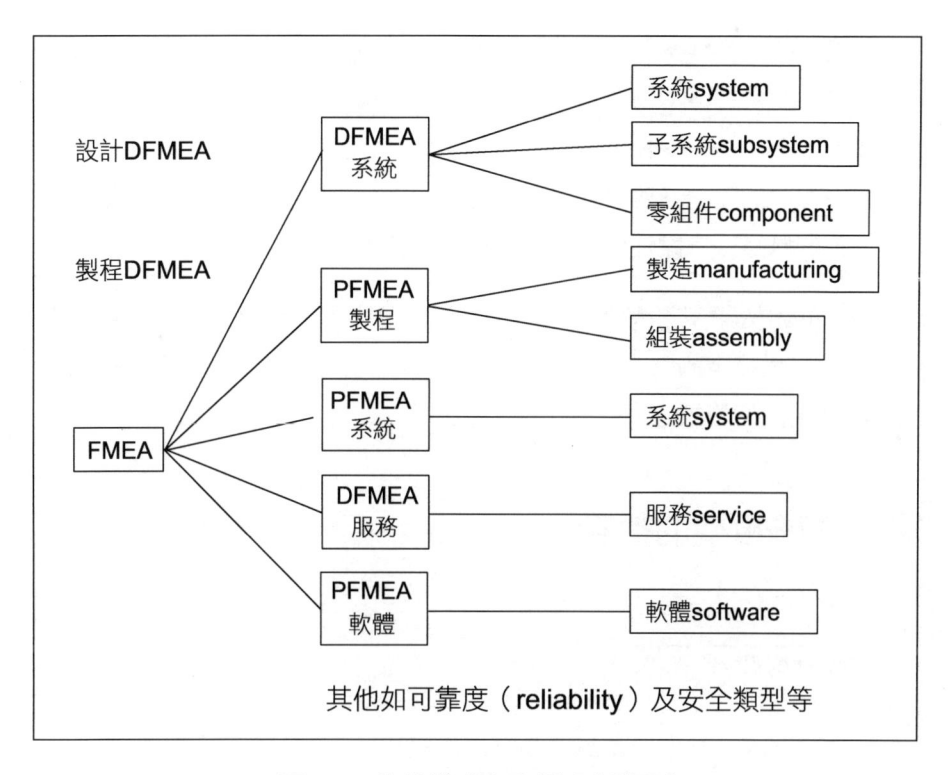

```
設計DFMEA ──┐
            ├── DFMEA系統 ──┬── 系統system
            │                ├── 子系統subsystem
            │                └── 零組件component
製程DFMEA ──┤
            ├── PFMEA製程 ──┬── 製造manufacturing
            │                └── 組裝assembly
FMEA ───────┤
            ├── PFMEA系統 ──── 系統system
            │
            ├── DFMEA服務 ──── 服務service
            │
            └── PFMEA軟體 ──── 軟體software

其他如可靠度（reliability）及安全類型等
```

圖7-1　失效模式與影響分析類型

1. 設計型（Design FMEA, DFMEA）：應用於產品或系統設計階段的危害辨識，關注重點為設計決策及參數對產品可靠度及性能的影響。
2. 製程型（Process FMEA, PFMEA）：應用於識別製造或技術製程中，關注重點為製造過程中的潛在風險及品質問題。
3. 作業型（Task FMEA, TFMEA）：應用於評估工作任務或操作過程中的潛在失敗模式和影響。它適用於辨識及減少工作任務中的風險，以確保工作的安全性、品質和效率。
4. 可靠性型（Reliability FMEA, RFMEA）：應用於評估系統、設備或產品的可靠性，並辨識潛在的失效模式及影響，以採取措施提高

系統的可靠性和可用性。它關注的是系統可靠性和故障率的潛在因素。

5.安全型（Safety FMEA, SFMEA）：應用於評估系統、產品或操作過程中的安全風險及潛在的失敗模式，並採取措施來減少事故和傷害的風險。它關注的是潛在的安全隱患和危險性。

這些FMEA類型都遵循相似的基本原則及步驟，但重點及應用範圍有所不同。根據特定的需求和目標，可以選擇適當的FMEA類型來進行風險評估和控制措施的制定。

柒、各種類型的比較

一、範圍及應用領域

1. DFMEA：適用於產品或系統設計階段，用於識別設計失效模式、評估其影響，並採取預防措施來改進設計。
2. PFMEA：適用於製造或工藝過程，用於識別製程失效模式、評估其影響，並採取控制措施來減少缺陷和品質問題。
3. TFMEA：適用於工作任務或操作過程，用於識別作業失效模式、評估其影響，並採取控制措施來確保工作的安全性、品質和效率。
4. RFMEA：適用於評估系統、設備或產品的可靠度，並辨識潛在的失效模式及影響。
5. SFMEA：適用於評估系統、產品或操作過程中的安全風險和潛在的失敗模式，它關注的重點是潛在的安全隱患和危險性。

二、焦點

1. DFMEA：關注產品或系統的設計、參數及功能對性能和可靠性的影響。
2. PFMEA：關注製程或技術步驟中的潛在失效模式和相關風險，以確保品質及過程穩定性。
3. TFMEA：關注工作任務或操作過程中的潛在失效模式和相關風險，以確保工作的安全性和效率。
4. RFMEA：關注於設備或產品的可靠度，並辨識潛在的失效模式及影響。
5. SFMEA：關注於操作過程中潛在的安全隱患和危險性。

三、分析物件

1. DFMEA：分析的物件是產品或系統的設計功能和特性。
2. PFMEA：分析的物件是製程或技術步驟，包括輸入、操作和輸出。
3. TFMEA：分析的物件是工作任務或操作過程，包括操作步驟、工作環境及相關要素。
4. FMEA：分析的物件是設備或產品的潛在危害。
5. SFMEA：分析的物件是操作過程中潛在的安全隱患和危險性。

四、分析方法

1. DFMEA：關注於設計決策及參數的影響，應用風險評估方法來評估失效嚴重性和優先順序。
2. PFMEA：關注於製程參數及控制措施，應用風險評估方法來評估

失效嚴重性和控制效果。
3. TFMEA：關注於工作任務及操作過程中的失效模式及安全風險，使用風險評估方法來評估失效嚴重性及控制措施的效果。
4. RFMEA：關注於設備或產品的潛在危害。
5. SFMEA：關注於操作過程中潛在的安全隱患和危險性。

五、團隊組成

1. DFMEA：由設計工程師、領域專家及相關利益相關者組成的設計團隊。
2. PFMEA：由製程工程師、操作員、品質控制人員和相關利益相關者組成。
3. TFMEA：由工作任務執行者、相關領域專家及相關利益相關者組成。
4. RFMEA：由設備專家及維修人員組成的團隊。
5. SFMEA：由安全、機械、操作及製程設計工程師組成的團隊。

捌、執行步驟

一、步驟一

1. 描述產品／系統與其功能。
2. 繪製產品或製程的方塊圖，以顯示零組件或設備之間的關係與聯結。
3. 填寫FMEA作業表格第一列：產品／系統、子系統／組裝、元件、負責人、填表人、日期、修改版本、修改日期等，內容則視情需求而修改。

二、步驟二

1. 由方塊圖起點零組件開始，首先填寫編號與功能。
2. 探討與填寫失效模式、影響、嚴重度、可能性、建議改善措施等。
3. 常見的失效模式如腐蝕、氫脆化、電線短路、轉矩疲乏、變形、破裂等。
4. 探討與填寫失效模式的影響，例如人員受傷、產品損壞或製程停機、變形、績效降低、噪音等。
5. 嚴重度：
   (1) 以1（無影響）至10（最嚴重）排列。
   (2) 嚴重度為相對而非絕對等級的評價。
   (3) 嚴重度等級指數可藉由對系統或零組件的設計變更或製程重新設計降低。
   (4) 嚴重度以1（無影響）至10（最嚴重）排列。
6. 嚴重度評分標準：DFMEA及PFMEA的嚴重度評分標準分別如**表7-1**及**表7-2**所顯示。

三、步驟三

1. 辨識所有可能造成失效模式的原因與發生率。
2. 失效原因：不合適的轉矩、汙染、錯誤的運算法、方向偏離、負載過重、電壓過高。
3. 發生率是可能發生失效的機率或頻率（**表7-3**）。
   (1) 發生率以1（最低、幾乎不可能）至10（最高、難以避免）排列。
   (2) 發生率評分是相對評分；並非反映實際可能發生的機率或頻率。

表7-1　DFMEA的嚴重度評分標準

影響	嚴重度	等級
無預警失效	嚴重級別很高。潛在失效模式影響安全運轉／包含違反法規失效發生時無預警	10
預警失效	嚴重級別很高。潛在失效模式影響安全運轉／包含違反法規失效發生時有預警	9
很高	系統無法運轉（喪失基本功能）	8
高	系統能運轉，但性能下降，顧客很不滿意	7
中	系統可以運轉，但舒適性／方便性能下降，顧客不滿意	6
低	系統可以運轉，但舒適性／方便性能下降，顧客有些不滿意	5
很低	組裝及最後完工／響聲不符合要求，75%以上顧客發現有缺陷	4
輕微	組裝及最後完工／響聲不符合要求，50%的顧客發現有缺陷	3
很輕微	組裝及最後完工／響聲不符合要求，低於25%顧客發現有缺陷	2
無	沒有可識別的影響	1

表7-2　PFMEA的嚴重度評分標準

影響	嚴重度	製程／組裝影響	等級
無預警	失效嚴重級別很高。潛在失效模式影響安全運轉，包含違反法規失效發生時無預警	可能危及作業員而無警告	10
預警失效	嚴重級別很高。潛在失效模式影響安全運轉，包含違反法規失效發生時有預警	可能危及作業員但有警告	9
很高	系統無法運轉（喪失基本功能）	產品可能必須丟棄，或系統部分花上多於一小時修理	8
高	系統能運轉，但性能下降，顧客很不滿意	產品可能必須篩選，部分被丟棄，或系統要在修理部門花上半小時到一小時來加以修理	7
中	系統可以運轉，但舒適性／方便性能下降，顧客不滿意	產品可能有一部分（少於100%）的產品不經篩選地被丟棄，或要在修理部門花上少於半小時來加以修理	6
低	系統可以運轉，但舒適性／方便性能下降，顧客有些不滿意	100%的產品需要重新加工，或車輛／系統要下生產線修理，但不用到修理部門	5
很低	組裝及最後完工／響聲不符合要求，75%以上顧客發現有缺陷	產品可能必須要篩選，沒有被丟棄，但一部分（少於100%）需要重新加工	4
輕微	輕微組裝及最後完工／響聲不符合要求，50%的顧客發現有缺陷	一部分（少於100%）產品必須要在生產線上的工站外重新加工，而沒有被丟棄	3
很輕微	組裝及最後完工／響聲不符合要求，低於25%顧客發現有缺陷	一部分（少於100%）產品必須要在生產線的工站上重新加工，而沒有被丟棄	2
無	沒有可識別的影響	輕微的對作業或作業員不方便，或沒影響	1

表7-3 發生率

	每千件失效率	等級
極高：幾乎無法避免	>100	10
	50	9
高：經常失效	20	8
	10	7
中：偶然失效	5	6
	2	5
低：很少發生	1	4
	0.5	3
極低：不太可能發生	0.1	2
	<0.01	1

四、步驟四

1. 寫出現有的控制或偵測失誤的方法。
2. 列出現有偵測失誤的可能性（偵查度）。
3. 檢討風險優先值（Risk Priority Numbers, RPN）。

RPN＝（嚴重度）×（可能性）×（偵測度）

4. 依據風險優先值的大小，決定改善建議的執行順序。
5. 偵測度（**表7-4**）非必要考量。

五、步驟五

1. 設定負責改善建議的人選與預定完成日期。
2. 任務完成後，重新評估改善後嚴重度、發生率與偵查度，計算風險優先值。
3. 依據評估與計算結果，確認任務是否圓滿完成。
4. 未來當設計、製程及評估方法改變或新資訊發生時，必須重新啟動 FMEA。

表7-4　偵測度

偵測度	評價準則：被設計控制偵測的可能性	等級
絕對不肯定	不可能找出潛在的起因及失效模式或根本沒有設計控制	10
幾乎不肯定	只有很極少的機會能找出潛在起因及失效模式	9
極少	只有極少的機會能找出潛在起因及失效模式	8
很少	有很少的機會能夠找出潛在起因及失效模式	7
少	有較少的機會能找出潛在起因及失效模式	6
中	有中等的機會能找出潛在起因及失效模式	5
中上	有中上的機會能找出潛在起因及失效模式	4
多	有較多的機會能找出潛在起因及失效模式	3
很多	有很多的機會能夠找出潛在起因及失效模式	2
幾乎肯定	幾乎肯定能夠找出潛在起因及失效模式	1

5.計算風險優先指數（Risk Priority Number, RPN）為嚴重度、發生率與偵測度的乘積：

$$RPN = (S) \times (O) \times (D)$$

其中S為嚴重度，O為發生率，D為偵測度。風險優先指數R介於0及1,000之間。當嚴重度等於或低於5時，表示性能變差；廢品率為0.25%，發生率為5；在貨運前偵測到時，偵測率為5。因此，當RPN大於125，必須採取行動。

六、步驟六──建議改善基準

1.首先考量高嚴重度與高RPN項目。

2.降低評價等級的內容順序為：嚴重度＞發生率＞偵測度。

3.當嚴重度為9或10或取其前20%較高RPN時，必須將該風險列入管制，並執行改善措施：

Chapter 7　失效模式與影響分析

1≦RPN≦26　輕微風險，不須改善
27≦RPN≦63　低度風險，由專案負責人自行判斷
64≦RPN≦400　中度風險，必須評估設計後改善
400≦RPN　高度風險，必須重新變更設計

七、作業表格

作業表格是用於記錄和跟蹤FMEA分析的工具標準作業表格，它通常包含以下內容（**表7-5**、**表7-6**）：

1. 序號或項目編號：每個分析項目的唯一識別碼或編號，用於識別和跟蹤不同的分析項。
2. 分析物件：被分析的產品、系統、製程或任務的名稱或描述。

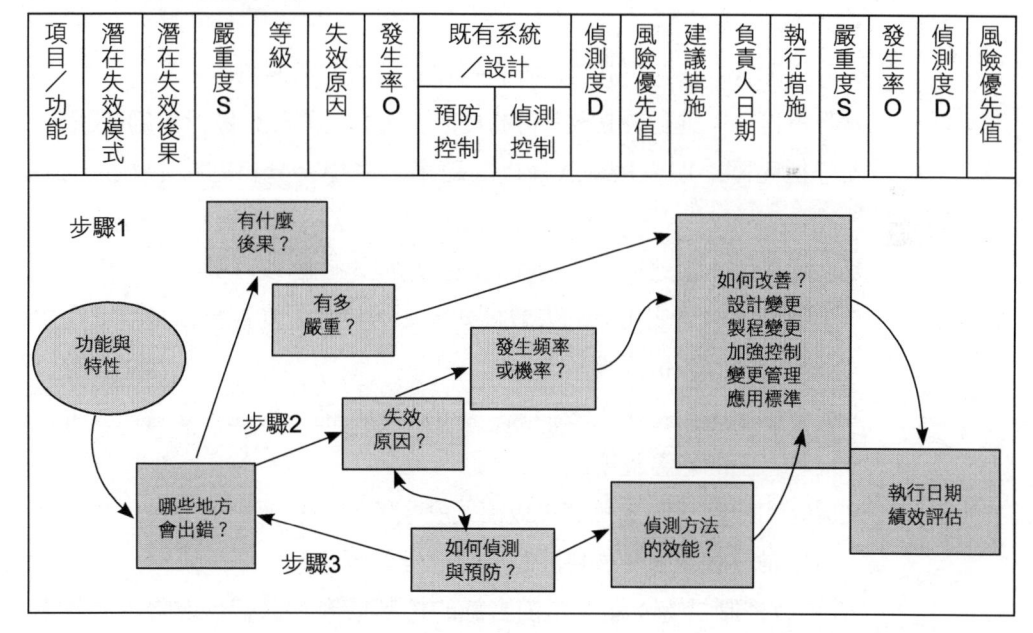

表7-5　FMEA作業表格一

項目／功能	潛在失效模式	潛在失效後果	嚴重度S	等級	失效原因	發生率O	既有系統／設計 預防控制	既有系統／設計 偵測控制	偵測度D	風險優先值	建議措施	負責人日期	執行措施	嚴重度S	發生率O	偵測度D	風險優先值

步驟1　功能與特性 → 有什麼後果？ → 有多嚴重？
步驟2　哪些地方會出錯？ → 失效原因？ → 發生頻率或機率？
步驟3　如何偵測與預防？ → 偵測方法的效能？
→ 如何改善？設計變更 製程變更 加強控制 變更管理 應用標準 → 執行日期 績效評估

表7-6　FMEA作業表格二

			失效模式與影響分析表							日期	
系統			設計FMEA						版本		
子系統											
編號											
負責人											
編號 功能	失效模式	影響或後果	嚴重度	原因	發生率	現有設計控制	偵查度	風險優先值	建議改善措施	負責人預期完成日期	執行結果

3. 分析團隊：參與FMEA分析的團隊成員的姓名或角色。

4. 分析日期：進行FMEA分析的日期，用於記錄和跟蹤分析的時間。

5. 分析範圍：明確FMEA分析的範圍、目標、分析的特定方面或階段。

6. 功能描述：描述被分析物件的主要功能、任務或目標。

7. 失效模式：列出可能的失效模式，即可能導致功能無法實現或性能下降的方式或情況。

8. 失效影響：對每個失效模式，評估其對功能、性能、安全性、可靠性等方面的影響程度。

9. 原因和機制：確定每個失效模式發生的原因和潛在機制。這些原因可以是設計缺陷、材料問題、製程變異等。

10. 現有控制措施：記錄當前實施的控制措施，以減少或防止失效模

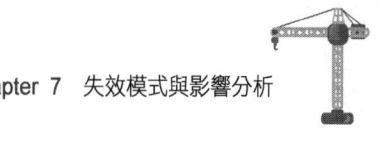

式的發生。

11. 推薦控制措施：為減少或消除失效模式的發生，提出適當的控制措施或改進建議。
12. 嚴重性評估：對失效模式的嚴重性進行定量或定性評估，以確定其優先順序和重要性。
13. 風險優先值：根據失效嚴重度、發生率和檢測能力計算風險優先值，以確定需要優先處理的失效模式。
14. 負責人：負責執行推薦控制措施的責任人或團隊成員的姓名或角色。
15. 追蹤狀態：記錄控制措施的實施狀態、跟蹤和驗證的進展情況（表7-7）。

表7-7 管制計畫表[5]

管制計畫編號 Control Plan Number		主要負責人 Part Owner		修訂編號 NO.	修訂日期 Dater	修訂原因 Reason For Change	製作相關單位 Departments Responsible		
零件號碼／藍圖版期 Part NUMBER / Drawing Revision		核心小組 Core Team					製表 Written By	審查 Reviewed By	核准 Approved By
零件名稱 Part Name		供應商／工廠／檢准日期 Supplier/Plant /Approval Date							
工序 Op.	製程名稱／操作敘述 Process Name / Operation Description	生產設備 Machine Device	特性 Characteristics			特徵值分類 Special Characteristic Class	管製方法 Control Methods				負責單位 Responsible Dept.		變異處理方式 Reaction Plan
			編號 No.	特徵值 Characteristics Type	製程 Process		產品／製程規範／公差 Product/ Process SPEC./Tolerance	評估／技術 Evaluation/ Meas.Technique	抽樣方式 Sampling Method		管制方式 Control Method	操作者 Operator	品管 QC	
									樣本數 Size	頻率 Freq.				

玖、標準版範例

一、範例一：汽車制動系統

(一)專案資訊

1. 項目名稱：汽車制動系統。
2. 分析日期：2023年5月。
3. 分析團隊：設計工程師、製程工程師、品質控制人員、安全專家。

(二)分析範圍

1. 範圍：整個汽車制動系統，包括制動踏板、液壓制動系統、制動盤和制動片等元件。
2. 目標：識別潛在的設計和製程失效模式，評估其影響，並提出控制措施來減少失效風險。
3. 功能描述：
   (1)實現安全和可靠的車輛制動。
   (2)提供駕駛員對車輛速度的控制和停車能力。
   (3)失效模式和影響。

(三)失效模式

1. 制動液洩漏：原因為密封件老化、材料品質問題、製程變異。影響為制動系統失效，制動能力降低，導致車輛停車距離延長，增加事故風險。
2. 失效模式：制動盤磨損過度。原因為材料選擇不當、制動盤表面粗糙度超標、制動片與盤配對問題。影響為制動力減弱，制動距離增加，影響制動性能和安全性。

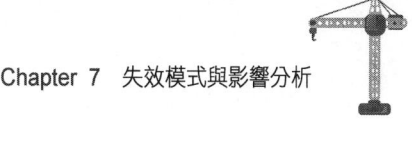

3. 失效模式：制動片脫落。原因為安裝失誤、制動片的夾持力量不足、振動和衝擊導致的鬆動。影響為制動力不均衡，制動不穩定，可能導致車輛失控和事故發生。
4. 現有控制措施：
   (1) 制動液洩漏：使用高品質的密封件、嚴格的品質控制和檢測。
   (2) 制動盤磨損過度：根據製造規範選擇合適的制動盤材料、表面品質控制。
   (3) 制動片脫落：正確安裝制動片、檢查夾持力量、定期檢查和維護。
5. 推薦控制措施：

   制動液（煞車油）洩漏：增加密封件的壽命測試和品質控制、加強製程式控制。

二、範例二：汽車安全帶組裝（表7-8）

第1項RPN＝60 <63　　低度風險，由專案負責人自行判斷
第2項RPN＝144 <400　中度風險，必須評估設計後改善
第3項RPN＝24 <26　　輕微風險

表7-8　汽車安全帶組裝的FMEA

項次	失效模式	嚴重度 S	發生率 O	偵測度 D	風險優先值 RPN
1	安全帶顏色選擇錯誤	5	4	3	60
2	安全帶無法拉緊	9	2	8	144
3	裝飾扣件未對齊	2	3	4	24

拾、簡化版

以上所介紹的是依據美國汽車工業行動小組AIAG公布的《FMEA手冊》；此手冊內容雖然完備，但對於煉油／石化工業而言，似乎過於複雜。

簡化版FMEA如下：

1. 刪除偵測度，僅考慮嚴重度S與發生率O。
2. 將嚴重度S與發生率O評價分為5級（**表7-9**、**表7-10**）。
3. 風險指數＝嚴重度×發生率（R＝S×O）。
4. 將嚴重度與發生率繪製風險矩陣圖（**圖7-2**）。

表7-9　發生率等級

等級		情況描述
5	經常	1年1次或數次
4	可能	約1至10年發生1次，或10家相似工場1年至少發生1次
3	也許	約10至100年發生1次，或100家相似工場1年至少發生1次
2	稀少	約100年以上發生1次，或100家相似工場1年至少發生1次
1	極少	不太可能發生的

表7-10　嚴重度等級

等級	環境衝擊（洩漏中毒）	人員傷亡	財物損失	生產損失
5	及於廠外	1人死亡或3人受傷	2,000萬以上	停工1個月
4	及於場外	永久失能	1,000萬至2,000萬	停工2週
3	工場內	暫時失能	500萬至1,000萬	停工1週
2	局部設備附近	醫療傷害	500萬以下	短時間停爐
1	無明顯危害	無明顯危害	無明顯危害	無明顯危害

後果嚴重性	\multicolumn{5}{c}{發生率}
	5	4	3	2	1
5	25	20	15	10	5
4	20	16	12	8	4
3	15	12	9	6	3
2	10	8	6	4	2
1	5	4	3	2	1

註：風險等級20~25 =5; 15~19 =4; 9~12 =3; 6~8=2; 1~5 =1。

圖7-2　風險矩陣圖

拾壹、簡化版範例

一、馬達

馬達的失效模式為外殼與推動槳紋的破裂，原因及影響如**表7-11**所顯示。

表7-11　馬達失敗模式與影響分析

元件	失效模式	原因	影響	嚴重度	發生率	風險值	建議改善措施
外殼	破裂	製造品質不佳 材料選用不當 壓力過高	馬達損壞	5	2	10	加強品管 選用適當材料
推動槳紋	破裂 磨損	烤乾時張力過高 超低溫操作 超過使用期限	壓力過高 馬達殼破裂 馬達殼破裂	5 5 5	1 1 1	5 5 5	調整烤乾作業 避免超低溫作業 避免使用超過期限的機具

二、壓力鍋

壓力鍋的關鍵零組件為電機系統、安全閥、溫控裝置及壓力計，它的失敗模式與影響分析則列於**表7-12**中。壓力計及溫控裝置是可能造成嚴重後果的元件；壓力計因腐蝕可能會產生錯誤指示而誤導操作員未能及時發現壓力過高而導致爆炸；溫控裝置失效會導致溫度不斷地上升，最後可能時間過長，甚至導致爆炸。

表7-12 壓力鍋失敗模式與影響分析

項目	失效模式	原因	影響	嚴重性	可能性	風險	改善措施
電機系統	無電流漏電	・電線導電不良 ・插頭損壞 ・電熱線失效 ・絕緣不佳	・停機 ・震動 ・停機	1 2 2	2 1 1	1 2	・使用高品質產品 ・定期檢查 ・使用接的插頭 ・插座裝置漏電斷電器
安全閥	開 關	・閥彈簧破損 ・腐蝕 ・品質不佳	・蒸氣洩漏 ・蒸煮時間延長 ・過壓	2 1	2 2	4 2	・使用防腐材料 ・定期檢測
溫控裝置	開 關	・品質不佳 ・品質不佳	・停機 ・壓力過高	1 1	2 2	2 2	・使用高品質產品
壓力計	安全指示錯誤 不安全指示錯誤	・腐蝕 ・品質不佳 ・腐蝕 ・品質不佳	・操作員未認知有爆炸危險 ・操作員誤以為無法正常操作	4 1	2 2	8 2	・使用防腐材料 ・定期檢測
安全閥與溫控裝置	兩者皆開 兩者皆關	・安全閥彈簧破損 ・溫控裝置失效腐蝕 ・安全閥與溫控裝置失效	・蒸煮時間延長或停機 ・系統損壞 ・爆炸危險	1 4	2 2	2 8	・使用防腐材料 ・使用高品質溫控裝置

三、換熱器

換熱器或稱熱交換器是工業製程加熱或冷卻流體的設備；主要失效模式為加熱效果不佳、熱源或冷流洩漏、壓力過高或發生水錘現象。由**表7-13**可知，最嚴重的風險為加熱管破裂而導致冷熱流體摻混而導致產品品質不良。

表7-13　換熱器的失敗模式及影響分析[6]

編號	失效模式	影響或後果	嚴重度	原因	發生率	現有設計控制	偵測度	風險優先值
E1	加熱不良	冷測流體溫度低，影響下游製程	7	加熱管堵塞 蒸氣供應不足 換熱器凸緣洩漏蒸	5	檢視溫度傳送器	4	140
	蒸氣洩漏	蒸氣浪費 無法達到加熱溫度	8	蒸氣管洩漏 蒸氣側凸緣洩漏 蒸氣側墊圈破損	4	目視 現場警報器	4	128
E2	冷側流體洩漏	影響下游製程與產品品質 成本增加	5	冷側流體凸緣洩漏 冷側流體墊圈破損	4	目視 現場警報器	4	80
	壓力過高	壓力過高	5	安全閥跳脫 排放閥故障 加熱溫度高	4	檢視壓力傳送器	4	80
	管束流體摻混	影響下游製程與產品品質	7	加熱管破裂 管與管束板接觸不良／洩漏	4	化驗下游產品品質	7	196
E3	發生水錘現象	破壞管路	5	再沸器積水未放空熱蒸氣進入太快	5	現場目視	4	100

四、產品設計（表7-14）

表7-14 機械產品設計的失效模式及影響分析[5]

專案名稱	Z3531-008專案					機械製造產品過程風險管理表					制定日期	112.03.04	客戶名稱		XX實業股份有限公司
訂單編號	5161300617										修訂日期		製作者		○○○
													版次		第一版
審查項目	風險描述	現行管制措施	嚴重度	發生度	風險指數	風險等級	降低風險對策	嚴重度	發生度	風險指數	風險等級		負責人		複查日期
交期	進度可能落後，交期可能延後1~10天	每兩週召開一次專案會議（加工協調會議）以執行進度掌控	2	4	8	中度	縮短為每3天召開會議，進行管控並積極跟催	2	2	4	低度				
成本	必須增購部分工具及刀具，增加成本1~15%	增購所需刀具及工具，但刀具、工具為可重複利用	2	2	4	低度	N/A								
品質	品質會因加工者無相關之航太加工經驗而產生瑕疵	增購試製材料、測試加工過程及加工後之品質	3	3	9	中度	再增購兩個試製材料，以從過程中獲得加工經驗及資訊，以提升品質	2	2	4	低度				
人力	機台操作人員充足，仍須稍加訓練（航太件加工）	指定固定機台操作員，進行試製及首件之加工	3	1	3	低度	N/A								
採購	材料由廠商提供，有採購商源，採購品交貨正常	依廠商提供之材料執行	1	3	3	低度	N/A								
設備	機具可滿足開發及產需求	將以新設備進行加工	1	3	3	低度	N/A								
技術	未具類似產品經驗，且工程技術障礙尚未能突破	利用教育訓練針對航太材料之材料特性致行加工數據上的傳達	5	4	20	低度	利用增購之試製材料加工過程中，提升航太件加工技術，並聘請具備航太件加工經驗之工程師	2	2	4	低度				

填寫說明：
1. 請參考「風險管理程序」的過程風險管理、風險識別、風險評估，並對中、高度風險採取必要之風險措施。
2. 請參考「過程嚴重度評估表、過程發生度表與過程風險等級分類」，進行風險等級判定，並於風險等級欄中標示。
3. 風險項目要有權責負責人，負責風險的處置。

表單編號：QDL004

拾貳、分析所需時間

分析所需時間視分析標的規模而異，小型系統約需3-6天，大型製程則需4-12週（**表7-15**）。

表7-15　失效模式與影響分析所需時間

規模	準備	分析	紀錄彙總*	小計
小系統	8-12時	2-6天	2-6天	3-6天
大製程	2-4天	2-6週	2-6週	4-12週

拾參、結語

失敗模式與影響分析是一種檢驗單元設備或製程的失誤或失常的方式、分析相對風險程序，以及協助決定補救與改善措施的危害辨識工具。早期多應用於新產或新製程開發階段，除了可以辨識主要的危害因子，可提出改善方法以防止失誤問題發生，後來也逐漸應用於操作運轉中的設備與製程階段。

它的分析結果雖然為定性及演繹性質，但是提供設備失常的發生機率及危害的嚴重性的比較，可以協助決策者區分危害優先順序。分析的焦點在於單元設備；每一項設備的失常考慮為與系統中其他部分無關的獨立事件。它不適於分析因多元設備失常的組合而造成的意外情況。

習題

1. 請說明FMEA之嚴重性分析,可分為那四類?(5分)又其意義為何?(111年工安技師高考)

2. 試說明FMEA（Failure Mode and Effects Analysis）化工製程評估方法（101年工安技師高考）

3. 說明危害及可操作性分析（Hazard and Operability Studies）引導字的意義,並以化工廠製程偏離為例,說明失誤模式與影響分析（Failure Mode and Effects Analysis）的危害風險管理程序。（95年工安技師高考）

4. 列舉失效模式與影響分析的種類。

5. 失效模式與影響分析的適用範圍及適用時機。

6. 列舉發生率的排列順序。

7. 列舉偵測度的排列順序。

8. 列舉簡化版與標準版的差異。

9. 請應用簡化版的失效模式與影響分析（FMEA）探討銀行的自動櫃員（ATM）系統操作過程。

10. 請應用簡化版的失效模式與影響分析（FMEA）方法分析電風扇。

參考文獻

1. AIChE (2008). *Guidelines for Hazard Evaluation Procedures, American Institute of Chemical Engineers* (3rd Edition), Capter 3. New York, USA.
2. 張一岑（2009）。《安全工程》，第三章。全華圖書。
3. ChatGPT (2023). *Failure Mode and Effects Analysis*. Personal Communication.
4. VDA&ALAG (2018). *FMEA Handbook*. Kenneth W. Dailey Bools.
5. 吳昭謀（2015）。風險管理與案例分享PPT教材。
6. 包保長（2006）。〈TAMA石化工廠之FMEA研究〉。義守大學資管系碩士論文。

8 故障樹

壹、定義
貳、發展歷程
參、適用範圍
肆、適用時機
伍、邏輯及事件符號
陸、布林代數
柒、故障的類別
捌、執行步驟
玖、分析所需時間
拾、優缺點
拾壹、範例
拾貳、共同原因失誤模式分析（CCF）
拾參、故障樹的電腦程式
拾肆、結語

故障樹（Fault Tree Analysis, FTA）又稱失誤樹，是一種系統化歸納事件來龍去脈的圖形模式，可將引發意外事件的設備、人為的失誤以及它們的組合找出。

壹、定義

故障樹分析的目的是發現系統中可能導致特定故障或事件的根本原因。它是以樹狀結構呈現，根節點顯示所要分析的特定故障或事件，而子節點則代表導致該故障或事件的不同原因或條件。執行故障分析，可以確定可能導致系統失效或故障的所有可能性。它通常應用於安全評估、可靠度分析、風險評估等領域。應用故障樹，可以協助工程師及分析人員理解系統中的複雜關係，從而採取適當措施以消除或降低潛在風險及危害。

它具有下列的特點：

1.強迫分析者應用推理的方法，思考可能發生失誤（故障）的原因。
2.提供明確的圖示方法，可協助局外人迅速瞭解系統故障的途徑。
3.指出系統中易於發生事故的環節。
4.提供系統改善的工具。

這種方法採取「逆向思考」方式以正本清源。分析者由終極事件開始，反向逐步分析可能引起事件的原因，一直到基本事件（原因）找到為止。分析結果是一個完整的樹形結構的圖及足以引發意外（終極）事件的失誤組合清單。如果單元設備或人為失誤機率數據齊全時，亦可將意外發生的機率求出，以作為安全管理的依據。

貳、發展歷程

故障樹的概念起源於20世紀50年代初期。發展歷程如下：

1. 1950-60年代：它是由美國貝爾實驗室的H. A. Watson及A. Mearns所開發的一種評估洲際飛彈發射的電子控制系統可靠度的故障的方法。
2. 1960年代：1963年，美國波音公司的David Haasal認為它是一個有效的系統安全分析工具。波音公司不僅開發出十二項故障樹模擬與圖式電腦程式，而且自1966年起，將它應用於民航客機的設計上。
3. 1970年代：開始應用於電力事業，例如強化規範與演算法的開發，Prepp/ Kitt、SETS、FTAP、Importance與COMCAN等軟體陸續開發出來。1975年後，它成為核能反應爐安全分析中不可或缺的一環，並開始擴展到可靠度及安全工程領域。
4. 1980年代：故障樹的理論及方法逐漸完善，而且在國際上引起了廣泛的關注。許多國家及技術性組織開始制定相關的標準及作業指南，以規範故障樹分析的應用。它也開始應用於石油與化學工業。
5. 1990年後：隨著電腦的軟硬技術的快速進步，故障樹的功能更加強大而且也易於使用；它不僅擴展至能源、交通、醫療及民生工業等領域，而且成為風險評估的標準作業程序之中，以評估整體系統的安全性及可靠度。

參、適用範圍

1. 工業安全：可應用於分析工業系統中的可能故障，例如化學廠的事故、爆炸、中毒等。這有助於確定導致事故的根本原因，並制定預防和應對策略。
2. 核能領域：被廣泛應用於評估核電廠的安全性。它可以用來分析可能導致放射性洩漏或事故的故障和事件。
3. 航空太空：應用於分析飛機、火箭及太空探測器等飛行器的故障原因，有助於確保飛行的可靠度及安全。
4. 交通運輸：應用於分析交通系統中可能導致意外事故的故障及原因。
5. 醫療領域：故障樹可以幫助識別可能導致器械失效或醫療事故的因素。
6. 能源生產：可應用於火力、風力及太陽光電等發電系統，以分析可能的故障及停機原因。
7. 軍事及國防：可應用於分析可能影響武器、通信或情報系統等的因素。
8. 建築及基礎設施：應用於分析建築及基礎設施系統的故障，例如大樓結構、橋梁及水壩等。

肆、適用時機

1. 系統設計階段：分析及識別可能的失效模式及潛在的故障原因，有助於在設計過程中考慮到可能的風險並做出相應的改進。
2. 安全評估：分析可能導致事故或事故後果的故障情況，有助於確定

潛在的風險並制定削減風險的措施。
3. 事故調查：分析事故的根本原因，有助於確定事故的起因，以及防止類似事件再次發生的方法。
4. 維護及保養：在系統營運期間，分析可能的故障情況，以制定有效的維護及保養計畫，以確保系統的正常運作。
5. 創新技術引入：評估創新技術或設備所可能帶來的風險及潛在的故障情況。
6. 風險評估：分析失效情況，以確認在不同風險情境下的發生機率及影響。
7. 合規及認證：是核能、航空航天及醫療領域獲得合規性及認證的必要步驟。

伍、邏輯及事件符號

故障樹是應用特定的邏輯及事件符號以表達附屬設備的失誤與意外事件的相互關係圖。學習故障樹的合成步驟之前，首先必須瞭解這些符號的意義。符號共分為兩類：第一類為邏輯符號（如且、或、抑止、延遲等）或稱為「門」，它們是用來表達失誤的相互關係（圖8-1）；第二類為事件符號，是用來區分事件的性質，例如圓形表示基本事件，也就是最原始的因素或原因，長方形為中間事件，是由其他中間或基本事件互相組合而成的事件（圖8-2）。

元件、設備或系統失常或無法發揮功能稱為失誤或故障（Faults），元件或設備損壞時稱為失敗或失效（Failures）。所有的失敗或失效都是失誤，但是並非所有的失誤為失敗。

基本上，故障樹分析有下列兩種假設：

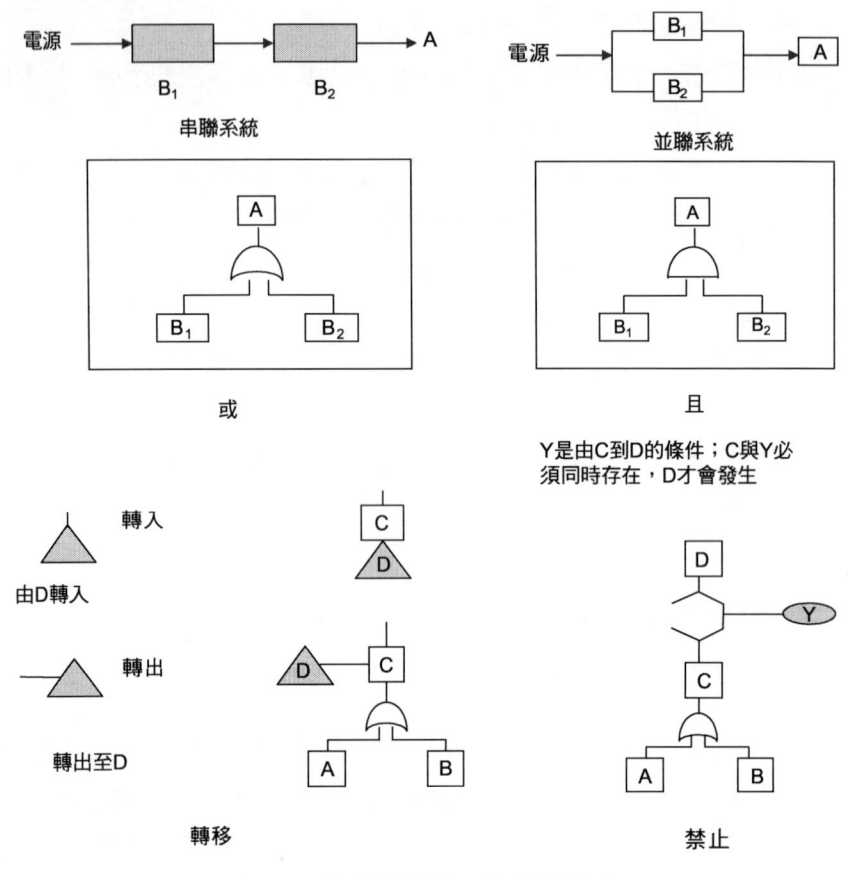

圖8-1　故障樹所使用的邏輯符號

1. 系統中所有的失誤皆為二元化。
2. 所有的附屬設備及相關因素表現正常時，系統則可達到設計的目的。

一個設備或操作員的表現只有完全成功或完全失敗兩種模式。由於它並未考慮局部退化，無法分析一個設備或操作員的部分失能所造成的後果。

Chapter 8 故障樹

邏輯符號	說明	事件符號	說明
（失誤輸出，條件輸入，失誤輸入圖示）	且（AND） 並聯（所有輸入事件同時發生時才會造成失誤輸出） 或（OR） 串聯（任何輸入事件發生，即會造成失誤輸出） 抑止（INHIBIT） 當失誤輸入及抑止條件滿足時，失誤才會輸出	（長方形） （圓形） （菱形） （屋形）	中間事件 基本事件 未發展的事件（指因資料不全或影響輕微而不發展的事件） 界限內事件或條件（指預期發生或屬於界限條件的事件）
（延遲失誤輸出圖示）	延遲（DELAY） 延遲一段時間之後，失誤才會輸出	（三角形入） （三角形出）	轉入（指由其他或附屬失誤譜轉入 轉出（指轉出至其他或附屬失誤譜）

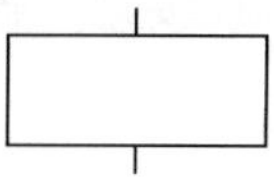

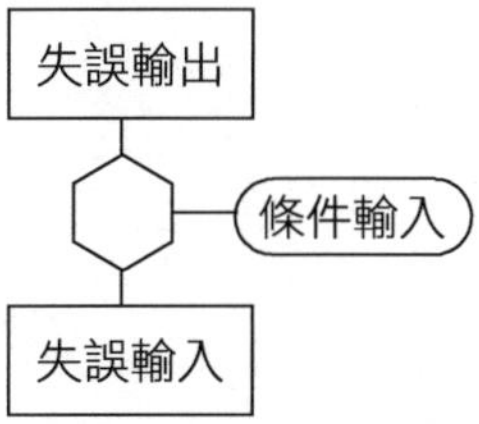

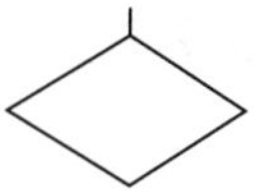

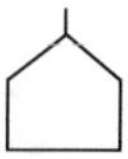

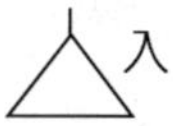

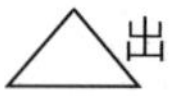

圖8-2　故障樹所使用的邏輯與事件符號[1]

陸、布林代數

布林代數（Boolean Algebra）是處理邏輯的運算時所必須遵循的基本規則或定理。它們是根據邏輯基本運算關係而定出，初學者只要把握住邏輯思維的方式即可理解。

一、運算符號

布林代數的邏輯運算符號有且（AND）與或（OR）兩種：

1.且又稱且閘或及閘,為集合的交集,其運算符號為‧。
2.或又稱或閘,是集合的聯集,其運算符號為＋。

二、基本運算法則

(一)且（AND）的運算

A‧0＝0
A‧1＝A
A‧A＝A
A‧A'＝0 (A'＝1－A)

(二)或（OR）的運算

A＋0＝A
A＋1＝1
A＋A＝A
A＋A'＝1

(三)基本定律

1.交換律
　A＋B＝B＋A
　A‧B＝B‧A
2.結合律
　(A＋B)＋C＝A＋(B＋C)
　(A‧B)‧C＝A‧(B‧C)
3.分配律
　A‧(B＋C)＝AB＋AC

$A+(B \cdot C)=(A+B) \cdot (A+C)$

$(D+A) \cdot (B+C)=DB+DC+AB+AC$

4.吸收律

$A+AB=A$

$A+A'B=A+B$

(四)機率運算

假設A事件出現的機率為P_A，B事件出現的機率為P_B，則

$P_{AB}=P_A \cdot P_B$

$P_{A+B}=P_A+P_B-P_A \cdot P_B$ 或

$\quad\quad =1-(1-P_A)(1-P_B)$

(五)化解規則

1. 規則1：任何特定的元素或事件僅能出現一次，重複出現的元素或事件必須刪除。

   $ABAB=AB$

   $ABCAB=ABC$

   $AABBCC=ABC$

2. 規則2：如果任何集合是另一個集合的子集合時，此集合應該被消除，以免機率被重複計算。

   $AB+ABC=AB$

   $A+AB=A$

   $A+AB+XY+XYA=A+XY$

(六)範例

由於數學邏輯較為抽象，不易理解，可由下列範例說明之。

某社團會員很多，男女老少都有。若以A代表男性，所占的分率為

0.3（$P_A=0.3$），B代表20歲以上的成年人，分率為0.5（$P_B=0.5$）。因此A·B為男性與成年人的交集，也就是男性成年人。他們所占分率（P_{AB}）為：

$$P_{AB}=P_A \times P_B=0.3 \times 0.5=0.15$$

P_{A+B}為男性與成年人的聯集，以就是所有的男性成年人所占的分率，但不包括未成年的女性。

P_{A+B}為男性及成年人的聯集：
$$P_{A+B}=P_A+P_B-P_{AB}=0.3+0.5-0.15=0.65$$

P_{A+B}也可由將不屬於A與B聯集部分去除（將未成年女性所占的分率減掉）：
$$P_{A+B}=1-(1-P_A)(1-P_B)=1-(1-0.3)(1-0.5)=0.65$$

柒、故障的類別

故障樹中的設備故障或失誤可以分為下列三大類：

一、初級故障或失誤

指設備或系統在設計狀況下所發生的失常現象而不是由外在因素所造成的，例如一個壓力容器在設計壓力範圍內的破裂。

二、次級故障或失誤

指設備在非預期狀況下的失誤或失敗，例如一個容器受了外在因素的影響，壓力超過安全設計上限而破裂，設備本身狀況並非失誤失敗的原因。

三、一般故障或失誤

一般故障或失誤是指設備本身雖然正常,但是由於時、地或其他因素的影響而造成的故障;例如,溫度警示器因感測器損壞,未能發生高溫警示訊號,即為一般失誤,因為溫度警示器本身未損害,它的失誤是由於感測器的失誤所造成的。

故障樹分析的目的在於找出造成意外的基本原因──初級故障或失誤,也就是基本事件;次要及一般故障或失誤則屬於中間原因或中間事件,必須繼續尋找,一直到基本事件(原因)找到為止。

捌、執行步驟

故障樹的分析步驟可分為:問題界定、故障樹合成、故障樹解析(決定最小的分割集合)以及最小分割集合的順位排列等[1]。

一、問題界定

問題界定包括下列幾個主要的條件或範圍的決定:

1. 界定終極事件(Top Event),也就是所欲進行故障樹分析的意外事件(主題)。
2. 界定分析的邊際條件,例如:
   (1)不考慮的事件。
   (2)存在的事件。
   (3)系統的物理界限。
   (4)解析程度。
   (5)其他假設或條件。

二、故障樹合成

故障樹的合成是由終極事件開始,一層一層地向下進行,也就是由結果反向進行,以找出原因—基本事件為止。**圖8-3**顯示一個簡單的失誤樹。首先找出引發終極事件發生的失誤事件(即1號及2號故障事件),然後依據所判斷故障事件的組合方式,以決定邏輯符號;如果所有的故障事件必須同時發生時,則使用「且」門(AND),否則使用「或」門(OR);然後再繼續由1號及2號故障事件以同樣方式繼續尋找,一直到所有造成中間事件的基本事件(原因)或初級故障找到為止。

分析進行工作的主要原則如下:

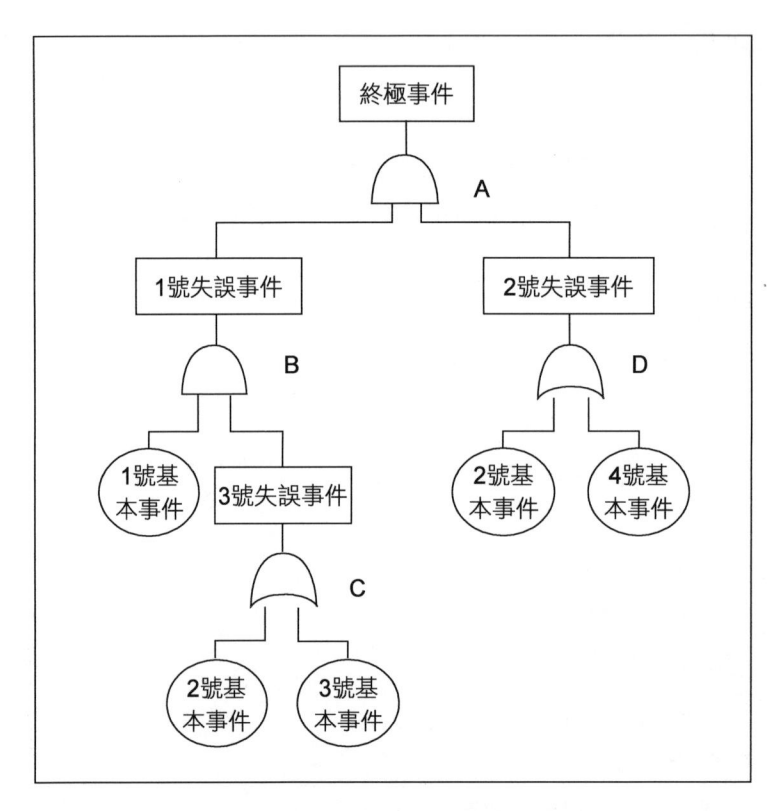

圖8-3　故障樹說明圖

1.詳細說明事件。
2.區分失誤事件類別（即區分引發設備失誤或系統失誤的事件）。
3.不應存著「僥倖」的心理（如果一個正常運轉的設備引發出一連串的失誤時，則必須深入發現原因，並謀改善，千萬不能存在僥倖心理，以為失常為偶發事件或其他「未知」的外在原因所引起的）。
4.完成所有的邏輯符號的界定及分析。

三、故障樹解析

故障樹雖然提供許多有用的資訊，但是除了簡單的故障樹之外，很難直接由圖中直接找出導致意外發生的主要故障，因此，必須進行解析，以找出直接引起意外發生的最小分割集合（Minimal Cut Sets）。題解步驟如下：

1.鑑定所有的門及基本事件。
2.將所有的門解析為基本事件的組合。
3.將重複的基本事件剔除。
4.剔除包含其他分割集合的集合。

步驟執行完成後，即可求得最小分割集合。

圖8-4之中，T為終極事件，IE1、IE2、IE3與IE4為中間事件，BE1、BE2、BE3與BE4為基本事件。解析時由上而下逐步解析。解析步驟如下：

1.首先將T（終極事件）解析為IE1與IE2的聯集（OR）
   T＝IE1＋IE2
2.再將IE1與IE2分別解析
   IE1＝BE1＋IE3
   IE2＝BE2＋BE4，故

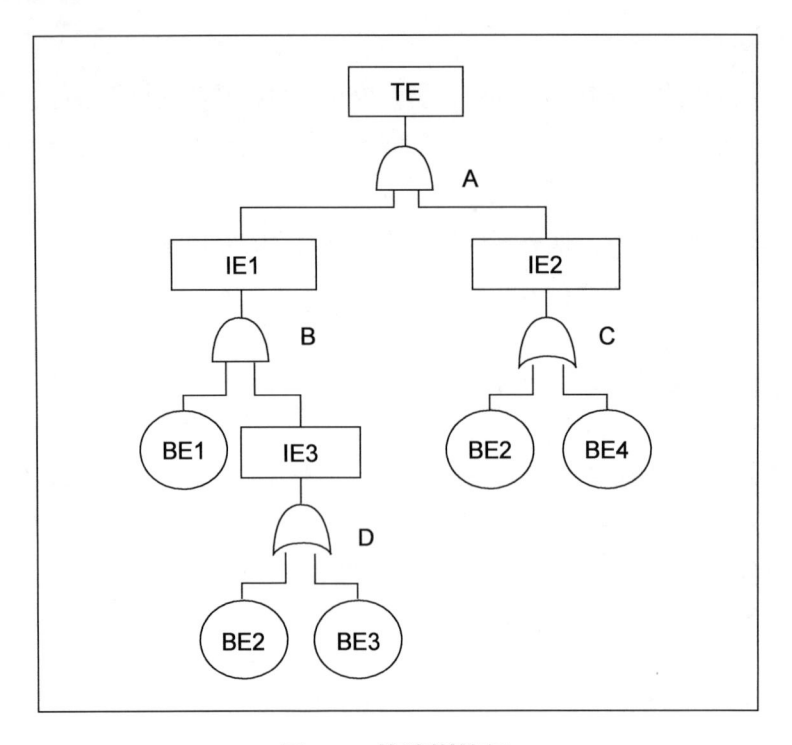

圖8-4　故障樹範例

　　T＝(BE1＋IE3)＋(BE2・BE4)
3. IE3＝BE2・BE3，故
　　T＝BE1＋(BE2・BE3)＋BE1・BE2
4. 由於BE1・BE2＋BE1＝BE1（規則2）
5. 因此T＝BE1＋BE2・BE3。

只有兩個最小分割集合，一個是＝BE1，另一個是BE2・BE3。

如果設備或人為的失誤頻率或機率數據齊全時，僅須比較不同集合的機率或頻率，即可決定順位。如果沒有機率或頻率數據，順位排位則依據分析者的經驗而定。通常一個事件的分割集合較二個事件的分割集合發生的機率為高，二個事件組成的分割集合比三個事件的分割集合機率

高。如果集合內的事件數相同時，則以下列原則排列順序：

1. 人為失誤。
2. 主動設備失誤（主動設備為運動中的泵浦、壓縮機等）。
3. 被動設備失誤（被動設備為非功能性的設備如儲槽、倉庫等）。

玖、分析所需時間

分析所需時間視系統規模而異，小系統僅需9-18天，大型製程可能長達7-13週之長（**表8-1**）。

表8-1　故障樹分析所需時間

規模	準備	建立模式	分析	紀錄彙總	小計
小系統	1-3天	3-6天	2-4天	3-5天	9-18天
大製程	4-6天	2-4週	1-4週	3-5週	7-13週

拾、優缺點

一、優點

1. 它是一種結構化分析方法，應用樹狀結構清楚顯示系統的故障原因及相互關係。
2. 理論已發展完全，步驟系統化，且有許多可靠的電腦程式可供應用。
3. 分析者可以選擇意欲分析的後果（終極事件），然後逆向歸納造成後果的基本事件（失誤）及其順序（最小分割集合）。

4. 如果機率數據齊全，結果可以計量化。
5. 能夠幫助辨識意外事故或故障的根本原因，而不僅僅是處理表面的症狀。這有助於解決根本問題，從而降低風險。
6. 透過分析可能的失效情況，故障樹能夠定量或定性地評估不同風險情境的機率及影響，可協助確定風險的優先處理順序。
7. 故障樹可以辨識可能的故障原因，從而制定預防和應對策略，降低潛在的風險和影響。

二、缺點

1. 複雜度高：複雜事件的失誤譜往往包括數千個門及中間事件，即使應用電腦，仍然需要大量的人力及資源分析。大型系統的故障樹難以管理和理解。
2. 主觀性：分析者限於經驗很難考慮所有的因素，分析品質涉及專家的主觀判斷；因此可能存在不同專家之間的差異，而導致結果的主觀性及不確定性。
3. 未考慮局部性失誤：故障樹假設所有的失誤為完全失誤，實際上有許多設備零件的失誤往往只是「局部」性失誤。它們所造成的後果只是效率的降低而已，而非0與1之間的選擇。
4. 數據需求量大：故障樹分析需要大量的數據及資訊，以確定失效概率、故障模式等；這些資訊及數據往往難以獲得。
5. 無法涵蓋所有情況：無法涵蓋罕見或意外事件。
6. 動態性缺失：主要應用於靜態分析，無法捕捉系統的動態行為與時間之間的相關性。因此，它可能無法有效地處理隨著時間變化的故障情況。
7. 風險評估的侷限性：故障樹的風險評估可能受到模型簡化及數據不

Chapter 8 故障樹

足的影響,而導致估計結果的不精確性。
8. 過度簡化:為了使模型易於理解,可能需要進行簡化。然而,過度簡化可能導致遺漏重要的故障原因或相互關係。

拾壹、範例

一、範例一:易燃性液體儲槽

(一)製程說明

圖8-5顯示一個易燃性液體儲槽,槽中液體由槽車供應,在儲槽中暫時儲存,然後經泵浦輸送到生產製程中使用。槽中配置高、低液面指示

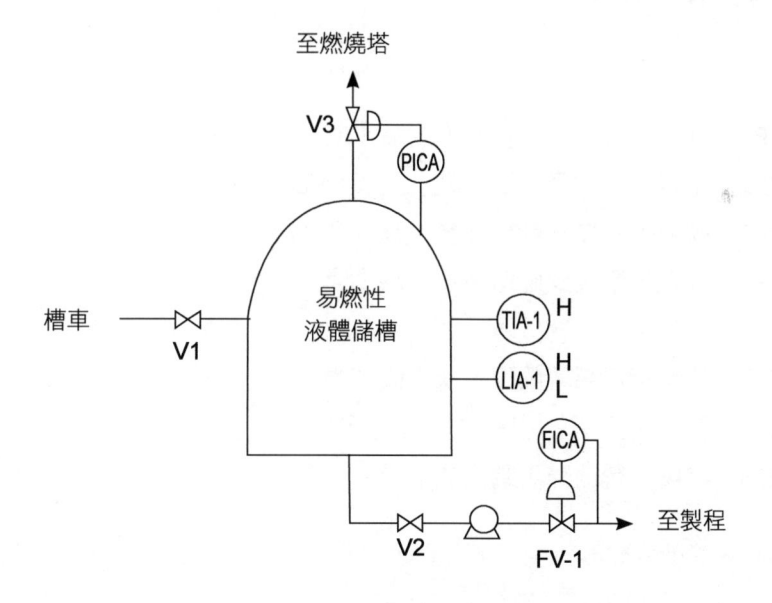

圖8-5　易燃性液體儲槽

與警示設施（TIA-1，LIA-1），槽頂裝置壓力指示與控制閥（PICA）。如果壓力超過儲槽的設定壓力時，閥門會開啟將易燃性液體蒸氣送至燃燒塔（flare）燒毀。由於槽內溶液易於燃燒，如果由槽中向外洩漏，會造成火災爆炸危害，因此分析主題在於找出可能造成儲槽洩漏的原因及其頻率[2]。

(二)問題界定

    1.終極事件：易燃性液體外洩。

    2.不考慮事件：火災爆炸。

    3.存在事件：儲槽溢流。

    4.物理界限：如**圖8-5**所顯示。

    5.解析程度：如**圖8-5**中的設備。

(三)故障樹的合成

合成步驟如**圖8-6**所顯示，圖中符號說明如下：

IE1：進料系統外洩，組合方式為「或」門（OR Gate）。

IE2：出料系統故障，為「且」門（AND Gate）。

IE3：壓力過高以致儲槽破裂，為「且」門。

IE4：外在因素導致儲槽破裂，為「或」門。

IE5：液位指示系統故障，為「或」門。

IE6：流量指示系統故障，為「或」門。

E7：溫度指示系統故障，為「或」門。

IE8：洩壓系統故障，為「或」門。

(四)基本事件頻率

基本事件的頻率列於**表8-2**之中。

Chapter 8 故障樹

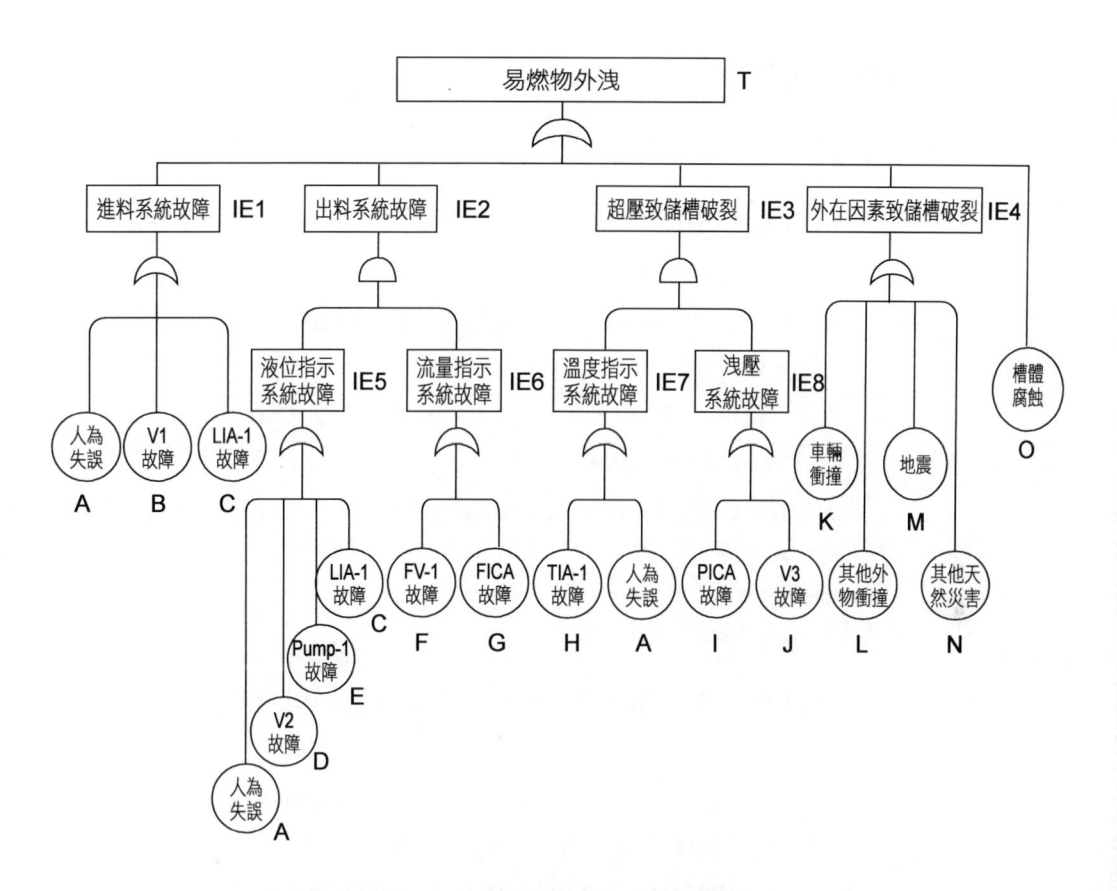

圖8-6 易燃性液體儲槽外洩故障樹圖

表8-2 基本事件機率值

事件	說明	機率	事件	說明	機率
A	人為失誤	0.02	I	PICA故障	0.01
B	V1故障	0.02	J	V3故障	0.02
C	LIA-1故障	0.01	K	車輛衝撞	0.00001
D	V2故障	0.02	L	其他外物衝撞	0.000001
E	Pump-1故障	0.09	M	地震	0.00001
F	FV-1故障	0.02	N	其他天然災害	0.00001
G	FICA故障	0.01	O	槽體腐蝕	0.05
H	TIA-1故障	0.03	-	-	-

(五)故障樹解析

1.終極事件的最小切割集合：

$$T = IE1 + IE2 + IE3 + IE4 + O = A + B + C + IE5 \cdot IE6 + IE7 \cdot IE8 + K + L + M + N + O$$

$$= A + B + C + (A + D + E + C)(F + G) + (H + A)(I + T) + K + L + M + N + O$$

$$= A(1 + F + G + I + J) + B + C(1 + F + G) + DF + DG + EF + EG + HI + HJ + K + L + M + N + O$$

$$= A + B + C + DF + DG + EF + EG + HI + HJ + K + L + M + N + O \cdots\cdots$$

2.求T事件的失誤機率：

$$P_T = P_A + P_B + P_C + P_{DF} + P_{DG} + P_{EF} + P_{EG} + P_{HI} + P_{HJ} + P_K + P_L + P_M + P_N + P_O$$

$$= 1 - (1 - P_A)(1 - P_B)(1 - P_C)(1 - P_{DF})(1 - P_{DG})(1 - P_{EF})(1 - P_{EG})(1 - P_{HI})(1 - P_{HJ})(1 - P_K)(1 - P_L)(1 - P_M)(1 - P_N)(1 - P_O)$$

$$= 1 - (1 - 0.02)(1 - 0.02)(1 - 0.01)(1 - 0.0004)(1 - 0.0002)(1 - 0.0018)(1 - 0.0009)(1 - 0.0003)(1 - 0.0006)(1 - 0.00001)(1 - 0.000001)(1 - 0.00001)(1 - 0.00001)(1 - 0.05)$$

$$= 1 - 0.98 \times 0.98 \times 0.99 \times 0.9996 \times 0.9999 \times 0.9982 \times 0.9991 \times 0.9997 \times 0.9994 \times 0.99999 \times 0.999999 \times 0.99999 \times 0.99999 \times 0.95$$

$$= 0.101$$

3.機率或頻率的計算：故障樹中的基本事件的機率或頻率可自經驗或設備可靠度求得，中間事件的計算方式視邏輯符號的性質而定。計算時，由基本事件開始向上計算。

Chapter 8　故障樹

二、範例二：批式反應器失控

(一)製程說明

批式反應器流程圖如**圖8-7(a)** 所顯示，A物質經流量控制閥進入反應器內，與B物質反應。如果溫度過高時，高溫控制連鎖裝置會發出警報，並發出訊號給緊急關閉閥以切斷A物質的進入。當流量控制或高溫連鎖系統失常時，即可能引發失控反應。

(二)問題界定

1. 終極事件：反應失控。
2. 物理界限：如**圖8-7**所顯示。

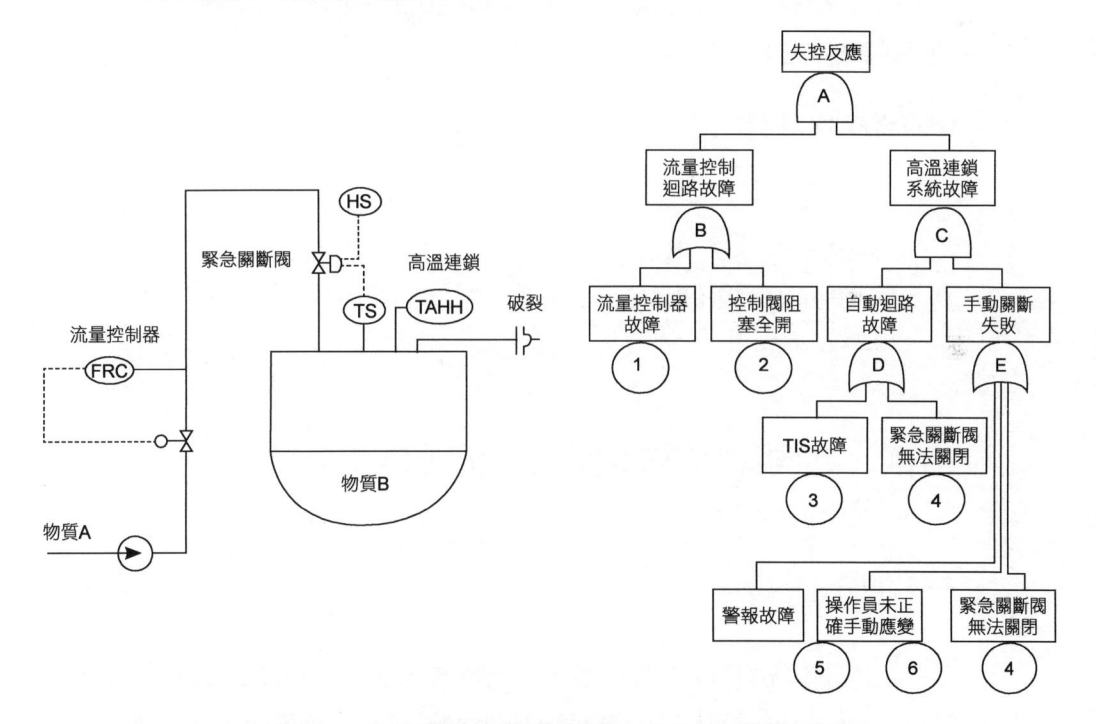

圖8-7　批式反應器的示意圖（a）及故障樹（b）

表8-3　批式反應器基本事件失誤率

基本事件	失誤率	機率
1. 流量控制器故障	2×10^{-4}	-
2. 控制閥全開	4×10^{-6}	-
3. 自動高溫連鎖系統故障	1×10^{-5}	-
4. 緊急切斷閥無法關閉	5×10^{-5}	-
5. 警報故障	1×10^{-4}	-
6. 操作員未能手動應變	-	3×10^{-3}

3.解析程度：如**圖8-7**中的設備。

(三)故障樹

批式反應器的失控反應故障樹如**圖8-7(b)**所顯示，基本事件的失誤率則列入**表8-3**之中。

(四)故障樹解析

$$A = B \cdot C$$
$$= (P_1 + P_2) \cdot D \cdot E$$
$$= (P_1 + P_2)(P_3 + P_4)(P_5 + P_6 + P_4)$$
$$= 3.6 \times 10^{-11}$$

拾貳、共同原因失誤模式分析（CCF）

一、簡介

為提升系統的可靠度安全性，常以設置多重保護（redundancy）及多樣化（diversity）設計來達到此目的。此類設計在儀控系統中應用非常廣

泛。理論上以多重保護及多樣化設計的方式，可以提升可靠性，但此類設計有時也會因多重／複式元件故障而導致事故發生；例如當保護系統中所有的溫度感測器功能失常，在維修期間皆未被校正出來時。這類事件通常是由於失誤模式／原因的相依性（Dependent Failure Events）所引起的[4]。因此，製程系統的共同原因失誤模式（Common Cause Failure, CCF）在系統分析中是非常重要的因素。

二、分析目的

共同原因失誤模式分析的目的包括下列三項：

1. 辨識相關的CCF事件。
2. 定量分析CCF對重大事故的影響和貢獻。
3. 研擬預防CCF的取代及控制／約束的建議。

第一項目的為找出CCF事件最相關的原因；第二項在於可以比較CCF事件與其他事件對於系統不可用度（unavailability）與工廠風險的影響程度；第三項則為增強對於共同原因失誤模式的防制。這些包括所有對於工程缺失或操作缺失兩方面的強化設施。典型的策略或作法為設計控制、設備分離、設計較佳的測試及檢查程序、維修程序、審核程序、加強人員訓練、製造／施工之品質、安裝／試運轉之作業品質等。

三、分析方法

共同原因失誤模式分析方法分為發展系統邏輯模式及辨識共同原因失誤元件兩種。分析時應界定及提供的資訊為：分析基準與範圍、深度、一般的根本原因、機構及系統巡查。產生的資訊則包括：系統模式、特性的排序、共同原因群、對CCF的敏感度及預防CCF的可能方式。

四、模擬共同原因失誤與數據分析

整合共同原因的基本事件至系統分析的邏輯模式**圖**8-8中，**圖**8-8(b)是兩個多重元件具有共同原因失誤時之故障樹邏輯圖。

評估和分類報告或紀錄，以作為CCF加入系統邏輯模式時參數之設定依據。所需考慮的因素包括根本原因、偶對機構等。

五、估計參數

典型的共同原因失誤模式在使用上需估計CCF事件的機率，在此引用摩斯萊等人使用的Beta因子[5]：

$\lambda = \lambda_i + \lambda_c$，其中

λ＝元件失誤率

λ_c＝考慮CCF事件的失誤率

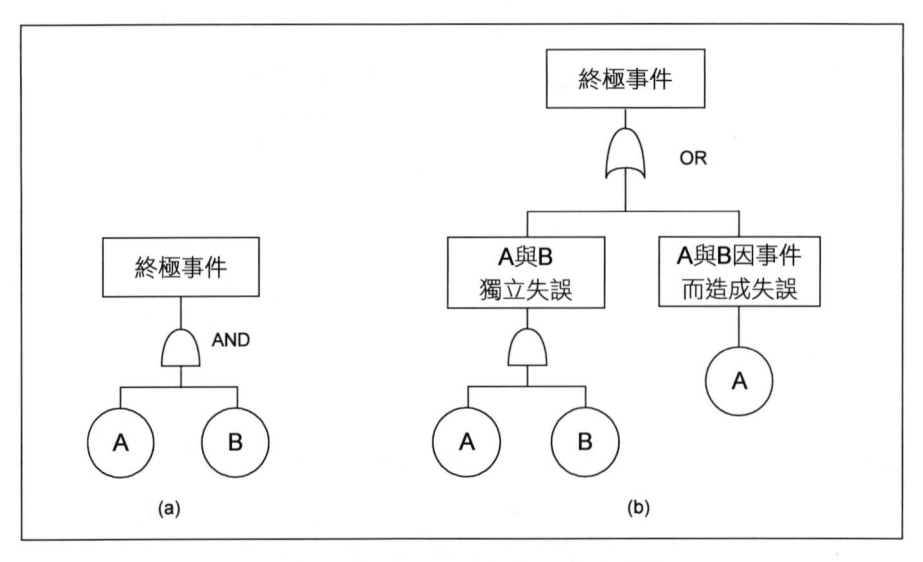

圖8-8　整合CCF的故障樹分析[4]

Chapter 8 故障樹

Beta因子定義為：

$\beta = \lambda_c / (\lambda_c + \lambda_i)$

如果系統含有多重保護單元，則系統之CCF的失誤率為$\beta\lambda$。同理Beta因子亦可使用於失誤或無法作動的次數

$\beta = \lambda_c / (Nc + Ni)$，其中
Nc＝考慮CCF事件時之元件無法作動次數
Ni＝僅考慮元件獨立故障原因之無法作動次數

六、範例：連續攪拌反應器

(一)製程說明

一個具有多重保護及多樣化設計的連續攪拌反應器（CSTR）的控制系統圖如**圖8-9**所顯示。由於反應會產生大量的熱能，設計時必須考慮可能會導致反應失控的潛在危害。當溫度過高時，緊急連鎖裝置會開啟排料閥，迫使反應中止。反應器底部設有兩個緊急卸料閥V1與V2。它們是由一組三選二的選擇邏輯單元（Voting Logic Unit, VLU）所控制。**圖8-8**為反應器於溫度過高時緊急排放的故障樹分析，失誤率數據則列於**表8-4**之中。

(二)定量分析

定量分析係利用Beta因子估算CCF機率。溫度訊號線路的Beta因子為0.1-0.2，氣動閥的Beta因子為0.2 [6、7、8]。緊急卸料閥V1和V2故障無法打開的CCF機率估算如下：

首先計算各元件的CCF包括閥、TE、TT、TSHH：

1. 閥的CCF rate＝$\beta_{Valve} \times \lambda_{Valve}$
   ＝0.2 × 0.1／year＝0.02／年

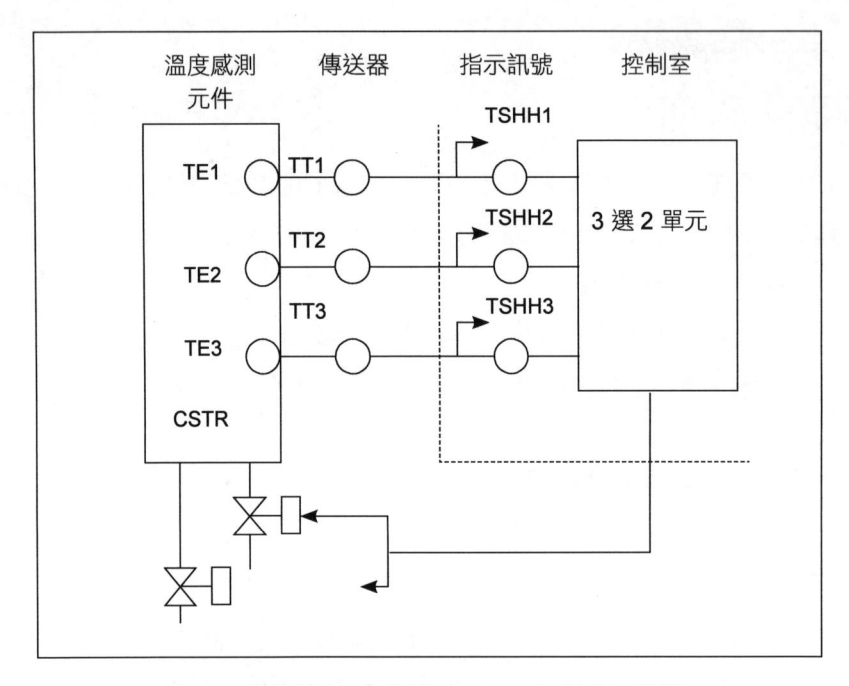

圖8-9　連續攪拌反應槽（CSTR）控制系統圖

表8-4　CSTR之CCF實例元件失誤率[3]

設備	失誤率（Yr^{-1}）	作動失敗機率
閥（包括反應槽至閥體的管線，閥本體和閥的操作員）	0.1	-
三選二邏輯單元（VLU）	0.005	-
儀用空氣（IA）	-	0.001
溫度感測元件（TE）	0.3	-
溫度訊號傳送器（TT）	0.1	-
高高溫開關（TSHH）	-	0.025

2.溫度感測元件的CCF rate＝0.2×0.3／year＝0.06／年

3.溫度訊號傳送器的CCF rate＝0.2×0.1／year＝0.02／年

4.溫度開關在需作動時無法作動的CCF rate＝0.2 × 0.025＝5×10^{-3}

5. V1與V2無法打開的共同原因失誤：

卸料閥的共同原因失誤率＝$\beta_{\text{Valve}} \times \lambda_{\text{Valve}}$

$\qquad\qquad\qquad\qquad$＝0.2 × 0.1／年＝0.02／年

最大曝露時間＝1年（卸料閥每年維修測試一次）

故障的機率＝（失誤率）×（最大曝露時間）× 0.5需作動時無法作動（PFOD）

系統不可用度（unavailability）的貢獻值

$\qquad\qquad$＝0.01（兩個閥的CCF是一個MCS）

6. 對系統不可用度的貢獻百分比

$\qquad$＝0.44 × 100%＝44%

表8-5是CSTR保護系統不可用度的完整評估。因此，卸料閥的CCF對於系統不可用度的比重占了44%，而溫度連鎖開關的CCF則占了22%共同原因失誤模式在本系統中成為系統可靠度關鍵性的因素。另溫度感測元件和溫度訊號傳送器的CCF則在本分析中未予討論。連續攪拌反應槽（CSTR）於溫度過高時緊急排放故障的故障樹分析則顯示於**圖**8-10之中。

拾參、故障樹的電腦程式

複雜的故障樹合成及其計算（機率、或最小分割集合等），必須應用電腦程式，以節省人力、時間，並避免人為的錯誤。早期發展的電腦程式可應用於大型電腦，但無法協助使用者畫出失誤樹。1981年，美國核子管理委員會出版的《故障樹手冊》（*Fault Tree Handbook*）曾詳細介紹早期發展的程式。**表**8-6中列出一些常用的程式，以供參考。網路上也有免費的軟體可供使用：

表8-5　連續攪拌反應槽CSTR保護系統不可用度分析[3]

系統元件	失誤率 （Yr^{-1}）	最大暴露時間 （Yr）	須作動時的故障機率 （PFOD）	系統不可用度數值 （×10^{-3}）	系統不可用度百分比（%）
1.卸料閥V1或V2故障無法打開	0.1	1	0.05	-	-
2.V1與V2同時無法打開（V1與V2為獨立事件）			（0.05）^{2}	2.5	11
3.V1與V2同時無法打開（考慮CCF）	0.02	1	0.01	10	44
4.VLU故障：無法輸出關斷訊號	0.005	1	0.0025	2.5	11
5.儀用空氣失常	-	-	0.001	1	4
6.溫度訊號線路：					
－感測元件	0.3	8小時	未可慮	-	-
－傳送器	0.1	8小時	未考慮	-	-
－開關	-	-	0.025	-	-
7.兩個溫度訊號線連鎖故障（兩者為獨立事件）	-	-	3×（0.025）^{2}	1.9	8
8.兩個溫度訊號線連鎖故障（考慮CCF）	-	-	0.005	5	22
9.總系統不可用度	-	-	-	22.9	100

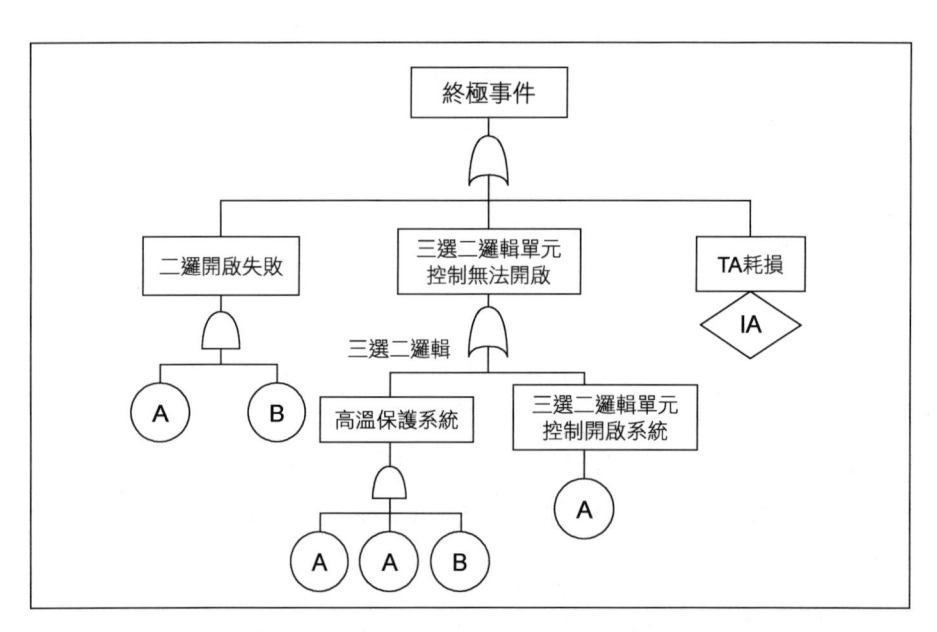

圖8-10　連續攪拌反應槽（CSTR）於溫度過高時緊急排放故障的故障樹分析

1. ALD, Fault Tree Analysis (FTA) Software
   https://aldservice.com/Reliability-Products/fta.html.
2. Isograph, Reliability Work Bench
   https://www.isograph.com/software/reliability-workbench/fault-tree-analysis-software/
3. Relyence, Fault Tree Software
   https://relyence.com/products/fault-tree/
4. Reliotech, Too Event FTA
   https://www.fault-tree-analysis.com/

行政院原子能委員會核能研究所近日開發完成的失誤樹分析套裝軟體INERFT，完完全全的本土化、中文化，適用Win95、98、ME、2000、XP系列中文版。該軟體的開發係採用ANSI C語言，並且利用微軟的視窗應用程式介面（Application Programming Interface, API）。失誤樹繪

表8-6　故障樹分析的電腦程式

功能	程式名稱	發展者	功能	程式名稱	發展者
故障樹合成	Rikke	R.Taylor,Denmark		MOCUS	JBF Associates
	CAT	G.Apostolakis		GRAFTER	Westinghouse
	Fault Propagation	S.Lapp and G. Powers	計量分析	BRAVO	JBF Associates
	IRRAS-PC	EG & G,Idaho		IRRAS-PC	EG & G, Idaho
	TREDRA	JBF Associates		CAFTA+PC	Science Applications Int.
	GRAFTER	Westinghouse		SUPERPOCUS	JBF Associates
定性分析	BRAVO	JBF Associates		GRAFTER	Westinghouse
	IRRAS-PC	EG & G,Idaho		BRAVO	JBF Associates
	CAFTA+PC	Science Applications Int.		RISKMAN	Pickard, Lowe,and Garrick
	SAUCUT	Science Applications Int.	故障樹分析	INERFT	核能研究所

製相關的視窗介面的設計除參考國外知名的視窗版故障樹分析套裝軟體的視窗介面，如美國NUS公司的WinNUPRA、瑞典RELCON公司的Risk Spectrum、美國通用動力的SETSgraf等，徵詢國內使用者對這些軟體的意見外，還加上開發者的創意，使得軟體更具親和性、方便性與易學好用。

拾肆、結語

故障樹是一種系統性及結構化的危害辨識工具，不僅可應用於分析系統中可能的故障原因，還可提供計算系統的可靠度及風險的步驟。它自1960年代開始應用於核能及航太工業，目前已成為評估能源、石油、化工、交通及醫療系統的風險中不可或缺的工具。故障樹分析可以在不同的情境及生命週期階段進行，以確保系統的可靠性、安全性和適應性。它可以用於預防故障、解決問題、改進系統設計，並在需要時制定應急計畫。

習題

1. 解釋名詞
   (1)失誤樹（FTA）分析（111年地方特考）
   (2)最小切割集合（98年工安技師高考）
2. 請說明失誤樹的分析步驟（44次甲級安全）
3. 請說明獨立事件、相依事件及互斥事件的定義（103年工安技師高考）
4. T是由A、B兩事件所促成的，即T＝A＋B，已知A、B及T的發生機率分別為 P(A)＝0.28、P(B)＝0.47及P(T)＝0.68，試問：
   (1)A與B是否為互相獨立事件？
   (2)A與B是否為互斥事件？
   (3)請計算B事件發生後，再發生A事件的機率P（A｜B）＝？（103年工安技師高考）
5. 失誤樹分析（Fault Tree Analysis, FTA）適用於航太、核電等複雜系統之事故分析，屬複雜、工作量大、精確的風險危害分析方法。
   (1)請簡述說明失誤樹分析意義。
   (2)請列舉失誤樹分析的功效（或特色）。（99年工安技師高考）
6. 何謂事件樹與故障樹？兩者主要差異何在？（106年工業安全管理）
7. 請說明危害分析法中What-If、PHA、ETA與FTA之優缺點。（每項5分，共20分）（111年工安技師高考）
8. 某反應器內進行放熱反應，當溫度超過一定值後，會引起反應失控而爆炸。為立即移走反應熱，在反應器外面安裝夾套冷卻水系統。由反應器上的熱電偶溫度測量儀與冷卻水進口閥聯接，根據溫度控制冷卻水流量；為防止冷卻水供給失效，在冷卻水進水管上安裝了壓力開關並與原料進口閥聯接，當水壓小到一定值時，原料進口閥會自動關閉，停止反應。請將超溫爆炸之失誤樹畫出，並估算該系統之可靠度（reliability）、不可靠度（failure probability）及年故障率（failure rate）。（25分）（操作週期為一年）
   裝置組成之簡圖與各元件故障率如下：

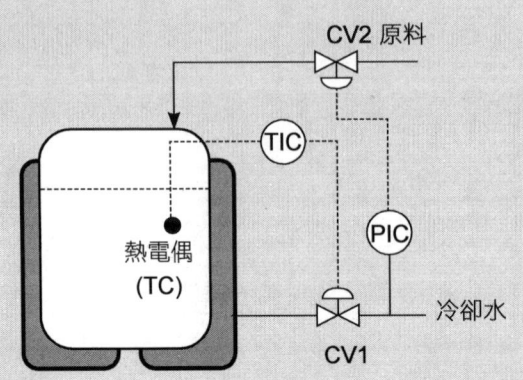

各元件故障率
CV1：0.1/yr
CV2：0.1/yr
PIC：0.15/yr
TC：0.2/yr
TIC：0.15/yr

（110工安技師高考）

9. 參考所附失誤圖，計算頂上事件（Top Event）A發生機率（106年工礦技師高考）

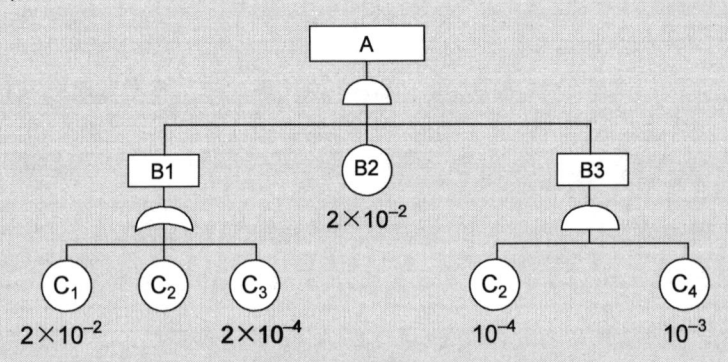

B1 (OR gate): C1 = 2×10^{-2}, C2 = 2×10^{-4}, C3 = (未標示)
B2 = 2×10^{-2}
B3 (AND gate): C2 = 10^{-4}, C4 = 10^{-3}

10. 某批式反應系統，如下圖所示，為一高放熱反應，可能有反應失控後造成反應器爆炸的潛在危害。因反應速率隨反應物之進料流量而增加，故以一套FIC裝置控制反應物之進料流量。另設有防止反應爆炸之緊急釋放裝置破裂盤，和防止系統持續升溫後導致反應失控的高溫連鎖迴路TIS。假設所有組間皆為獨立事件，且各組件每年平均故障機率為：（Ⅰ）流量只是控制器 = 2×10^{-2}次／年、（Ⅱ）流量控制閥 = 2×10^{-2}次／年、（Ⅲ）溫度連鎖回饋 = 5×10^{-2}次／年、（Ⅳ）緊急關斷閥 = 1×10^{-2}次／年、（Ⅴ）破裂盤釋放 = 2×10^{-3}次／年。請以失誤樹分析模式，分析此反應器產生爆炸事故的失誤樹發生之頻率（次／年）。（105年工安技師高考）

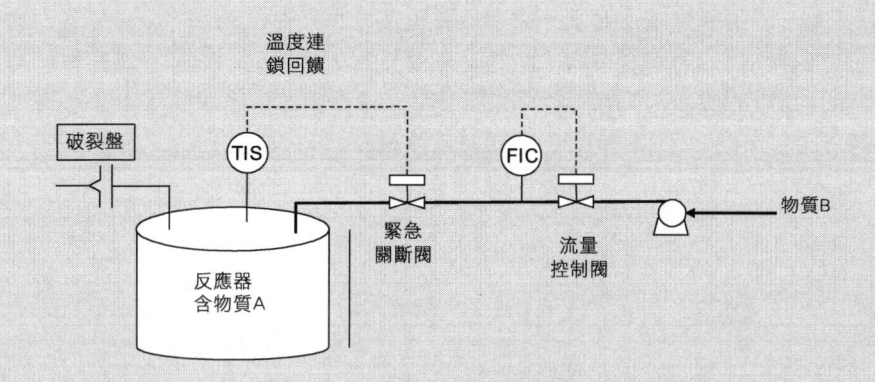

11. 請以矩陣法求出下列失誤樹之頂上事件A的最小切割集合（98年工安技師高考）

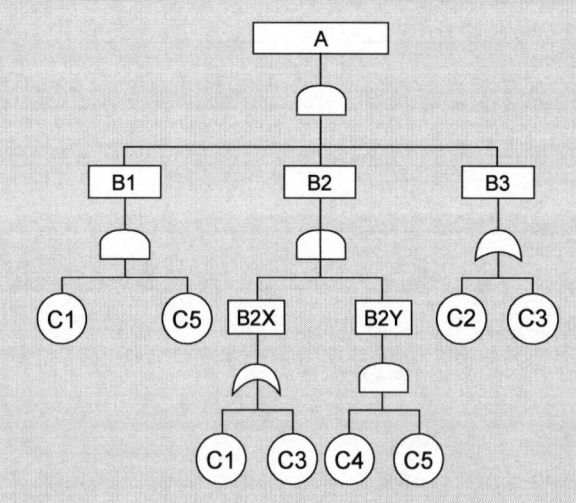

12. 由失誤模式／原因的相依性（dependent failure events）所引起多重／複式元件的故障，進而導致事故的發生時，可以用共同原因失誤模式（Common Cause Failure, CCF）進行分析，且其機率可引用Beta因子估算

$$\beta = \frac{\lambda_c}{\lambda_c + \lambda_i}$$

其中 λ_i = 元件之獨立失誤事件的失誤率
λ_c = 考慮CCF事件的失誤率

今有一連續攪拌槽反應器，需有連續穩定的反應物進流量，以防溢流而導致危害物外洩的潛在危害，故該反應器設有液位過高時緊急連鎖卸料閥裝置，可使反應終止。如下圖所示，該反應器底部設有兩個緊急卸料閥V1與V2，該卸料閥是由一組三選二的選擇邏輯單元（Voting Logic Unit, VLU）所控制

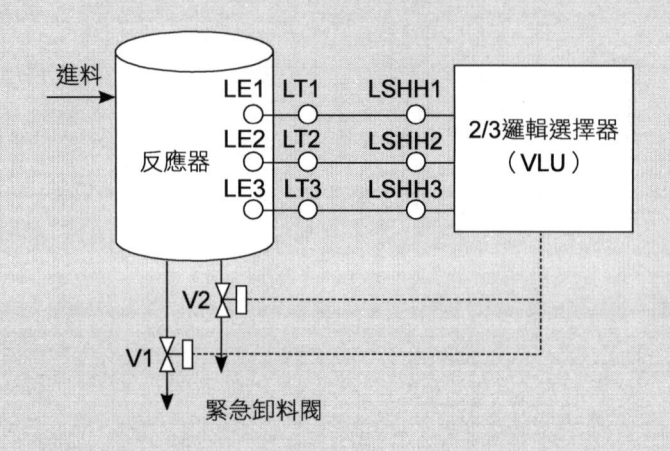

```
          進料
           →  [反應器]  LE1─LT1─LSHH1──┐
                      LE2─LT2─LSHH2──┤ 2/3邏輯選擇器
                      LE3─LT3─LSHH3──┘   （VLU）
                  │
                 V2
                 V1
                  ↓
              緊急卸料閥
```

(1) 請做此反應器於液位過高時緊急卸料閥故障的失誤樹分析。

(2) 考慮此系統具有多重／複式卸料閥的共同原因失誤（不考慮液位訊號線路的共同原因失誤），計算此系統因液位過高而導致危害物外洩的機率。（15分）假設各元件之年故障率如：

卸料閥的 Beta 因子為0.2
卸料閥：0.1/year（包括反應器至閥體的管線、閥本體及閥的操作員）
三選二邏輯單元(VLU)：0.005/year
液位感測元件(LE)：0.3/year
液位訊號傳送器(LT)：0.1/year
高液位開關 (LSHH)：0.025/year

（108年工安技師高考）。

參考文獻

1. AIChE (1992). *Guidelines for Hazard Evaluation Procedures*. American Institute of chemical Engimeers, New York, USA.
2. 張一岑（1985）。《化工製程安全管理》。揚智文化。
3. 工業局（1997）。《風險評估技術推廣及工廠安全規範調查規劃計畫成果報告》。經濟部公業局。
4. 工業局（1998）。《製程安全暨風險評估技術手冊》。經濟部工業局。
5. Mosleh, A., Bier, V. M., & Apostolakis, G. (1988). A critique of current practice for the use of expert opinions in probabilistic risk assessment. *Reliability Engineering and System Safety, 20*, 63-85.
6. Lydell, B. (1979). Dependent Failure Analysis in System Reliability: A Literature Survey, Chalmers. University of Technology, Sweden, RE05-79, 1-42, 57.
7. Meachum T. R., & Atwood, C. L. (1983). Common cause fault rates for instrumentation and control assembles: Estimates based on licensed event reports at U. S. commercial nuclear power plants, 1976-1981. Report NUREG/CR-3289 (EGG-2258).1983.
8. Stevensen, J. A., & Atwood, C. J. (1982). Common cause fault rates for valves, EEG-EA-5485, September.
9. USNRC (1981). *Fault Tree Handbook*. NUREG-0492, US Nuclear Regulatory Commission, Washington, D.C., USA, January.
10. https://www.fault-tree-analysis-software.com/
11. 李世珍（2001）。核能研究所近期開發之故障樹分析套裝軟體INERFT，INER-3044，核能研究所（http://www.iner.gov.tw/ext_pdf/2004/INER-3044.pdf）。

9 事件樹分析

壹、定義
貳、發展歷程
參、適用範圍
肆、適用時機
伍、分析步驟
陸、分析所需時間
柒、優缺點
捌、範例
玖、電腦程式
拾、結語

事件樹分析（Event Tree Analysis, ETA）是一種應用於評估系統或過程中可能發生的事件序列及後果的圖形風險分析方法。它起源於決策樹分析（Decision Tree Analysis, DTA），是一種按事故發展的時間順序由初始事件開始推論可能的後果，從而進行危害辨識的方法。它通常應用於分析事故、事故後果及風險管理。

壹、定義

事件樹與故障樹類似，也是一種圖形模式，可以辨識與量化一個創始事件所可能引發的後果與其風險。它的主要目的是透過視覺化可能的事件序列，從而辨識潛在的事故發生路徑及可能引發的結果，以便採取預防性措施或準備應急回應。事件樹的思考步驟與故障樹剛好相反。它是一種「前瞻性」的推演式程序，分析者依據事件（失誤）發生後的可能引發的動作，逐步推演至後果；此外，還可將這些可能所產生的事件機率及後果加以量化，以得到量化的風險數據。事件樹可經由一系列的系統保護行動、工廠正常功能的發揮、操作人員介入或圍堵效果的失效與否等，歸納出單一事件所衍生的後果。

事件樹與商業管理所應用的決策樹類似，最適於分析可能引發出不同情況的基本（初級）失誤。由於核能及化學工廠必須配置不同層次的安全防範系統，以防制或降低意外的發生，因此當失誤或意外事件發生時，操作人員及防範設施的因應是否妥當是決定災害大小的主要因素。執行事件樹分析可以找出安全系統的缺陷及失誤可能造成的後果。事件樹亦可於意外發生後，作為鑑定結果時使用；因此，事件樹普遍應用於核能及化學工業。圖9-1顯示一個失火後的事件樹範例。

事件樹分析（ETA）與故障樹分析（FTA）兩者之間最大的不同處在於邏輯的順序上，前者是由起始事件以歸納式的（Inductive）導出後果事

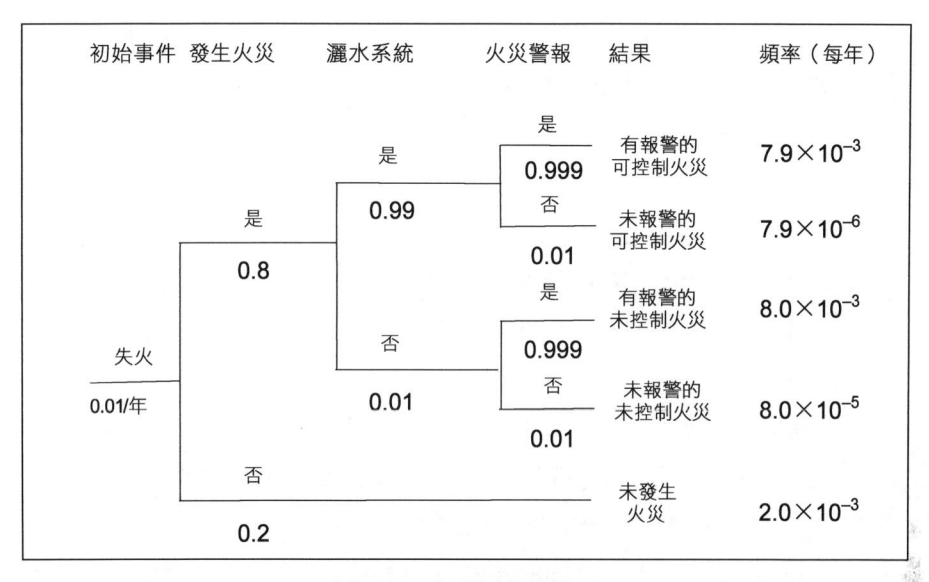

```
初始事件  發生火災   灑水系統    火災警報    結果              頻率（每年）

                              是
                     是      0.999      有報警的
                                        可控制火災       7.9×10⁻³
                     0.99
            是                否
            0.8              0.01       未報警的
                                        可控制火災       7.9×10⁻⁶

                              是
                     否      0.999      有報警的
                                        未控制火災       8.0×10⁻³
失火                 0.01
0.01/年                       否
                             0.01       未報警的
                                        未控制火災       8.0×10⁻⁵

            否                          未發生
            0.2                         火災             2.0×10⁻³
```

圖9-1　失火的事件樹

件；而後者是由後果或頂端事件以演繹式的（Deductive）導出該事件的原因。事件樹依對製程或系統的評估方式分為兩類：事件前事件樹（Pre-incident Event Tree），這類事件樹分析是用來預防產生之條件滿足時而發展成各種事件的機會，可以估計製程的安全系統或措施的能力；事件後事件樹（Post-incident Event Tree），這類事件樹分析是用來評估事件後果。

貳、發展歷程

事件樹分析是進行風險評估及安全分析中的不可或缺的方法之一。它的發展可以追溯到20世紀中葉。事件樹分析發展的主要里程碑如後：

1. 1950-60年代：事件樹分析的起源可以追溯到核能發電廠的安全評估。當時工程師開始意識到必須開發出一種系統性的分析方法以

推演事故發生後的路徑及所導致的後果，以便於探討核能發電廠潛在危害所可能導致的後果。

2. 1960-70年代：經過不斷地修正及改善，事件樹分析方法不僅逐漸完備，且已規範化及標準化，成為核能電廠安全評估的重要部分。

3. 1970-80年代：工程師開始意識到它也可以應用於分析工業及工程系統中的事故及風險，開始由核能領域擴展到化學、煉油、天然氣等產業。

4. 1980-90年代：理論及分析方法更加成熟，許多工具及電腦軟體也被開發出來，以協助分析者執行複雜的事件樹創建及分析，大幅提升它在風險評估及安全分析的應用。

5. 2000年至今：隨著電腦軟硬體技術的快速進步，事件樹分析變得更加精細及複雜。模擬技術的改進協助分析者估算事件發生的機率及可能性，並且可以類比及模擬更為複雜的系統的行為模式。此外，事件樹分析也被成功地應用於環境及金融風險評估領域。

參、適用範圍

事件樹適用於下列領域：

1. 核能與放射性物質安全：它最初是為了評估核能發電廠事故的潛在影響及可能的蔓延路徑所發展的方法，可以用於分析核能事故（如反應堆事故）的後果和應對措施。

2. 化學工業與危險品管理：評估可能的洩漏、爆炸或火災等事件的後果，並確定適當的因應措施。

3. 石油與天然氣生產：評估石油及天然氣生產設施中的事故，如油井及煉油廠的爆炸、洩漏、火災等，以及這些事故可能導致的環境和

經濟損失。
4. 交通與運輸：評估交通事故發生後所衍生的後果，例如航空事故、鐵路事故、道路事故等，以及相應的風險管理措施。
5. 環境風險：評估環境領域的風險，如自然災害、汙染事件等，以及這些事件可能引發的連鎖反應。
6. 工程及營建：評估潛在的設計缺陷、施工事故或操作失誤等對專案安全及進度的影響。
7. 金融風險管理：評估金融市場中的風險，如市場崩盤、投資失誤等，以及這些事件可能引發的後果。

肆、適用時機

事件樹分析適用於以下幾種情況及時機：

1. 風險評估：當需要對某個系統、工業製程或專案中的潛在風險進行評估時，事件樹分析可以幫助辨識事件發生後所引發的事件序列及結果，以及這些事件可能導致的影響。
2. 安全分析：分析核能、化學工業、石油與天然氣等工廠中所可能的事故路徑及事故後果，從而確定適當的安全措施及應急應變計畫。
3. 事故調查：分析導致事故的各種因素及事件，以確定事故的根本原因及研擬改善措施。
4. 系統設計：可以協助設計者發現潛在的設計缺陷、薄弱環節及可能發生的事故路徑，以便於改善。
5. 決策支援：可以提供事件發生的機率及後果的數據，可供決策者評估各種決策可能帶來的風險及影響。
6. 緊急應變計畫：可以幫助辨識潛在的危機情境、應急應變路徑及所需資源，以便有效地準備應對突發事件。

7. 教育訓練：可以應用於安全教育訓練，協助學員理解可能的事故場景及因應對策，從而提高應急應變的能力。

伍、分析步驟

事件樹分析可分為以下七個步驟：

1. 選擇起始事件（Initiating Event）：分析人員選擇一個或多個可能引發事件序列的初始事件。圖9-1中的失火是引發事件序列的初始事件。
2. 確定可能的中間事件（Intermediate Events）：對於每個起始事件，分析人員識別可能的中間事件，這些事件可能在事故發生過程中發生。圖9-1中失火後，可能會發生火災，再引發灑水系統及警報的啟動。
3. 繪製事件樹：應用圖形顯示事件演變過程，繪製起始事件及可能的中間事件之間的關係。起始事件是樹的根，中間事件是樹的分支。
4. 分析中間事件的後果：對於每個中間事件，分析人員確定可能引發的結果或末端事件，並將它們添加到事件樹中。
5. 分析事件發生的可能性（機率或頻率）：估算每個中間事件及結果其發生的可能性及後果；例如將估算的頻率填進失火事件樹圖9-1之中。
6. 計算頂層事件的可能性：根據所有可能的路徑及事件發生的可能性，計算頂層事件（通常是重大事故或事故的主要影響）發生的可能性。
7. 辨識風險及採取措施：分析人員可以根據事件樹的結果，計算潛在的風險值、主要風險路徑以及可能的影響，以制定預防性措施、緊急應變計畫或其他管理風險的措施。

陸、分析所需時間

分析所需時間視系統規模而異，小系統僅需6-13天，大型製程可能長達6-10週（**表9-1**）。

表9-1 事件樹分析所需時間[1]

規模	準備	建立模式	分析	紀錄彙總	小計
小系統	1-2天	1-3天	1-2天	3-5天	6-12天
大製程	4-6天	1-2週	1-2週	3-5週	6-10週

柒、優缺點

一、優點

事件樹的優點為：

1. 系統性和結構化：它是一種系統性及結構化的方法，可應用於分析事件發生的序列及可能的結果。它能夠將複雜的事件關係及影響路徑視覺化，使分析人員更容易理解系統的行為。當機率數據齊全時，可以計算出計量化風險。
2. 危害及風險辨識：可以協助辨識潛在風險及可能衍生的事故路徑。透過分析可能發生的中間事件及後果，可以揭示系統中的薄弱環節及可能的故障點。
3. 機率建模：允許對各個不同的事件及結果發生的機率進行建模及估算，可協助分析人員評估不同事件路徑發生的可能性，從而更精確地量化風險。

4. 應急應變規劃：透過辨識潛在的事故路徑及後果，它可以協助制定更有效的緊急應變計畫及因應策略，有助於提前做好準備，減少事故造成的影響。
5. 決策支援：提供決策者不同決策可能導致的量化風險及結果數據，以協助決策者做出較明智的決策。
6. 改進措施：在事故發生後，執行事故樹分析可以幫助確定事故的根本原因，以避免將來類似的事件發生。

二、缺點

主要缺點為：

1. 複雜度高及耗費時間：創建及分析複雜的事故樹模型非常耗時及複雜，尤其是當系統具有許多可能發生的事件路徑及結果時，模型的構建及分析會變得繁瑣而複雜。
2. 事件關聯及依賴：事故樹分析通常假定事件之間是相互獨立的，但實際系統中的事件往往會相互影響及關聯。忽略事件的關聯性可能會對風險估計過於樂觀。
3. 事件樹可由原因推演至後果，但無法辨識造成後果發生的原因。
4. 數據不確定性：事故樹分析的準確度及可靠度高度依賴輸入數據的品質及準確度。當缺乏足夠的數據以支援機率的估計時，可能會導致結果的不確定性。估計事件及結果發生的機率是事故樹分析的關鍵。然而，對於一些複雜事件，機率估計可能會受到主觀判斷、專家意見的影響，從而引入不確定性。
5. 事件路徑限制：僅涉及限制數量的中間事件及結果，往往忽略了複雜系統中可能存在更多的中間步驟及後果，使得事故樹無法全面地反映實際情況。

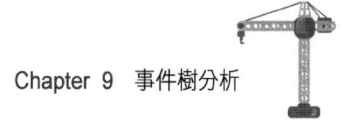

6. 定性因素忽略：事故樹分析僅關注事件發生的機率與後果的量化數據，但忽略一些定性因素，如人為因素、管理措施、文化等。
7. 模型侷限性：模型的假設及結構限於分析者的經驗及能力，可能難以涵蓋所有可能發生的情況及變化。模型可能無法考慮一些罕見但關鍵性的事件路徑。
8. 故障鏈及影響鏈：僅關注單一事件發生後的序列，但在複雜事故中，可能存在多個事件同時發生，它難以描述多個事件所形成故障鏈及影響鏈。

捌、範例

一、意外安全分析

意外前安全分析的目的在辨識安全防範系統的可靠度，分析重點為人為或機械化安全設備的反應及其失誤所可能產生的後果。**圖9-2(a)**顯示一個室內防火噴淋系統示意圖，其創始事件為起火，機率為1次／年。起火後，有下列三種狀況依順序發生：火勢蔓延（機率＝0.1）；噴淋系統失效（機率＝0.3）；逃生門失效（機率＝0.5）。事件樹如**圖9-2(b)**所顯示，最終結果為：火勢撲滅（頻率＝0.9）；火勢控制（機率＝0.07）；財物損失（機率＝0.015）；多人傷亡（機率＝0.015）。

二、連續攪拌槽式反應器

(一)製程說明

圖9-3為一個連續攪拌槽式反應器示意圖。由於反應為放熱反應，必須使用冷卻水控制溫度，以防止溫度過高而導致反應失控。冷卻水的流量

(a)

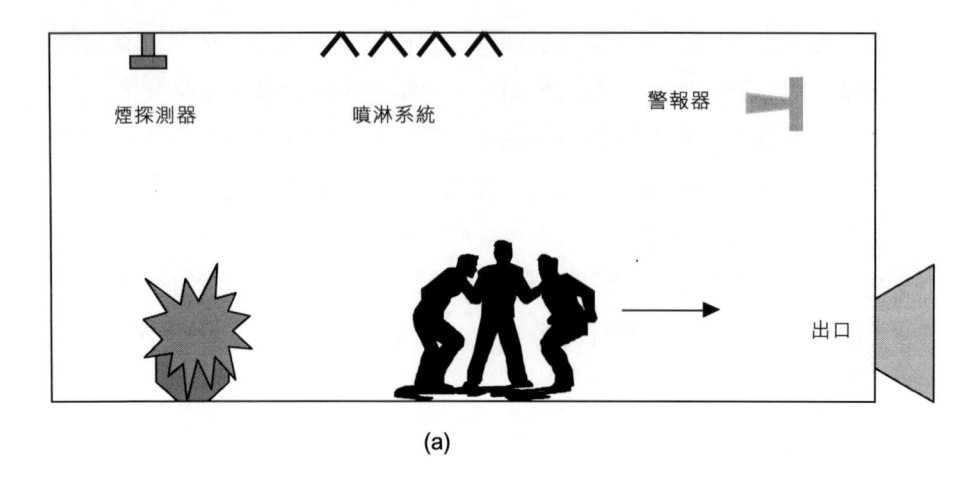

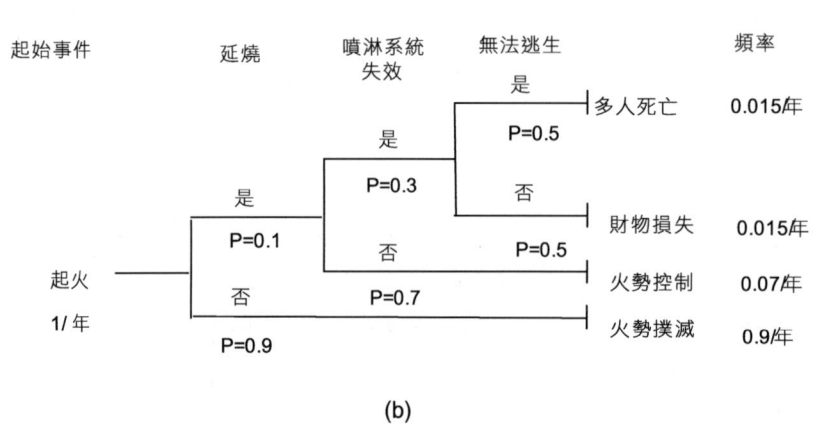

(b)

圖9-2　室內失火後的事件樹

由溫度控制；當溫度超過正常操作範圍時（$T \geq T_1$），則發出警示訊號；當溫度達到危險溫度（T_2）時，則自動關閉進料閥。

(二)事件樹推演

1.辨識創始事件

Chapter 9 事件樹分析

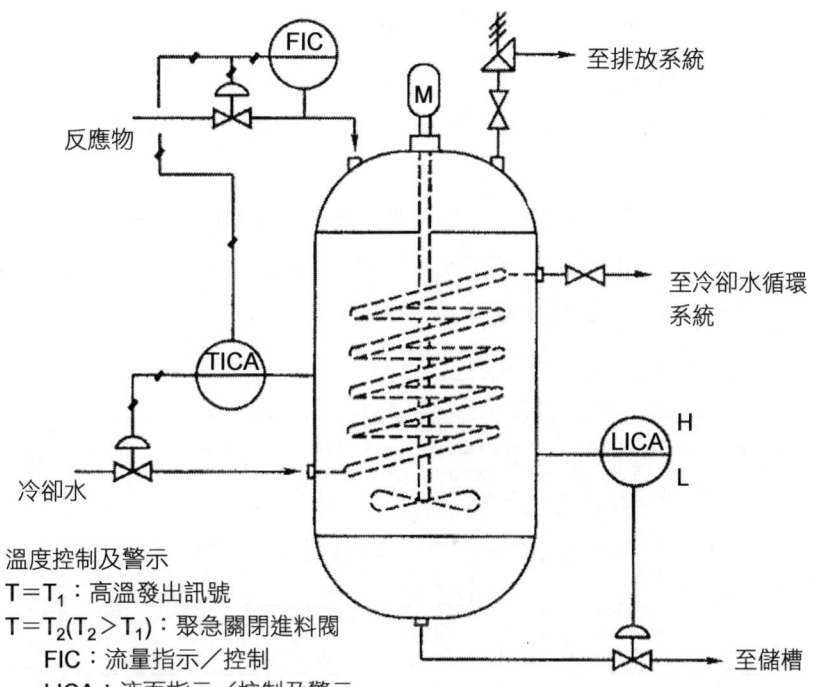

243

圖9-3 配置高溫控制及警報的反應器

溫度控制及警示
T＝T$_1$：高溫發出訊號
T＝T$_2$(T$_2$＞T$_1$)：聚急關閉進料閥
　FIC：流量指示／控制
　LICA：液面指示／控制及警示
　TICA：溫度指示及警示
　M：馬達

創始事件為冷卻水供應中斷（A），機率為1次／年。

2.辨識抑止或防範創始事件的安全系統

安全系統有下列五種：

(1)高溫警示（B）（機率為0.01）。

(2)操作員警覺溫度過高（C）（機率為0.25）。

(3)操作員重新啟動冷卻系統，亦或利用其他的冷卻水來源（D）（機率為0.25）。

(4)高溫自動停機（溫度達T$_2$時，關閉反應物進料閥）（E）（機率為0.01）。

(5)操作員手動停機（關閉反應物進料閥）（F）（機率為0.1）。

3.推演事件樹

事件樹是失誤或意外發生後隨時間發展的記事圖（**圖**9-4），推演方式如下：

(1)首先由創始事件開始，逐步將相關安全設施或引發的事件依時間先後，由左至右順序填入，然後再逐步分析安全設施是否操作正常。通常將正常情況由向上延伸的途徑表示，失常情況則以向下延伸的路徑表示。

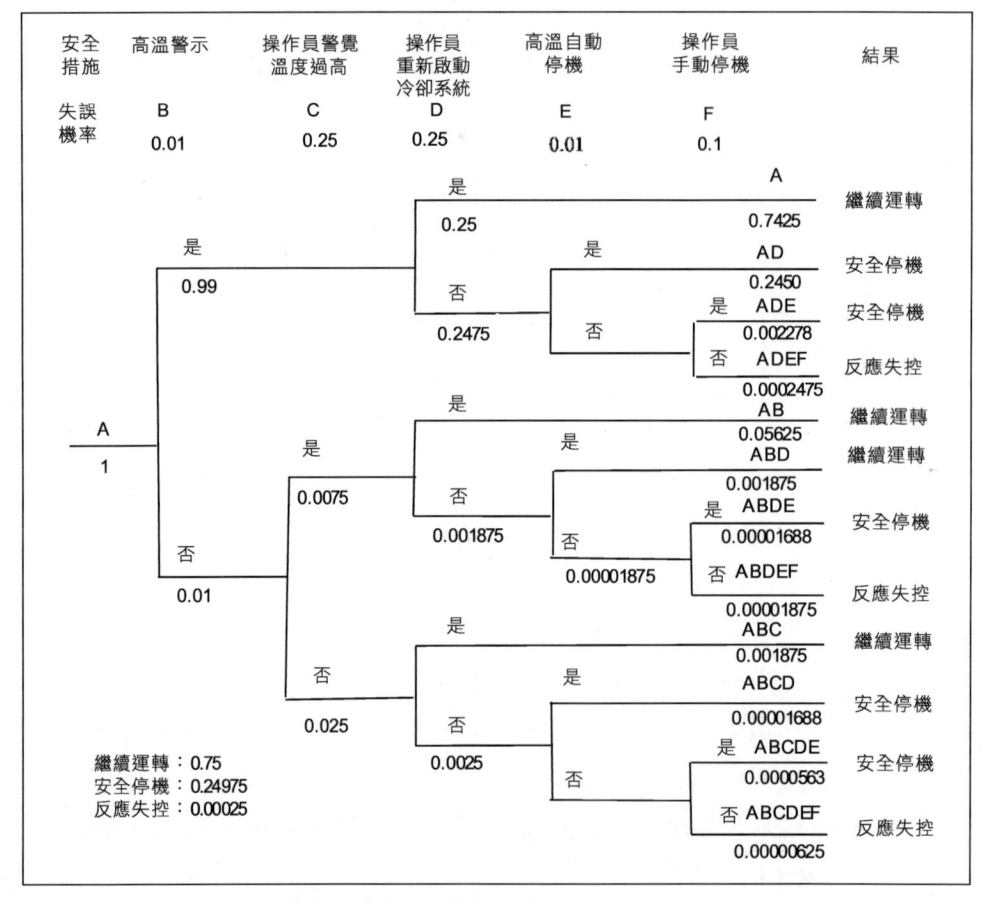

安全措施	高溫警示	操作員警覺溫度過高	操作員重新啟動冷卻系統	高溫自動停機	操作員手動停機	結果
失誤機率	B 0.01	C 0.25	D 0.25	E 0.01	F 0.1	

```
                                                            是         A            繼續運轉
                                                          0.25                      0.7425
                                 是                              是    AD           安全停機
                                0.99                                   0.2450
                                           否                    是    ADE         安全停機
                                         0.2475                        0.002278
                                                                 否    ADEF        反應失控
                                                                       0.0002475
                                            是                         AB           繼續運轉
                                                                       0.05625
                                 是                              是    ABD          繼續運轉
                                0.0075                                 0.001875
  A                                        否                    是    ABDE         安全停機
  1                                      0.001875                      0.00001688
                                                                 否    ABDEF        反應失控
                                                                       0.00001875
                                                                       ABC          繼續運轉
                                                                       0.00001875
                                 否                              是    ABCD         安全停機
                                0.025                                  0.001875
                                           否                    是    ABCDE        安全停機
                                         0.0025                        0.00001688
                                                                       0.0000563
繼續運轉：0.75                                                    否    ABCDEF       反應失控
安全停機：0.24975                                                       0.00000625
反應失控：0.00025
```

圖9-4 反應器冷卻水中斷的事件樹

(2)當每一種情況遇到下一個完全設施時,則必須加以分析。如果該安全措施不會引發其他事件發生,可不必考慮,而繼續延伸:
- 高溫警示訊號(B)操作正常時(向上延伸部分),(C)安全措施(操作員警覺溫度過高)的正常操作不會引發其他事件,則可移至下一個安全設施(D)。
- 如果高溫警示(B)失常,而操作員是否警覺是決定意外是否發生的關鍵,因此必須考慮是/否(成功或失敗)的情況。

(3)事件樹的推演,是直到所有的安全措施完全被考慮在內為止,推演時可將機率同時計算出來。

4.描述意外事件的引發程序

最後一個步驟是說明意外事件發生的順序。有些順序代表正常情況的恢復,有些可能是安全停機,或可能會導致最嚴重災害的程序失控。從安全的觀點而論,那些可能會引發災害的程序或反應失控是最重要的,必須設法防範或抑止。**圖9-4**中的結果欄列出結果的說明,結果的引發順序則以參與設施的代號表示,例如第一個結果為繼續運轉,其順序代號為A,表示A事件(創始事件)發生後,安全措施操作正常,足以應付危機,並得以繼續運轉;第四個結果為反應失控,順序代號為ADEF,表示A事件發生後,由於D、E、F安全設施失常,溫度無法控制,導致反應失控。**圖9-4**的結果可分為繼續運轉、安全性停機及反應失控等三類,分類的機率為各分項機率之和。**表9-2**列出計算結果。

三、意外後果分析

意外後果分析的主要目的在於辨識意外發生後所可能造成的火災、爆炸等後果,其分析步驟與意外前安全分析相同。以一個液化石油氣儲

表9-2　液化石油氣儲槽洩漏事件頻率計算

後果	過程	頻率（次/年）
BLEVE	$A\bar{R}P$	$2.0\times10^{-5}=2.0\times10^{-5}$
閃火	$AB\bar{C}DE\bar{F}+A\bar{B}CDE\bar{F}$	$4.9\times10^{-5}+27.5\times10^{-5}=32.4\times10^{-5}$
閃火/BLEVE	$AB\bar{C}D\bar{E}P+A\bar{B}CD\bar{E}F$	$1.2\times10^{-5}+6.9\times10^{-5}=8.1\times10^{-5}$
侷限氣雲爆炸	$AB\bar{C}DE+A\bar{B}CDE$	$6.1\times10^{-5}+34.5\times10^{-5}=40.5\times10^{-5}$
當地熱危害	$AB\bar{F}$	$8.0\times10^{-5}=8.0\times10^{-5}$
安全處置	$AB\bar{C}\bar{D}+A\bar{B}\bar{C}\bar{D}$	$1.4\times10^{-5}+7.6\times10^{-5}=9.0\times10^{-5}$
後果小計		$=100\times10^{-5}$

註：BLEVE：沸騰液體膨脹氣體爆炸

槽的洩漏為例，洩漏為創始事件（A），洩漏後可能發生的狀況，依時間發展順序分別為立即著火(B)、未著火，蒸氣雲被風吹至人煙稠密地區（C）、延遲著火(D)、非侷限式蒸氣雲的爆炸（E）、有機蒸氣與空氣混合後，形成易燃蒸氣雲，如果著火，火焰速度急速增加，會造成嚴重的爆炸、儲槽附近的噴射火焰（F）等後果。事件樹的結果及結果機率顯示於圖9-5之中。

玖、電腦程式

下列電腦程式可以協助推演事件樹：

1. Isograph Inc, 375 South Main Street, Suite 4, Alpine, UT 84004. https://www.isograph.com/software/reliability-workbench/event-tree-analysis/
2. Item Software, 1 Manor Court, Barnes Wallis Road, Segensworth East, Hampshire, PO15 5TH, U. K. https://www.itemsoft.com/index.html.
3. ETA templete, Edraw. https://www.edrawsoft.com/template-event-tree-diagram.html

Chapter 9 事件樹分析

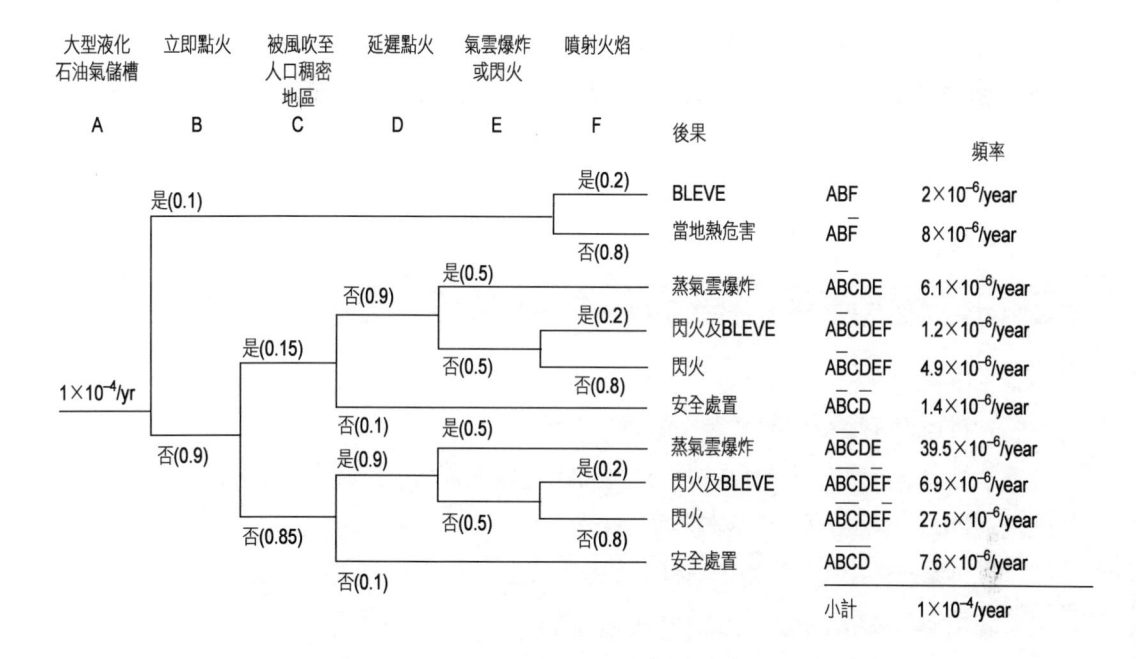

大型液化石油氣儲槽	立即點火	被風吹至人口稠密地區	延遲點火	氣雲爆炸或閃火	噴射火焰	後果		頻率
A	B	C	D	E	F			

```
                                              是(0.2)
                                    ┌─────────────── BLEVE        ABF      2×10⁻⁶/year
                      是(0.1)        │
        ┌─────────────────────────── ┤
        │                             │  否(0.8)
        │                             └─────────────── 當地熱危害    ABF̄     8×10⁻⁶/year
        │
        │                                    是(0.5)
        │                       否(0.9)  ┌──────────── 蒸氣雲爆炸    ĀBC̄DE    6.1×10⁻⁶/year
        │             是(0.15)  ┌───────┤       是(0.2)
        │          ┌───────────┤        │   ┌──────── 閃火及BLEVE   ĀBC̄DEF   1.2×10⁻⁶/year
        │          │            │  否(0.5)│    
        │          │            └────────┤    否(0.8)
        │          │                     └──────────── 閃火         ĀBC̄DEF̄  4.9×10⁻⁶/year
1×10⁻⁴/yr┤          │                     
        │          │                     ────────────  安全處置      ĀBC̄D     1.4×10⁻⁶/year
        │ 否(0.9)   │  否(0.1)   是(0.5)
        └──────────┤           ┌──────────────────── 蒸氣雲爆炸     ĀB̄CDE    39.5×10⁻⁶/year
                    │ 是(0.9)  │         是(0.2)
                    ├─────────┤       ┌──────────── 閃火及BLEVE    ĀB̄CDEF   6.9×10⁻⁶/year
                    │          │  否(0.5)│  否(0.8)
                    │ 否(0.85) └────────┤─────────── 閃火          ĀB̄CDEF̄  27.5×10⁻⁶/year
                    │
                    └─────── 否(0.1) ──────────────── 安全處置       ĀB̄CD     7.6×10⁻⁶/year

                                                      小計          1×10⁻⁴/year
```

圖9-5　液化石油氣儲槽洩漏的事件樹

4. ETA II: Science Applications International Corp. (5150 El Camino Real, Los Altos, CA, 94022, USA)
5. RISKMAN: Pick, Lowe and Gawick, Newpork Beach, CA, USA
6. SUPER: Westinghouse Risk Management, P. O. Box 355, Pittsburgh, PA, USA

拾、結語

　　事件樹分析是一種系統性的風險評估方法，可應用於評估意外事件發生後的演變序列及後果的風險，不僅有助於組織思維、視覺化潛在路徑，並且為風險管理及決策提供計量化依據。事件樹分析最早起源於核能

發電廠的風險評估，逐漸應用於油氣生產及煉製、化學、交通、環境及金融等產業的風險及安全評估、事故調查、系統設計、決策支援、緊急應變規劃及安全教育訓練上。目前已成為風險評估中不可或缺之工具。

習 題

1. 解釋名詞

    (1)事件樹；(2)事件樹英文簡稱及全名

2. 請說明危害分析法中What-If、PHA、ETA與FTA之優缺點。（每項5分，共20分）（111年工安技師高考）

3. 何謂事件樹與故障樹？兩者主要差異何在？（106年工安技師高考）

4. 事件樹分析（102、106年工安技師高考）

5. 事件樹在分析結構上特性為何？（106年工安技師高考）

6. 某石化廠管線是用來輸送可燃性氣體，若管線破裂未被察覺會導致可燃氣體濃度上升至爆炸下限以上，此時若遇火源或高溫表面則會立刻引起氣爆。為避免此事故發生，工廠設有下列安全設施：

    (1) 可燃性氣體濃度達爆炸下限1/50（V1）時，自動偵測器的警報響起（故障率＝5×10^{-2}次／次）

    (2) 操作員聽到警報響起（故障率＝2×10^{-2}次／次，未聽到），會立即手動關閉管線輸送（故障率＝2×10^{-2}次／次）

    (3) 可燃性氣體濃度達爆炸下限1/10（V2）時，管線會自動關閉，系統自動啟動（故障率＝2×10^{-2}次／次）。起始事件（管線破裂、可燃性氣體洩漏）發生的機率為10^{-3}次／時。

    A. 請依前述條件繪製事件樹。

    B. 計算可燃性氣體超過V2的機率。（103年工安技師高考）

7. 某一反應器中有氧化劑與還原劑進行放熱反應（exothermic reaction）。在

此反應中,除了添加觸媒之外,尚需添加冷卻水,以防止溫度過高。今假設冷卻水未於需要時進入反應器(此為起始事件),而產生正常操作之偏差情況,則該操作系統需實施下列應變措施,並啟動相關安全裝置:

(1)在溫度T1時,高溫警報器警告操作員(故障率=5×10^{-4}/hr)。

(2)操作員將冷卻水飼入反應器,溫度恢復正常(故障率=10^{-2}/hr)。

(3)在溫度T2時,自動停機系統停止反應(故障率=10^{-4}/hr)。

(4)起始事件(冷卻水系統失敗)發生的機率為2.5×10^{-3}。

試依前述條件繪製事件樹,並求反應器失控反應(runaway reaction)的機率(probability)。(甲級安全管理師考題)

8. 如瓦斯漏洩的機率為PA=1.0×10^{-2}/年,瓦斯著火的機率為PB=0.1/年,火災偵測系統失敗之機率為PC=1×10^{-3}/年,瓦斯緊急關閉系統失敗之機率為PD=1×10^{-2}/年,試以事件樹分析方法(Event Tree Analysis)繪出其邏輯圖,並計算發生瓦斯火災的危險率。(95年工安技師高考)

9. 試說明故障樹的適用範圍及時機。

10. 試說明故障樹的優缺點。

參考文獻

1. Center for Chemical Process Safety (2008). *Guidelines for Chemical Process Quantitative Risk Analysis*, Figure 10, p. 218. American Institute of Chemical Engineers, NY, DC, USA.
2. AIChE (1989). *Guidelines for Chemical Process Quantitative Risk Analysis*, Figure 10, p. 218. American Institute of Chemical Engineers, NY, USA.

10 其他危害辨識方法

壹、因果分析

貳、人因可靠度分析

參、蝴蝶結技術

肆、有向圖分析

伍、多重失效錯誤分析

陸、圍堵失效分析

柒、危害警告樹

捌、其他

壹、因果分析

一、定義

因果分析（Cause-Consequence Analysis）是一種組合事件樹及失誤樹長處的圖形分析方法，它可以協助分析者以「前瞻」與「逆向」兩種方式雙向思考，以找出事件的因果關係，如果數據齊全時，亦可估計每一事件（失誤或後果）發生的頻率。因果分析是由丹麥原子能委員會的尼爾遜（D. S. Nielson）及泰勒（J. R. Taylor）兩氏所發展的[1、2、3]，他們除了使用「且」及「或」等邏輯符號以表達原因（基本失誤）外，還增加了幾個條性的「頂點」（Vertex）符號以說明後果的相互關係，因此分析者可以處理不同後果的進行路徑、時間延遲及時間的順序，主要的邏輯及事件符號顯示於**圖10-1**之中。

二、適用範圍

因果分析適用於探討事件、決策或行動之間因果關係的情況，例如：

1. 工程及安全領域：因果分析可被用來預測可能發生的故障、事故或災難，從而採取預防措施及減少風險的機會。
2. 風險管理：因果分析有助於識別潛在的風險和問題，以便制定適當的措施來減輕或避免負面影響。
3. 醫療和衛生領域：因果分析可以協助醫生理解疾病的起因及可能產生的後果，以制定最佳的醫療方案。
4. 金融領域：可以應用於預測市場變化、經濟事件及投資決策可能的影響。

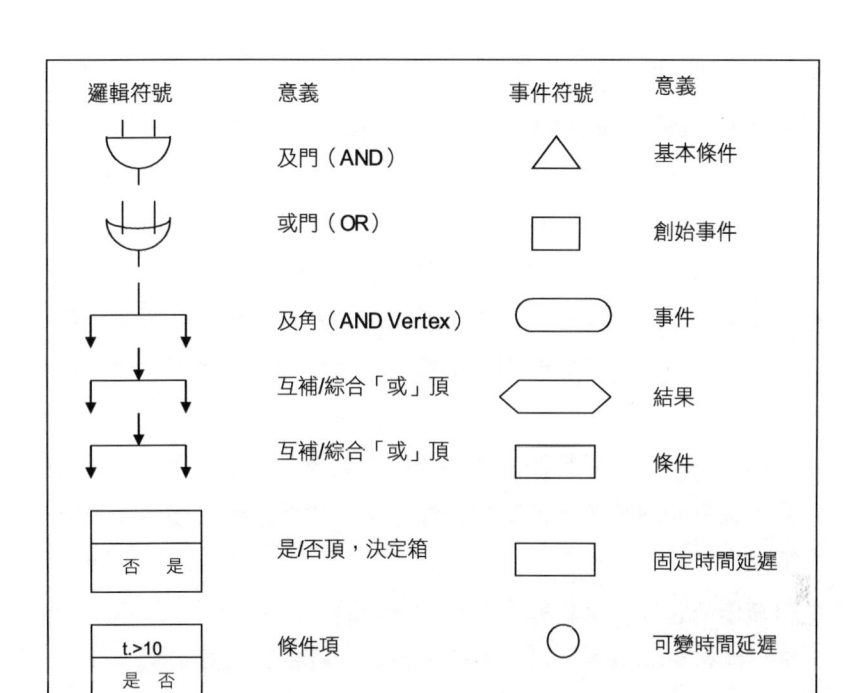

邏輯符號	意義	事件符號	意義
∧	及門（AND）	△	基本條件
∨	或門（OR）	▭	創始事件
↓↓↓	及角（AND Vertex）	⬭	事件
↓↓↓	互補/綜合「或」頂	⬠	結果
↓↓↓	互補/綜合「或」頂	▭	條件
否 是	是/否頂，決定箱	▭	固定時間延遲
t.>10 是 否	條件項	○	可變時間延遲

圖10-1　因果分析使用的邏輯及事件符號[1、2]

5. 環境保護：可協助辨識人類活動對環境所產生的影響，從而制定環境保護策略及措施。

三、適用時機

因果分析適用於下列情況：

1. 事故調查：當事故或災難發生時，因果分析可以幫助調查人員找出導致事件發生的原因，以便採取措施防止類似事件再次發生。
2. 決策制定：在面臨複雜決策的情況下，因果分析可以用來描述及預測各種決策選項的可能結果，說明做出更明智的選擇。

3. 風險評估：在需要評估特定行動、計畫或專案的風險時，因果分析可以幫助識別可能的風險和不確定性因素，以及它們可能引發的影響。
4. 專案規劃：在專案開始階段，因果分析可以幫助識別可能影響項目成功的因素，以便在項目實施過程中更好地管理。
5. 政策制定：在制定政策、法規或指導方針時，因果分析可以幫助預測不同政策選擇可能帶來的影響，從而指導政策制定者做出更明智的決策。
6. 市場分析：在市場行銷、產品開發或業務策略制定過程中，因果分析可以幫助理解各種策略的可能結果，從而指導市場活動和業務決策。
7. 組織變革管理：當組織進行重大變革時，因果分析可以幫助理解變革可能帶來的影響，以及如何最好地管理變革過程。
8. 危機管理：在危機情況下，因果分析可以幫助理解危機的起因和可能的後果，以制定應對策略。

四、執行步驟

圖10-2顯示因果分析的範例，關鍵步驟如下：

1. 問題界定：首先要明確分析的目標，確定所關注的事件、行動或決策，以及可能的影響。
2. 選擇意欲分析的創始事件（失誤或意外）。
3. 因素識別：確定可能影響事件或結果的因素，這些因素可以是行動、決策、外部環境因素等；例如鑑定影響創始事件所引發的意外的安全系統。
4. 因果關係建立：透過邏輯推理或實證資料，建立可能的因果關係。這可以透過經驗、專家意見、資料分析等方法來實現；例如推演創

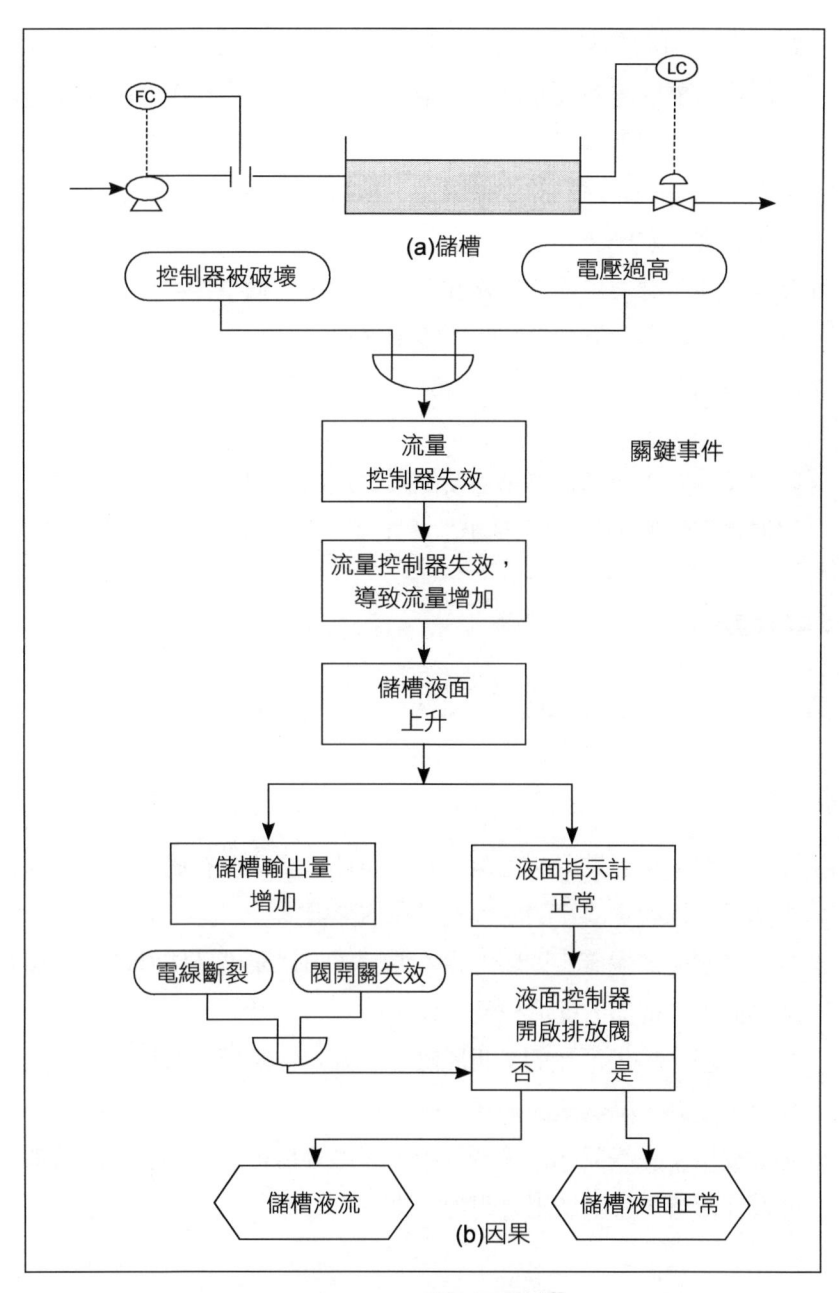

圖10-2　因果分析圖[2]

始事件所引發的意外途徑（事件樹分析）以及歸納演繹造成意外（創始）事件的各種原因（基本事件、失誤譜分析），決定意外產生的最小分割集合等。

5. 結果預測：基於建立的因果關係，預測可能的結果和影響，並依據風險值排列順序。
6. 風險評估：評估可能的風險和不確定性，包括事件可能性和影響程度。這可以幫助識別潛在的問題和挑戰。
7. 研擬改善措施：依據分析的結果，研擬及制定因應措施以降低損失。
8. 監控及回饋：持續監控事件及結果，以驗證因果關係的準確度，並根據實際情況進行必要的調整。

五、優缺點

因果分析與其他危害辨識方法一樣，具有其優點及缺點。

(一)優點

1. 深入洞察：可協助分析者深入探討事件、決策或行動之間的相互因果關係，以發覺隱藏的原因及潛在的影響。
2. 解決問題：透過確定問題的根本原因，可以幫助解決及防止類似問題的發生，從而改進流程及決策。
3. 風險管理：提供潛在的量化風險及不確定性數據，有助於制定預防和應對措施，降低負面影響。
4. 決策支援：在複雜的決策過程中，因果分析可以提供各種決策選項的可能影響，說明做出更明智的決策。

(二)缺點

1. 複雜度高：可能涉及許多因素、變數及它們的交互作用，導致分析過程變得複雜及耗時。
2. 主觀性強：分析過程中可能涉及專家判斷及假設，而導致主觀因素的介入，影響分析結果的準確性。
3. 不確定度高：事件和行動之間的因果關係可能受到許多不確定因素的影響，而導致分析結果的不確定性。
4. 時間及資源消耗大：執行全面的因果分析可能需要大量的時間、人力資源及專業知識，對一般企業或專案不切實際。
5. 侷限性：難以考慮所有可能的因素及情況，分析結果可能具侷限性。

六、分析所需時間

分析所需時間視系統規模而異，小系統僅需6-13天，大型製程可能長達6-10週（**表10-1**）。

表10-1　因果分析所需時間[4]

規模	準備	建立模式	分析	紀錄彙總	小計
小系統	1-2天	1-3天	1-3天	3-5天	6-13天
大製程	4-6天	1-2週	1-2週	3-5週	6-10週

七、範例：反應器冷卻水中斷

圖10-3顯示反應器冷卻水中斷後的分析圖，由圖中A分別向上下發展。

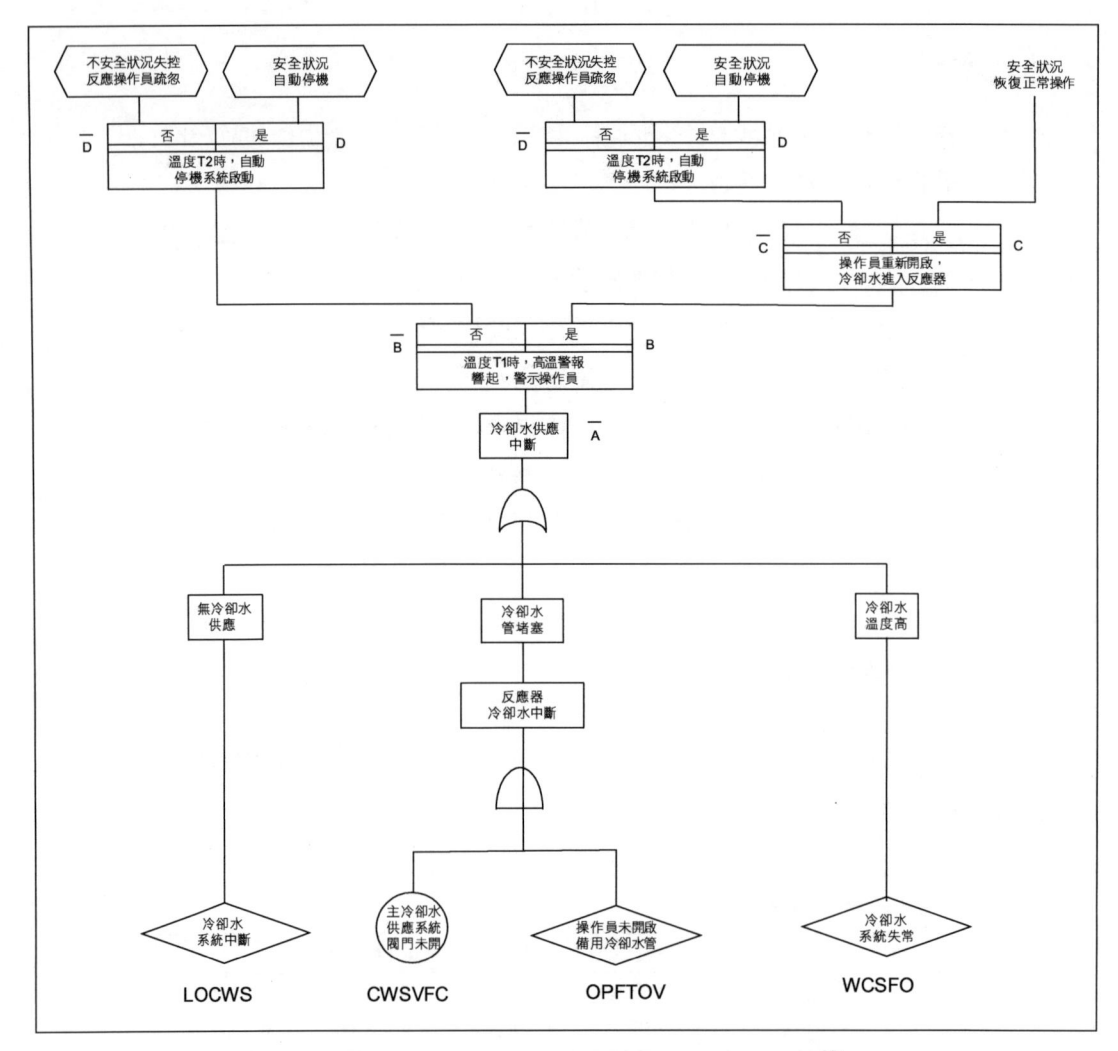

圖10-3　反應器冷卻水中斷的因果分析圖[4]

八、結語

　　因果分析是一種探討事件、決策或行動之間因果關係的圖形方法。由於它結合故障樹及事件樹的特點，可協助分析者做出決策，預測結

果,並有效地因應潛在的問題。它可以應用於風險管理、專案規劃、政策制定、工程設計等領域。

貳、人因可靠度分析

人因可靠度(Human Reliability Program, HRP)係反映人在執行任務、操作系統或進行活動時所表現的穩定性和一致性的程度。人因可靠度分析(Human Reliability Analysis, HRA)是估計人為可靠度的方法,它關注人類在特定環境中完成工作任務時出錯的機率,並試圖減少人為錯誤對安全、生產力和效率的影響[5]。

一、定義

人因可靠度分析旨在確保人在執行工作任務時的一致性和準確性,以避免可能導致事故或錯誤的情況。這在各種領域中都是至關重要的,特別是在需要高度安全性和可靠性的系統中。人因可靠度在工業、交通、醫療、能源等領域具有重要意義,特別是在需要高度專注和準確性的任務中。人因可靠度分析的目的是評估人類的行為和決策如何影響系統的可靠性,並提供改進方法,以減少人為錯誤的可能性。人因可靠度分析包括以下幾個主要方面:

1. 人因失誤分析:這是研究人在執行任務時可能犯的錯誤類型和原因的過程。它可以分析失誤的成因,例如分心、記憶失誤、疲勞等,並提供建議以減少失誤的機會。
2. 人因可靠度建模:這是透過建立數學模型,量化人因錯誤對系統可靠性的影響。這些模型可以考慮人的行為、心理因素、環境條件等,以預測人因失誤的可能性。

3. 設計改進：基於人因可靠度分析的結果，可以提出設計改進措施，以降低人因錯誤的機會。這可能包括改變工作流程、提供更好的培訓和指導、使用更直觀的界面等。
4. 人機界面設計：設計易於理解和操作的人機界面有助於減少人為失誤。這包括界面的直觀性、可見性、操作反饋等。

二、目的

1. 辨識影響人執行操作的因素。
2. 以定性方法描述辨識出的潛在人為失誤。
3. 展現如何執行量化人因可靠度分析。
4. 降低人為失誤或其對系統安全或系統執行之衝擊。

三、發展歷程

1. 萌芽期（1950-60年代）：人因可靠度分析最早應用於核能工業。由於核能工業對人因失誤的影響非常敏感，早期的HRA方法主要集中在分析核能電廠操作人員的失誤可能性。這些方法主要基於專家判斷，通常是在事件樹及故障樹等分析工具的框架下進行。
2. 發展期（1970-80年代）：人因失誤評估及減少技術（Human Error Assessment and Reduction Technique, HEART）開始應用於英國核能工業，並逐漸推廣至其他領域。HEART方法提供一個系統性的框架，將任務複雜性、操作者特性、環境條件等考慮在內，適於評估人因失誤的可能性及影響。
3. 成熟期（1980-90年代）：多種人因可靠度分析方法，如人因失誤速率預測技術（Technique for Human Error Rate Prediction, THERP）、人員認知可靠度（Human Cognitive Reliability, HCR）

等陸續發展出來，試圖更全面地考慮人的認知及心理因素，並且提供更精細的分析。

4. 整合期（2000年至今）：隨著數據科學、心理學、認知科學等領域的發展，人因可靠度分析得以更深入地理解人的認知過程、判斷和決策。許多方法開始導入量化和統計技術，以更精確地估計人為失誤的機率。人因可靠度分析也開始與系統可靠度分析及風險評估相結合，以綜合考慮不同因素對整體可靠度的影響。

四、適用範圍

人因可靠度分析適用於高度可靠性及安全性的系統、工作任務或活動的產業：

1. 核能領域：最早應用於核能工業，因為核電廠操作的風險高，必須深入探討人為失誤的可能性及可靠度。HRA適用於評估操作員、維護人員及其他作業人員可能出現的失誤，以確保核設施的運行安全。
2. 航空太空工業：由於航空及太空領域要求高度的可靠度，因此HRA也應用於評估飛行員、地勤人員及相關人員的操作及判斷失誤，以確保飛行安全。
3. 醫療保健：為避免人為失誤對患者的健康及生命所造成影響，HRA可以應用於評估醫生、護士和其他醫療專業人員的決策及執行失誤，以改進醫療流程及提高患者安全。
4. 交通運輸：運輸系統需要確保高度的安全性和效率，可應用HRA於評估司機、機組人員、列車操作員等可能出現的操作失誤，以減少事故風險。
5. 工業製程：操作人員的失誤可能導致生產中斷、設備損壞或環境汙染。HRA可以應用於評估操作人員在操作和監督過程中的失誤，以

降低生產風險。

6. 能源及設施管理：操作員的失誤可能對營運造成重大影響。HRA可以用於評估操作員、監督人員和維護人員的失誤，以提高營運效率和可靠性。

五、適用時機

人因可靠度分析適用於以下幾種情況：

1. 高風險操作：當操作或任務具有高風險性質，且人為失誤可能導致事故、損壞或傷害時，HRA可以用來評估操作員或參與者的失誤風險。
2. 複雜任務：當任務複雜且涉及多個步驟、判斷和決策時，人為失誤的可能性增加。HRA可以在這些情況下幫助識別可能的失誤點和風險。
3. 新系統或流程：在引入新的系統、設備、流程或技術時，操作人員可能尚未熟悉或理解相關操作。HRA可以在這些情況下幫助評估操作員可能的失誤，並確保過渡過程的平穩進行。
4. 事故分析：當發生事故、錯誤或失誤時，HRA可以用來分析事件的背後原因，以確定人為失誤是否是問題的主要因素。
5. 改進流程：在企圖改進流程、系統或設備的效率和可靠性時，HRA可以用來識別潛在的人為失誤，以確保改進不會引入新的風險。
6. 教育訓練：在設計培訓計畫時，HRA可以用來評估培訓的充分性，確保操作人員具有足夠的知識和技能，以降低失誤風險。

六、人因失誤機率

(一)定義

人因失誤機率（HEP）為：

$HEP = P_{HE} = E_n/O_{PE}$

其中E_n為某種人為失誤的總數，O_{PE}為可能造成失誤機會的總數。**表10-2**列出八種經常性任務的失誤機率。

表10-2 人因失誤機率[5]

任務	人因失誤機率
1.讀取紀錄	0.006
2.由類比儀器讀取數值	0.003
3.閱讀圖示	0.01
4.解讀指示燈的指示	0.001
5.壓力大時，轉動控制裝置	0.5
6.正確使用校勘表	0.5
7.撮合接合器	0.01
8.由許多控制器中選出適當的裝置	0.003

人因失誤機率在估計時如將某一作業視為一獨立體，而不考慮早先的其他作業影響，稱之為基本人因錯誤機率（Basic Human Error Probability, BHEP）。

如考慮在某些其他作業的成功或失敗下執行該特定作業的錯誤機率，稱為有條件的人因錯誤機率（Conditional Human Error Probability, CHEP）；如考慮在完成失誤途徑中的所有作業，則稱之為共同的（連帶的）人因錯誤機率（Joint Human Error Probability, JHEP）。針對單一的個人而言，JHEP以1/100,000為單位，對多數的一群人，JHEP則以

1/1,000,000為單位。如果單一個人的JHEP小於1/100,000或多數一群人的JHEP小於1/1,000,000則需再評估，可能有低估之嫌。

以下以一個例子來說明1/100,000HEP：

林小姐開車已有20年的歷史，平均每天經過10個紅綠燈，其中有60％必須停車等候。此期間林小姐有20次搶紅燈或未能停下來，EN為20。所有可能造成失誤的次數（Q_{PE}）為：

$Q_{PE} = 20 \times 365 \times 10 \times 0.6 = 43,800$

$HEP = E_n/O_{PE} = 20/43,800 = 4.6 \times 10^{-4}$

(二)人因失誤機率估算

人因失誤機率的估算方法很多，其中最常見的方法是應用美國核能管制委員會出版的《核電廠應用人因可靠性分析手冊》（*NUREG/CR-1278*）中所提供的人為失誤率預測技術（THERP）表。這些表格提供了許多活動的HEP以及其他必要的資訊，可協助估算及量化失誤機率[4]。如果在*NUREG/CR-1278*中找不到HEP值，則可以應用以下其他來源：

1. 歷史數據：這可以是特定活動或類似活動的數據。
2. 專家建議：有經驗進行人類可靠性分析（HRA）的人員可以諮詢，以獲得他們對HEP的估計。
3. 測試：可以進行活動的模擬並蒐集數據。
4. 其他文獻：引用文獻中相同／類似活動的數據。

執行以上步驟時，應將HEP數值及來源記錄下來。

七、人因可靠度分析模式

人因可靠度（HRP）與人因失誤機率（HEP）為一物之正反兩

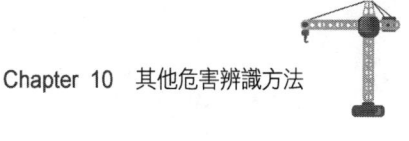

面,兩者之和為1;因此只要求出人因失誤機率,即可得到人因可靠度（HRP）：

HRP＝1－HEP

人因可靠度分析的邏輯模式為事件樹的二元分支邏輯;如圖10-4所示,以每一節點的二元分支為例,向右側的分支,以大寫字母表示者,表示執行失敗,如狀況A;向左側的分支,以小寫字母表示者,表示執行成功,如狀況a。而在執行成功a的狀況下,執行成功以bla表示,執行失敗B,則以Bla表示。

若為串聯操作,必須所有的動作皆成功才能成功,以打開兩個串聯閥為例,只有在成功打開a之下也成功打開b,才是成功的執行,因此只有bla,是成功的操作。若在並聯操作中,僅需成功執行其中一個路徑,就可達成執行連接起點與目標點的任務,以打開兩個並聯閥為例,打開了a,雖未打開B（Bla）,與未打開A,但打開b（Alb）都算是「成功」,因此bla、Bla、blA皆為成功的操作。反過來說,對失誤／故障事件而言,串聯操作中、Bla、blA、BlA皆失敗,只要A「或」B出現即是失敗事件,相當於失誤樹的「且」邏輯閘,如圖10-5所示。

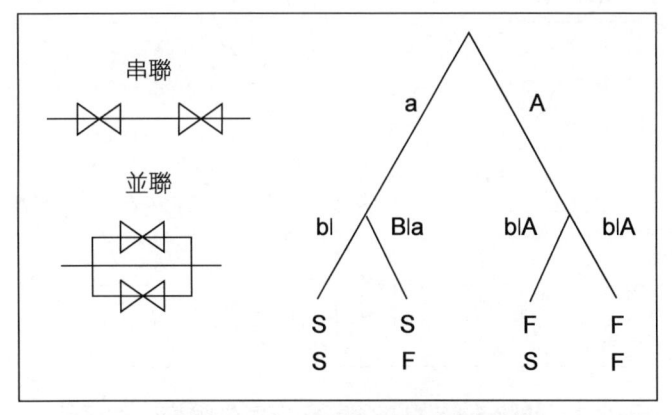

圖10-4　HRA事件樹邏輯圖[5,6]

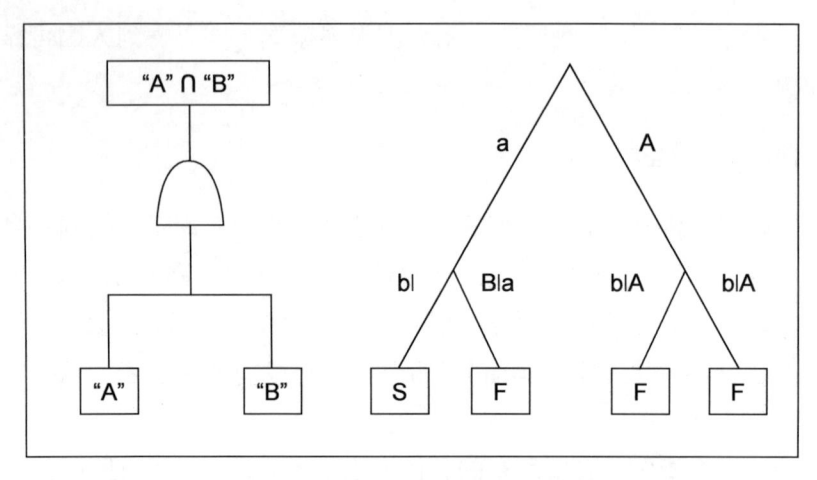

圖10-5　串聯系統之HRA事件樹與失誤樹的關係[6]

　　對於並聯操作而言，bIa、BIa、bIA皆成功，僅BIA失敗，即A「且」B都出現，才是失敗事件，相當於失誤樹的「或」邏輯閘，如**圖**10-6所示。

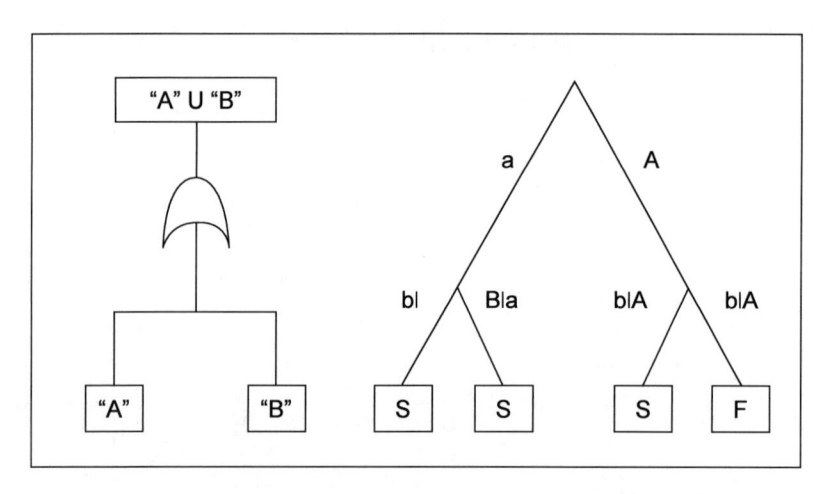

圖10-6　並聯系統之HRA事件樹與失誤樹的關係[5]

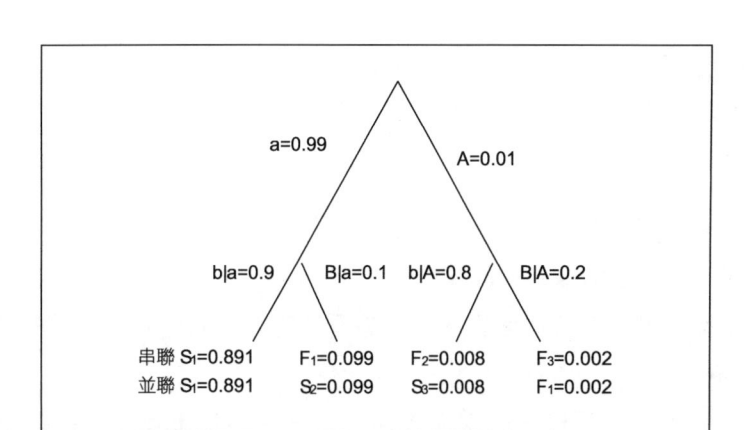

```
                    a=0.99            A=0.01

         b|a=0.9   B|a=0.1   b|A=0.8   B|A=0.2

   串聯 S₁=0.891   F₁=0.099   F₂=0.008   F₃=0.002
   並聯 S₁=0.891   S₂=0.099   S₃=0.008   F₁=0.002
```

圖10-7 HRA事件術語失誤樹的關係（串聯Pr[F]＝0.099＋0.008＋0.002＝0.109；並聯Pr[F]＝0.002）

　　圖10-7為HRA事件樹定量計算示意圖。對每一節點而言，失敗或成功的機率和為1，如A＝0.01，a＝0.99；B|A＝0.2，b|A＝0.8。對串連操作而言，B|a、B|A、B|A只要一個失誤或失敗即是錯誤，因此三種狀況機率值之和，人為失誤機率是0.109。對並聯操作而言，需二者同時失誤或失敗才是失誤，即B|A，人為失誤機率是0.002。

八、分析所需時間

　　小系統僅需5-9天，大製程則需3-8週（**表10-3**）。

表10-3　人因可靠度分析所需時間[4]

規模	準備	建立模式	分析	紀錄彙總	小計
小系統	4-8時	4-8時	1-2天	3-5天	5-9天
大製程	1-3天	1-2週	1-2週	1-3週	3-8週

九、優缺點

(一)優點

1. 靈活度高及適用性廣:可以適用於各種不同的情境,如新產品、複雜系統或是數據缺少的情況。
2. 快速結果:執行速度迅速,不需要花費太多的時間等待數據蒐集及分析。
3. 定性評估:可以提供定性評估,在某些情況下比定量評估更有價值。

(二)缺點

1. 主觀性強:容易受到專家主觀意見的影響,導致評估的不一致及不準確性。
2. 知識限制:專家可能會因缺乏某些關鍵性資訊,或是在某些領域的知識可能過時,從而影響評估的準確性。
3. 不確定性高:由於缺乏統計數據支持,分析無法提供可靠的機率估計。
4. 難以驗證:基於專家主觀判斷,分析的結果難以驗證。

十、結語

　　人因可靠度分析可以應用於評估人類操作及決策失誤風險。透過分析可能的失誤模式和原因,它有助於制定改善措施,降低人為失誤的可能性,從而提高系統的可靠性和安全性。人因可靠度分析已由早期的專家判斷開始,逐漸演變為一個系統性、量化及應用統計分析的評估操作人員可靠度的方法;目前,已普遍應用於核能、航空、交通、醫療等產業。它是一種在特定情境下有其價值的方法,但由於主觀性強、受限於資訊與知識

的缺乏、不確定度高及結果難以驗證等缺點，分析時必須謹慎。在可能的情況下，應該結合其他定量方法及數據，以提高準確性及可靠度。

參、蝴蝶結技術

一、定義

蝴蝶結技術（Bowtie Technology）是以一個蝴蝶領結以顯示造成意外事件的可能性、後果及安全屏障的圖形方法。它以屏障管理作為控制風險的手段，其目的是建立及維護屏障，以便於防止重大事故發生或減少其嚴重程度。蝴蝶結的中心為中央事件，左側為導致該事件的原因，右側則為可能引發的後果及影響。透過蝴蝶結圖形，可以將原因、後果及控制措施相互關聯，以管理及降低風險[7]。蝴蝶結方法最早出現於1979年澳大利亞昆士蘭大學的一堂由英國帝國化學公司（ICI）所講授的危害分析的筆記中[8]。澳大利亞貝拉拉高級教育學院的Derek Viner也曾應用蝴蝶結方法解釋他的通用時間序列模型（GTSM）的意外事件分析[9]。1990年代初期，荷蘭皇家殼牌石油公司成功地將此技術作為標準危害辨識作業方法之一。2000年後，此項技術被應用於石油、天然氣、能源及化學工業中。近年來，也推廣至金融、醫療及航空等產業。

二、關鍵性安全屏障

關鍵性設備失效可能導致重大工安事故，造成人員傷亡、嚴重財產損失及環境汙染[2]。為了能夠建立有效的屏障管理策略，必須在風險評估的早期階段探討危害及導致意外事故的情景與已建立的屏障功能之間的關係（圖10-8）。

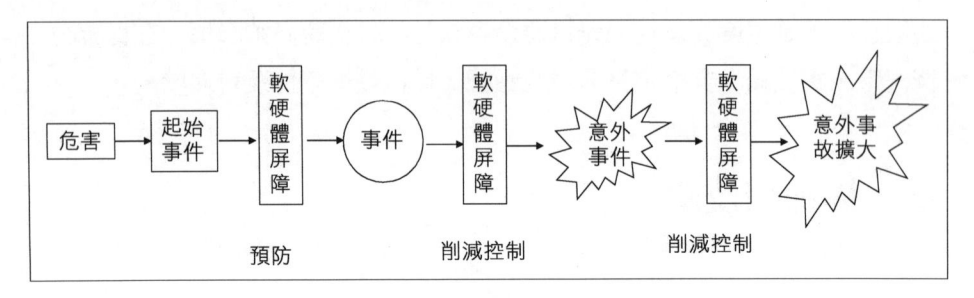

圖10-8　意外事故發生的情境[7]

三、蝴蝶結的應用

圖10-9顯示一個簡單的通用的蝴蝶結。它的關鍵特徵為：(1)頂級事件：圖表中心的危害事件；(2)威脅：事件的潛在原因，位於左側；(3)後果：頂級事件的潛在結果，位於右側；(4)屏障：防止威脅導致頂級事件或頂級事件導致主要結果的措施。

通常蝴蝶結只能提供有限的屏障的資訊。一個控制屏障的關閉閥（SDV）並不是某一個關閉閥，而只是製程中幾個關閉閥的綜合標籤／代

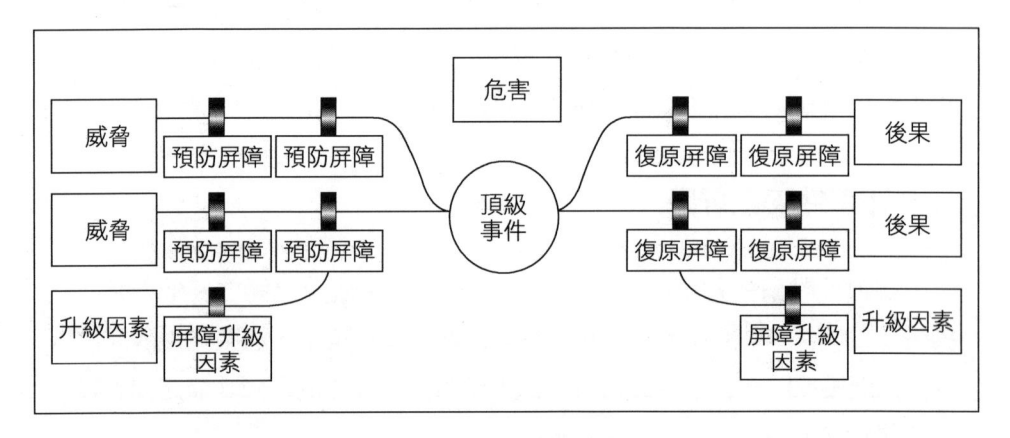

圖10-9　蝴蝶結功能

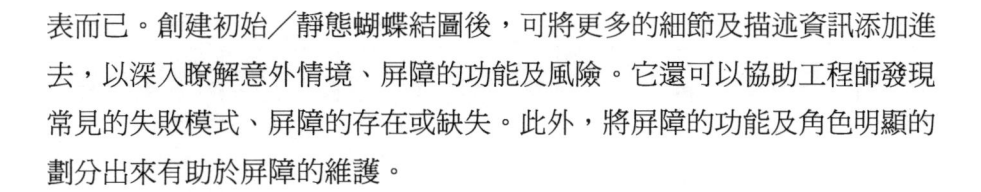

表而已。創建初始／靜態蝴蝶結圖後，可將更多的細節及描述資訊添加進去，以深入瞭解意外情境、屏障的功能及風險。它還可以協助工程師發現常見的失敗模式、屏障的存在或缺失。此外，將屏障的功能及角色明顯的劃分出來有助於屏障的維護。

四、蝴蝶結的動態與即時績效

為了有效管理屏障，將事件調查數據、降級狀況狀態、稽核數據及對安全障礙的放棄等資訊輸入，則可將蝴蝶結由靜態轉變為動態蝴蝶結模型（**圖10-10**）。這種動態模型可以不斷更新及調整風險概況和屏障，以反映實際操作環境中的變化和事件。它也可以自動蒐集及整合即時操作數據、事件調查數據、監控數據等訊息，對屏障進行持續評估，確保風險得到即時控制及管理。其他與安全屏障性能相關的屏障，如維護及檢查資料（失敗或受損的屏障），可與BowTie相連，將BowTie轉化為動態屏障儀表板，或將它們功能位置及標記級別列入電腦化維護和檢查系統（CMIMS）。透過這種方式，維護人員可以根據它的性能標準及效標監視。根據所界定的標準，維修人員可以評估屏障的適用性等級（正常、退化或不可接受）。系統所輸入資料即時顯示安全屏障系統的狀態。

五、結語

蝴蝶結技術是一種風險評估方法，可應用於分析及展示風險場景中的因果關係。該技術的核心優勢在於蝴蝶結模型左右兩側的連接性，可協助風險評估人員理解和分析預防及復工的關係。以往，蝴蝶結分析的結果被化工、石油及天然氣生產工業應用於程序及設備設計變更與工作場所屏障風險管理溝通的依據。蝴蝶結分析不僅可由靜態變得動態、生動，而且可以即時反映屏障的實際狀況。透過即時的屏障性能監測，業者者不僅可

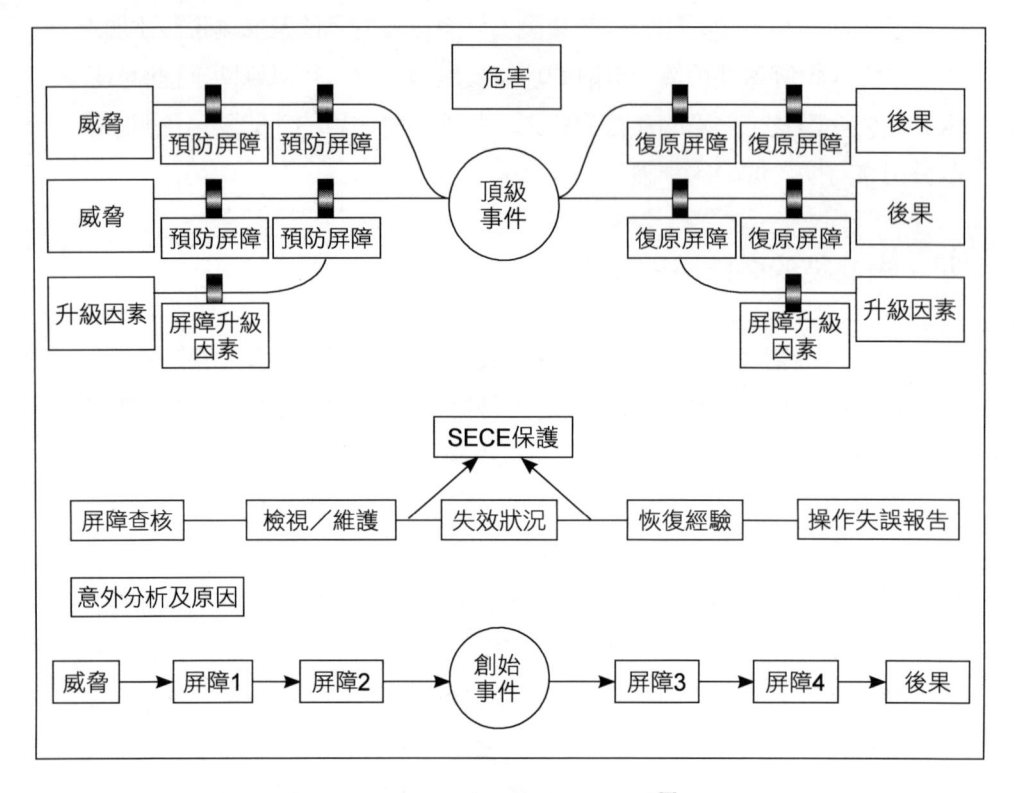

圖10-10　動態蝴蝶結模式[7]

以有效地執行屏障管理作業，還可採取更明確的改進及維護措施與基於風險的決策，以提升安全績效。

肆、有向圖分析

有向圖分析（Digraph/Directed Graph Analysis）是一種解決問題及決策過程中使用的圖形方法，適用於分析及視覺化元素或因素之間的關係或依賴關係。它將這些關係表示為有向圖，其中元素被表示為節點或頂

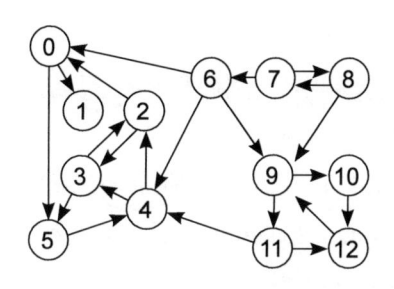

圖10-11　有向圖

點，它們之間的關係被表示為有向邊或箭頭。有向圖適用於描述工程專案或活動執行過程的有效工具。由於工程專案是由各種不同的任務或活動所組合而成，而這些任務間通常受著某些固定條件的限制（圖10-11）。

一、定義

有向圖是一種圖的變種，其中的邊（Edge）有方向性，即從一個節點（Node）指向另一個節點。有向圖的分析涉及了許多圖論（Graph Theory）中的概念和技巧，其中包括：

1. 節點與邊的特性：有向圖中的節點可能具有不同的屬性和意義，而邊具有方向性。節點的度（Degree）分為入度（In-Degree）和出度（Out-Degree），分別表示指向該節點的邊數量和由該節點指出的邊數量。
2. 路徑及迴路：從一個節點到另一個節點的邊序列稱為路徑（Path）。如果路徑的起始節點及終止節點相同，而且還有其他不同的邊，則稱為迴路。
3. 最短路徑問題：在有向圖中，找到兩個節點之間的最短路徑是一個常見的問題。這可以使用各種演算法，如迪克斯特拉算法（Dijkstra's Algorithm）和貝爾曼－福特算法（Bellman-Ford

Algorithm）等來解決。
4. 環的檢測：在有向圖中，判斷是否存在環是一個重要的問題。這涉及到深度優先搜索和拓撲排序等技巧。
5. 最小生成樹：如果有向圖是一個帶有權重的圖，則可以考慮求解最小生成樹（Minimum Spanning Tree）的問題，這是一個包含所有節點且權重之和最小的子圖。
6. 流量網絡：在有向圖中，若邊具有容量限制且有流量流動，可以建模為流量網絡。在這種情況下，最大流量及最小分割問題變得相當重要。

二、分析目的

有向圖分析目的是瞭解所分析元素之間的因果關係或影響關係。它有助於識別最關鍵或最具影響力的因素，確定影響的方向，並評估關係的強度或強度。

三、適用範圍

1. 風險評估：有向圖的節點代表可能發生的危害或風險，而有向邊表示這些危害之間的關係，可協助組織理解不同危害之間的關聯、評估其可能性及影響，進而決定風險的優先等級。
2. 計算機科學：有向圖可以用於表示程式的流程及控制結構、軟體模組之間的依賴關係與語法分析樹，幫助管理項目進度和版本控制。
3. 交通規劃：顯示城市道路的連接關係與航班路線，幫助規劃交通流動及解決交通問題。
4. 社交網絡分析：顯示社交網絡中的人際關係及社交網絡的連接及影響力。

5. 電路設計：邏輯門（閘）電路——邏輯門及電子元件之間的連接，以協助設計電子電路。
6. 專案管理：建立專案的工作流程圖及任務依賴圖，協助團隊理解工作流程與不同任務之間的關係，以確定優先順序及等級。

四、執行步驟

(一)建構有向圖

1. 確定所分析的元素或因素。
2. 確定元素之間的關係的性質和方向。
3. 為關係分配權重或值，以表示其相對重要性或強度。
4. 建構有向圖，將元素表示為節點，將關係表示為有向邊。
5. 分析圖形，根據其在網絡中的位置和影響力來識別關鍵元素或因素。
6. 評估系統中不同情境或變化的整體影響或後果。

(二)分析有向圖的步驟

1. 理解圖的結構：理解圖的基本結構，包括頂點（節點）及有向邊。確定哪些頂點代表實體、事件或過程，以及有向邊表示的關係或依賴。
2. 確定頂點的含義：分析每個頂點代表的實體、狀態、事件或過程。理解每個頂點在圖中的角色和作用，以及它們之間的關係。
3. 分析有向邊的含義：探討每條有向邊所代表的關係、依賴或流程。弄清楚每條邊表示的是什麼類型的資訊傳遞、控制流程或其他關係。
4. 檢查路徑及迴圈：查找圖中的路徑和迴圈。路徑是連接頂點的有向

邊序列，迴圈是在同一頂點開始及結束的路徑。這些路徑及迴圈可以顯示出系統的行為模式。
5. 分析入度及出度：對於每個頂點，計算它的入度（指向該頂點的邊數）和出度（從該頂點出發的邊數）。入度及出度資訊有助於瞭解每個頂點的影響力和作用。
6. 識別關鍵路徑：如果圖代表一個過程或流程，嘗試識別關鍵路徑，即最長的路徑或最重要的路徑。
7. 分析圖的連通性：檢查圖的連通性，即是否存在從任意一個頂點到達任意另一個頂點的路徑。如果圖中存在不連通的子圖，可能意味著系統的某些部分是孤立的。
8. 解釋圖的含義：將圖的含義解釋給其他人，或將其應用於特定問題領域。用你的分析結果解釋圖所代表的關係、流程、依賴等。

五、優缺點

(一)優點

1. 明確的方向性：有向圖中的邊具有明確的方向，表示從一個頂點到另一個頂點的關係，適用於描述需要區分起點及終點的關係的事務。
2. 模擬複雜關係：可模擬及顯示各種複雜的關係及流程，如任務調度、資料傳遞及流動等，在專案管理、電腦科學、社交網路分析等非常有用。
3. 有向邊傳達資訊：有每條邊都可以攜帶附加資訊，如權重、距離、成本等，可在圖中更精確地描述頂點之間的關係特性。
4. 可解釋性：有向圖的結構及邊的方向能夠提供清晰的方向，協助使用者更容易理解實體之間的關係及流程，有助於溝通及決策。

5. 圖演算法應用：可應用強大的演算法，以解決各種問題，如最短路徑、拓撲排序、關鍵路徑分析等。
6. 類比過程和流程：可以應用於類比流程、狀態轉換、控制流等。
7. 網路分析及預測：可以應用於分析網路中的影響傳播、資訊擴散等情況。
8. 關係建模：適用於建模實體之間的各種關係，如家族關係、組織結構、層次關係等。

(二)缺點

1. 高複雜度：圖的複雜度會隨著圖中頂點及邊的增加而快速上升，導致處理及分析大規模的有向圖可能會變得非常困難，需要龐大的資源及時間。
2. 訊息不對稱：有向圖的邊是有方向性的，會導致資訊不對稱。例如，A到B的邊與B到A的邊的含義未必相同，可能增加圖的解釋的複雜度。
3. 不適合無向關係：不適用於無方向性或雙向的關係。
4. 不適用於某些領域：不適用於類比複雜的關係及流程。
5. 路徑選擇問題：尋找特定類型的路徑（例如最短路徑、關鍵路徑）可能會涉及複雜的演算法，導致在大型圖上的計算負擔增加。
6. 難以表示部分資訊：無法有效地表示部分資訊。例如，在複雜系統中，某些因素可能不適合簡單的有向邊來表示。
7. 模型偏見：選擇如何將實體及關係連結時，會受模型偏見的影響。

六、範例

圖10-12顯示一個容器的HAZOP與有向圖的整合圖。

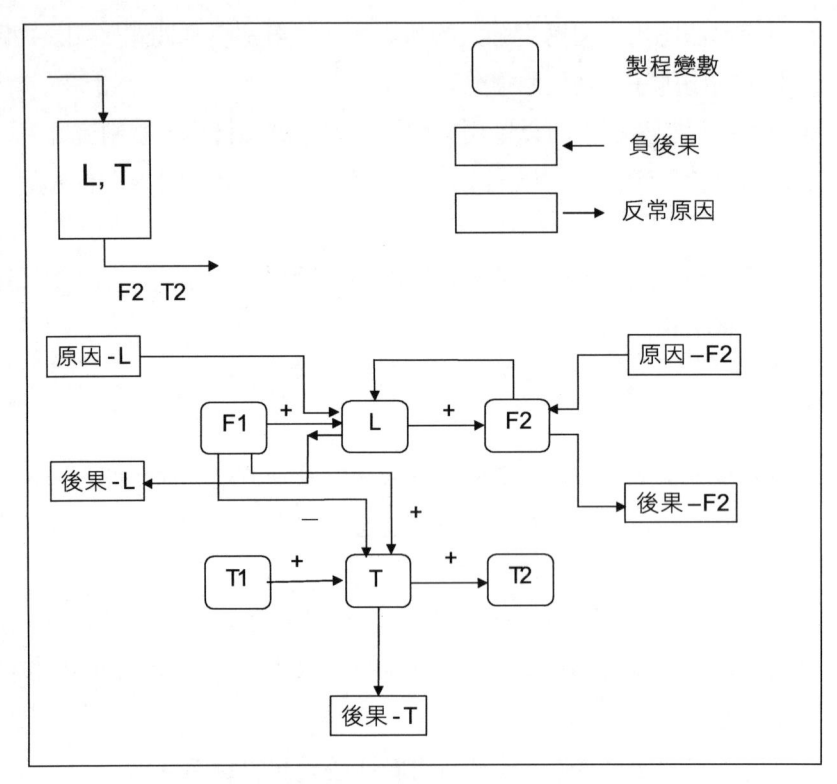

圖10-12　容器的有向圖與HAZOP的整合圖形[10]

七、結語

　　有向圖是一種標示系統流程與變數關係的圖形方法，已普遍應用於電腦軟體設計、電路設計、交通運輸、專案管理中。它在危害辨識及風險評估的應用尚在起步之中，但是透過構建合適的有向圖模型，可以提高危害辨識及風險管理的效率和準確性。

Chapter 10　其他危害辨識方法

伍、多重失效錯誤分析

一、定義

多重失效錯誤分析（Multiple Failure Error Analysis, MFEA）是一種應用於工程及風險評估的失誤分析方法，它可以協助分析者探討生產系統或製程中同時發生好幾個故障時的潛在失效模式及效應。它被應用於高度可靠性及堅實性的系統中，可協助系統工程師和分析師更全面地瞭解系統的弱點，以便採取適當的措施來應對複雜的多重故障情況。MFEA涉及識別所有可能的故障情境及其組合，評估每一個故障發生的可能性，並評估這些故障對整個系統性能或安全性的潛在影響。它有助於分析者瞭解系統的漏洞及弱點，以制定預防或減輕損害的策略。

此分析包括故障樹分析、事件樹分析、機率計算及影響評估。透過考慮不同故障事件之間的相互作用和依賴關係，MFEA提供對整個系統可靠性的見解，識別關鍵的故障路徑，並幫助做出關於設計改進、維護策略及風險緩解措施的明智決策。

二、目的

多重失效錯誤分析是一種系統性方法，應用於全面評估複雜系統中多重故障所涉及的風險，並有助於提升系統的彈性和可靠性。執行多重失效錯誤分析的目的在於識別和分析多個故障共同作用時可能出現的問題，從而更好地理解系統在這種情況下的可靠性和性能。

三、適用範圍

1.高度可靠性系統[16、17]：當系統要求高度可靠性且不能容忍多個故

障同時發生時，多重失效錯誤分析非常有用，如航空太空、核能發電、醫療等領域。
2. 複雜系統：系統中多個部件及子系統相互關聯，可能出現多個故障的組合。
3. 安全關鍵應用：在交通運輸、核能、化學工業中，多個故障的組合可能會導致嚴重的事故。透過多重失效分析，可以減少潛在風險。
4. 網路和通信：多個故障的組合可能導致通信中斷、資料丟失等問題，執行多重失效分析有助於瞭解系統在不同故障組合下的表現。
5. 複雜控制系統：當系統的控制邏輯可能涉及多個感測器、執行器及演算法時，多重失效分析有助於評估在多個故障情況下控制系統的性能。
6. 工程設計和評估：在產品及系統設計階段，進行多重失效分析可以幫助識別潛在的問題，並改進設計以提高系統的堅實度。
7. 緊急應變計畫：在制定緊急應變計畫時，考慮多個故障的可能性有助於確定應急情況下的最佳行動。
8. 預測性維護：透過分析可能的多個故障組合，可以制定預測性維護策略，減少系統停機時間。

四、執行步驟

1. 故障識別：首先，需要識別系統中可能發生的不同故障類型，以及這些故障可能導致的影響。這些故障可以是硬體故障、軟體錯誤、通信問題等。
2. 故障組合：在多重失效分析中，需要考慮多個故障的不同組合。這些組合可能是同時發生的，也可能是在不同時間點發生的。需要考慮所有可能的組合情況。
3. 故障影響分析：對於每種故障組合，分析可能的影響。這包括系統

的功能降級程度、可能的錯誤傳播、資料損壞、性能下降等。
4. 風險評估：對不同的故障組合進行風險評估，確定哪些組合對系統性能和可靠性可能造成最大影響，以及哪些組合可能相對較少影響。
5. 緩解措施：根據風險評估的結果，制定緩解措施，例如冗餘設計、錯誤檢測和糾正機制、備份系統等，以減輕多重故障的影響。
6. 測試和驗證：對於制定的緩解措施，進行測試和驗證，確保它們能夠在多重失效情況下正常工作，並提供所需的性能和可靠性。

五、結語

多重失效錯誤分析有助於發現系統或製程在複雜故障情況下的脆弱性，並提供應對策略，以確保航空太空、能源、交通運輸系統穩定運行。

陸、圍堵失效分析

圍堵失效分析（Loss-of-Containment Analysis）是一種評估及分析可能發生的化學品、氣體、液體或其他物質的洩漏後果的方法，其目的在於瞭解危害性物質由系統、設備或製程洩漏後所引起的潛在風險及後果[13、14]。

圍堵失效分析通常包括下列步驟：

1. 識別洩漏源：首先，確定可能發生洩漏的源頭，可能是設備、管道、容器或其他系統元件。
2. 物質屬性和特性：對洩漏物質的性質和特性進行詳細瞭解，包括其化學性質、毒性、揮發性等。

3. 洩漏情景建模：根據洩漏源的性質和條件，建立洩漏情景模型，包括洩漏速率、洩漏持續時間、環境條件等。
4. 洩漏傳播分析：分析洩漏物質在環境中的傳播路徑和方式，考慮風向、氣流、地形等因素。
5. 影響評估：評估洩漏對人員、設備、環境以及周圍社區可能產生的影響。這可能包括毒性、爆炸、火災、環境汙染等。
6. 緊急應變計畫：根據分析結果，制定適當的應急應變計畫和措施，以應對可能發生的洩漏情況，保護人員安全和環境。
7. 緩解和控制措施：根據分析結果，提出可能的緩解和控制措施，以減少洩漏風險，包括洩漏源的改進、安全設備的設置等。

圍堵失效分析對於化學、石油煉製、環境工程及安全管理等領域至關重要。它可以說明組織識別潛在的危險，採取預防措施，減少事故和事故後果，並保護人員、設備和環境的安全。

柒、危害警告樹

危害警告樹是英國化工安全專家李茲（F. P. Lees）提出的方法[15、16]。一個典型的危害警告樹如**圖10-13**所顯示。在第一級的事件，具有頻率λ_1，只有在第一級削減功能故障（機率為p1）時，才會升級為第二級事件。同理，具有頻率λ_2的第二級事件只有在第二級削減功能故障（機率為p2）時，才會升級為頻率為λ_3的第三級事件。機率p1和p2是與削減功能相關的減弱係數。

大型常壓冷藏儲槽朝住宅區方向釋放有毒的液化氣體的示意圖如**圖10-14**所顯示，第一級事件為有毒物質的釋放，第一級削減功能則是釋放量。在警告樹的較高級別上的削減功能則包括風的方向及穩定條件、暴露

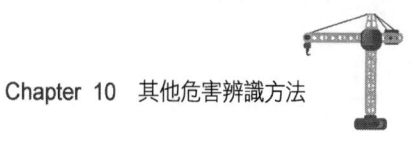

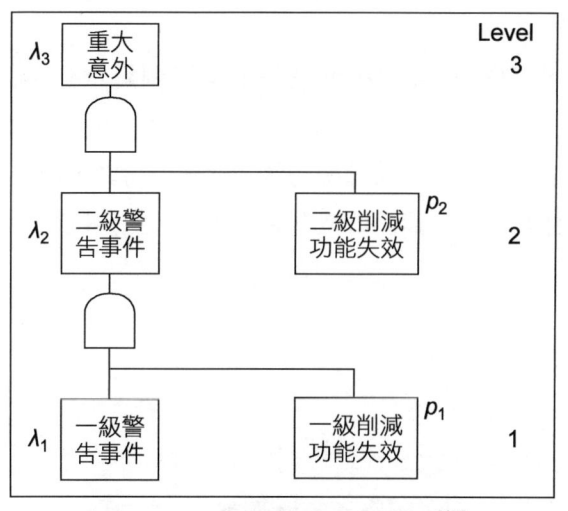

Chapter 10 其他危害辨識方法

圖10-13 危害警告樹示意圖[15]

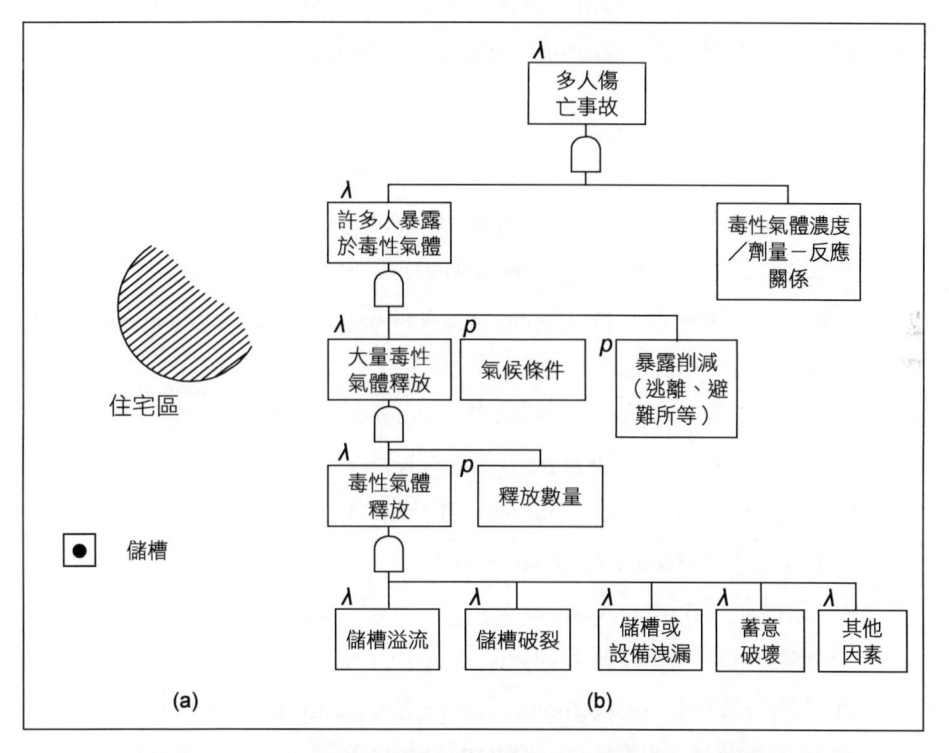

圖10-14 大型毒性液體冷凍儲槽危害警告樹示意圖[16]

人口數目及傷害等級。

　　危險警告樹設計的目的本來是為了探討關鍵意外事件發生後的原因，但是應用它來探討意外事件發生前的情況可能更有價值。以**圖10-14**所顯示的毒性液化氣體由冷凍儲槽的釋放自案例可知，只要分析釋放後所可能引發的事件及削減功能諸如洩漏量、風向、穩定狀態等，即可發現危害及削減功能的效益。

捌、其他

　　其他方法如下所列，因應用範圍侷限，不在此介紹。讀者可自行參閱所列的參考文獻[17]及[18]。在艾利克遜（Clifton A. Ericson, II）所著的《系統危害分析技術》（*Hazard Analysis Techniques for System Safety*）中有詳盡的介紹。

　　　1.能量痕跡分析（Energy Trace Analysis[17]）
　　　2.子系統危害分析（Subsystem Hazard Analysis, Ssha）
　　　3.系統危害分析（System Hazard Analysis, Sha）
　　　4.操作及支援危害分析（Operating And Support Hazard Analysis, O & Sha）
　　　5.安全需求與效標分析（Safety Requirements/ Criteria Analysis, Srca）
　　　6.故障危害分析（Fault Hazard Analysis）
　　　7.功能危害分析（Functional Hazard Analysis）
　　　8.馬可夫鏈（Markov Analysis, MA）
　　　9.障礙分析（Barrier Analysis）
　　　10.彎銷分析（Bent Pin Analysis, BPA）
　　　11.共因失效分析（Common Cause Failure Analysis, CCFA）
　　　12.管理疏忽及風險樹分析（MORT Analysis）

習 題

1. 解釋名詞
   (1)蝴蝶結技術（Bow-Tie）分析；(2)因果分析；(3)人因可靠度分析；(4)圍堵失效分析；(5)有向圖分析；(6)多重失效錯誤分析；(7)危害警告樹
2. 列舉蝴蝶結技術的適用範圍及時機。
3. 人因可靠度分析的優缺點。
4. 列舉因果分析的優缺點。
5. 某批式反應系統，如下圖所示，為一高放熱反應，可能有反應失控後造成反應器爆炸的潛在危害。因反應速率隨反應物之進料流量而增加，故以一套FIC裝置控制反應物之進料流量。另設有防止反應爆炸之緊急釋放裝置破裂盤，和防止系統持續升溫後導致反應失控的高溫連鎖迴路TIS。試畫出反應爆炸事故的因果分析圖。

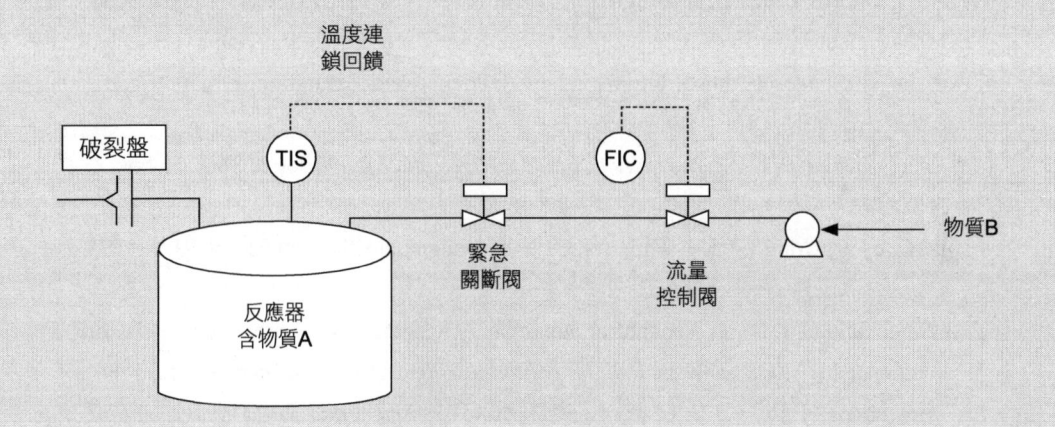

參考文獻

1. Nielson, D. S. (1974). Use of Cause-Consequence Charts in Practical System Analysis. Atomic Energy Comm., Res. Est., Riso, Denmark, Rep. Riso-M-1743.
2. Taylor, J. R. (1974). Sequential Effects in Failure Mode Analysis. Atomic Energy Comm., Res. Est., Riso, Denmark Rep. Riso-M-1740.
3. Taylor, J. R. (1978). Cause-Consequence Diagrams, NATO Advanced Study Institute on Synthesis and Analysis Methods for Safety and Reliability Studies, Urbino, Italy.
4. AIChE CCPS (2008). *Guidelines for Hazard Evaluation Procedures* (3rd Edition). Figure 5.22, p.170. American Institute of Chemical Engineers, New York, USA.
5. Ostrom, L. T., Wilhelmsen, C. (2012). Quantify Human Error Probability. *Risk Assessment: Tools, and Their Applications*. John Wiley & Sons.
6. 工業局（1997）。《風險評估技術推廣及工廠安全規範調查規劃計畫成果報告》。經濟部公業局。
7. Abia, D., Iwegbu, M., Onofeghara, C., Anozie, I. (2019). Effective Barrier Risk Management in Process Safety Utilizing the Bow Tie Methodology, Paper presented at the SPE Nigeria Annual International Conference and Exhibition, Lagos, Nigeria, August, paper No. SPE-198853-MS.
8. Energy Institute (2018). *Bow Ties in Risk Management*. John Wiley & Sons. Hoboken, N.J., USA.
9. Donaldson, Craig (2016). Time for OHS to Understand the Science of Risk. *OHS Professional*, December: 18-22.
10. Vaidhyanathan, R., & Venkatasubramanian, V. (1995). Digraph-based models for automated HAZOP analysis. *Reliability Engineering and System Safety 50*(1), 33-49.
11. Greenberg, H. R., & J. J. Cramer (1991). *Risk Assessment and Risk Management for the Chemical Process Industry*. ISBN 0-442-23438-4, Van Nostrand Reinhold, New York.
12. Pickard, K., Muller, P., & Bertsche, B. (2005). Multiple failure mode and effects analysis-An approach to risk assessment of multiple failures with FMEA. In Proceedings of the *Annual Reliability and Maintainability*. Symposium, Alexandria,

VA, USA, 24-27 January 2005, pp. 457-462.
13. Johnson, R.W. (2000). Analyze hazards, not just risks. *Chemical Engineering Progress 96*(7), July, 31-40.
14. Chinwuko, E. C., I, H. F., Umeozokwere, A. O. (2016). Risk assessment and consequence evaluation of loss of containment in petroleum industry. *International Journal of Modern Studies in Mechanical Engineering (IJMSME) Volume 2*, Issue 1, 14-28.
15. F. P. Lees (1982). The Hazard Warning Structure of Major Hazards. *Transactions of the Institution of Chemical Engineers 60*(211), London, 174 Scenario-Based Hazard Evaluation Procedures.
16. F. P. Lees (1983). Hazard Warning Structure: Some Illustrative Examples Based on Actual Cases. Paper 4Bll presented at the 4th National Reliability Conference at the National Centre for Systems Reliability, Culcheth, UK.
17. C. J. Hocevar and C. M. On (1989). Hazard Analysis by the Energy Trace Method. *Proceedings of the Ninth International System Safety Conference*, pp. H-59 to H-70, July.
18. Ericson, C. A. (2005). *Hazard Analysis Techniques for System Safety*. Wiley Interscience.

11 危害辨識方法選擇

壹、前言
貳、影響因素
參、選擇步驟
肆、結語

壹、前言

　　風險評估計畫的成敗與執行小組所選擇的危害辨識方法有直接的關係。如果方法選擇不當不僅無法得到預期的成果，反而會讓管理階層產生錯誤的觀念或因疏失而導致嚴重的意外。因此，在執行之前，必須將方法的選擇列為最重要的任務。通常管理階層應該明確宣示危害辨識的基本條件，如目標、所需的決策資訊或成果類型、所能提供的資源及任務完成的日期。執行危害辨識任務的小組負責人則負責選擇最適合的方法，以達成任務的目標。

　　跨國性大企業多制定相關政策，明確規定分析人員所使用的危害辨識方法；例如汽車工業與機械設備製造廠商普遍應用失效模式與影響分析（FMEA），而石油、化學工業及工程設計公司則將HAZOP列入標準的製程設計中所應用的標準方法。中型或中小型組織限於資源，多將選擇任務交由執行小組決定。雖然每個組織的需求及規定不同，但是理論上組織應該尊重執行小組的意見，畢竟執行小組是負責執行任務及成敗的主角。

貳、影響因素

　　影響選擇危害辨識方法的主要因素可以包括以下幾點：

1. 研究的動機、目標及和範圍：方法的選擇通常取決於評估的動機、目標及範圍。在不同的生命週期階段所需要的危害辨識方法也不相同；例如初步危害分析適用於可行性研究階段，而危害與可操作性分析則適用於基本設計之後的生命週期任一階段。**表11-1**列出不同階段所適用的方法。

表 11-1　各種危害辨識方法的適用階段

危害辨識方法	研究發展	可行性研究	原型廠	設計	營建	正常操作	擴建	事故調查	除役
檢核表	x	x	x	x	x	x	x		
假設狀況分析	x	x	x	x	x	x	x	x	x
安全稽核					x	x	x		x
安全複檢			x	x	x	x	x		x
初步危害分析	x	x	x	x					
危害與可操作性分析			x	x	x	x	x		
相對危害等級									
－ 陶氏火災爆炸指數	x	x							
－ 蒙得毒性指數	x	x							
－ 物質危害指數	x	x							
失效模式與影響分析		x	x	x	x	x			
故障樹		x	x	x	x	x			
事故樹		x	x	x	x	x			
因果分析								x	
人因可靠度分析			x	x	x	x	x		
蝴蝶結分析			x	x	x	x	x		

2. 法規及標準：特定產業或地區政府可能訂定相關法律或標準規範，嚴格要求進行某些特定的方法，選擇方法時必須確認是否符合相關法規及標準。美國與我國的製程安全管理法規中皆只要求進行危害辨識，但未明文規定所使用危害辨識方法。

3. 資源可用性：由於執行每種方法所需的人力、資源與時間皆不相同，因此執行小組選擇方法時必須將所擁有的資源考慮在內。**表 11-2** 列出分析所需時間，以供參考。

4. 複雜性及深度：不同方法的複雜性及深度皆不相同，執行小組必須將方法的深度與複雜度列入考量。

5. 專業知識及經驗：方法的選擇可能取決於團隊成員的專業知識及經驗。有些方法需要特殊的專長才能執行，如果團隊成員中不具備這些專長或能力，則必須放棄。

表 11-2　各種方法分析所需時間比較[1]

危害辨識方法	小系統 準備	建立模式	分析	報告撰寫	小計	大製程 準備	建立模式	分析	報告撰寫	小計
檢核表	2-4時	-	4-8時	4-8時	10-20時	1-3天	-	3-5天	2-4天	6-12天
假設狀況分析	4-8時	-	4-8時	1-2天	1-4天	1-3天	-	3-5天	1-3週	1-5週
安全稽核	2-4時	-	3-6時	3-6時	1-2天	1-3天	-	2-4天	2-4天	5-11天
安全複檢	2-4時	-	4-8時	4-8時	10-20時	1-3天	-	3-5天	3-6天	7-14天
初步危害分析	4-8時	-	1-3天	1-2天	3-6天	1-3天	-	4-7天	4-7天	9-17天
危害與可操作性分析	8-12時	-	2-6天	2-6天	5-14天	2-4天	-	2-6週	2-6週	4-13週
相對危害等級										
- 陶氏火災爆炸指數	2-4時	-	4-8時	4-8時	10-16時	1-3天	-	3-5天	3-5天	7-13天
- 蒙得毒性指數	3-6時	-	5-10時	5-10時	13-26時	2-4天	-	4-6天	4-6天	10-16天
- 物質危害指數	2-4時	-	3-6時	3-6時	8-20時	1-2天	-	1-3天	1-3天	3-8天
失效模式與影響分析	2-6時	-	1-3天	1-3天	2-7天	1-3天	-	1-3天	2-4天	3-8週
故障樹	1-3天	3-6天	2-4天	3-5天	9-18天	4-6天	2-3週	1-4週	3-5週	5-13週
事故樹	1-2天	1-3天	1-2天	3-5天	6-12天	4-6天	1-3週	1-2週	3-5週	6-11週
因果分析	1-3天	3-6天	2-4天	3-5天	8-18天	4-6天	2-3週	1-4週	3-5週	4-13週
人因可靠度分析	1-2天	1-3天	1-3天	3-5天	6-13天	4-6天	1-2週	1-2週	3-5週	6-10週
蝴蝶結分析	2-4天	1-2天	2-4天	3-5天	9-15天	4-6天	1-2週	1-3週	3-5週	6-11週

6.過去的經驗：過去的成功經驗也可能影響方法的選擇，例如該公司或執行小組過去曾經應用某個方法在類似的情況下表現出色，則可能會傾向於再次使用該方法。

參、選擇步驟

選擇危害辨識方法的步驟為界定分析動機、決定分析所需的結果、確認製程資訊、檢視問題的特徵與考量所感知的風險及經驗。

選擇步驟及所需資訊列入**表11-3**之中。選擇流程圖如**圖11-1**至**圖11-7**所顯示。圖中方法的簡寫如後：

表 11-3　危害辨識方法選擇步驟及所需資訊

1. 界定動機					
新製程	重新驗證	例行性	重複過去的分析	特殊需求	
2. 結果需求					
危害列表	意外事故	危害排序	危害因子篩選	改善措施	風險評估數據
3. 製程資訊					
物質	類似經驗	既有製程	物理及化學特性	流程圖	作業程序
庫存量	營運歷史	環境	管線儀表圖		
4. 製程特性					
規模	複雜度	製程類型	失效／意外資訊	營運狀況	危害類型
5. 感知的風險與經驗					
時間	意外經驗	相關經驗	感知風險程度		
長或短	多或少	多或少	高或低		
6. 資源考量					
人力	期限	經費	管理階層意見	小組意見	

CCA：Common Cause Analysis 共同原因分析

CL：Checklist 檢核表

ETA：Event Analysis 事件樹

FMEA：Failure Mode and Effects Analysis 失效模式與影響分析

FTA：Fault Tree 故障樹

HAZOP：Hazard and Applicability Analysis 危害與可操作性分析

RR：Relative Ranking 相對排序

SA：Safety Audit 安全稽核

SR：Safety Review 安全複檢

PHA：Preliminary Hazard Analysis 初步危害分析

WI：What If 假設狀況分析

一、界定分析動機

組織或企業首先必須界定執行此次危害辨識任務的動機及所欲達成

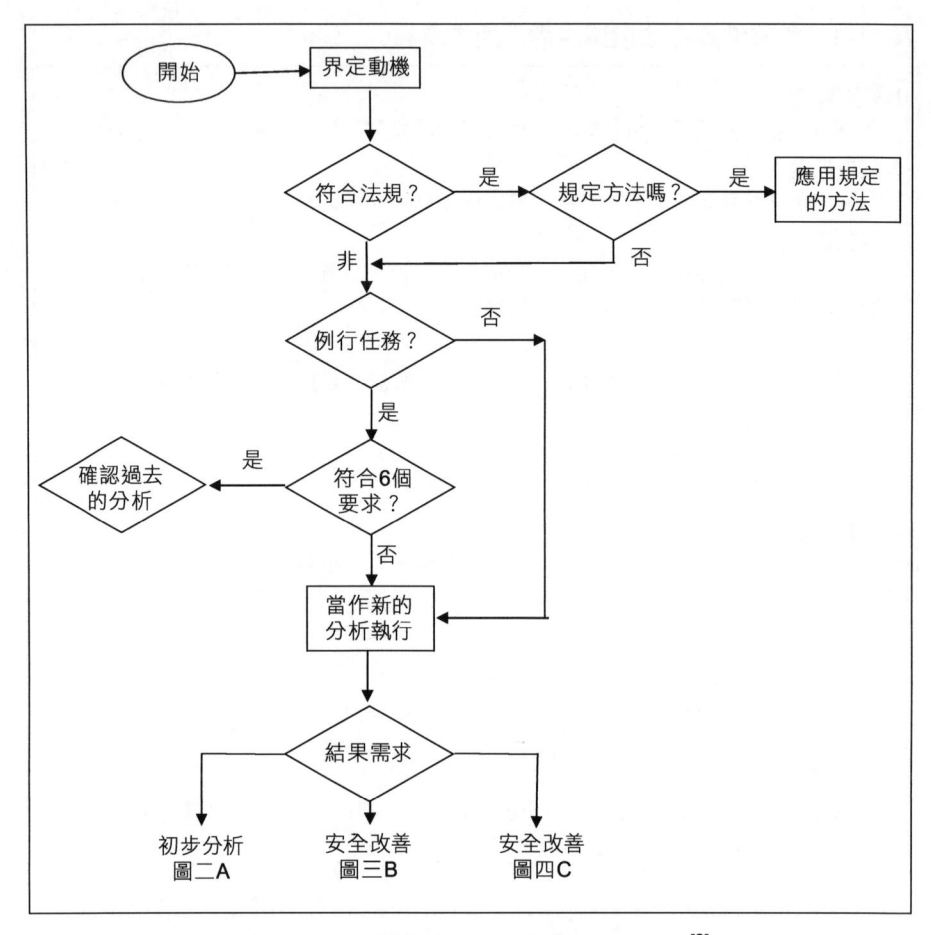

圖11-1　危害辨識方法選擇步驟圖之一[2]

的目標。以下是一些促成此次任務的原因：

1. 因應或符合法規要求：遵循法規所規定的方法執行。
2. 首次或例行性：如果是例行性的任務則選擇以往所應用的方法；如果是首次則依據分析所需的結果選擇。
3. 重新驗證過去分析的結果：選擇過去分析的方法。
4. 重複以往的分析：如上。

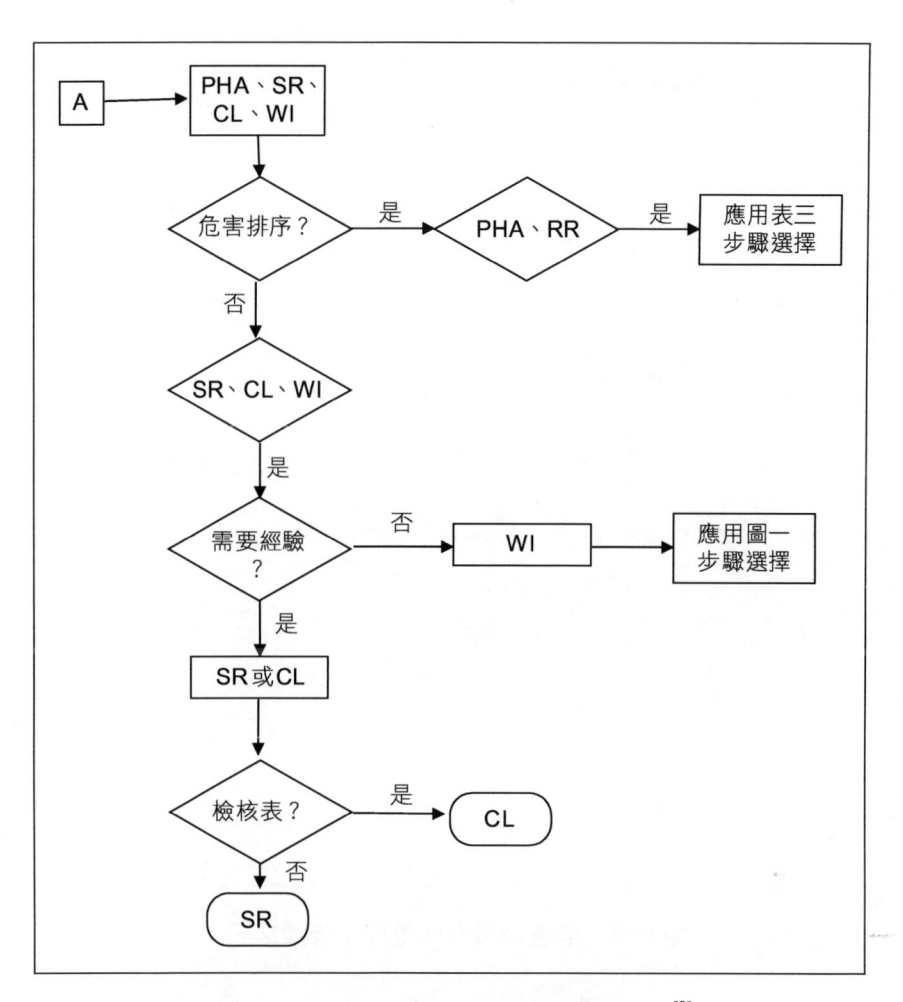

圖11-2　危害辨識方法選擇步驟圖之二[2]

5.特殊需求：依據需求選擇適當的方法。

二、決定所需的結果

　　每一種危害辨識方法所提供的結果皆不相同，因此選擇方法之前，必須確定分析所需的結果，例如：表列危害因子、問題及意外事故、危害

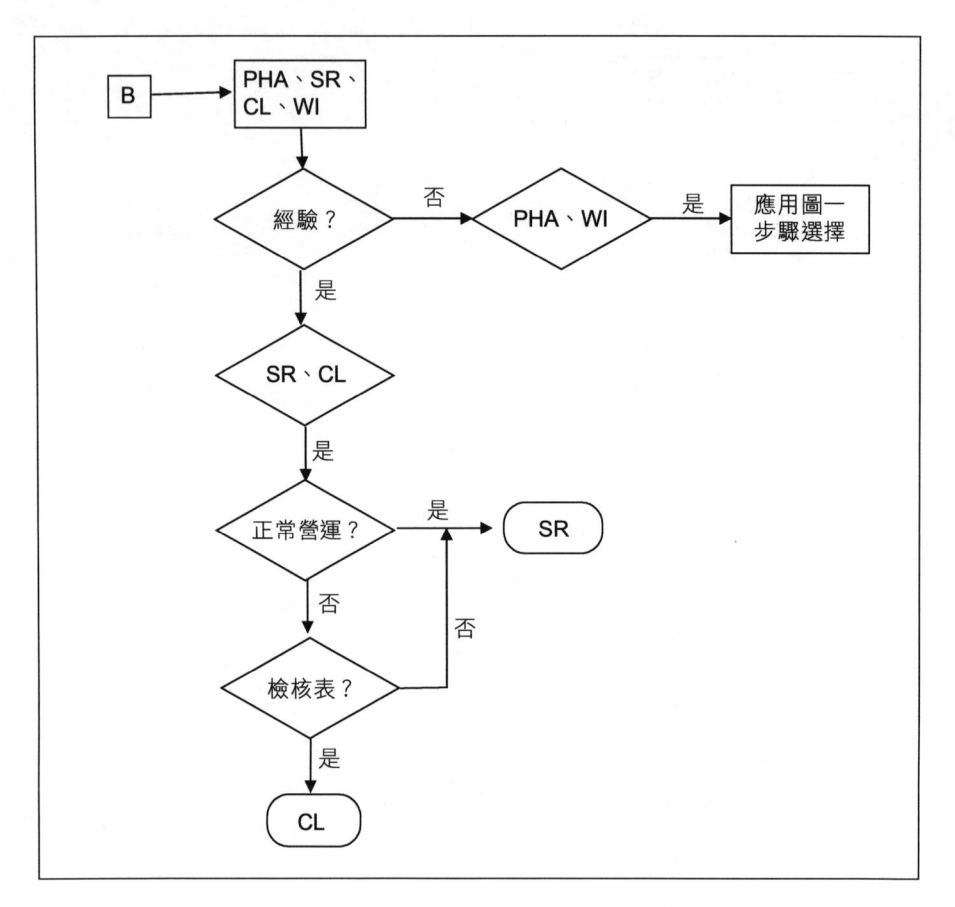

圖11-3　危害辨識方法選擇步驟圖之三

篩選、危害物質排序、提供風險評估所需的數據、安全改善等，再做出選擇的決策：

(一)初步危害篩選或檢視

考慮應用初步危害分析、安全複檢、相對危害排序、假設狀況或檢核表：

Chapter 11 危害辨識方法選擇

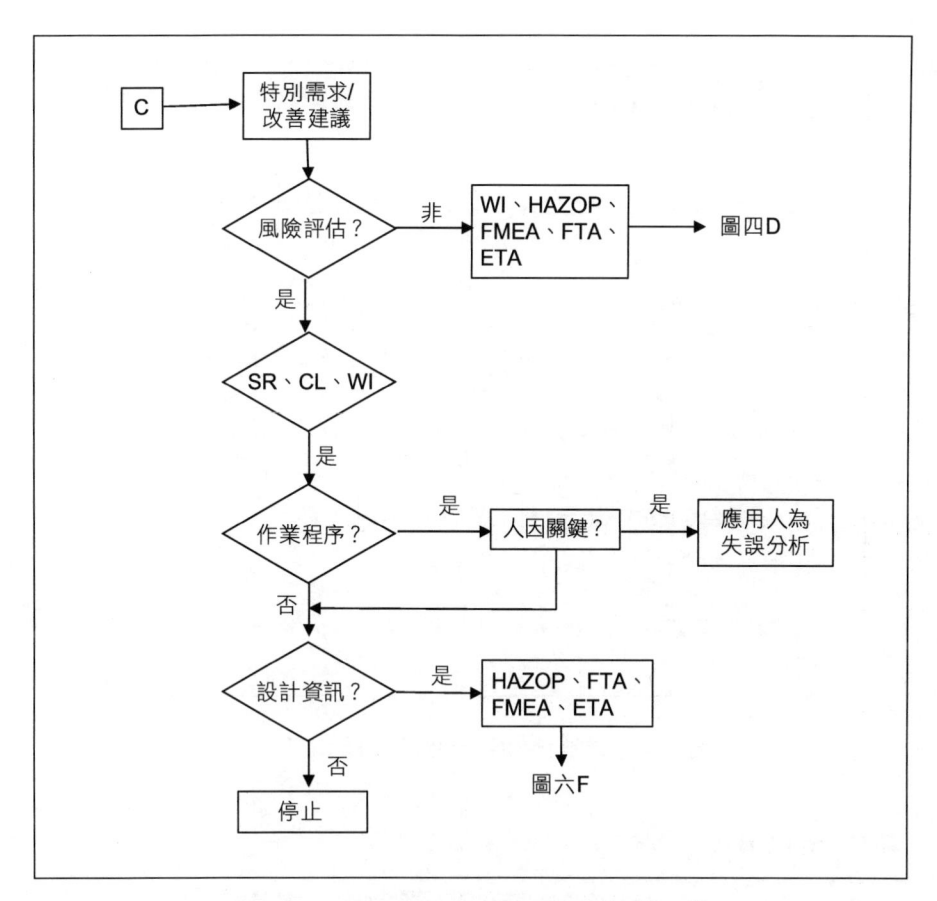

```
         ┌───┐      ┌──────────┐
         │ C │─────▶│特別需求/ │
         └───┘      │改善建議  │
                    └────┬─────┘
                         │
                         ▼
                    ◇─────────◇    非    ┌──────────────┐
                    │風險評估？│───────▶│WI、HAZOP、   │───▶ 圖四D
                    ◇─────────◇         │FMEA、FTA、   │
                         │是             │ETA           │
                         ▼               └──────────────┘
                    ◇─────────◇
                    │SR、CL、WI│
                    ◇─────────◇
                         │是
                         ▼
                    ◇─────────◇   是   ◇─────────◇   是   ┌──────────┐
                    │作業程序？│─────▶│人因關鍵？│─────▶│應用人為  │
                    ◇─────────◇       ◇─────────◇       │失誤分析  │
                         │否◀─────────────┘              └──────────┘
                         ▼
                    ◇─────────◇   是   ┌──────────────┐
                    │設計資訊？│─────▶│HAZOP、FTA、  │
                    ◇─────────◇       │FMEA、ETA     │
                         │否           └──────┬───────┘
                         ▼                    ▼
                    ┌────────┐              圖六F
                    │  停止  │
                    └────────┘
```

圖11-4　危害辨識方法選擇步驟圖之四[2]

1. 如果需要依危害程度排序時，則選擇相對危害排序方法，如陶氏火災爆炸指數或蒙得指數；否則選擇初步危害分析、安全複檢、假設狀況或檢核表。
2. 分析小組中如有熟悉製程的成員時，選擇安全複檢或檢核表；否則選擇假設狀況分析。如果沒有類似製程的檢核表時，則應用安全複檢。

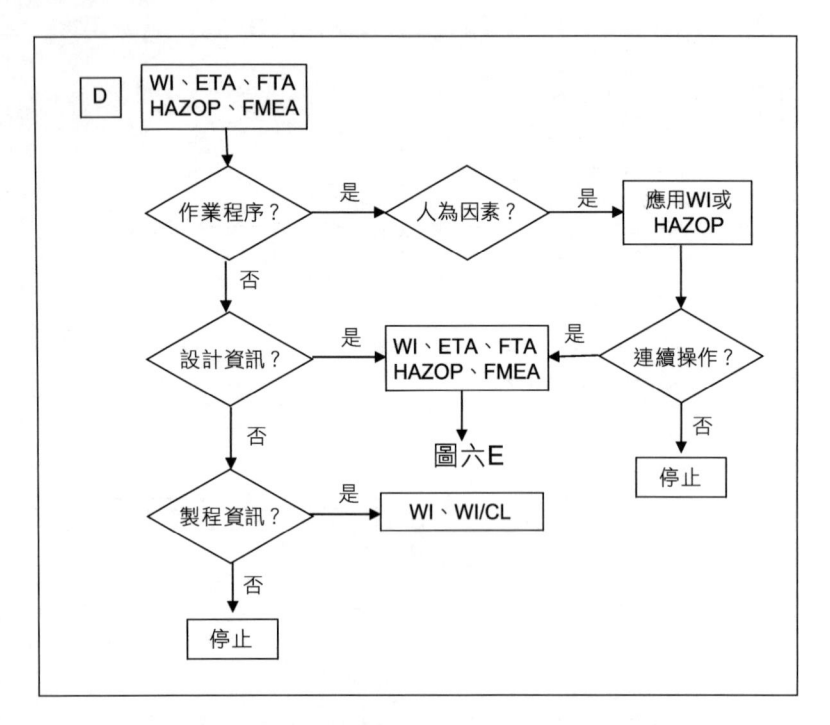

```
           ┌─────────────────┐
      ┌─D──┤ WI、ETA、FTA     │
           │ HAZOP、FMEA     │
           └────────┬────────┘
                    ▼
              ╱作業程序?╲──是──╱人為因素?╲──是──┌─────────┐
              ╲        ╱      ╲        ╱      │應用WI或  │
                 │否              │否          │HAZOP    │
                 ▼                              └────┬────┘
              ╱設計資訊?╲──是──┌─────────────┐      ▼
              ╲        ╱      │ WI、ETA、FTA │──是──╱連續操作?╲
                 │否          │ HAZOP、FMEA │      ╲        ╱
                 ▼            └──────┬──────┘         │否
              ╱製程資訊?╲──是─┐      ▼                ▼
              ╲        ╱     │     圖六E            ┌────┐
                 │否         ▼                      │停止│
                 ▼        ┌──────────┐              └────┘
              ┌────┐      │WI、WI/CL │
              │停止│      └──────────┘
              └────┘
```

圖11-5　危害辨識方法選擇步驟圖之五[2]

(二)安全改善

應用初步危害分析、安全複檢、假設狀況或檢核表：

1. 分析小組中如有熟悉製程的成員時，選擇安全複檢或檢核表；否則選擇假設狀況分析。如果沒有類似製程的檢核表時，則應用安全複檢。
2. 製程已經正式營運時，應用安全複檢。
3. 製程尚未正式營運時，應用檢核表；如果沒有檢核表時，應用安全複檢。

Chapter 11　危害辨識方法選擇

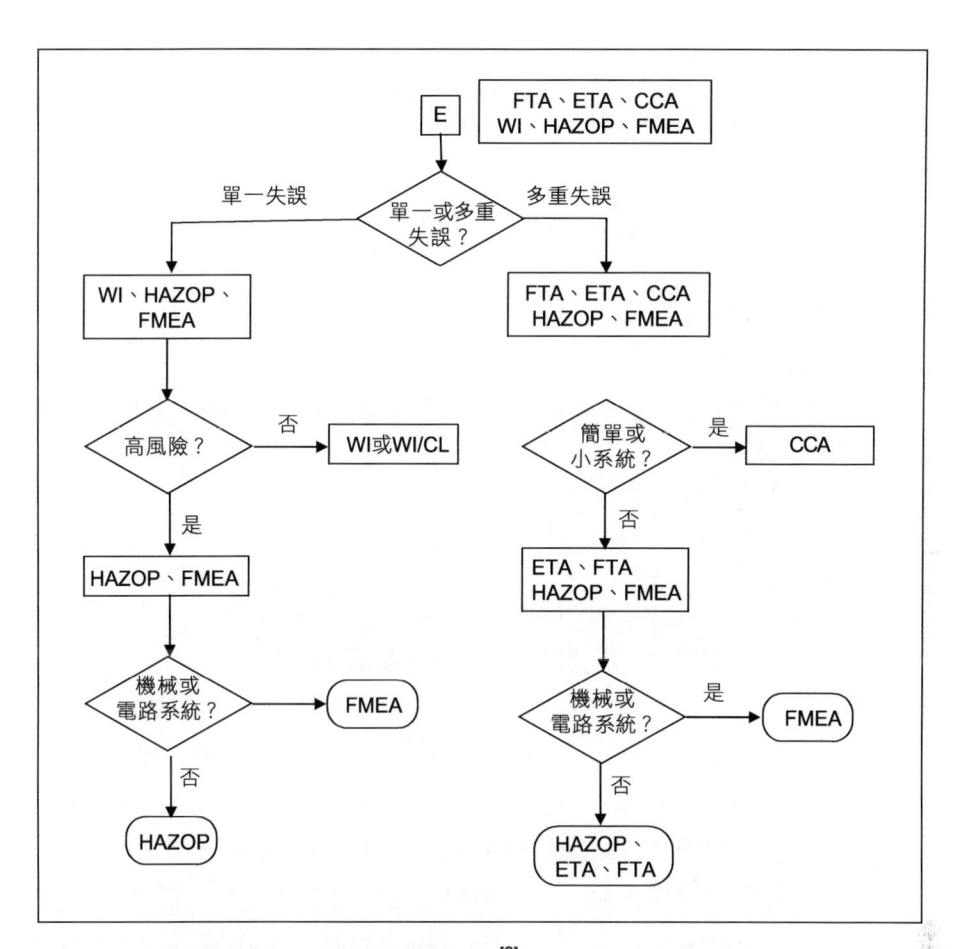

圖11-6　危害辨識方法選擇步驟圖之六[2]

(三)可能引發的意外事故及因應改善措施

1. 分析結果不作為風險評估的數據時，選擇假設狀況分析、危害與可操作性分析、失效模式與影響分析、故障樹、事件樹等。

   (1) 具備細部設計資訊時，假設狀況分析、危害與可操作性分析、失效模式與影響分析、故障樹、事件樹等。

   • 單一故障：應用假設狀況分析及危害與可操作性分析於化工

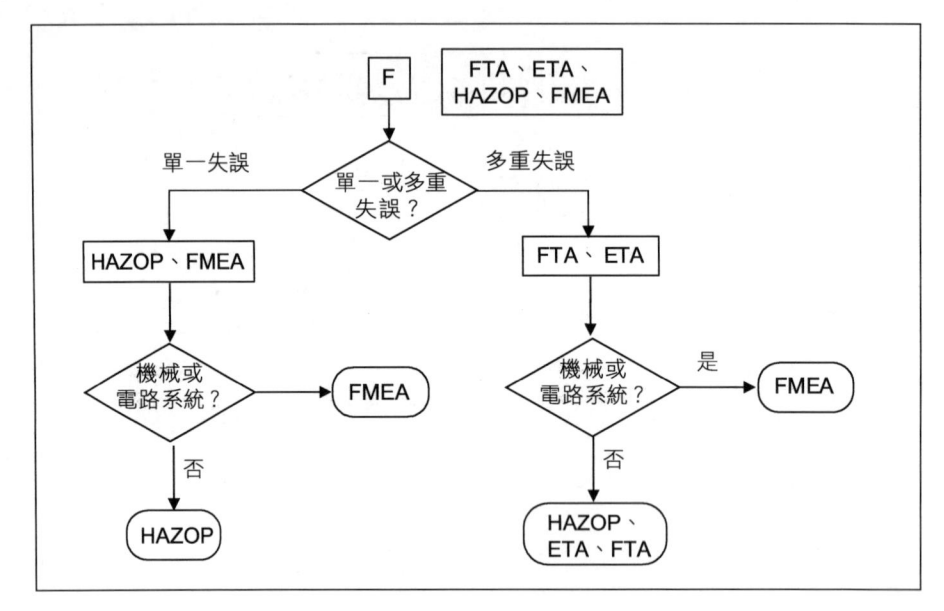

圖11-7　危害辨識方法選擇步驟圖之七[2]

  製程中，應用失效模式與影響分析於機械設備或電路系統中。

- 多重故障：分析製程與系統時，應用危害與可操作性分析、故障樹或事件樹；分析機械設備或電路系統時，應用失效模式與影響分析。

(2)不具備細部設計資訊時：

- 具備製程資訊時：選擇假設狀況分析。
- 不具備製程資訊時：停止作業。

2.分析結果作為風險評估數據時，選擇危害與可操作性分析、失效模式與影響分析、故障樹、事件樹等。

(1)單一故障：應用危害與可操作性分析於化工製程中，應用失效模式與影響分析於機械設備或電路系統中。

(2)多重故障：分析製程與系統時，應用危害與可操作性分析、故

障樹或事件樹；分析機械設備或電路系統時，應用失效模式與影響分析。

肆、結語

　　危害辨識的方法很多，各有其適用範圍、時機、功能及優缺點。由於沒有任何一種方法是用於各種狀況，分析者必須審慎衡量分析動機及目標、所欲得到的結果（如危害因子、可能發生的意外事故、改善建議、風險評估的前奏等），然後依據所能掌握的資源與資訊，再依據過去的經驗選擇出最適於本任務的方法。本章除簡述影響危害辨識的方法選擇的因素以及步驟之外，並輔以流程圖以補助文字敘述之不足，希望能協助分析者降低選擇時的困擾。

習題

1. 先進國家為進行石化業者或相關行業，如運輸、供銷、使用高度危險性物品業者的危害分析，以防止易燃、易爆或毒性物質可能造成的危害，常以下列系統安全分析技術進行風險評估，如：(1)WHAT-IF分析及檢查表；(2)PHA初步危害分析；(3)HAZOP危害與可操作性分析；(4)DOW道式指數；(5)ETA事件樹分析等，請略述此五種分析分法在系統壽命週期中實施的時機（108年工安技師高考）。
2. 製程安全評估常用的方法有What-if、檢核表、危害與可操作性分析、失誤模式及影響分析，而製程發展又可分為研發、基本設計、細部設計、正常運轉、擴建等階段，請針對上述評估方法及製程發展階段，選擇最適的組合。

3. 請略述FTA故障樹、FMEA失效模式與影響分析及安全稽核等三種分析方法在系統壽命週期中實施的時機。
4. 列舉危害辨識方法選擇步驟。
5. 面臨(1)單一或(2)多重失誤時，應如何選擇危害辨識方法：ETA事件樹分析、FTA故障樹、FMEA失效模式與影響分析及HAZOP危害與可操作性分析？
6. 寫出三種在研究發展階段所適用的危害辨識方法。
7. 寫出三種在工廠除役階段所適用的危害辨識方法。
8. 寫出五種在工廠正常操作階段所適用的危害辨識方法。
9. 列舉影響選擇危害辨識方法的主要因素。
10. 列舉事故調查階段所適用的危害辨識方法。

參考文獻

1. AIChE CCPS (2008). *Guidelines for Hazard Evaluation Procedures* (3rd Edition). Chapter 6, Tabl3 6.4, p.185. American Institute of Chemical Engineers, New York, USA.
2. AIChE CCPS (2008). *Guidelines for Hazard Evaluation Procedures* (3rd Edition). Chapter 6, Figure 6.3, American Institute of Chemical Engineers, New York, USA.

12 風險評估

壹、定義

貳、風險評估的目標

參、發展歷程

肆、適用範圍

伍、適用時機

陸、優缺點

柒、限制

捌、安全風險評估

玖、風險管理

拾、結語

風險是意外發生的機率與損害的組合,也就是危害對於安全的比例。風險評估則是評估一個系統風險程度的系統化方法,其目的在於事先發現程序的危害、機率、影響,以及三者組合的危險程度。它的評估結果計量化,可以作為決策的依據,因此普遍應用於核能發電、航空等工業。

壹、定義

風險評估是一個系統性的辨識、分析及評估可能對特定目標、資產、項目或活動產生負面影響的各種風險的過程。它可以協助業者確定潛在風險的嚴重性及發生的可能性,以便能夠制定有效的風險管理策略,降低風險。

風險安全評估基本上提供一套系統化的架構及步驟,以回答下列四個問題:

1. 哪些危害會造成意外事故?
2. 造成意外、失誤的原因?
3. 意外、失誤發生的機率、頻率?
4. 意外、失誤引起的後果?

風險評估可分為危害辨識、可能性分析、後果分析與風險分析等四個主要部分。危害辨識為發現程序或系統中可能具危害特性或造成危害的來源;可能性分析則為計算危害造成意外或意外發生的機率或頻率;後果分析為估算意外所造成的後果如人員傷亡及財物損失;風險為機率與後果的乘積,風險分析則為整合機率分析與後果分析的結果(第一章導論圖1-1)。

風險評估提供工程師一套可以量化風險、分析風險降低策略、辨識

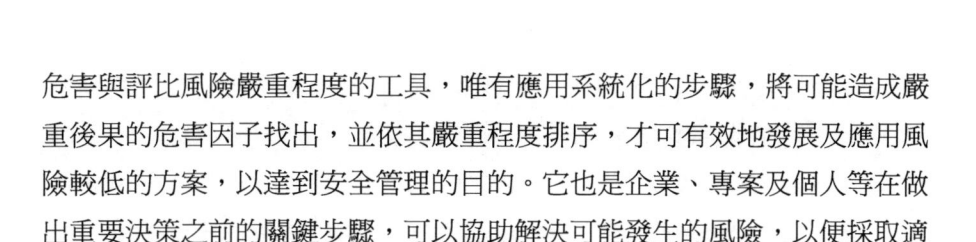

危害與評比風險嚴重程度的工具，唯有應用系統化的步驟，將可能造成嚴重後果的危害因子找出，並依其嚴重程度排序，才可有效地發展及應用風險較低的方案，以達到安全管理的目的。它也是企業、專案及個人等在做出重要決策之前的關鍵步驟，可以協助解決可能發生的風險，以便採取適當的措施去除或降低這些風險。

貳、風險評估的目標

風險評估的目的為協助風險管理者發展系統性、周全性、全面性以及可靠的管理決策；因此，它的主要目標[1]為：

1. 蒐集風險的特性、來源等資訊，以透視風險。
2. 辨識最壞的投資敏感與時效敏感的風險情境。
3. 尋找一個系統化有效運用資源的架構，以控制或避免風險。

風險評估的工作在於尋找下列三個問題的答案[2]：

1. 何種情況下發生意外、失誤，或哪些因子會相互作用造成失誤？
2. 意外、失誤發生的機率及頻率？
3. 可能造成的後果以及其嚴重程度？

參、發展歷程

風險評估的發展歷程可以追溯到三個世紀之前，它在不同領域和應用中的演變經歷了不同的階段。以下是風險評估的主要發展歷程：

1. 18世紀（工業革命前期）：風險評估的概念始於保險業，以評估

風險作為保險費率的估算。風險評估的對象集中於財產損失及災害的潛在危害之上。

2. 1950年代：核能與安全風險評估的演化與發展，起源於1950年代，與美國核能工業的發展並駕齊驅。由於核子反應爐的操作失控可能造成毀滅性的災變，在設計及興建核能發電廠及核子反應爐的過程中，必須步步為營，分析可能造成意外的原因及其後果，因此必須發展及應用一套系統化且具邏輯基礎的評估架構，以作為判斷與決策的依據。美國核能管制委員會公布的《機率性風險評估步驟導引》（*Probabilistic Risk Assessment Probabilistic Safety Analysis Procedure Guide*）[3]及《機率性安全分析步驟導引》（*Probabilistic Safety Analysis Procedure Guide*）[4]是核能工業界及核能管制單位標準的評估手冊。

3. 1970年代：由於重大化學工廠火災與爆炸事故不斷發生，化工界及社會大眾對風險的關注持續增加。核能工業所開發的風險評估方法及理論開始應用於化學工業。

4. 20世紀後期：環境及健康風險評估開始受到重視，尤其是在處理汙染、毒性物質及食品安全等方面。長期暴露下可能造成的風險也開始引起關注。

5. 20世紀末至21世紀初：隨著全球金融體系的發展，金融風險評估變得至關重要。金融機構需要評估不同的金融風險，包括信用風險、市場風險和操作風險，以確保其穩健營運。

6. 21世紀：隨著全球化快速發展及科技的進步，風險評估不再僅僅關注單一風險，而是朝向綜合風險管理的方向發展。組織及企業越來越需要考慮不同類型風險的相互作用和衝擊，並制定綜合的風險管理策略。

7. 目前及未來：隨著人工智慧、大數據及物聯網等技術的發展，風險評估也開始使用更多的數據和模型以預測及分析風險。這些技術可

以提供更準確的風險評估及預測，協助組織或企業因應潛在的風險。

肆、適用範圍

1. 工業製程營運與管理：可以發現可能引發意外事故的危害因子及發生後所可能造成的後果，可促使管理者執行改善措施，以降低或消除危害，並確保製程的安全營運。
2. 安全及衛生：確保工業及建設領域勞工及公眾的安全及健康。
3. 企業管理：已確定可能影響業務營運的風險，如市場波動、供應鏈中斷、法規變化等。
4. 公共政策：政府及政策制定者可以透過風險評估知曉政策實施的影響，以確保政策的可行性及效果。美國環保署、職業安全與衛生署、消費性產品安全委員會等是主要應用風險評估的政府機構。其他機構如交通部、農業部、能源部、國防部、核能管制委員會及聯邦緊急管理署亦常使用風險評估，以作為法規制定及政策執行的依據。
5. 專案管理：在專案開始之前，進行風險評估有助於識別可能影響項目進度、預算及成果的風險，可以協助專案團隊制定風險因應計畫，以減少潛在問題對專案的不利影響。
6. 環境保護：識別對生態系統、水資源和大氣質量等造成影響的因素。這有助於制定相應的環境保護措施，減少對自然環境的破壞。
7. 金融領域：金融機構進行信用風險、市場風險和操作風險等，以確保金融機構的穩健營運，減少金融危機的風險。
8. 技術開發：有助於確定技術可能產生的潛在風險，有助於改進產品及服務。

表12-1列出不同範圍的風險評估的對象及焦點。

表 12-1　不同類別的風險評估對象及焦點

類別	對象	焦點
1. 安全風險	・低機率，暴露危害及高影響性意外；劇烈即時效應 ・因應時效重要 ・顯明的原因－效應關係	・人身安全 ・工作場所及其周圍
2. 健康風險	・高機率，低暴露危害與低影響長期或隱性	・人體健康 ・工作場所之外地區發生的效應
3. 生態／環境風險	・緩和／不易發現的變化 ・原因－效應關係不確定	・對生態系統及生物的複雜的相互作用（微觀及宏觀） ・範圍可能與汙染跳離甚遠
4. 公共福利／名譽風險	・社區及民眾對於組織的表現 ・外觀、財產價、資源運用限制考慮 ・負面觀感會帶來立即損失	・公眾觀感及價值產品的觀感
5. 財務風險	・正面觀感的影響須長時間才可分辨 ・短期、長期財產及營業損失 ・保險償付 ・環境、衛生及安全投資的回收	・操作財務正常

伍、適用時機

1. 專案或計畫開始之前：開始新的項目、計畫或業務活動之前，進行風險評估可以發現可能影響項目成功的風險，有助於制定專案管理計畫。

2. 業務擴展或改變：當組織進行生產或業務擴展、合併、收購或其他重大變更時，進行風險評估有助於確定可能的風險和挑戰。例如選擇新廠廠址或擴建時評估場所（工廠、處理場所）位置、製程安全

與運輸風險。
3. 環境改變：外部環境的變化，如法規變更、市場波動、自然災害等，都可能對組織產生影響，可以幫助預測可能的變化和影響。
4. 新產品或技術引入：當引入新產品、服務或技術時，需要評估潛在的風險，如安全性、隱私問題等；例如評估新藥品的治療功效與風險副作用或殺蟲劑使用的效益與風險（環境汙染及進入食物鏈之中）。
5. 專案進展階段：在項目進行的不同階段，可能會出現新的風險或現有風險的影響程度可能會改變。定期進行風險評估有助於確保項目進展順利。
6. 法律或法規要求：一些行業或活動可能需要根據法律或法規進行風險評估，以確保合規性並減少可能的法律風險。
7. 危機應對計畫：在制定危機應對計畫時，進行風險評估有助於確定可能的危機情景和應對策略。
8. 定期審查：定期審查組織的風險評估是確保風險管理策略持續有效的重要步驟。這可以確保風險評估與時俱進，根據新的情況進行更新。

陸、優缺點

一、優點

1. 風險識別：可以協助組織辨識可能的風險，包括那些可能被忽視或低估的風險。這有助於提前採取措施，減少潛在影響。
2. 優先處理：提供量化風險數據，可以協助組織或企業確定最具威脅性的及必須優先處理的風險，有助於資源分配的有效性。

3. 策略制定：可以協助組織制定更有效的風險管理策略，包括風險消除、減少、轉移等，以確保組織能夠因應不同的風險。
4. 可持續性：透過定期進行風險評估，組織可以確保其運營在不同風險情景下的可持續性，從而減少未來的不確定性。

二、缺點

1. 不確定性：涉及到預測未來可能的事件及情景，存在不確定性。評估的結果可能受到數據不完全、假設的不確定性等因素的影響。科學界對於風險評估的目的、執行步驟及其結果並無廣泛的共識。
2. 主觀性：專家的主觀判斷可能會影響結果的準確性，不同專家可能對同一風險給出不同的評估。
3. 資源需求：需要大量的時間、資源及數據。尤其在大型專案或組織中，資源需求可能成為一個挑戰。
4. 僵化度高：過度關注風險評估可能導致決策過於保守，阻礙創新及發展。
5. 過度簡化：為了節省時間和資源，風險評估執行過程中可能限於經驗及數據缺乏而流於簡化，因而忽略了複雜情況及因素。

柒、限制

1. 難以理解：風險本身為機率性（Probabilistic），但是一般標準方法卻是決定性的（Deterministic）；風險評估專家對於風險的看法與社會大眾或委託評估的客戶（基於利益考量）不同。社會大眾往往難以理解其結果。風險值（10-6或10-4致癌風險）對於社會大眾並無意義，他們關心的是他們本身是否在有生之年得癌症。一些委託

評估的財團或業主往往認為風險估是一種證明無風險或低風險的工具，他們出資委託的目的僅為達到他們保持既得利益或開發的目的而已，事實上許多風險評估的結果僅提供一些可供相互評比及參考的風險數據，無法針對大眾所關的問題提出確定的是或否的答案。
2. 客觀性：評估並非是一種客觀、科學的程序；評估者的專業及文化因素影響評估結果；健康（衛生）、生態風險評估中數值大小的變化度過分主觀。
3. 資訊及數據缺乏：意外事故發生的可能性與生物（受體）曝露機制知識及數據缺乏；執行風險分析工作的目的及步驟缺乏科學性的共識，而且由於資訊不足，必須做出大膽的假設，應用外差法取得或準確性較低的數據，因此由科學的觀點而論，其誤差往往過大，難以取信。因此許多社會大眾往往認為風險評估的目的僅為模糊「安全與否」的焦點。
4. 侷限性：僅注重當時及經期性的影響，忽略長期的影響。
5. 評估者的能力與經驗：一件風險評估工作的品質取決於評估人員的能力。如果評估者欠缺經驗及廣泛的知識，僅遵照手冊逐步進行，而無法透視問題與專注主要的議題時，其結果有如流水帳一樣，不具任何價值。

捌、安全風險評估

一、簡介

安全風險評估的對象在於偶發性、發生機率低但會造成嚴重後果（財產損失、人員傷亡）的危害。此類隱藏於製程中危害與其效應、後果的關係不僅顯明而且直接，評估焦點在於工作場所及其周圍（工廠）人員

的安全與財產的損失。安全評估的對象為劇烈性、短暫性後果的設備或人為失誤，例如盛裝易燃物質儲槽，反應槽的研裂、輸油管線洩漏等，其後果為失火、爆炸及危害物質的散布，直接造成人員傷亡，附近建築物財產的損害，或河川、土壤的嚴重汙染等。

由於一個失誤或意外事件會引起連鎖反應，因此其後果往往慘不忍睹，以一個危害性化學物質由儲槽或管線中洩漏事件為例，洩漏後可能產生下列後果：

1. 立即著火後，形成噴射火焰。
2. 散逸後形成蒸氣雲，然後著火爆炸。
3. 散逸後形成蒸氣雲著火（未爆炸）。
4. 未遇到火源，形成一團毒氣雲散布出去。

安全風險評估則為估算發生的可能性及其後果的嚴重度，然後依據可能性及後果嚴重度的乘積決定風險的大小及排序。

二、產業通用標準指引

1. 美國核能管理委員會Nureg/CR-2815：機率型安全分析步驟指引（*Probabilistic Safety Analysis Procedure Guide*, 1985）
2. 美國化學工程師學會的化學製程量化風險評估指引（*Guidelines for Chemical Process Quantitative Risk Assessment*）。
3. 國際電工委員會：風險管理／風險評估技術（IEC 31010: 2009, *Risk Management and Risk Assessment Techniques*）。
4. 荷蘭應用科學研究組織（TNO）TNO紫書（*TNO Purple Book, Guideline for Quantitative Risk Assessment, Committee for the Prevention of Disasters, The Netherlands,* 1999）。
5. 國際標準組織ISO風險管理指引（*Risk Assessment Guidelines, ISO 31000: 2018*）。

三、評估方法種類

風險評估方法可分為下列三類：

1. 指標法：將危害因子發生可能率及後果以相對排序方式的指標表示，然後以風險矩陣圖顯示風險程度；其優點是簡單易於使用，缺點是僅能提供系統改善的參考，無法提供具體的人員傷亡或財產損失的量化數據。此方法將在第十六章〈管線風險評估〉中介紹。
2. 傳統機率型量化法：應用數學及統計的方法（例如故障樹及事件樹等）將歷史上所發生的相關失效數據歸納整理出來，以作為估算危害發生可能性及所產生的影響。由於它可提供量化的風險指標（如第一章**表1-2**中所列出的個人及社會致命風險等），因此它普遍應用於核能、航太、石油煉製及化學工業上。它的缺點為需要大量的數據及複雜的模式計算，耗費的資源遠較其他方法大，而且並未將阻抗（Resistance）或削減（Mitigation）因素考慮在內。
3. 物理模式法：將造成危害因子的原因以物理模式描述，再分別估算其發生的可能性；例如設備或管線的裂孔是由腐蝕、侵蝕、第三方破壞或天災等物理方式所造成，破孔發生的可能性則為整合以上這些因素發生的可能性。它的優點為分析者可依據自己或產業的設備維修保養經驗及數據，再應用業界認可的標準分析方法估算可靠度、生命週期及破裂或失效的可能性。此優點為可依據物理模式模擬危害因子發生的機制，並應用經驗數據估算失效速率，同時加入阻抗或削減因素的影響。此方法最早應用於長途及地下管線的風險評估，後來也逐漸為石油及化學工業所接受。此方法詳細內容將在第十四章〈可能性分析〉及第十六章〈管線風險評估〉中介紹。

四、基本架構

　　完整的評估架構包括風險界定、系統／製程說明、危害辨識、意外統計、意外選擇、評估模式建構、估算後果、估算可能性、估算風險與應用等十個步驟，各部分功能說明如後：

1. 風險界定：評估者首先界定評估的目的及具體目標，然後依據目標決定評估的深度、風險量測方法、表達方式與分析資料庫的內容。
2. 系統／製程說明：蒐集評估對象的基本資訊，如位置、環境、氣候、流程圖、管線／儀電圖、布置圖、操作／維修步驟、技術資料、主要設備等。
3. 危害辨識：應用危害辨識方法，發現系統中的危害。
4. 意外統計：蒐集、表列所有的意外事件。
5. 意外選擇：選擇導致所有意外事件的起始原因及其後果。
6. 評估模式建構：選擇與整合適當的影響模式與可能性評估方法，以估算風險。
7. 估算後果：估算所造成的人員傷亡及財產損失。
8. 估算可能性：估算事件發生的機率。
9. 估算風險：組合後果估算與可能性估算，以提供風險的量化數據。
10. 應用：依據風險估算的結果，評比或排列優先順序，作為風險管理依據。

　　圖12-1顯示一套簡化的評估步驟，可應用於一個正在設計階段系統的風險評估。

五、人力需求

　　風險評估工作所需的工時（人員×時間）與評估深度有關，以評估

Chapter 12 風險評估

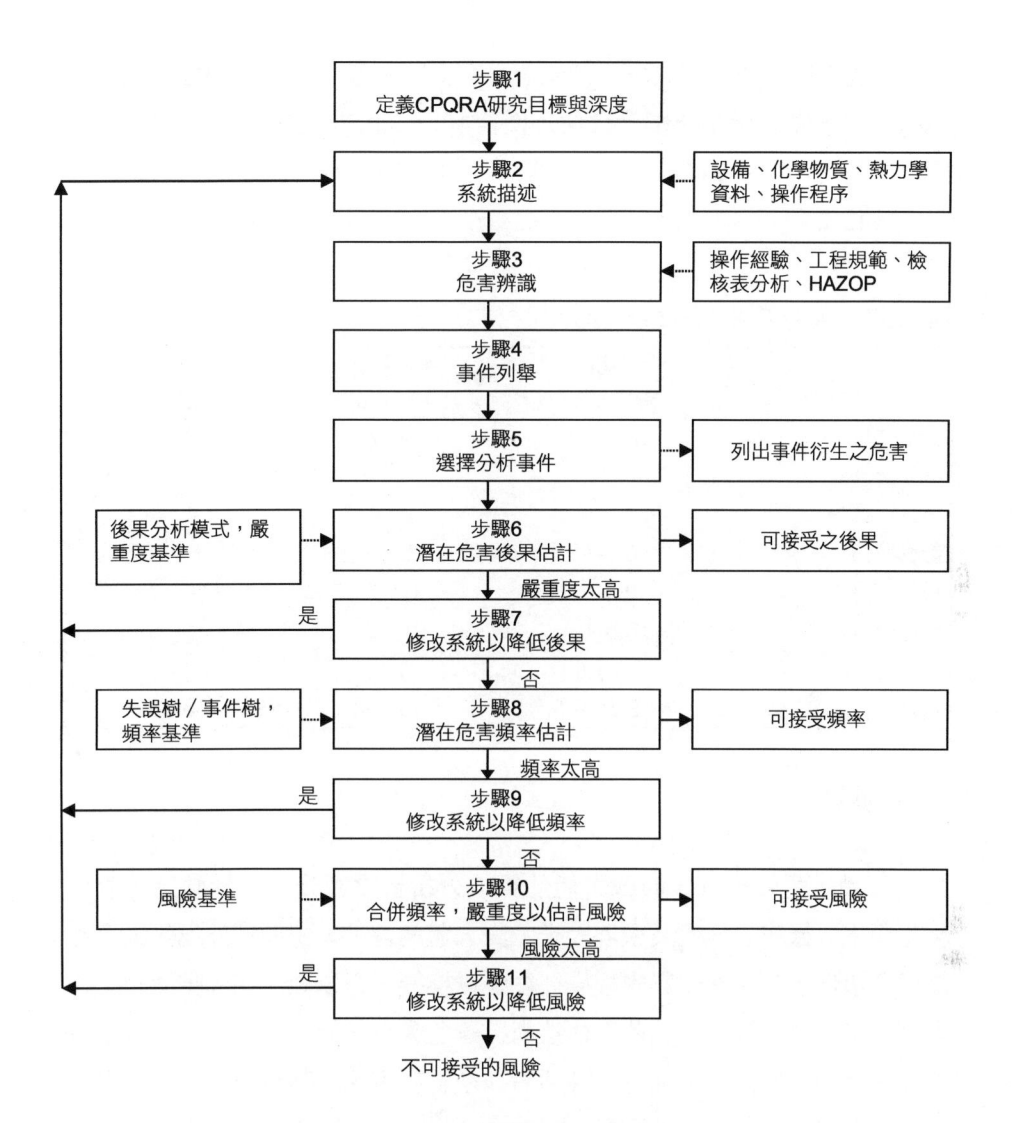

```
步驟1
定義CPQRA研究目標與深度
       ↓
步驟2 ─────→ 設備、化學物質、熱力學
系統描述        資料、操作程序
       ↓
步驟3 ─────→ 操作經驗、工程規範、檢
危害辨識        核表分析、HAZOP
       ↓
步驟4
事件列舉
       ↓
步驟5 ─────→ 列出事件衍生之危害
選擇分析事件
       ↓
後果分析模式，嚴 → 步驟6 ─────→ 可接受之後果
重度基準          潛在危害後果估計
                    ↓ 嚴重度太高
              是 ← 步驟7
                  修改系統以降低後果
                    ↓ 否
失誤樹／事件樹， → 步驟8 ─────→ 可接受頻率
頻率基準          潛在危害頻率估計
                    ↓ 頻率太高
              是 ← 步驟9
                  修改系統以降低頻率
                    ↓ 否
風險基準 ────→ 步驟10 ─────→ 可接受風險
              合併頻率，嚴重度以估計風險
                    ↓ 風險太高
              是 ← 步驟11
                  修改系統以降低風險
                    ↓ 否
              不可接受的風險
```

圖12-1　簡易安全風險評估流程[5、6]

的一個包括反應器、分餾塔、熱回收系統與臨時儲存設施的製程單元系統為例，如果僅進行主要影響評估，僅需4-8人工作一星期，若將可能性分析包括在內，則須10-20人工作一星期，如再考慮風險分析，則須30-60人週（**表**12-2）。

表 12-2　人力需求（單位：人週）[3]

任務	簡單 影響分析	中度影響 及可能性分析	複雜 風險分析
數據蒐集	0.5-1.5	2 - 4	4 - 8
危害辨識性 意外選擇	1 - 2	2 - 4	4 - 8
影響評估	0.5-1	2 - 3	5 - 10
可能性分析	0.5-1	0.5-2	10 - 20
風險分析	0.5-1	0.5-2	3 - 5
撰寫報告	0.5-1.5	3 - 5	4 - 8
合計	3.5 - 8	10 - 20	30 - 60

六、極限

不論是意外統計、影響可能估算或分析皆須充分的統計數據（意外發生頻率／機率、氣候及環境因子、對人體危害），由於意外或失誤事件為偶發事件，其頻率及影響程度往往難以模擬，必須做一些大膽假設，否則評估工作無法進行，因此評估技術上難免會有任何一個評估工作皆不可能在完全理想的條件下進行，評估者往往基於資源與經費的限制，不得不縮短時間或人力，也會導致評估結果誤差[7]，否則無法定出合理的評估目標。**表**12-3列出技術上與管理上的極限、影響與降低影響的方法。

表 12-3　安全風險評估的極限、影響與降低影響的方法

極限	影響	補救方法
1. 技術的極限 　(1)意外統計資訊	・低估代表性意外 ・事件的風險	・加強資料收集 ・聘用具經驗的評估者 ・應用替代統計方法 ・同儕複驗／品管 ・邀請設計／操作人員參與複驗
(2)選擇不適合的意外	・低估所有意外的風險	・聘用具經驗的評估者 ・應用替代統計方法 ・複驗（同儕或設計／操作者）
(3)數據缺乏	・系統化偏見 ・影響、可能性風險分析 ・風險的原因或危害源	・加強收樣取得 ・專家複驗／判斷的不準確性 ・確保經驗與知識豐富 ・與其他模式或過去意外結果比較 ・評估敏感度
(4)影響或可能性模式	同上	・同儕複驗假設與確實性 ・與其他模式或過去結果比較 ・確定模式應用的範圍 ・確定數學的近似解法的誤差範圍與大小 ・應用較保守的模式
2. 管理的極限 　資源限制（人力、時間、模式）	・缺乏足夠時間進行具深度的評估 ・評估結果深度不足 ・品質不佳 ・錯誤的整理與分析 ・解讀結果不合適	・延長期限 ・延遲結束、直到資源齊全後 ・辨識與專注於主要風險 ・聘請顧問，培訓人才

玖、風險管理

一、簡介

　　風險管理與風險評估之間密不可分，一般而言，所謂風險管理，即是針對風險評估出來之結果與改善建議，透過系統化之體系、決策過程與

執行之落實與追蹤考核等程序，以達到保護員工、社會大眾、環境及避免公司商業中斷損失的目的。基本上風險管理是在強調危害控制技術和管理知識整合，全世界工業先進國開始對工業安全投以高度的重視後，風險管理即成一項世界性的潮流。

一般事業單位僅須執行危害辨識及評估、風險判定、判斷可否接受風險、擬定風險控制計畫與績效量測與風險評估之適用性[8、9]。危害辨識、危害評估、風險判定等皆已討論過。風險控制即在於如何將風險降低至可接受風險等級之內，依前所述，風險是由危害事件發生之機率與嚴重性組合而成，則控制風險不外乎由如何加強預防措施（亦即減少事故發生的機率）或加強保護措施（亦即減輕事故造成之嚴重性）兩大方向思考。當然在技術與經費許可範圍下，當以能夠同時達到本質較安全（Inherently Safer）與失效安全（Fail-Safe）的最高境界為最終目標。

二、執行方法

執行上可大略分成工程控制與管理控制兩大類：

(一)工程控制

以修改製程系統或增加安全設備的方式來降低危害的風險，例如：

1. 改變設備、管件及閥的類型，以提升其可靠度。
2. 重新設計製程或局部修改，以降低危險性。
3. 以危害性低的物質取代或減少危害物質的使用量與儲存量，以達本質安全。
4. 加裝警報系統、聯鎖系統、多重保護系統，以降低事故發生機率。
5. 加設或改善通風系統、釋壓系統，以防止爆炸產生。
6. 加裝消防系統、排放系統、防爆設施、圍堵系統，以減少事故之損失與擴大。

Chapter 12　風險評估

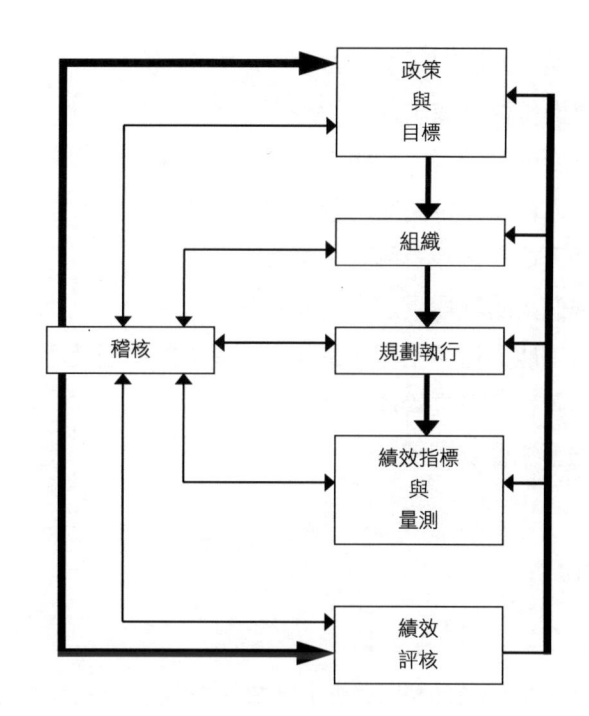

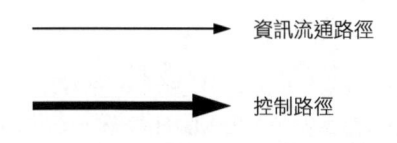

圖12-2　成功的風險管理要點

7.安裝足夠的量測儀表與監控系統，以快速找出製程異常狀況。

8.同時也須依事業單位潛在危害，擬定緊急應變計畫、緊急疏散計畫和購置應變器材與設備。

(二)管理控制

藉由人員之管理、專業訓練與工廠作業方式來改善製程操作安全，例如：

1. 修改操作方法與操作條件。
2. 修改操作程序或步驟。
3. 修改或重新設訂定期檢查頻率及預防保養制度。
4. 加強人員操作技術與製程知識之訓練。
5. 加強人員安全教育與安全意識。
6. 加強個人防護器具之使用與管理。
7. 依員工能力指派工作,例如考慮個人的生理及心理狀況。
8. 加強製程變更之管理。
9. 加強緊急應變訓練。

拾、結語

風險評估的發展歷程反映了社會、經濟和科技環境的變化。從最早的保險業到如今的綜合風險管理,風險評估不斷演變和完善,以確保我們能夠更好地理解、管理和應對各種可能的風險。風險評估的適用範圍非常廣泛,幾乎涵蓋了所有領域和活動。它有助於確保我們能夠更好地理解潛在的風險,制定適當的應對策略,以減少可能的不利影響。無論是在開始新活動、應對變化還是確保持續營運的過程中,風險評估都是一個重要的工具,幫助組織識別和管理可能的風險。適當的時機進行風險評估有助於確保組織能夠更好地應對未來的挑戰。雖然風險評估有其限制,但它仍然是一個重要的工具,可以幫助組織更好地應對不確定性和變化。組織在使用風險評估時應該考慮到其優點和缺點,並確保進行合理、全面的評估。

習題

1. 安全風險管理不外乎：去源、預防、應變、善後、復原、風險自留等工作，請就前述工作逐項說明其重點及作法。（101工安技師高考）
2. 風險評估乃是一種系統化的評估過程，其目的在於事先發現程序的危害、機率、影響及以上三者組合的危險程度，其評估結果量化後可以作為決策的依據。請針對安全風險、健康風險、生態／環境風險、公共福利／名譽風險、財務風險五種類別風險說明其適用對象與關注焦點。（107工安技師高考）
3. 請試敘述研究、風險評估及風險管理的範疇及內容。（108工安技師高考）
4. 請敘述成功的風險管理要點。
5. 列舉風險評估的目標。
6. 列舉風險評估的優缺點。
7. 列舉風險評估的極限。
8. 請說明指標法、傳統機率型量化法及物理模式等三類風險評估方法的差異。
9. 請說明風險評估的適用範圍。
10. 列舉三個國際產業風險評估通用標準指引。

參考文獻

1. Baken, K. E. (1997). *Class Rer. Sheet, Environmental Risk Assessment: Application to Hazardous Waste Sites*. Penn, State University.
2. UK (1976). *Advisory Committee on Major Hazard*. Three Reports, 1976, 1979, 1984, United Kingdom.
3. NUREG (1983). *PRA Procedure Guide: A Guide to the Performance of Probabilistic Risk Assessment for Nuclear Power Plant*. 2 volumes, Nureg/ CR-2300, US Nuclear Regulatory Commission, Washington D. C.
4. NUREG (1985). *Probabilistic Safety Analysis Procedure Guide*. Nureg/CR-2815, Nuclear Regulatory Commission, Washington D. C, August.
5. AICHE (1989). *Guidelines for Chemical Process Quantitative Risk Analysis*. CCMS, American Institute of Chemical Engineers, Washington, D. C.
6. ICHE (1985). *Risk Analysis in the Process Industries*. The Institute of Chemical Engineers, Rugy, England, UK.
7. Whyte, A. V., & Burton, I. (1980). *Environmental Risk Assessment*. SCOPE Report 15, John Wiley & Sons, New York.
8. 經濟部工業局（1997）。《風險評估技術推廣及工廠安全規範調查規劃報告》。
9. 高振山（2002）。《風險管理理論與實務》。工研院環安衛中心。

13 影響分析

壹、定義

貳、發展歷程

參、適用範圍

肆、執行步驟

伍、危害性物質排放模式

陸、火災模式

柒、爆炸模式

捌、效應模式

玖、電腦軟體程式

拾、結語

影響分析（Consequence Analysis）又稱後果分析，是一種應用於評估特定事件、決策或行動發生後所產生結果的方法。它通常應用於風險評估、安全性分析、環境評估等領域，其目的在於辨識別及量化潛在危害被引發後所造成的正面及負面後果，以便決策者全面地考慮各種可能性。

壹、定義

影響分析是指估算系統或製程中潛在危害因子引發後所產生的一連串中間及最終事件所造成後果的方法。由於生產工廠中所儲存及處理的原物料及產品中不乏危害性物質，這些危害性物質如果由管線、設備或儲槽中洩漏出來後，會在環境中散布出去而造成火災、爆炸、人畜中毒、環境汙染及生態破壞等嚴重的後果。影響分析在安全風險評估的應用則為探討危害性物質洩漏後所引發的中間／終止事件與他們所造成的後果。它是風險分析中不可或缺的部分。

貳、發展歷程

影響分析的發展歷程的主要里程碑為：

1. 早期應用：影響分析的概念可以追溯到戰爭及災害管理領域，例如軍事行動及自然災害的影響，分析專注於預測與減輕人員傷亡及財產損失。
2. 化學事故：20世紀中葉，重大化學災變層出不窮，化學品洩漏、爆炸及火災的影響開始受到重視，各種不同的物理模式開始發展出來。

3.核能發展：評估核輻射外洩事故的可能影響是核能發電廠的建設及運轉過程中必需的工作，導致了一系列影響分析方法的發展。
4.環境影響評估：20世紀70年代起，環境影響評估成為法律及政策工具，人類工商業活動對環境、社會及經濟的影響開始受到重視。
5.風險分析方法的發展：隨著計算機技術的進步，影響分析方法更加精進，開始應用數值建模、模擬、統計分析及GIS（地理資訊系統）等工具，以理解及預測人類活動影響的嚴重性。
6.緊急應變管理：政府機關應用影響分析來評估自然災害、恐怖襲擊和健康流行病等事件的潛在後果，並制定應對計畫。
7.全球化及氣候變化：全球化及氣候變化引發了對全球性影響的關注，影響分析的範圍擴大到全球性議題，如地球暖化及糧食安全。

參、適用範圍

影響分析通常應用於下列狀況：

1.風險評估：影響分析是量化風險評估中不可或缺的一環，它所提供潛在的危害因子所造成後果的數據與事件發生的可行性結合，即可計算出量化的風險數值。
2.決策支援：影響分析為決策者提供了關於不同選項可能結果的資訊，使其能夠更明智地做出決策。這種分析有助於權衡不同因素，並選擇最適合目標和需求的方案。
3.策略規劃：影響分析可以提供政策執行後所可能發生的發展，可協助組織規劃及制定策略或方向。
4.環境評估：協助環保及生產單位評估某些特定活動或計畫對環境及生態可能產生的影響，從而執行環境保護相關措施及決策。環境影

響評估已經成為任何公共設施、生產工廠及建築物等設置之前必備的工作。

5. 緊急應變：可以協助應變團隊預測各種事件發生後所可能造成的後果，從而制定應對策略及準備方案。
6. 社會影響評估：可以協助政府評估不同政策及決策對社會所產生的影響，從而制定出較佳的政策。
7. 法規遵循：可以協助組織或企業評估它們的行動是否符合相關法律要求，從而避免可能發生的法律訴訟問題。

肆、執行步驟

影響分析的過程通常包括以下步驟（圖13-1）：

1. 辨識事件或決策：界定所欲執行影響分析的引發事件、決策或行動，以及所波及的範圍、場所或地區。
2. 資料蒐集：蒐集所需的資料及數據，例如歷史資料、實驗數據、專家意見等。
3. 分析可能產生的後果：例如對附近人員、動物、社區、環境生態、經濟、社會或政治等所產生的積極及消極的影響。
4. 評估可能性及嚴重度：估算每個可能造成的後果可能性及嚴重度等級。
5. 建立模型：根據所選擇的方法，建立數學及統計模型或其他分析架構，以便於估算計量化的後果。以危害性物質洩漏為例，分析者首先判斷物質的特性與相態才可建立洩漏、散布的模式以估算物質在環境中的散布，然後再依據可能發生的火災或爆炸的種類建立模式以估算後果及損失。考慮事件類型，有下列不同的物理模式：

Chapter 13 影響分析

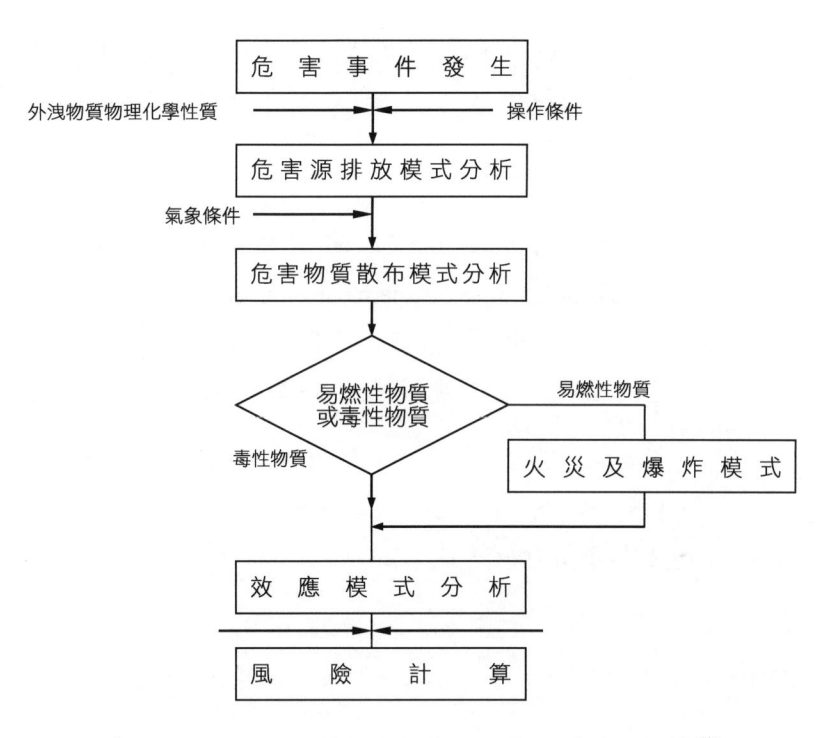

圖13-1 應用於製程安全領域的影響分析執行步驟[1]

(1) 外洩危害源：常壓槽、壓力容器、氣體噴流、液體噴流、兩相流體外洩、驟沸、蒸發。

(2) 擴散模式：自然擴散或高斯模式、重質氣體擴散模式（氣懸膠現象、各種輸送現象、簡化模式）。

(3) 火災：池火（Pool Fire）、噴射火焰（Jet Fire）、火球（Fire Ball）、氣雲火災。

(4) 爆炸：氣雲爆炸、物理性爆炸、沸騰液體膨脹蒸氣爆炸（Boiling Liquid Expanding Vapor Explosion, BLEVE）。

6. 危害源排放、擴散及後果分析：應用第九章所介紹的事件樹分析，探討危害源排放後的可能命運及途徑。

7. 後果分析及評估：應用所建立的模型及資料進行分析，計算各種後果的可能性及影響程度。

這些物理模式的計算公式可參考下列書籍：

1. AICHE (1989). *Guidelines for Chemical Process Quantitative Risk Analysis*. American Institute of Chemical Engineers, New York, USA.
2. 張一岑（1995）。《化工製程安全管理》。揚智文化。
3. 工安衛中心（1998）。《製程安全暨風險評估技術手冊》。工研究工安衛中心。

伍、危害性物質排放模式

一、排放方式

閥、管線破裂或設備損壞會導致危害性物質由生產製程設備、儲槽或槽車中洩漏至周圍環境之中。排放的方式及排放後的散布途徑則隨其相態（例如氣態、液態、固態或氣液雙相態等）及排放設備或管線的操作條件如壓力及溫度等而有所不同（圖13-2）：

1. 氣態物質會先從破裂的小孔或設備部位噴出，形成噴氣流或氣體雲後隨風擴散至環境之中。
2. 液態物質會先由破裂的小孔或設備部位流出，部分液體可能會因溫度及壓力關係而揮發成氣體後擴散，其餘仍以液態方式流出。
3. 氣／液混合物會以氣態、霧滴或液體方式流出後，再散布於環境之中。
4. 固態物質流出後則散布在排放源的附近。

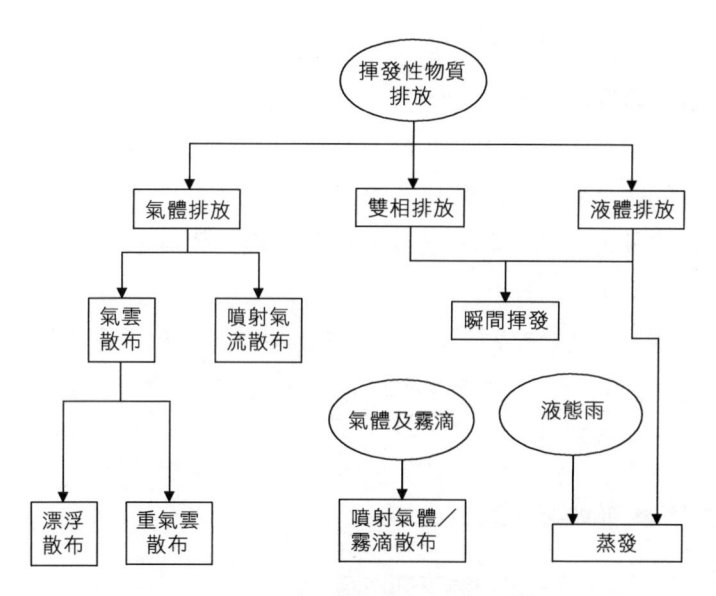

```
                          揮發性物質
                            排放
            ┌───────────────┼───────────────┐
         氣體排放          雙相排放         液體排放
         ┌───┴───┐            │               │
       氣雲    噴射氣         瞬間揮發          │
       散布    流散布            │              │
         │              ┌──────┴──────┐        │
         │           氣體及霧滴      液態雨     │
      ┌──┴──┐           │            │         │
    漂浮   重氣雲     噴射氣體／      │         │
    散布   散布       霧滴散布      蒸發 ◄──────┘
```

圖13-2　揮發性物質程序及命運[1]

二、氣雲散布模式

(一)影響氣雲散布的因素

　　氣態物質或蒸氣由管線、容器或設備的破裂孔中排放後，會受風的吹動而散布於環境之中。它的散布範圍會受到下列幾個因素所影響：

1. 風的方向、速度及亂流程度：氣雲形成後的移動方向及散布範圍會受到風向、風速、亂流程度及地球重力的影響而異。
2. 大氣穩定度：它受風速及大氣中的溫度變化而改變，大氣穩定度直接影響亂流的程度，而決定氣雲在垂直方向的運動。
3. 排放源的特徵（如連續性、瞬間排放、點或面的排放）：連續性排放如煙囪所排放的煙氣，會在大氣環境中形成一團氣流，其散布範圍受氣候變化的影響而變；瞬間排放例如傳統蒸氣機驅動火車的氣

笛開啟後所排放的蒸氣，或核彈爆炸後產生的蕈狀雲，僅在排放後幾秒鐘內存在。
4. 氣體比重：氣雲漂浮或下沉直接受氣雲比重的影響，移動方式會受風的亂流影響而改變。
5. 排放速度：決定垂直方向移動的高度，速度愈快，氣雲的高度愈高。
6. 周圍地形及建築物：地形表面的起伏度決定風的亂流程度，間接影響氣體的散布；建築物或其他地形上的阻礙物可阻擋氣體流動的方向、速度及壓力。

(二)氣雲散布的方式

氣雲的散布方式可分為下列三種：

1. 比重與空氣相近的連續性或瞬間排放：一般燃燒系統煙道氣或炊煙的排放。
2. 重氣體散布：比重比空氣重的氣體（如液化石油氣、丙烷、丁烷或高溫有機蒸氣等）排放。
3. 噴射氣流排放。

第一類氣流散布自1915年起就有學者研究，目前已經發展出許多模式，其中巴斯魁爾—吉佛德（Pasquill-Gifford）模式[2]普遍應用於煙囪排氣的擴散。重氣體散布雖有三、四十年的歷史，但限於實驗數據的驗證，應用範圍有限。噴射氣流在F. Lee的著作*Loss Prevention In the Process Industry*, 15.20: Dispersion of Jets and Plumes中有詳細介紹。

(三)巴斯魁爾—吉佛德模式

巴斯魁爾—吉佛德模式是應用高斯函數（Gaussian Function）模擬煙氣在大氣中的散布（**圖13-3**）。它的主要假設為：

Chapter 13 影響分析

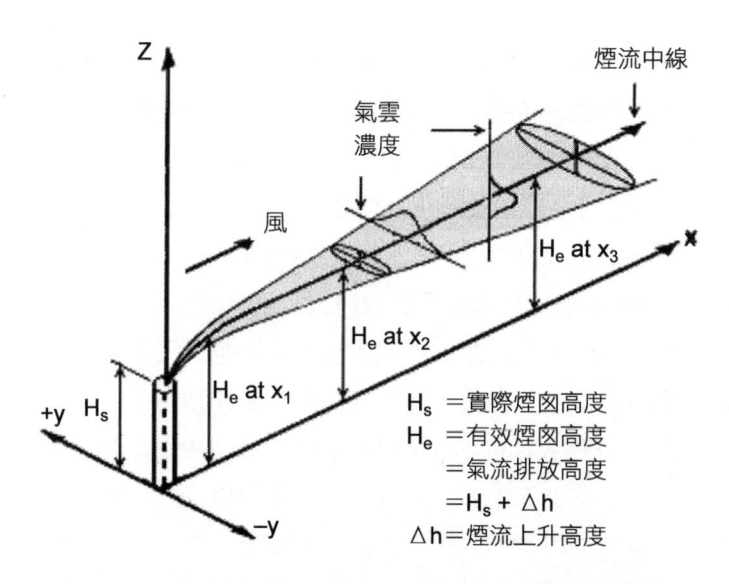

圖13-3　巴斯魁爾─吉佛德擴散模式中煙流散布圖

1. 連續性排放的時間遠較煙氣被吹流該地點的時間長，不必考慮氣體在順風方向的擴散。
2. 所排放的物質為穩定性氣體或直徑小於20微米的霧滴，會在大氣中懸浮一段時間。
3. 假設氣體為連續性流體，符合流體質量不變定律，可應用連續性公式（Equation of Continuity）計算。
4. 以X軸方向為順風方向，應用平均風速描述擴散層的移動。
5. 氣或煙雲在垂直或截風方向的分配為常態分配，可應用高斯函數描述其分配狀況。

巴斯魁爾─吉佛德模式簡單且易於使用，具工程背景的工程師皆可將公式及參數在EXCEL建立模式使用。

(四)巴斯魁爾─吉佛德改良模式

美國環保署所開發的工業排放源複合體短期散布模式-3（ISCST-3）

及大氣散布模式系統（AERMOD）為過去三十年來最普遍應用的電腦模式：使用者只需將地表高層、地面風場與探空及排放量數據輸入上述的模式中，就可以將散布範圍及物質濃度計算出來。

1.工業排放源複合體短期散布步模式-3（ISCST-3）

ISCST-3（Industrial Source Complex Short-Term Dispersion Model）是美國環保署於1990年公告的法規公認模式，適用於一階線性或惰性空氣汙染物之模擬。ISCST-3以穩定之高斯煙流為基礎，假設連續排放之汙染源，在大氣中經過擴散、稀釋、沉降等作用，到達穩定的狀態。穩定狀態時，煙流內部汙染物濃度的分布狀況以中間主軸方向濃度最高，而在垂直於風向之水平面及垂直面二邊，則以高斯分布之原則進行擴散，亦即常態分布，符合亂流的隨機性[3]。許多實驗結果顯示，在一個均勻的大氣紊流場中，汙染源下風處的汙染物濃度分布為一個高斯函數分布的形式，而模式本身仍有許多限制，例如假設穩定均一風速、風向的假設及所模擬的汙染物質皆為惰性物質，它們之間不會產生化學作用，較適合的含有一氧化碳、二氧化硫、懸浮微粒等汙染源的擴散。

2.大氣散布模式系統（AERMOD）

大氣散布模式系統（Atmospheric Dispersion Modeling System, AERMOD）是美國環保署於2000年所宣布取代ISCST-3的空氣品質模式範本。它可以預測工業及商業排放源對周圍地區空氣品質量的影響。行政院環保署宣布自112年1月1日起以AERMOD取代ISCST-3。

AERMOD在穩定邊界層（Stable Boundary Layer, SBL）狀態下是假設以高斯擴散理論處理煙流的水平與垂直擴散效應，並據以計算濃度分布。在垂直邊界層效應（CBL）的情況下，水平擴散依舊使用高斯擴散理論，而垂直分布方面，則加入機率密度函數（Probability Density Function）來計算汙染物濃度的擴散狀態[4、5]。AERMOD改善的機制為垂直與穩流的邊界層效應、煙流上升效應與浮力效應、煙流在逆溫層的反彈或滲透效應的改善、在垂直方向的風速、紊流、溫度等參數的計算、

都市夜間的邊界層計算、從地表到煙流上升高度間，都可以加入受體點的計算、建築物的影響效應、改善基礎邊界層效應的參數、煙流尾流數據等。在複雜地形及地表特徵影響大之模擬範圍時，AERMOD在模擬計算上使用計算複雜地形分層流動及考量地表特徵影響，其學理基礎較ISCST-3完整，故模擬結果更具可信度[6]。

(五)重氣體模式

高斯模式較適於模擬分子量與空氣類似的危害性物質的排放，例如鍋爐、加熱爐等燃燒系統的煙囪排放源等。由於絕大多數危害性物質的分子量皆遠大於空氣分子量（29），高斯模式所估算出的煙流高度及散布範圍遠大於實際數值。自1970年起，液化石油氣及液化天然氣的散布模式開始受到石油業界者的重視，後來又擴展至氯氣、氨氣及冷凍劑的研究。

氣態物質的比重取決於成分及分子量、排放溫度及方式與周圍空氣溫度及濕度。氯氣的分子量為71，遠大於空氣的分子量，因此在常溫下比重較空氣重。甲烷的分子量遠低於空氣，在常溫之下的比重雖遠小於空氣，但是在-162°C的沸點時，其氣態比重卻大於環境中的空氣的比重。因此，液化天然氣管線破裂後所排放出的低溫天然氣的比重較環境中的空氣大。危害性物質排放後，所夾帶的液體霧滴會吸受環境中的熱量而蒸發，但是空氣中的水蒸氣則因遇到所排放的冷氣團而冷凝成水霧，可能形成比重較空氣重的氣雲。氨氣的分子量為17，其比重在常溫及沸點（-33°C）之上的溫度皆比常溫空氣的比重小。然而，依據以往的經驗可知，氨氣雲卻會形成重氣雲。

當重氣態物質由管線、設備或桶槽等排放源排放出來後，首先會受周圍的風及重力的影響而流動，而且會與外界空氣混合而稀釋。由於比重較空氣重，氣雲會緩緩下沉。如果風速低或無風時，氣雲會沉落在排放源附近地面；如果周圍的風速大時，其流動方向則會受到亂流的影響（圖13-4）。

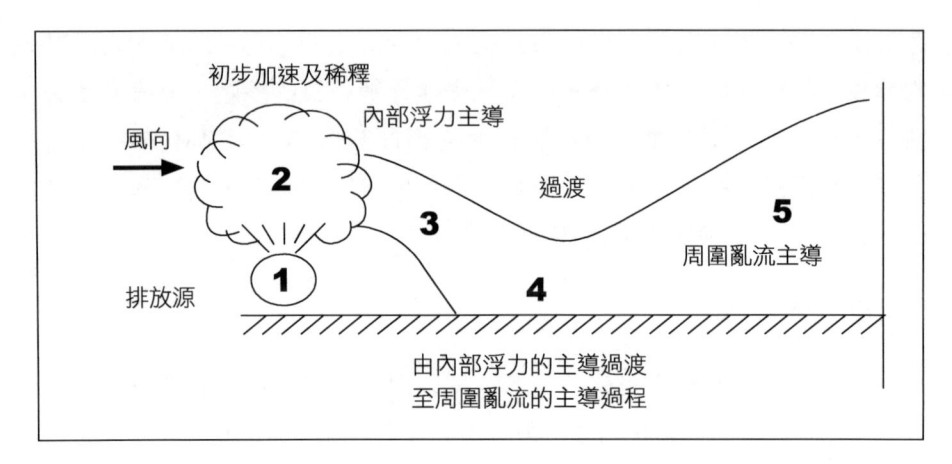

图13-4　重氣體由排放源釋放後所受的影響[7]

　　重氣體散布模式可分為物理模式與數學模式兩大類。物理模式是應用在風洞或水道中模擬的數據所發展出的模式，僅限於所模擬的特殊裝況。最普遍的數學模式為匣盒模式，此模式不考慮氣雲在不同方向的擴散的差異，而以一定空間的盒子的平均特性代表。范烏爾登（A. P. Van Ulden）假設瞬間排放的氣流會形成圓筒狀的匣盒，當亂流動能與位能相同時，空氣亂流的影響取代了重力的影響，成為主導其流動的主要因素。換句話說，當氣流受空氣稀釋後的密度與空氣密度相同時，空氣亂流開始主導氣體的流動。**圖13-5**顯示一個重氣體排放後它的半徑及高度的變化，傳統的高斯模式所估算的氣雲約為測試值的3-5倍，但所估算的氣雲半徑僅為測試值的四分之一至一半[10]。

　　柯克斯（R. A. Cox）與卡本特（R. J. Carpenter）共同發展出一個連續性重氣體排放的模式——頂帽模式（Top Hat Model）。此模式與范烏爾登模式類似，亦假設氣體的初期擴散是受重力的影響，但是空氣則由氣雲的頂端混入[11]。

　　美國化學工程師學會所發行的《蒸氣雲擴散模式導引》（*A Guidelines for Use of Vapor Cloud Dispersion Models*）中，詳列出三十三個

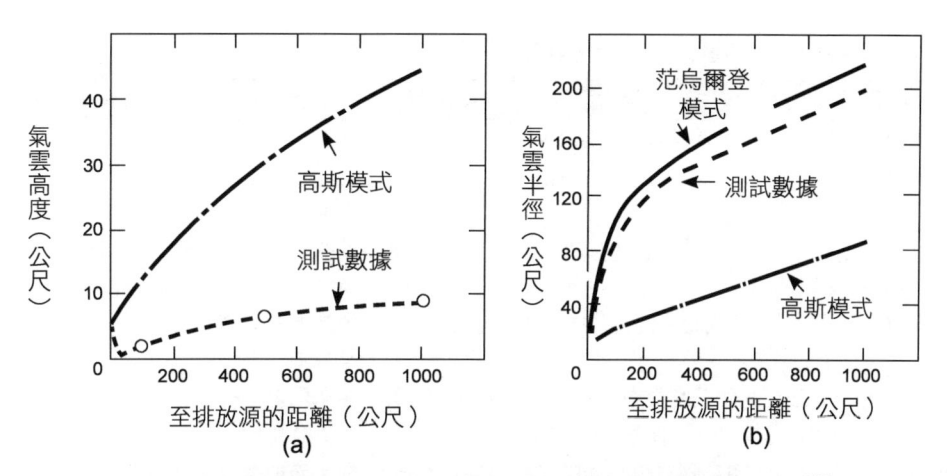

圖13-5 范烏爾登重氣體排放模式與高斯模式預測值比較[10]

不同的高密度及中密度氣雲模式，是目前最完整的文獻[12]。美國環保署於1993年發表的《危害性物質釋放模式指引》中，以系統化、逐步方式協助分析者確定排放源的特徵及選擇適當的模式。此指引應用ADAM、ALOHA、DEGADIS、HGSYSTEM及SLAB等模式於八個實際可能發生的情境。**表13-1**列出ALOHA-DEGADIS、CHARM、HGSYSTEM、SLAB、SCIPUFF、PHAST及TRACE等七種模式的開發者及適用範圍[21]。

美國環保署於1991年發表的重氣體擴散模式評估中，曾比較七種不同的模式的計算值與EPA模式評估計畫的數據庫中液化天然氣、氟化氫及氨氣的實驗數據之差異；發現沒有一個模式的計算值與實驗數據相近，半數以上的TRACE及CHARM的預測都在兩倍之內，而DEGADIS對氟化氫的預測最佳，對氨氣及液化天然氣的預測尚可。SLAB對液化天然氣的預測最佳，但對其他兩種氣體的預測最差[20]。

T. Mazzola等曾應用十七個模式的計算數據與2015-2016年在美國猶他州所做的Jack Rabbit II. Field的氯氣排放實驗數據比較，發現實驗數據大約在模式預測值的1.5數量級（Order of Magnitude）之內。模式所預測氣雲寬度的中位值較實驗值大50%，而氣雲高度的中位預測值與實驗值相

表13-1 常用的七種重氣體擴散模式簡介

名稱	開發者	開發時間	適用範圍	參考文獻
ALOHA-DEGADIS	美國海洋大氣署		氣態化學物排放	13
CHARM	美國Radian公司		瞬間及連續排放、重氣體及高斯模式	19
HGSSYSTEM	殼牌石油公司	1987-1988	低壓或高壓氣體排放	14
PHAST	挪威驗船協會（DNV）	1980年代	煙流與重氣體排放蒸發池、噴射氣流	
SCIPUFF	美國電力研究院 國防部	1980 -2000	發電廠煙囪排放 重氣體排放	15、16
SLAB	勞倫斯利物浦實驗室	1980年代	地表面地蒸發池高架平行噴射流瞬間排放	17
TRACE	Safer Systems	1980年代	危害性物質排放及擴散	18

差僅10%[22]。Hanna等曾應用ALOHA、HGSYSTEM、SLAB、SCIPUFF、PHAST和TRACE等六個常用的模式與三次火車意外中氨氣的排放數據比較，發現排放期限的設定是影響預測的最主要因素[23]。PHAST及TRACE模式中有排放模式，ALOHA雖僅有簡化的排放模式，但可處理氨氣，HGSYSTEM及SCIPUFF模式的排放模式的功能不僅有限，而且無法應用於氨氣的計算，SLAB則沒有排放模式，必須應用其他模式所提供排放數據。PHAST的誤差較其他方法小。

陸、火災模式

高壓容器或設備的壓力超過設計壓力上限時也會產生物理性爆炸，所產生的震波不僅可將容器或設備破裂，還會將碎片及內部的物質彈射出

去。氣體從排放後，如果設備或管線壓力大而破裂口直徑小時，氣體會形成噴射氣流。可燃性噴射氣流如與點火源接觸，會引燃起火而形成噴射火焰。如果破孔大時，則排放氣體會受到重力及風速的影響而形成氣雲漂浮於大氣中或沉降到排放源附近。液體排放後，部分液體可能會因壓力降低而揮發成氣體，形成含霧滴的蒸氣雲漂浮、噴射氣流，未揮發的液體則形成液雨降落至大地表面。氣雲遇到點火源即會爆炸，噴射氣流會形成噴射火焰，而液體降落至地面後會形成池火。因此，可燃性物質排放後會產生池火、噴射火焰、侷限性爆炸、非侷限性蒸氣雲爆炸及沸騰液體膨脹蒸氣爆炸。

一、噴射火焰

(一)定義

由管線、設備或容器的裂孔噴射出的流體經點燃後所形成的噴射式火焰稱為噴射火焰（Jet Fire）。

(二)火焰長度

噴射火焰長度為：

$$L = D(1050/C)(M_a/M_f)^{1/2}$$

其中　$L=$ 噴射火焰長度（公尺）

　　　$D=$ 火焰直徑（公尺）

　　　$C=$ 氣體中可燃物質的爆炸下限（體積百分比）

　　　$M_a=$ 空氣分子量

　　　$M_f=$ 氣體中可燃物質的分子量

液化石油氣的噴射火焰長度為：

$$L = 9.1m^{1/2}（公尺）$$

$$W = 0.25L$$
$$R_{f50\%}（50\%致命距離）= 1.9t^{0.4}m^{0.47}$$

其中　L＝噴射火焰長度（公尺）
　　　W＝爆炸威力三硝基甲苯（TNT）的重量（公斤）
　　　$R_{f50\%}$＝50%致命距離（公尺）
　　　m＝液化石油氣流量（公斤/秒，介於1與3000之間）
　　　t＝接觸時間（秒，介於10與300之間）

噴射火焰及池火的熱輻射計算流程如**圖13-6**所顯示。

二、池火

(一)定義

液體由管線、容器或設備流出後會形成一個小池塘。可燃性液體如接觸點火源後，會形成一團火焰亂流，此種現象成為池火（Poor Fire）。

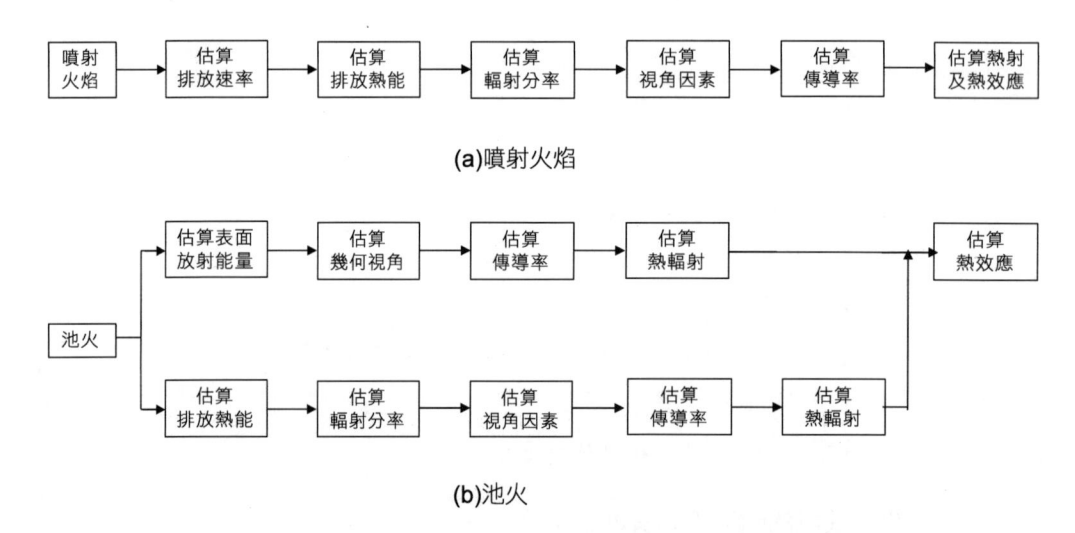

噴射火焰 → 估算排放速率 → 估算排放熱能 → 估算輻射分率 → 估算視角因素 → 估算傳導率 → 估算熱射及熱效應

(a)噴射火焰

池火 → 估算表面放射能量 → 估算幾何視角 → 估算傳導率 → 估算熱輻射 → 估算熱效應
　　 → 估算排放熱能 → 估算輻射分率 → 估算視角因素 → 估算傳導率 → 估算熱輻射 →

(b)池火

圖13-6　噴射火焰與池火地熱附設效應的計算流程

(二)基本假設

為簡化計算流程,可做下列假設:

1. 液體池塘為圓形,而且僅考慮它對面上的影響。
2. 周圍溫度設定為攝氏20度,不考慮大氣所吸收的熱輻射的影響。
3. 不考慮風對火焰的影響。

(三)計算公式

1. 燃燒速率[23]

$$Y = 92.6 \, EXP(-0.0049 T_B) \, M \times 10^{-6} / (6\varrho)$$

其中　Y＝燃燒速率（公尺／秒）
　　　M＝分子量
　　　T_B＝液體沸點（華氏度數,°F）

2. 液池直徑[24]

液池的大小視液體潑灑的方式如連續性、瞬間或定時性而異。連續性潑灑的液體質量及液池體積會不斷地增加,一直到燃燒速率等於潑灑速率為止。此時的平衡液池直徑為:

$$D_{eq} = 2 \, (V/\pi y)$$

其中　D_{eq}＝平衡時液池直徑（公尺）
　　　V＝液體體積潑灑速率（立方公尺／秒）
　　　y＝液體燃燒速率（公尺／秒）

假設不考慮液體流動的阻力,則液池體積達到平衡時的時間（t_{eq}）為

$$t_{eq} = 0.949 \, D_{eq} / (gy \, D_{eq})^{1/3} \, （秒）$$

其中　g為重力常數（9.81公尺／秒²）

3.火焰高度[25]

$$H/D = 42\{M/[\varrho_A (gD)^{1/2}]\}$$

其中　H＝火焰高度（公尺）
　　　D＝火池直徑（公尺）
　　　M＝ϱLy＝質量燃燒速率（公斤／秒）
　　　ϱ_A＝空氣密度（公斤／立方公尺）
　　　ϱ_L＝液體密度（公斤／立方公尺）

火焰高度與火池直徑的比例介於2與3之間。

4.表面輻射流

$$Ep = 0.563T_B + 107$$

其中　Ep＝表面輻射流（瓦／平方公尺）
　　　T_B＝常溫下液體沸點

5.所接受的熱流量

$$Q = \tau Ep\ F$$

其中　Q＝所接受的熱流量（瓦／平方公尺）
　　　τ＝大氣傳遞係數
　　　F（視角因數）＝$1.143\ (Rp/X)^{1.757}$
　　　Rp＝液池半徑（公尺）
　　　X＝火焰中心至接受者的距離（公尺）

如果人體接受的輻射熱超過5瓦／平方公尺時就會灼傷；超過10瓦／平方公尺時就可能致命。

$X_{0.5}$（灼傷距離，公尺）＝$0.3RpEp^{0.57}/ 0.3048$
$X_{1.0}$（灼傷距離，公尺）＝$0.43RpEp^{0.57}/ 0.3048$

柒、爆炸模式

一、物理爆炸

壓力容器或設備會因內部壓力過高但釋壓閥或防爆盤失常、容器或設備殼壁厚度受腐蝕及侵蝕或化學作用而薄化與殼壁張力因過熱、材質劣化或化學物質侵蝕而降低等因素而破裂。氣體儲槽破裂時會產生震波；溫度高於常壓沸點的液體儲槽於破裂後，部分液體會立即揮發膨脹而產生震波，溫度低於常溫沸點的液體則流出成為液雨。

理想氣體的膨脹為恆溫膨脹（Isothermal Expansion），容器破裂所產生的震波的威力[26]為：

$$W = 1.74 \times 10 - 6 \, V \, (P_1/P_0) \, (T/T_0) \, Ln \, (P_1/P_2)$$

其中　W＝爆炸威力三硝基甲苯（TNT）的重量（公斤）

V＝壓力容器或設備的體積（立方公尺）

P_0＝一大氣壓（＝101.325kPa）

P_1＝破裂前壓力容器或設備的絕對壓力（kPa）

P_2＝破裂後氣體膨脹後的絕對壓力（kPa）

T_0＝273.16°K（攝氏零度）

T_1＝壓力或設備中氣體的絕對溫度（°K）

由於物理爆炸後所產生的震波與三硝基甲苯爆炸後的震波不同，此公式不適用於近距離的預測。

二、非侷限性蒸氣雲爆炸

(一)定義

可燃性氣雲在非侷限的空間或大氣中的爆炸現象性稱為非侷限性蒸氣雲爆炸（Unrestricted Vapor Cloud Explosion, UVCE）。小量可燃性氣體或蒸氣經點燃後會產生閃火，但不太可能產生劇烈性爆炸。大量可燃性氣體或蒸氣與空氣混和後就可能產生劇烈的蒸氣雲爆炸。

(二)特性

當移動中的氣於接觸到點火源後會點燃而失火。由於氣雲外圍充滿的空氣，點燃後火勢會先向各方向延伸，再因浮力影響而向上蔓延。如果蒸氣雲周圍的點火源很多時，排放出的氣體很容易著火，不易形成巨大的蒸氣雲，反而不會產生大規模毀滅性氣雲爆炸。如果巨大蒸氣雲形成後一直未接觸點火源，則氣雲會隨風飄散，最後消失於大氣之中。

依據過去的觀察經驗，可以推論出下列幾個結論：

1. 蒸氣雲的體積與質量是決定蒸氣雲點燃後形成閃火或爆炸的主要因素；當氣雲的質量或體積未達臨界點之前，只會產生閃火現象；爆炸臨界質量或體積視氣雲的成分而定。
2. 蒸氣雲經過地形上的障礙物或建築物的圍堵或限制會促成爆炸的發生。
3. 基本燃燒速度（Fundamental Burning Velocity）較快的物質較易於爆炸。
4. 蒸氣雲爆炸後所產生的最大超壓大約為1大氣壓左右，遠低於爆震（Detonation）；其震波速度亦低於音速，時間約0.02-0.1秒之間；因此它屬於爆燃（Deflagration）現象。

(三)爆炸模式

蒸氣雲的爆炸模式可分為基於計算流體動力學（CFD）電腦模式、現象型模式及經驗相關型模式。基於計算流體動力學的電腦模式是模擬蒸氣雲爆炸最有效的工具，適用於探討蒸氣雲爆炸過程；以基本的物理過程為基礎的現象型模式比經驗相關型模式如TNT、TNO及CAM更可靠，適用於工廠設計階段的安全評估。由於經驗相關型模式易於使用，較適用於風險分析。

1.計算流體動力學模式

基於計算流體動力學（CFD）電腦模式眾多，例如，火焰加速模擬器（Flame Acceleration Simulator, FLACS）、由荷蘭國家應用科學組織（The Netherlands Organization For Applied Scientific Research, TNO）所開發的REAGAS、由挪威Telemark技術研發中心（Tel-Tek）的EXSIM等。它們都是為了模擬逼真的爆炸場景而開發的，在處理可燃氣體雲爆炸（VCE）過程中，這些模型充分考慮障礙物及幾何形狀對流動、亂流及火焰的影響。

火焰加速模擬器（FLACS）是一種用於模擬和分析火焰傳播及爆炸事件的計算流體力學（CFD）軟體。它可以模擬各種情況下的火災及爆炸現象，並提供對這些現象的定量及定性分析。FLACS軟體的開發始於1980年代初，由石油公司BP、Elf Aquitaine、Esso、Mobil、Norsk Hydro和Statoil共同資助的Gas Explosion Safety（GSP）專案資助。FLACS-86於1986年釋放給GSP贊助商後，不斷地推出新的商業化版本。自2006年起，FLACS v8.1開始公開釋放給客戶使用。2012年，推出的FLACSv10.0版本包含應用於兩相流計算的均勻平衡模式。

FLACS的主要功能和特點包括：

(1)火焰傳播模擬：可模擬火焰在不同環境中的傳播，包括開放空間、建築物內部、管道和設備中的火焰行為。

(2)爆炸模擬：可以模擬氣體爆炸、蒸氣雲爆炸等所產生的壓力波、衝擊波及火焰等現象，並預測爆炸對周圍環境和設施的影響。

(3)多相流體模擬：處理氣體、液體和固體顆粒等不同相態的流體，足以模擬複雜的火災及爆炸場景。

(4)視覺化能夠以動畫形式展示模擬結果，讓使用者更直觀地瞭解火災及爆炸的過程和影響。

2.現象型模式

現象型模式（Phenomenological Models）又稱為物理型模式，試圖應用理想化的幾何結構與經驗相關模式模擬蒸氣雲爆炸的基本物理過程。它將實際的幾何結構化簡以便於計算。當實際的幾何結構可以分解成模式中的簡化結構的組合時，這種模式就非常有效。現象型模式以簡化的方式考慮爆炸的物理過程，並且可以在各種條件下預測爆炸壓力。然而，由於簡化的關係，有些模式必須依賴經驗相關公式以模擬部分爆炸過程，因而影響預測的準確度。

此類模式代表為SCOPE及CLICHÉ兩種。SCOPE（Shell Code for Overpressure Prediction in Gas Explosion）模式由殼牌石油公司所開發[27]，它僅能預測在受限且擁擠的空間內點火的蒸氣雲產生的可能超壓，也可模擬火焰在受限或通風的箱內的傳播，並預測所產生的壓力。SCOPE非常適用於海上產油平台中所遇到的幾何結構，但不適用於陸地上的化學及煉油廠的擁擠的幾何結構中。

CLICHE模型是由英國天然氣公司所開發的模式[28]，可應用於評估包含多個分布障礙物體積內的蒸氣雲爆炸。此模式是從一個專門應用於海上產油平台結構的模式所發展出來，目前也已被廣泛用於海上平台中。此模型也不適用於陸地化學及石化廠的擁擠但非侷限的空間。

3.經驗相關模式

經驗相關模式可分為炸藥當量（三硝基甲苯）模式、TNO複合能量模式、理想氣體動力學模式等三類。

(1)炸藥當量模式

它是一種以產生相同威力的三硝基甲苯（TNT）炸藥當量估算蒸氣雲的爆炸威力的實驗性模式，並無任何理論基礎。

炸藥當量模式計算公式[26]為：

$$W = \eta M E_C / E_{CTNT}$$

其中　W＝三硝基甲苯質量（公斤）
　　　M＝可燃性物質排放總量（公斤）
　　　η＝爆炸係數（0.01～0.1）
　　　E_C＝可燃性物質的低燃燒熱（焦耳／公克）
　　　E_{CTNT}＝三硝基甲苯的低燃燒熱（4,437～4,765焦耳／公克）

爆炸後所產生的震波超壓（Overpressure）可由**圖13-7**中求得。依據有限的試驗數據，蒸氣雲爆炸後初期的震波超壓曲線遠低於三硝基甲苯，但在一段距離後兩者超壓相差不多；蒸氣雲爆炸震波停留時間較三硝基甲苯長（**圖13-8**）。

(2)TNO複合能量模式

TNO爆炸模式是荷蘭國家應用科學組織（TNO）所開發的模式，已被廣泛應用於預測及分析爆炸事件的後果如壓力波、火焰和碎片的影響範圍[31]。TNO模式把蒸氣雲爆炸後所釋放的能量折合成等能量的一系列等油氣量的組合。模式類比過程中將爆炸視為蒸氣雲內部一系列子源爆炸的疊加，並根據超壓水準給出安全距離[27]。由於TNO爆炸模式是基於特定參數和假設進行模擬的模式，預測結果可能會受到這些參數及假設的影響。在使用該模式時，必須確保使用合適的參數並根據實際情況進行校準。

Baker-Strehlow-Tang模式是由W. E. Baker以實驗數據為基礎，證明火焰速度與反應性、燃燒結構、結構密度等條件有關，提出了一整套的爆炸壓力波的計算方法。此方法再經過R. A. Strehlow增加了TNO複合能量（Multi-Energy）的假設，再經過M. J. Tang等人對爆炸曲線的修正[26、

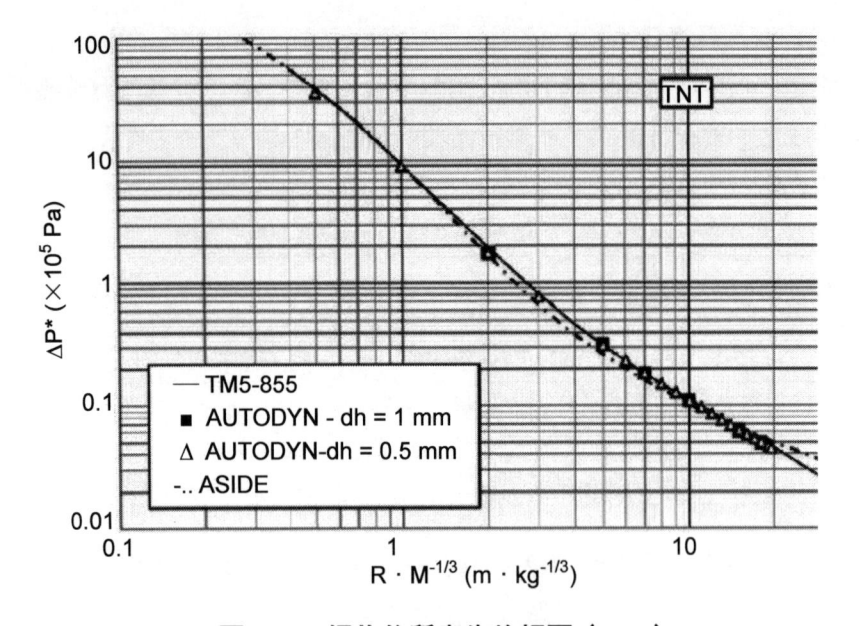

圖13-7　爆炸後所產生的超壓（kPa）
（圖中△P為超壓，R為距爆炸源距離（公尺），M為三硝基甲苯重量（公尺）[29]）

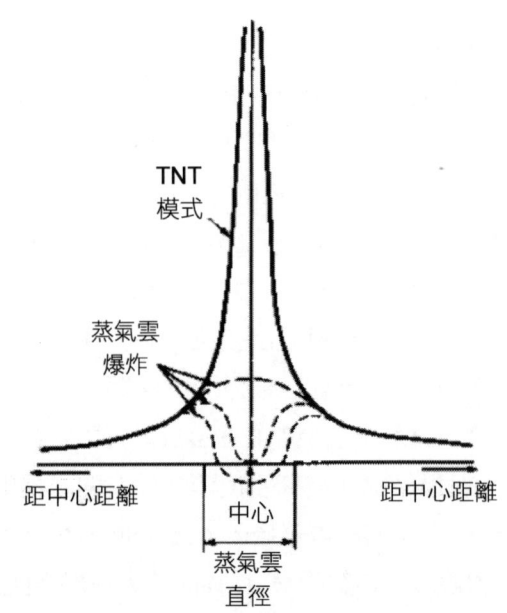

圖13-8　TNT模式與蒸氣雲爆炸模式的超壓比較[30]

[32]，目前已被產業界廣泛應用。

複合能量（Multi-Energy, ME）模式是van den Berg於1980年代所發展，它將擁擠效應所造成的火焰亂流考慮在內[33]。CAM（Congestion Assessment Model）模式是殼牌石油公司研究部門根據A. T. Cates的早期工作進行開發的，與TNO複合能量模式有很多共同之處。最初的版本中，爆炸源的強度是從一個決策樹中所推導出來的，而爆震波的衰減則來自於一個簡單的公式。自從最初的開發以來，CAM模型已被修改很多次，例如包括脈沖持續時間及結構形狀的估算，目前它能夠更詳細地預測阻塞情況下的爆炸。此外，它還能考慮不同燃料的反應性[34]。

(3)理想氣體動力學模式

理想氣體動力學模式（Ideal Gas Dynamic Model）是一種應用理想氣體動力學原理，試圖解釋爆炸事件產生的氣體流動、壓力波、衝擊波等現象的爆炸模式。主要考慮條件為：

- 氣體行為：假設爆炸事件中所有氣體為理想氣體，遵循理想氣體定律。
- 氣體流動：氣體在爆炸過程中的高速流動，如氣體的膨脹、壓縮、加速及減速等行為。
- 壓力波和衝擊波：模擬爆炸發生後所產生壓力波及衝擊波的傳播、能量分布及影響範圍。
- 能量釋放：試圖模擬能量釋放及分布，以瞭解爆炸事件的能量特性。
- 氣體參數：氣體的特性，如密度、壓力、溫度等參數對於模型的計算和預測至關重要。
- 周圍環境：爆炸發生的位置、周圍環境及障礙物的影響。

理想氣體動力學模式應用理想氣體動力學以預測爆炸發生後的歷程，有助於評估爆炸對周圍環境及結構的影響。然而，現實中的爆炸事件

可能涉及更複雜的因素，如非理想氣體行為、爆炸物的性質、環境條件等，因此模型的準確性及應用限制需要綜合考慮。

可燃性物質爆炸後會在空氣中產生壓力干擾，這些干擾在源頭附近是以非線性的震波形式向外輻射出來。震波會隨著距離的增加轉變為聲波。由於低頻聲波通常能在長距離內傳播，而能量損失有限，因此它們常被應用於爆炸監測及產量估算。雖然準確的產量估算需要聲能與爆炸產量之間的定量關係，但一些數學模式已被開發出來[35]。

聲能爆炸模式（Acoustic Explosive Model）是一種用於估算爆炸事件影響的模型，該模型基於爆炸產生的聲波在空氣中傳播的特性。它主要將爆炸產生的聲能與爆炸事件的性質和影響進行關聯，以提供有關爆炸規模、能量產量和可能後果的估計。它通常考慮以下幾個因素：

- 聲能傳播：爆炸產生的聲波在空氣中以壓縮波的形式傳播。聲波在空氣中以不同的頻率和振幅擴散，對環境產生壓力干擾。
- 能量與距離關係：聲波的能量隨著距離的增加而衰減。模型可能會考慮聲波在不同距離下的能量分布，以推導出聲能和距離之間的關係。
- 爆炸參數：模型可能需要知道爆炸的特定參數，如產量、爆炸設施的特性及環境條件。
- 後果評估：可以估計聲波的影響範圍，包括對周圍環境、設施及人員校準與驗證。

聲能爆炸模式的使用必須根據實際事件進行校準和驗證，以確保模式結果的準確性及可靠性。

4.模式比較

江俊成等曾應用三基甲苯（TNT）當量、TNO複合能量、複合能量（ME）、CAM模式預測1974年英國傅萊斯堡（Flexurgh, UK）及1992年美國Le Mede煉油廠的數據。結果顯示ME和CAM模型的結果與實際結果

非常接近，而TNO模型的結果則低於實際數據。TNT模型高估爆炸附近的超壓，同時低估了較遠距離的過壓。因此，在日常風險分析中，ME及CAM模式較TNT模式適合[36]。

謝昌霖等曾比較蒸氣雲爆炸中最廣泛使用的模型（三硝基甲苯當量法、荷蘭應用科學研究組織複合能量法、Baker-Strehlow-Tang方法）與商用計算流體力學模式——火焰加速模擬器（FLACS）的優缺點，並在不同障礙物封堵比例，評估及分析不同蒸氣雲爆炸模式下的側向的超壓及持續時間。他們發現蒸氣雲爆炸模型的選擇對RC柱的動態反應有很大影響；在所有蒸氣雲爆炸模型中，TNO複合能量法最為保守，而且在高封堵比例情況下，其失效模式與FLACS相當不同。Baker-Strehlow-Tang方法的預測結果最接近FLACS的結果。TNT當量法的結構反應在某些情景中受到了衝擊波形狀的影響，接近TNO複合能量法的結構反應[37]。

三、沸騰液體蒸氣爆炸

(一)定義

沸騰液體膨脹蒸氣爆炸（BLEVE）是容器或設備中的液體物質因為接受外界的熱能而開始沸騰，產生大量蒸氣，體積及壓力快速上升。如果容器結構無法承受內部壓力上升時，就會導致容器爆裂及氣體外洩；外洩氣體與空氣混和後如接觸點火源就會爆炸，造成周圍環境的嚴重損壞。儲存液化石油氣（LPG）或氨氣等高壓液體或氣體的容器或儲槽周圍發生火災時，極可能發生這種現象。

容器破裂後，壓力瞬間降低，過熱的液態物質會迅速氣化。如果所排放的物質為可燃性蒸氣時，很可能會受到火源點燃而產生火球。

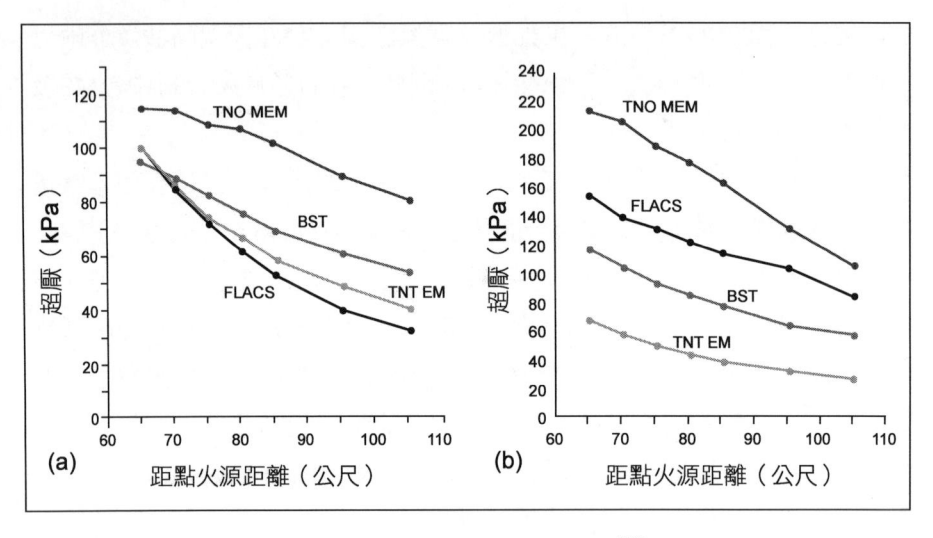

圖13-9　四種VCE模式比較[38]

(二)計算公式

估算BLEVE損失時，首先應估算爆炸後所產生的碎片數量，然後依據所排放的物質的可燃特性決定是否會點燃失火。如果是釋放出大量可燃性液體及氣體時，則必須考慮火球的形成及火球所造成的熱輻射影響。BLEVE所產生的爆炸震波威力可以應用物理爆炸的計算公式估算。

1.碎片數量

液化石油氣儲槽爆炸後所產生的80%碎片分布於300公尺的半徑範圍之內，碎片數量與儲槽或容器成正比[39]：

N（碎片數量）＝－3.77＋0.0096V

V為儲槽體積（立方公尺），適用範圍為300～2,500立方公尺。

2.火球直徑與燃燒時間

火球最大直徑（公尺）：$D_{max} = 6.48M^{0.325}$

火球燃燒時間（秒）：$t_{BLEVE} = 0.825M^{0.26}$
火球中間高度（公尺）：$D_{max} = 6.48M^{0.325}$
火球最大直徑（公尺）：$H = 0.75D_{max}$
初期地面上半球直徑（公尺）：$D_{initial} = 1.3D_{maxx}$

以上公式中，M為液體質量（公斤）。

3.熱輻射量

熱輻射量（瓦／平方公尺）：$Q_R = \tau E F_{21}$
τ為傳遞係數（$= 2.02 (P_w X)^{-0.09}$），P_w為空氣中水的分壓（牛頓／平方公尺或帕斯卡），X為距火球表面的距離（公尺）
E為表面輻射量（瓦／平方公尺）：$E = F_{rad} M H_c / [\pi (D_{max})^2] t_{BLEVE}$
H_c為低發熱量（瓦／平方公尺）
F_{rad}為輻射分率（$= 0.24 \sim 0.4$）
F_{21}為相對表面視角因數　$F_{21} = D2/(4\pi r^2)$
R為與火球之間的距離（公尺）

液化石油氣爆炸後所造成50%機率人員死亡的半徑（$r_{50\%} = 38.9M^{0.432}$），M為液體質量（公斤）。

四、侷限爆炸

在一個封閉或受限制的空間內所發生的爆炸現象稱為侷限爆炸（Confined Explosion）。爆炸後，體積及壓力會因燃燒後所產生的分子數量增加及溫度上升而升高幾倍至幾十倍。高壓及高溫的氣體所產生衝擊波、熱輻射及震動。它的影響範圍雖受限於環境空間，但爆炸的壓力波及能量導致更大的衝擊和破壞力。侷限爆炸可能發生在工業場所、儲存設施、建築物內部等封閉的空間中，例如化工製程廠房、儲存槽、爐床、

管線等之內的由於反應失控、燃燒或熱解所產生的爆炸。爆炸模式為爆燃、爆震及塵爆等三類。

(一)爆燃

在管線或設備內的可燃性氣體迅速點燃後會產生爆燃現象。爆燃所產生的壓力上升可由下列公式求得:

最大壓力上升比例[40]（E） $E = P_2 MAX/P_1 = N_2 T_2 / (N_1 T_1)$
$= M_1 T_2 / (M_2 T_1)$

M及N分別為氣體的分子量及分子數，T及P分別為氣體的絕對溫度及絕對壓力，1及2分別代表最初及最終狀態。

在侷限空間內，一般碳氫化合物與空氣混和及爆燃後，壓力比為8倍，但與純氧混和後，壓力比會高達16倍[39]。

最終狀態的壓力（P_2）$= K P_1 S^3 r^3 / V + P_1$

S為基本燃燒速率（公尺／秒），K（比例係數，$= 0.75 \pi E^2 (E-1) \gamma_u$），$\gamma_u$為未燃燒氣體的定壓比熱與定容比熱的比值，V為體積（立方公尺）。

(二)爆震

氫氣、甲烷、甲醇、乙炔、乙烯、丙酮、苯、環己烷等化合物與空氣混和後燃燒，會產生爆震現象。由於火焰速度超過音速，會產生音爆，氣體壓力可能超過20倍以上。B. Lewis及G. Von Elbe合著的 *Combustion, Flames and Explosion of Gases* 中所介紹的爆震公式可用來預測尖端壓力上升與震波的速度及衝擊壓力[41]。

(三)塵爆

塵爆後所產生的壓力可應用美國消防協會所建議的Swift & Epstein公式[42]估算，以作為設計排放系統的依據。

捌、效應模式

效應模式是應用於估算意外事件發生後，所引發的火災、爆炸及危害性物質的散布等後果對於周圍環境中的人員及財產所造成的影響。效應模式是依據過去的經驗值或實驗數據所得到的預測人員傷亡及財產損失的模式。危害性物質洩漏後所造成的意外有熱輻射、爆炸及毒性物質排放等三類。

一、熱輻射效應

熱輻射效應模式普遍應用於化學製程的設計及量化風險評估之中，其目的為估算危害性物質外洩後所造成的火災或爆炸的輻射熱能對周圍人員及物體所造成的傷害。美國石油協會所出版的*API RP521*中曾簡單地探討熱輻射對人體的影響，並且應用皮膚曝照後皮膚感受痛楚的反應時間（**表13-2**）作為設計燃燒塔的依據。**表13-3**及**圖13-10**分別列出不同程度熱輻射對人體的影響。

二、爆炸效應

表13-4列出不同強度的超壓所產生的效應；超壓超過2.1千帕斯卡（kPa）或0.3磅／平方英寸（psi）時，10%的一般房屋的玻璃會破碎；壓力愈高，損失愈大。爆炸後所產生的超壓時間與受損程度成正比，時間愈

表 13-2　曝照後皮膚感受痛楚的反應時間[43]

輻射強度 千瓦／平方公尺	輻射強度 英熱單位／(平方英寸 時)	時間 秒
1.74	500	60
2.33	740	40
2.90	920	30
4.73	1500	16
6.94	2200	9
9.46	3000	6
11.57	3700	4
19.87	6300	2

＊夏天日光輻射強度約為1,000瓦/平方公尺〔320英熱單位/（平方英寸 時）〕

表 13-3　熱輻射影響[44]

輻射強度 千瓦／平方公尺	輻射強度 英熱單位／（平方英寸 時）	效應
37.5	11,886	製程設備損壞
25.0	7,924	木材著火
12.5	3,962	導燃木材及熔化塑膠管下限
9.5	3,011	8秒後皮膚感受疼痛 20秒後次級灼傷
4.0	1,268	20秒後皮膚感受疼痛
1.6	507	長期曝照不會產生不舒服現象

長，則損失愈大。過壓超過105千帕斯卡時，人會因肺部出血而死亡。

三、毒性氣體效應

　　毒性氣體的效應模式可應用於評估及預測毒性氣體排放後對人體健康所產生的影響。首先必須預測或估算暴露範圍內毒性物質的濃度及人體

Chapter 13　影響分析

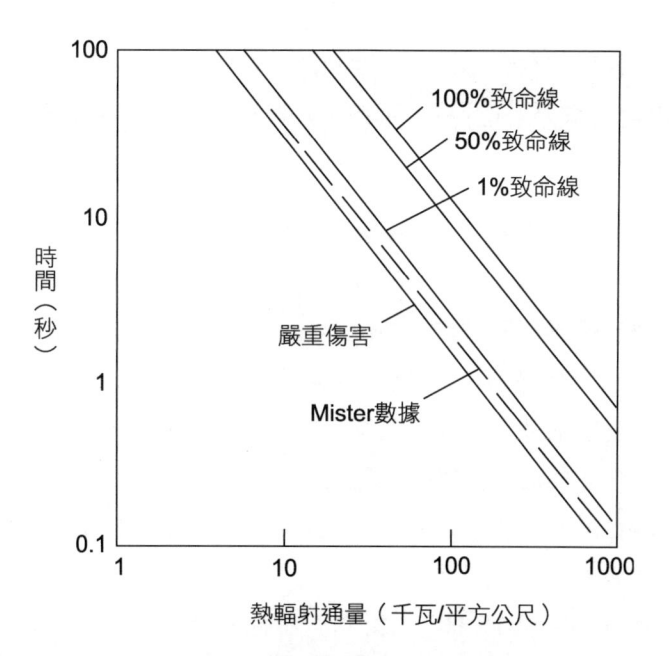

[圖表:熱輻射通量(千瓦/平方公尺) vs 時間(秒),顯示100%致命線、50%致命線、1%致命線、嚴重傷害、Mister數據]

圖13-10　熱輻射強度所造成的傷亡

（圖中Mister數據取材自參考文獻[46],[45]）

表 13-4　爆炸超壓所造成的效應[47]

超壓 千帕斯卡	損壞狀況	超壓 千帕斯卡	損壞狀況
0.14	擾人噪音	14～21	水泥地及牆壁破裂
0.21	震破少數脆弱的玻璃窗	16.1	建築物受損的下限
0.28	音爆造成部分玻璃窗破碎	17.5	50%磚房損壞
0.7	震破脆弱的小玻璃窗	21	廠內1.5噸設備輕微受損，鋼結構傾斜
1.05	可能震破普通玻璃窗	21～28	無樑架的鐵皮屋倒塌，油槽破裂
2.1	10%玻璃窗震碎	35	木製電線桿折斷
2.8	建築物結構受損	35～49	整個房屋倒塌
3.5～7	大小玻璃窗破碎	49	滿載火車貨櫃車廂翻倒
4.9	建築物結構受損	49～64	20～30公分厚的磚牆倒塌
7	房屋部分倒塌，無法居住	63	火車貨櫃車廂完全毀壞
7.0～14	牆壁倒塌，鋁板及鋼板傾斜	70	建築物完全摧毀，3.5噸機械設備被移動
9.1	鋼架略微傾斜	2,100	產生彈坑
14	部分牆壁及屋頂倒塌	-	-

暴露時間，然後依據物質毒性及濃度判斷其對於健康的影響。毒性物質的濃度可應用氣雲擴散模式計算，而其對人體的影響可應用以下的效標及方法[48]：

1. 緊急應變規劃指引（Emergency Response Planning Guidelines, ERPG）。
2. 具化學品保護行動準則（Protective Action Criteria for Chemicals, PACs）參考指標數值之毒性化學物質擴散模擬範圍。
3. 緊急應變指南吸入性毒性危害（Toxic Inhalation Hazard, TIH）物質建議之初期隔離與防護行動距離。
4. 不具PACs指標亦非TIH物種緊急應變指南中立即預防警戒區域與初期疏散範圍資訊。
5. 立即致危濃度（IDLH）：針對有急性呼吸危害之暴露而訂定，達此濃度可能造成生命喪失、不可逆的健康效應及降低逃生能力[49]，例如依美國國家職業安全衛生研究所（NIOSH）公布之標準，硫化氫及氨氣之立即致危濃度分別為100ppm及300ppm。

上述具PACs參考指標數值之毒性化學物質，其擴散模擬範圍係依據：

1. 由美國工業衛生協會（AIHA）所制定，依毒性物質允許暴露程度可分為三種：
    (1) ERPG－1：人員暴露於有毒氣體環境中約1小時，除了短暫的不良健康效應或不當的氣味之外，不會有其他不良影響的最大容許濃度。
    (2) ERPG－2：人員暴露於有毒氣體環境中約1小時，而不致使身體造成不可恢復之傷害的最大容許濃度。在此範圍之內應視為暖區。
    (3) ERPG－3：人員暴露於有毒氣體環境中約1小時，而不致對生命

造成威脅的最大容許濃度。在此範圍之內應視為熱區。
2. 美國國家海洋暨大氣總署（National Oceanic and Atmospheric Administration, NOAA）與美國環保署（Environmental Protection Agency, EPA）共同開發之ALOHA（Areal Locations of Hazardous Atmospheres）模擬軟體，依現行最新版本（2016年09月為5.4.7版），執行毒性化學物質洩漏模擬。
3. 美國國家海洋暨大氣總署（NOAA）之公眾暴露指南（*Public Exposure Guidelines*）所述，常見之暴露參考指標包含：急性暴露指標（Acute Exposure Guideline Levels, AEGLs）、緊急應變規劃指引（Emergency Response Planning Guidelines, ERPGs）、瞬時緊急暴露指標（Temporary Emergency Exposure Limits, TEELs）等。
4. 美國能源部（US Department of Energy）後果評估與保護行動組（Subcommittee on Consequence Assessment and Protective Actions, SCAPA）之化學品保護行動準則（Protective Action Criteria for Chemicals, PACs），依其建議，就上述公眾暴露指南各項指標，優先選用60分鐘AEGLs，其次依序為ERPGs與TEELs。

玖、電腦軟體程式

一、影響分析電腦模式

1980年代中期，荷蘭國家應用科學組織（TNO）所開發的黃書（*TNO Yellow Book*）及世界銀行所開發的WHAZAN開始為業界應用。1990年之後，其他軟體如雨後春筍般相繼推出（**表13-5**）。

目前以挪威驗船協會（DNV）所開發的PHAST及美國環保署開發的ALOHA應用最為廣泛。

表13-5　影響分析電腦模式

名稱	開發者	用途
ALOHA	美國環保署 海洋暨大氣總署	簡易型風險評估套裝程式 火災、爆炸、高斯及重氣體散布、
ARCHIE	美國緊急管理局	簡易型風險評估套裝程式
CHARM	Radian 公司	毒性物質散布、重氣體、池火及物質特性數據庫
CHEMS-PLUS	A.D.Little 公司	簡易型影響模式，適用於緊急應變計畫，含300種化學品數據
EAHAP	Energy Analyst公司	多種後果分析模式
EXSIM	EXSIM ,挪威	3DCFD氣體爆炸模擬
FLACS	GexCon, 挪威	3DCFD氣體爆炸模擬
HASTE	ENSR公司	毒性物質排放及後果分析
PHAST	挪威驗船協會DNV	散布（高斯模式及重氣體）、火災、爆炸
SAFETI	Technica DNV	散布（高斯模式及重氣體）、影響模式
TNO黃書	TNO 1979	散布（高斯模式及重氣體）、火災、爆炸
TRACE	Safer公司	散布模式：高斯及重氣體模式
Vulnerability 模式	N.A. Eisenberg 美國海岸防衛隊	化學品及液化氣體的運輸影響分析、汙染物散布、火災及爆炸
WHAZAN	世界銀行	各種不同模式及化學特性數據

二、ALOHA

　　由於ALOHA模式是由美國國家海洋暨大氣總署與環保署所開發，免費提供業界使用。近年來演變為應變工具，可推估化災事故發生後，化學品於大氣中之傳輸範圍，以作為化學災害應變計畫與訓練之用。美國風險管理計畫（Risk Management Planning Rule）也運用ALOHA軟體進行危險物運送之危害區域分析。內建化學品種類上千種，並可自訂新增物質[49]。它的特點為：

　　1.廣泛的化學資料庫，可讓使用者自由使用。

2.在不同的環境下估計氣體雲面積、濃度及隨著時間的改變量。

3.氣象參數可由使用者自行輸入或從氣象監測站獲得資料。

4.容易操作的圖形介面和顯示。

5.由於未考慮大氣稀釋與樹木吸附化學物質的衰減及地形對擴散情形的影響，分析時間僅為洩漏擴散後60分鐘之內，而且擴散距離不超過10公里，模擬後果較不精確。

三、PHAST

此程式為挪威驗船協會（DNV）所開發的商用軟體，自1990年代起約1,000家用戶應用，其中不乏跨國型石油及化學公司。PHAST的主要組成部分之一是統一分散模型（UDM），該模型包含了兩相噴射、重氣體和被動性分散、液滴淋雨和池塘擴散與蒸發等子模式。它可以模擬未加壓及加壓釋放、時間相關性釋放（穩態、有限持續時間、瞬時或時間變化）、浮力效應（浮力上升的雲、被動性分散或重氣體分散）、複雜的熱力學行為（多相或反應性煙羽）、地面效應（土壤或水，以及具有均勻表面粗糙度的平坦地形），以及不同的大氣條件（穩定、中性或不穩定）。它的特點為：

1.計算結果的可靠性：三十多年來在全球工業界不斷得到論證和驗證的綜合模型，確保計算結果的可靠性。

2.強大而便於操作的報告能力：各類綜合報告和圖表能清晰直觀地展現結論，在地圖上可直接顯示各後果影響區域範圍。

3.適用範圍廣：可對不同的洩漏類型和來源進行建模，如各種孔徑洩漏、安全閥和爆破片洩漏、管道斷裂、容器全破裂等，也可用戶自訂複雜洩漏場景。

4.可評估各類危險：可評估一系列易燃和有毒危險廣泛證實的模型：PHAST為分析流程工業中的常見危險事故提供了一整套已得到廣泛

證實的模型。
5. 使用者友善：自訂的洩漏、擴散、液池、易燃和有毒後果的相關分析，滿足用戶各種靈活的分析需求。

四、ALOHA與PHAST比較

M. Pouyakian等人曾經分析40篇有關分析2006-2022年之間伊朗所發生的意外事件的論文。結果顯示，其中25篇研究應用PHAST軟體，而11篇研究使用了ALOHA，4篇研究同時應用ALOHA及PHAST。在低濃度下，這兩種軟體的結果之間不同。在相對穩定和穩定的天氣條件下，PHAST軟體在較長距離上所提供的結果比ALOHA更準確。應用PHAST軟體的研究中，對危害及情境的探討及辨識不僅較多，而且也較準確。應用ALOHA軟體的研究則較少探討危害及情境[50]。

拾、結語

影響分析是一種推估意外發生後所產生的危害性物質的排放及擴散、火災、爆炸後果與效應（熱輻射、毒性效應）的方法，以支援建廠選址、緊急應變規劃及風險管理等任務。它已普遍應用於風險管理、專案規劃、環境保護等領域。模擬危害性物質排放後的擴散及其所產生的後果模式早在上個世紀中末期發展出來，已經非常成熟。自1980年起，影響模式軟體不斷地被開發出來，目前美國環保署開發的ALOHA已普遍應用於地方政府緊急疏散及應變計畫中，而挪威驗船協會所開發的PHAST則為石油、天然氣及化學等產業作為執行風險評估必備的軟體。

習題

1. 解釋名詞

    (1)物理性爆炸（98年工安技師高考）；(2)BLEVE（103年工安技師高考）；(3)UNVE；(4)侷限爆炸Confined Explosion；(5)爆燃

2. 請說明重大災害的後果分析，包括那二大模式？（20分）（111年工安技師高考）

3. 請解釋何謂VCE（Vapor Cloud Explosions）？VCE發生步驟？易燃性氣體或蒸氣外洩時，在什麼條件下會形成VCE（Deflagration和Detonation）？（110年工安技師高考）

4. 當重大危害發生後，會以效應模式分析災害發生時呈現的物理現象，如排放（discharge）、汽化（evaporation）和散布（dispersion），及其所造成的物理效應。請說明危害物質排放與散布模式。（108年工安技師高考）

5. 列舉美國工業衛生協會（AIHA）所制定，依毒性物質允許暴露程度的三種指標ERPG-1、ERPG-2及ERPG-3的定義。

6. 說明影響分析的適用範圍。

7. 列舉應用於製程安全的影響分析的執行步驟。

8. 說明影響氣雲散布的因素。

9. 應用高斯函數（Gaussian Function）模擬重氣體的散布的缺點。

10. 列舉氣雲的散布方式。

參考文獻

1. AIChE (1989). *Guidelines for Chemical Process Quantitative Risk Analysis*. American Institute of Chemical Engineers, Washington, DC, USA.
2. Pasquill, F., & Smith, F. B. (1983). *Atmospheric Dispersion* (3rd Edition). Halstead Press.
3. 環境部（2023）。《高斯擴散模式的簡要描述》。空氣品質模式支援中心。
4. USEPA (2023). Air Quality Dispersion Modeling- Preferred and Recommended Models. Support Center for Regulatory Atmospheric Modeling (SCRAM). https://www.epa.gov/scram/air-quality-dispersion-modeling-preferred-and-recommended-models#aermod
5. 曠永銓、許佩菁（2005）。〈AEROD煙流模式在台灣之應用研究〉。《中興工程》，88，55-62。
6. 劉漢琪（2012）。〈AERMOD與ISCST3應用於國內空氣汙染物面源排放模擬之比較研究〉。國立臺北科技大學環境工程研究所碩士論文。
7. Dehankar, P. B., Deshpande, D. P., & Katekhaye, S. N. (2013). Assessment of Accidental Release Heavy Gas Dispersion from Chemical Industries Varying Wind Parameter. https://www.researchgate.net/publication/268508746_ASSESSMENT_OF_ACCIDENTAL_RELEASES_HEAVY_GAS_DISPERSION_FROM_CHEMICAL_INDUSTRIES_VARYING_WIND_PARAMETER?channel=doi&linkId=546d9a250cf26e95bc3cb9b0&showFulltext=true.
8. Colenbrander, G. W. (1980). A Mathematical Model for the Transient Behavior of Dense Vapor Clouds. Basel, Switzerland: 3rd International Symposium on the Prevention and Safety Promotion in the Process Industries.
9. Colenbrander, G. W. & Puttixk, J. S. (1983). *Dense Gas Dispersion Behavior: Experimental Obsmatioru and Mudel Developments*. Harrogate, England: International Symposium on LQSS Prevention and Safety Promotion in the Process Industries.
10. Van Ulden, A. P. (1974). On the Spreading of a Heavy Gas Released Near Ground. *Loss Prevention and Safety Promotion, 1*, p. 221.
11. Cox, R. A., & Carpenter, R. J. (1980). Further Development of a Dense Vapor Cloud

Dispersion Model for Hazard Analysis, in "Heavy Gas and Risk Assessment" edited by S. Harwig, *Proceedings of a Symposium on Heavy Gas*. Frankfort, Germany, September, 1979, pp. 55-87.

12. AIChE (1996). *A Guidelines for the use of Vapor Cloud Dispersion Models* (2nd Edition). American Institute of Chemical Engineers, Washington, DC., USA.

13. Sand Point Way NE, Seattle, WA 98115 and on CAMEO/ALOHA web site, 1992. 10.

14. Witlox, H. W. M. & McFarlane, K. (1994). Interfacing dispersion models in the HGSYSTEM hazard-assessment package. *Atmospheric Environment, 28*(18), 2947-2962.

15. Sykes, R. I., Parker, S. F. & Henn, D. S. (2004). SCIPUFF Version 2.1 Technical Documentation, Titan Corporation, P. O. Box 2229, Princeton, NJ, p. 292.

16. Sykes, R. I., Cerasoli, C. P. & Henn, D. S. (1999). The Representation of dynamic flow effects in a Lagrangian puff dispersion model. *Journal of Hazardous Materials*, 64(3), 223-247.

17. Ermak, D. L. (1989). *A Description of the SLAB Model*. The JANNAF Safety & Environmental Protection Subcommitte Meeting, Brooks, AFB, San Antonio, TX, April 3-6.

18. SAFER Systems, Description of Modeling Algorithms, TRACE Version 8.0. Loose leaf notebook available from SAFER Systems, 4165 E. Thousand Oaks Blvd., Suite 350, Westlake Village, CA 91362, (1996).

19. CHARM Software, https://www.charmmodel.com/charm.aspx.

20. Zappert, J. G., Londergan, R. J., & Thistle, H. (1990). Evaluation of Dense Gas Simulation Models. EPA Model Evaluation Program, EPA Contract 68-02-4399.

21. US EPA (1993). Guidance on the application of refined dispersion models for hazardous/toxic air releases. US EPA. EPA-454/R-93-002.

22. Mazzola, T. et al. (2021). Results of comparisons of the predictions of 17 dense gas dispersion models with observations from the Jack Rabbit II chlorine field experiment. *Atmosphere Environment, 244*, 117887.

23. Hanna, S., Dharmavaram, S., Zhang, J., Sykes, I., Witlox, H., Khajehnajafi, S., & Koslan, K. (2008). Comparison of six widely-used dense gas dispersion models for three actual railcar accidents. *Process Safety Progress, 27*, 3, 248-259.

24. FEMA (1989). *Handbook of Chemical Hazard Analysis Procedures*. Appendix 13-25, Federal Emergency Management Agency, Washington, DC, USA.
25. Clancy, V. J. (1972). *Diagnostic Features of Explosion Damages*. 6th International Meeting of Forensic Sciences, Edinburgh, Scotland, UK.
26. Baker, W. E., Cox, P. A., Westine, E, P. S., Kulesz, J. J., & Strehlow, R. A. (1983). *Explosion Hazards and Evaluation*. Elsevier, Amsterdam.
27. Puttock, J. S., Yardley, M. R., & Cresswell, T. M. (2000). Prediction of vapor cloud explosion using SCOPE model. *Journal of Loss Prevention in the Process Industries*, 13, 419-431.
28. Cleaver, R. P., Humphreys, C. E., Morgan, J. D., & Robinson, C. G. (1997). Development of a model to predict the effects of explosions in compact congested regions. *Journal of Hazardous Materials, 53*, 35-55.
29. Sochet, I., Gardebas, D., S. Calderara, S., Marchal, Y., & Longuet, B. L. (2011). Blast Wave Parameters for Spherical Explosives Detonation in Free Air. *Open Journal of Safety Science and Technology, 1*, 31-42 doi:10.4236/ojsst.2011.12004
30. Marshall, V. C. (1976). The siting and construction of control buildings: A strategic approach. *Process Industry Hazards, 187*, Symposium Series No.47, Institution of Chemical Engineers Services.
31. Wiekema, B. J. (1979). Vapor Cloud Explosion in Methods for Calculation of Physical Effects of Escape of Dangerous: Liquids and Gases (The Yellow Book).
32. Tang, M. J., & Baker, Q. A. (1999). A new set of blast curves from vapor cloud explosion. *Process Safety Progress, 18*(4), 235-240.
33. Van den Berg, A. C. (1985). The multi-energy method: a framework for vapour cloud explosion blast prediction. *Journal of Hazardous Materials, 12*, 1-10.
34. Puttock, J. (2001). Developments in the congestion assessment method for the prediction of vapour-cloud explosions. *Loss Prevention and Safety Promotion in the Process Industries*, pp. 1107-1133. Amsterdam.
35. Kim, K., Rodgers, A., Garces, M., & Myers, S. (2021). Empirical Acoustic Source Model for Chemical Explosions in Air. *Bulletin of the Seismological Society of America, 111*(5), 2862-2880.
36. Jiang, J. C., Liu, Z. G., & Kim, A. (2001). Comparison of blast prediction models

for vapor cloud explosion. The Combustion Institute/Canada Section, 2001 Spring Technical Meeting, 13-16 May 2001, pp. 23.1-23.6.

37. Xie, C. L., Shi, Y. C., Dai, W. T., & Hu, Y. (2023). Comparative Analysis of Blast-Load Models in Vapor Cloud Explosions. *Journal of Performance of Constructed Facilities, 37*(2), https://ascelibrary.org/doi/10.1061/JPCFEV.CFENG-4091.

38. Park, D. J., & Lee, Y. S. (2009). A comparison on predictive models of gas explosions, Korean, *J. Chem. Eng., 26*(2), 313-323.

39. Holden, P. L., & Reeves, A. R. (1985). Fragment hazard from Failures of Pressurized Liquefied Gas Vessels, Assessment and Control of Major Hazards. *IChE Symposium Series No. 93*, 205-220.

40. Zabetakis, M. G. (1965). *Flammability Characteristics of Combustible Gases and Vapors*. Bulletin 627. US Department of Interior, Bureau of Mines, Washinton, DC., USA.

41. Lewis, B., & Von Elbe, G. (1987). *Combustion, Flames and Explosion of Gases* (3rd Edition). Academic Press, San Diego, CA.

42. Swift, I., & Epstein, M. (1987). Performance of Low Pressure Explosion Vents. *Plant and Operations Progress, 6*(2), 98-105.

43. American Petroleum Institute (1982). *Guide for Pressure Relieving and Depressurizing Systems, API Recommended Practice 521* (2nd Edition). Washington, DC., USA.

44. World Bank (1985). *Manual of Industrial Hazard Assessment Techniques*. Office of Environmental and Scientific Affairs, Washington, DC., USA.

45. Mudan, K. S. (1984). Thermal Hazards from Hydrocarbon Pool Fires. *Proc. Energy and Combustion Science, 10*(1), 58-60, ISBN-0360-1285.

46. Mixter, G. (1954). The Empirical Relation between Time and Intensity of Applied Thermal Energy in Production of 2+ Burns in Pigs. University of Rochester Report, No. UR-316, Contract W-7401-eng-49.

47. Clancy, V. J. (1972). *Diagnostic Features of Explosion Damages*. 6th International Meeting of Forensic Sciences, Edinburgh, Scotland.

48. NIOSH (2023). Immediately Dangerous to Life or Health (IDLH) Values, National Institute of Occupational Safety and Health, Washington, DC., USA. https://www.

cdc.gov/niosh/idlh/default.html.
49. 南投縣環保局（2020）。公私場所重大空氣汙染事故擴散模擬分析。https://www.ntepb.gov.tw/df_ufiles/sub2/%E5%85%AC%E7%A7%81%E5%A0%B4%E6%89%80%E9%87%8D%E5%A4%A7%E7%A9%BA%E6%B0%A3%E6%B1%A1%E6%9F%93%E4%BA%8B%E6%95%85%E6%93%B4%E6%95%A3%E6%A8%A1%E6%93%AC%E5%88%86%E6%9E%90.pdf
50. Pouyakian, M., Ashouri, M., Eidani, S., Madvari, R. F., & Laal, F. (2023). A systematic review of consequence modeling studies of the process accidents in Iran from 2006 to 2022. *Heliyon, 9*(2), e13550.

14

可能性分析

壹、定義

貳、發展歷程

參、適用範圍

肆、可能性數據估算

伍、歷史數據的應用

陸、設備可靠度

柒、物理模式

捌、結語

可能性分析（Likelihood Analysis）又稱似然分析，是一種應用於評估不同事件或假設發生的可能性的方法。它是根據已有的資訊和資料，推斷不同假設或事件發生的相對可能性大小；因此普遍被應用至統計學、風險管理、醫學研究及工程等領域上。

壹、定義

　　可能性是指在設定的觀察條件下，事件發生的機率或頻率（單位時間內所發生的次數）或其函數。可能性分析與最大可能性估計（Maximum Likelihood Estimation, MLE）密切相關。可能性函數的參數值可以透過最大化可能性的計算過程，將模式所預測的數據與實際觀察數據之間的差異最小化而求得。可能性分析是一種基於統計學和概率理論的方法，用於評估不確定性事件或假設的機率。它的發展歷程包括貝葉斯統計學的起源、頻率主義統計學的發展、風險評估的應用、貝葉斯統計學的復興，以及在機器學習及人工智慧等。這種方法在現代數據科學和決策分析中扮演著重要的角色。可能性分析是風險評估中不可或缺的部分。生產工廠所隱藏著許多潛在的危害因子如果被引發後，很可能造成毒性物質的散布、火災、爆炸等意外事故，進而造成人畜中毒、財產損失、環境汙染及生態破壞等嚴重的後果。為了降低意外的發生及後果，安全專家們應用可能性分析以探討及估算危害源發生的機率或頻率，以作為決定改善決策的參考。可能性分析通常涉及不確定性和假設，因此在解釋及使用結果時需要謹慎。此外，高可信度的數據及良好的模式選擇對於可能性分析結果的準確度極為重要。

貳、發展歷程

1. 貝葉斯統計學：可能性分析的發展根源可以追溯到18世紀的貝葉斯統計學。托馬斯・貝葉斯（Thomas Bayes）提出了一個基於先驗機率和觀測數據的機率推斷框架，這為後來的可能性分析提供了基礎。
2. 頻率主義統計學：在20世紀初，頻率主義統計學的發展也對可能性分析產生了影響。頻率主義統計學強調使用樣本數據來估計參數的值，並基於大樣本理論進行推斷。這種方法在傳統統計學中廣泛使用。
3. 風險評估的應用：自1960年代中期起，可能性分析開始應用於風險評估中估算失效或失誤的主要工具。
4. 貝葉斯統計學的復興：由於電腦的計算能力大幅提升後，馬克羅夫鏈蒙特卡羅（Markov Chain Monte Carlo, MCMC）等計算方法的引入使得複雜的貝葉斯分析變得更加可行。
5. 機器學習及人工智慧：應用於估計模型參數、分類和迴歸分析，以及處理不確定性。貝葉斯網絡是一種用於建模機器學習中不確定性的工具。

參、適用範圍

可能性分析應用範圍廣泛：

1. 統計學與資料分析：應用於參數估計及假設檢驗。專家透過最大似然估計（Maximum Likelihood Estimation），可以找到使觀察數據在設定模式下出現可能性最大的參數值。
2. 風險管理與決策分析：評估金融、人為及自然災害或專案管理中危

害因子的發生機率,以作為風險分析的依據。
3. 醫學與生物學研究:評估患某種疾病的患者的治療成功率,或者在生物學領域中評估不同基因突變的發生機率。
4. 環境科學與氣候變化:評估不同氣候變化情境下的溫度上升、海平面上升等事件發生的可能性,有助於制定因應氣候變化的政策及具體措施。
5. 工程與技術:評估不同產品設計或系統故障的可能性產品設計。
6. 市場分析與商業決策:評估不同市場趨勢、產品銷售情況或競爭的動向,有助於企業制定行銷策略及商業決策。
7. 社會科學與政策制定:評估不同政策措施的實施成功機率,以作為政策決策的依據。
8. 金融與投資:評估不同投資組合或金融產品的風險及收益潛力。

肆、可能性數據估算

一、數據取得方式

可能性數據的選擇及估算可分為下列四種方式[1]:

1. 主題專家的意見(Subject Matter Experts)。
2. 歷史數據:選擇及修正歷史意外事故中適當的數據。
3. 可靠度分析:應用可靠度分析方法計算及預測事故發生的可能性及後果。
4. 物理模式:以物理模式模擬事故發生的可能性及後果。

主題專家的意見方式僅在沒有足夠的歷史性數據或可靠度時應用,不在此討論。其他三種則分別介紹於後。

二、執行步驟

無論應用上述任何四種方式,基本步驟皆為:

1. 設定假設條件:確定所需進行可能性分析的假設或事件,例如情景、選項或結果。
2. 蒐集數據及資訊:蒐集與分析物件相關的數據及資訊,作為分析的依據。
3. 建立模式:根據蒐集到的數據及資訊,建立數學模式,以描述各種假設或事件的可能性分布。
4. 參數估計:如果模式涉及參數時,可應用最大似然估計等方法來估計模式中的參數值,將模型的計算值與實際觀測值的誤差減少至最低。
5. 計算可能性:基於所建立的模式及估計的參數值,計算不同假設或事件的可能性分布。
6. 解釋結果:分析可能性分布的結果,評估不同假設或事件發生的相對可能性大小,以及不確定度。
7. 敏感性分析:進行敏感性分析,評估不同參數變化對結果的影響,以瞭解模型的穩健性和不確定性。
8. 制定決策:基於可能性分析的結果,做出相應的決策或採取行動,以因應不同的情況。

伍、歷史數據的應用

一、估算過程

頻率是單位時間內事件發生的次數,因此頻率可以從過去一段時間

內所發生的相同事件數量計算出來，例如氣象單位皆記錄過去百年來氣候變化的統計數據，例如晴雨天次數或溫度變化等。意外事件發生的頻率也可以從歷史上發生的意外紀錄中整理出來。歷史事件的頻率估算過程（**圖14-1**）如下：

1. 設定目標：辨識失效狀況、意外事件、情境等。
2. 蒐集及整理數據：首先從意外事件資料庫（**表14-1**）、新聞報導及書籍中蒐集及整理火災、危害性物質洩漏或爆炸等意外事故發生的

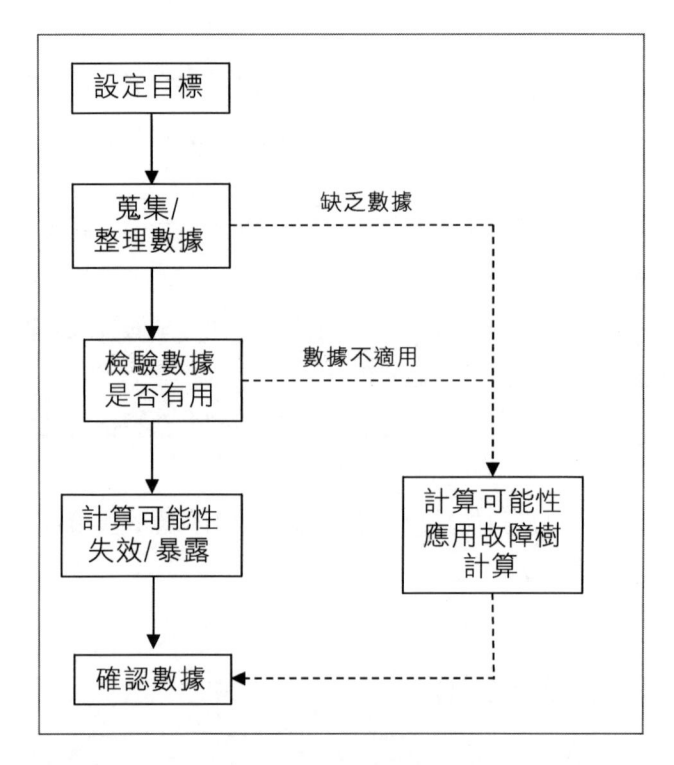

圖14-1　由歷史紀錄中估算事故發生的可能性

表 14-1　意外事故統計來源

資料庫名稱	內容	負責單位
CSB	危害性化學品意外資料庫	美國化學安全組織，CSB
eMARS	歐盟重大意外申報系統	歐盟重大意外危害局，MAHE
EPICEA	17,000工作場所意外	法國國家安全研究院，INRS
FACTS	失效及意外技術資料系統	荷蘭應用科學研究組織，TNO
NEIDS	自然及環境災害資訊交換系統	歐盟自然風險部門
PSID	製程安全意外資料	美國化學工程師學會，AIChE
PROCESS NET	德國化學工業意外	德國化學及生物科技網，DECHEMA
WOAD	世界離岸意外統計	挪威驗船協會，DNV
ASMOU	固定離岸意外統計	英國衛生安全局，HSE

次數，然後界定失效事件及決定設備暴露狀況。

3. 檢驗數據：檢驗適用性及可靠度、確認是否為原始數據、修正技術變更、場地的影響，最後依據安全防護系統及削減措施修正。
4. 如果數據缺乏或所蒐集的數據無法適用時，則應用故障樹方法由危害因子失誤機率或頻率計算。
5. 與國內外相關產業所發表的數據庫比較，以確認數據的可信度。

二、失效速率修正

如果失效速率數據缺乏時，則可應用下列公式修正：

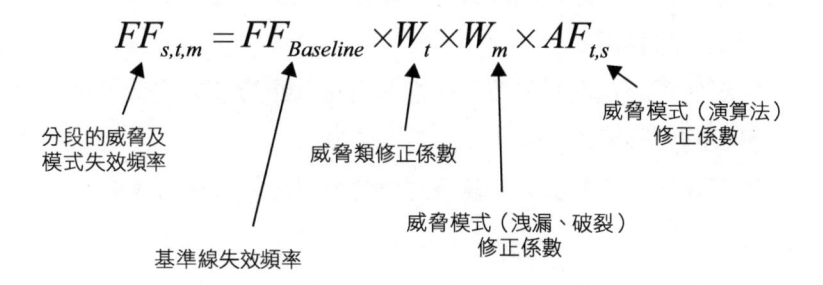

$$FF_{s,t,m} = FF_{Baseline} \times W_t \times W_m \times AF_{t,s}$$

- $FF_{s,t,m}$：分段的威脅及模式失效頻率
- $FF_{Baseline}$：基準線失效頻率
- W_t：威脅類修正係數
- W_m：威脅模式（洩漏、破裂）修正係數
- $AF_{t,s}$：威脅模式（演算法）修正係數

表14-2　失效速率修正

失效模式	原始數據	剔除不適用數據	修正因子	最終數據
材料缺陷	0.21	0.07	1.0	0.07
腐蝕	0.32	0.05	1.0	0.05
外界衝擊	0.50	0.24	2.0	0.48
天災	0.35	0.02	0.5	0.01
其他	0.06	0.05	1.0	0.05
總計	1.44	0.43	--	0.66

表14-2顯示數據修正前後的變化，圖中的修正因子為上列公式中三種修正因子的乘積。

美國交通部管線及危害物質安全管理局（DOT PHSMA）建議估算可能性時應注意下列事項[1]：

1. 權重數值應視分段的條件而調整，避免應用單一或固定的權重數值。
2. 模型變數值的不確定性可能會影響風險分析的結果，應仔細評估。威脅而引起的失效的可能性應該在相同的不確定性及威脅所引起的後果的背景下進行評估。
3. 失效可能性的估算應定期進行驗證，包括對模型輸入及輸出的評估，以確保風險模型可以準確地代表設備或系統風險。
4. 辨識重要的危害或風險驅動因素直接影響模型估算的結果。
5. 當風險分析涉及好幾個威脅時，應該評估威脅之間的相互作用對失效可能性的影響。
6. 風險評估應該包括對失效可能性具有重要影響或對失效後果具有重大影響的人為因素。
7. 應用不同的建模方法以估算不同威脅所引起的失效可能性。

陸、設備可靠度

一、定義

可靠度（Reliability）係指一個系統、設備、產品或製程在一段時間內保持正常運行的程度，它是工程、科學及品質管制等領域所衡量系統的穩定性及持續性的依據。可靠度可由以下幾個指標衡量：

1. 失效速率：失效速率是指在單位時間內發生故障的次數。通常以每單位時間內的故障次數來表示，例如每年故障次數、每百萬小時故障次數等。低故障速率通常意味著更高的可靠度。
2. 平均失誤間隔時間（Mean Time Between Failures, MTBF）：MTBF是指平均兩次故障之間的時間差異，也就是系統在平均運行一段時間後第一次發生故障的預期時間。MTBF越長，系統越可靠。
3. 平均修復時間（Mean Time To Repair, MTTR）：MTTR是指從故障發生到系統修復完成的平均時間。縮短MTTR可以提高系統的可靠度，因為損毀修復得越快，系統中斷時間就越短。
4. 可用性（Availability）：可用性是指系統在固定時間內正常操作的機率。
5. 冗餘設計（Redundancy）：冗餘設計是透過在系統中添加備用零組件或備用路徑以提高系統的可靠度。如果一個零組件發生故障時，備用零組件可以繼續工作，從而減少系統中斷時間。

二、可靠度估算

(一)可靠度

設備可靠度是在一個固定時間內設備成功運轉的機率，因此它是

時間及反映設備失效的函數：

$$R(t) = 1 - F(t)$$

其中$R(t)$可靠度函數，失效速率密度函數$f(t)$為失效分配機率總和$F(t)$對時間t的微分：

$$f(t) = \frac{dF(t)}{dt}$$

$$F(t) = \int_0^t f(t)\,dt$$

t時間點的失效速率$\mu(t)$為：

$$\mu(t) = f(t)/R(t) = [dR(t)/dt]/R(t)$$

一般設備的失效速率曲線多呈圖14-2所顯示的浴缸型形狀，t初期及末期失效速率較高，中間的失效速率幾乎為常數。

假設失效機率為常數時，可靠度與失效機率的關係可化簡為卜瓦松函數（Pisson Function）[2]：

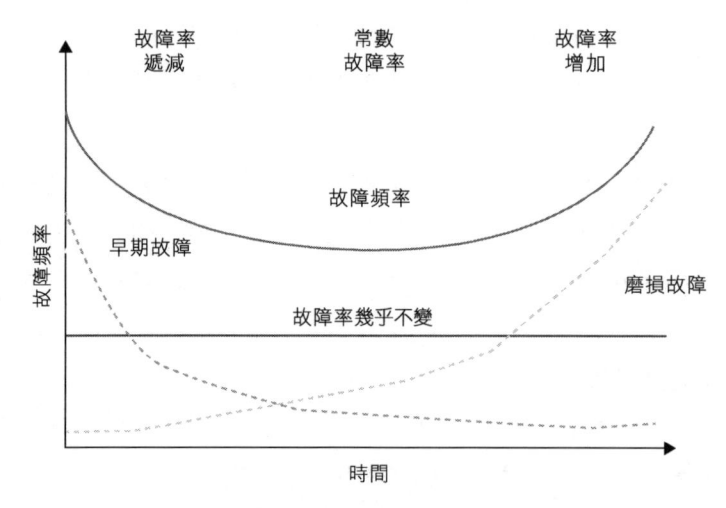

圖14-2　單元設備故障頻率多呈浴缸形狀

$$R(t)=e^{-\mu t}$$

μ為失效速率。失效速率愈高或時間愈長，則可靠度愈低。

不可靠度$U(t)$為：

$$U(t)=1-R(t)=1-e^{-\mu t}$$

失效密度函數$f(t)$為失效速率對時間的微分：

$$f(t)=dF(t)/dt=\mu e^{-\mu t}$$

(二)平均無故障間隔時間（MTBF）及可用性

$$\text{MTBF}=\int_0^\infty tf(t)\,dt=\mu$$

如果失效速率是時間的函數時，則必須考慮時間因素的影響。

可用性是平均無失效間隔時間除以平均無失效間隔時間（MTBF）與平均修復時間（MTTR）之和的商數。

可用性＝MTBF／(MTBF＋MTTR)

製程或系統的意外事故多由許多不同的設備或零組件故障的相互作用所產生。它們之間的相互作用可分為並聯或串聯兩種方式。它們的組合方式請參考第八章故障樹中的介紹。設備的失效速率或機率也可由故障樹分析求得。

三、失效速率數據

(一)失效速率數據來源

設備失效速率可分為下列四種：

1. 工廠數據：由工廠的維修紀錄篩選而得。
2. 通用數據：由業界通用的可靠度手冊或數據庫取得。
3. 預測值：由模式計算取得。
4. 判斷值：依據專家的判斷所得的數據。

表14-3列出文獻中一般設備及儀器的失效速率數據，以供參考使用。由於任何一個工廠或企業所能蒐集的數據不僅數量有限，而且可能缺乏代表性，因此執行風險評估多從業界通用的可靠度資料庫篩選所需的設備或元件的失效或可靠度數據。

表 14-3　一般設備及儀器的失誤速率[3、4]

設備名稱	失效速率[2] 次/百萬小時	修復時間 小時	修復工時 人時	儀器名稱	失效速率[3] 次/年
四衝程柴油引擎	54.9	10	21	控制器	0.29
油泵	72.0	20	48	控制閥	0.6
氣泵	10.1	11	11	流量計（流體）	1.14
柴油發電機	30.0	27	35	流量計（固體）	3.75
液化天然氣儲槽	30.1	8.2	12	流量開關	1.12
熱交換器	17.3	47	112	氣液層析儀	30.6
壓縮機	194.4	16	30	手動閥	0.13
膨脹機	12.7	16	390	指示燈	0.044
鍋爐	450.6	25	25	液面計	1.7
蒸氣渦輪	101.2	9.5	9.5	固態水平計	6.86
水泵	39.9	69	69	氧氣計	5.65
渦輪式水泵	69.6	129	120	pH計	5.88
蒸發器	17.3	47	47	壓力測試	1.41
齒輪箱	1.5	0.1	0.1	釋壓閥	0.022
熔融碳酸鹽燃料電池	30.3	8.2	8.2	壓力開關	0.14
觸媒燃燒器	62.5	14	14	線圈閥	0.42
電池	9.0	42	42	步進馬達	0.044
電動馬達	25.0	24	24	熱電偶	0.52

(二)設備／儀器可靠度資料庫

自從20世紀80年代以來，美國化學工程師學會的化學製程安全中心（Center for Chemical Process Safety, CCPS）於1989年出版《製程設備可靠度數據準則》（*Guidelines for Process Equipment Reliability Data*），以及在1998年出版《以數據蒐集及分析改善工廠可靠度的準則》（*Guidelines for Improving Plant Reliability through Data Collection and Analysis*）。隨後不斷地補充與改善而產生PERD（設備可用性、可靠性、設計改進、維護策略和生命週期成本確定等）資料庫。其他地區如瑞典核電廠、荷蘭國家應用研究組織（NTO）、挪威石油署及SINTEF組織、國際電工委員會等皆曾蒐集及出版機械、電機及電子設備與元件可靠度數據。**表14-4**列出可靠度數據手冊與資料庫的來源。

表14-4 可靠度數據手冊及資料庫

名稱	內容	負責單位
EiReDa	歐洲工業可靠度數據	註
EPRD	電子零件可靠度數據（RAIC）	Quanterion Solutions
EXIDA	安全設備可靠度手冊	EXIDA
FIDES	電子零件可靠度數據	FIDES
FMD-2016	故障模式／機制(RIAC)	Quanterion Solutions
IEC/TR62380	電子元件及設備可靠度數據手冊	國際電工委員會，IEC
NPRD-95	非電子零件可靠度數據（RAIC）	Quanterion Solutions
MIL-HDBK-217F	美國軍事手冊：電子設備可靠度預測	美國國防部
OREDA	離岸可靠度數據	挪威石油署
PDS-Handbook	控制及安全系統可靠度數據	挪威 SINTEF
PERD	製程設備可靠度數據	美國化學工程師學會
SPID	系統及元件整合數據報告	系統可靠度中心
SR-332	電子設備的可靠度預測	Telcordia Technologie
T-book	北歐核電廠可靠度數據	瑞典核電廠

(三)通用數據修正

由於設備或元件的失效速率與設備類別、功能、規模、製造材質、製造技術、品管、環境因素、操作及維修、所處理的物質、使用時間與頻率等有關，u因此應用通用失效速率數據時，必須將這些因素的影響考慮在內：

$\mu_A = \mu_G \ \Pi a_i = a_1 \, a_2 \, a_3 \cdots$

$\mu_A =$ 調整後的失效速率

$\mu_G =$ 通用的失效速率

$\Pi =$ 乘積數學符號

$a_i =$ 調整因子

表14-5中列出美國杜邦公司的《製程安全管理參考手冊》中的調整因子。

表 14-5　通用失效速率的修正因子[5]

影響因素	儀器	閥	影響因素	儀器	閥
製程流體因素			大氣腐	1.21	1.2
腐蝕	1.07	1.14	骯髒環境	1.07	0.7
侵蝕	1.14	1.28	高溫或濕度	1.07	0.7
汙垢	1.07	1.14	位置因素		
脈動性流動	1.14	1.07	接觸機械損壞	1.07	1.07
極端溫度	1.07	1.07	疏於檢視	1.07	1.07
外界環境因素			-	-	-
振動	1.42	1.21	-	-	-

Chapter 14　可能性分析

柒、物理模式

應用物理學的分析，設備或管線的失效機制可以區分為暴露（Exposure）、阻抗（Resistance）及消減（Mitigation）等三種作用的組合[6]（圖14-3）。首先設備或管線的潛在危害因子是由於設備或管線暴露於危害性的環境下所引起的。如果應用設計良好的設備或管線外殼的厚度或材質可以阻抗及延緩暴露所造成的材質惡化或殼壁減薄。應用適當的危害消減措施可以降低危害的效應，進而延長使用壽命。因此，估算失效可能性時，必須將這三種的效應考慮在內。

一、暴露

造成設備及管線材料劣化或破裂的因子可分為與時間無關的因子（如天災或外部破壞）及隨時間變化的因子（如腐蝕或劣化）等兩類。

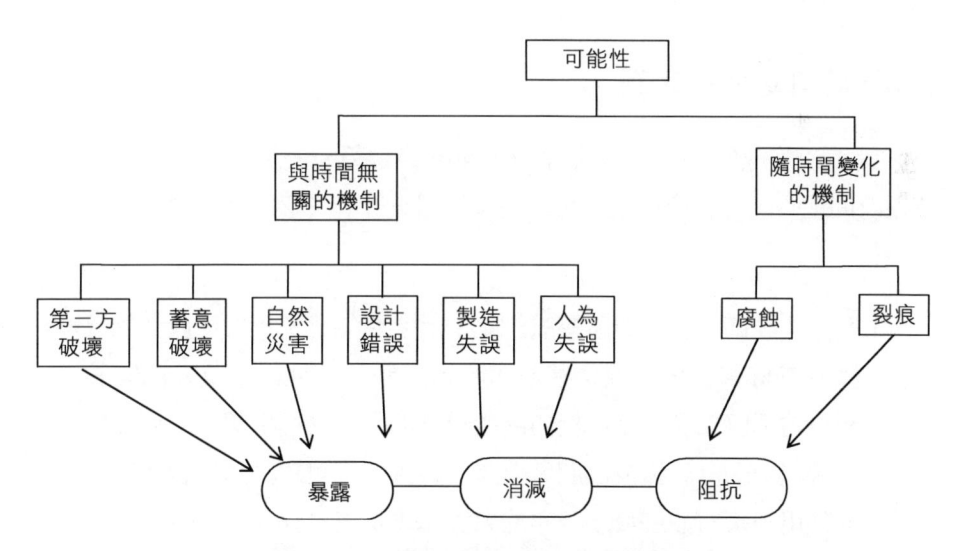

圖14-3　製程風險可能性的物理模式

(一)與時間無關的因子

此類因子如第三方破壞、蓄意破壞、天災、操作錯誤等,它們屬於偶然發生的一次性或數次性的事件,不會隨著時間的變化而改變。

1. 第三方破壞:交通事故、施工、因鄰近製程或設備失效而造成的破壞。
2. 蓄意破壞:恐怖活動、戰爭、人為破壞等。
3. 天災:颱風、地震、暴風雨、海嘯、龍捲風、山崩等自然災害。
4. 設計錯誤。
5. 製造失誤等。
6. 操作錯誤:操作人員所犯的人為失誤,例如使用錯誤的原料、按錯開關或設定錯誤的操作條件(溫度、壓力、物質濃度)等。

與時間無關的危害因子可以依據歷史的紀錄、產業通用的數據估算而得。操作錯誤的可能性可應用人為可靠度分析方法求得或由數據庫中取得。

(二)隨時間變化的因子

設備或管線的腐蝕及裂痕等的負面影響會隨時間變化而更加劇烈,使用時間愈長,影響愈嚴重,可能造成管殼壁穿孔、破裂等後果,進而導致失效。

1. 腐蝕:設備或管線與所接觸的化學品產生的化學反應所產生的厚度減薄或材質脆化的現象稱為腐蝕。腐蝕可分為內部及外部腐蝕兩類;內部腐蝕通常是由於內部所包含的化學品所引起;外部腐蝕則為環境中的汙染物或濕度所造成。腐蝕速率可經由通用數據庫查得或應用美國石油協會所公布的風險基準檢查技術(API580/581)中所建議的方法估算。

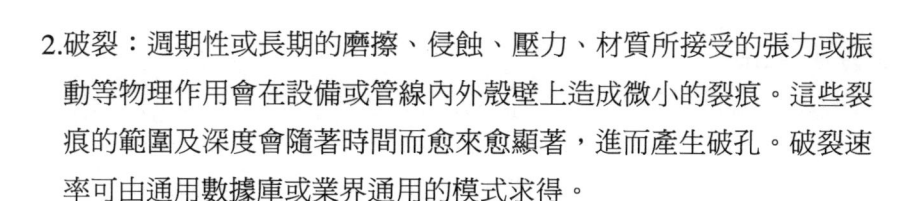

2. 破裂：週期性或長期的磨擦、侵蝕、壓力、材質所接受的張力或振動等物理作用會在設備或管線內外殼壁上造成微小的裂痕。這些裂痕的範圍及深度會隨著時間而愈來愈顯著，進而產生破孔。破裂速率可由通用數據庫或業界通用的模式求得。

二、阻抗

阻抗是指防止設備或管線危害因子發生的設施，如良好的設計、應用業界公認的工程標準、品質管制及保證、外殼的厚度、材質、可承受的壓力設計或溫度、套管等。應用適當的厚度及耐腐蝕的材料可以降低腐或侵蝕、張力所引起的材料疲勞的速率等，套管可防止內管物質洩漏到環境之中。阻抗可以降低與危害因子暴露的機率。

三、消減

典型的消減方式為應用防腐塗料或襯墊、應用陰極防蝕裝置以降低腐蝕速率、應用防火牆防止火焰擴散、應用圍堤以圍堵外洩的液態物質、安裝自動化資料採集及監視系統（SCADA）以降低操作員失誤、教育訓練、加強巡檢、護欄、防撞牆、警示、路權等。

四、三種機制的整合

由於危害發生的可能性是暴露、阻抗及削減等三種機制的組合，估算每一個危害因子發生的可能性時，必須將這三種的效應考慮在內。

$$P_F = P_E (1 - P_R)(1 - P_M)$$

其中P_F為危害發生的可能性，P_E為暴露可能性、P_R是阻抗可能性，而P_M則為消減可能性。

捌、結語

可能性是單位時間內事件發生的次數（頻率）或機率，它與影響分析同為風險評估不可或缺的步驟。嚴重意外發生的可能性可以從過去發生的事件篩選而得。設備或儀器故障的可能性則可從設備或元件的可靠度估算出來。目前，核能、石油及化學工業皆已蒐集及篩選眾多的可靠度數據，可供分析者使用。由於可能性分析通常涉及不確定性及假設，因此在詮釋及應用時必須謹慎。

習題

1. 解釋名詞

    (1)可能性；(2)機率；(3)頻率；(4)可靠度；(5)失效速率或故障率

2. 工廠事故主要起因於不同設備或零件之相互作用，意外發生的機率可由單元設備或元件之失誤機率求得。今有一流量控制系統（如下之流量控制系統示意圖）說明某反應器冷卻管路進水之控制方式，冷卻水流入系統係以熱電偶式溫度感測器、流量控制器以控制流量計（Flow Meter）與控制閥操作冷卻水流入，所有控制系統之元件以串聯方式運作。

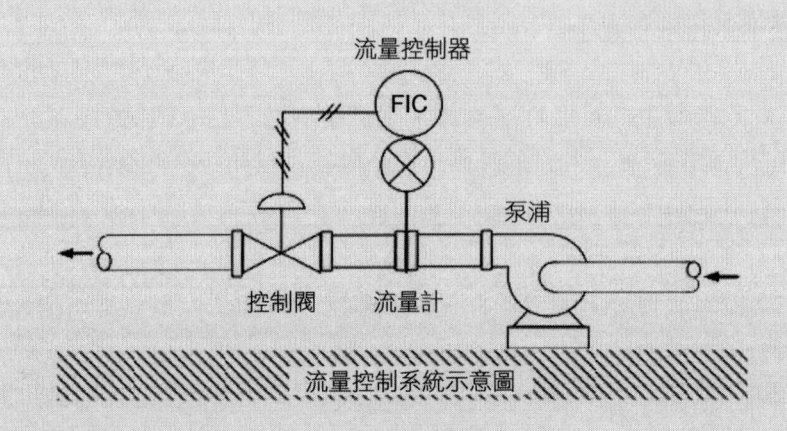

流量控制系統示意圖

Chapter 14　可能性分析

依據Poisson分配，若時間(t)之可靠度（Reliability, $[R(t)]$）與失誤頻率（Failure rate, μ）之關係式為：$R(t)=e^{-\mu t}$；失誤機率t（Failure probability）為：$P(t)=1-e^{-\mu t}$；失誤密度函數$[f(t)]$為失誤函數之時間微分：$f(t)=\mu e^{-\mu t}$

期望值：$E(t)=\int_0^\infty tf(t)dt=1/\mu$

假設操作期為一年（t＝1 year），失誤頻率等資料請參照下表：

元件	失誤頻率 μ（故障/年）	可靠度 $R=e^{-\mu t}$	失誤機率 $P=1-R$
控制閥	0.60	0.55	0.45
流量控制器	0.29	0.75	0.25
熱電偶式溫度感測器	0.52	0.60	0.40

請計算系統之可靠度（Reliability）、失誤機率（Failure probability）、失誤頻率（Failure rate）與平均失誤期間（Mean time between failure, MTBF）。

若失誤頻率（μ）為一常數值，請繪製單元設備失誤頻率之浴缸曲線（Bathtub curve），並說明之。（107年工安技師高考）

3. 可能性分析的適用範圍。
4. 簡述可能性數據取得方式的種類。
5. 寫出製程風險可能性的物理模式。
6. 列舉可靠度指標，並說明之。
7. 列舉失效速率數據來源。

參考文獻

1. DOTPHSMA (2020). Pipeline Risk Modelling. *Pipeline and Hazardous Materials Management Administration*, Department of Interior, Washington, DC, USA.
2. Green, A. E., Bourne, J. E. (1982) Reliability Technology, John & Sons, New York City, N. Y., USA.
3. SINTEF (2015). *Offshore and Onshore Reliability Data Handbook* (6th ed.). Oslo: Det Norske Veritas.
4. Lees, F. P. (1986). *Loss Prevention in the Process Industries*, p. 343. Butterworths, London, UK.
5. Du Pont (1987). *Process Safety Management Reference Manual* (6th Edition). E. I du Pont de Nemours & Co., Wilmington. DE, USA.
6. Muhlbauer, W. K. (2004). *Pipeline Risk Management Manual* (3rd Edition). Gulf Professional Publishing, Burlington, MA, USA.

15 風險分析

壹、定義
貳、發展歷程
參、適用範圍
肆、安全風險指標
伍、電腦程式
陸、範例
柒、結語

風險分析（Risk Analysis）是意外發生的可能性與其可能造成後果的組合，其目的在於辨識、分析及探討對組織、專案、活動或資產造成損害或不利影響的潛在風險因素。

壹、定義

風險分析所提供的風險程度的指標有助於組織理解系統或製程中的潛在風險，以便制定適當風險管理策略。因此它也是風險評估中不可或缺的過程。分析時必須整理及計算大量的數據及資訊，但是分析的結果往往僅是一個單一的風險指數值，或是一個標示不同風險程度的地形圖而已。

執行風險分析之前，必須具備下列步驟所獲得的資訊：

1. 辨識危害：辨識可能出現的危害因素，包括內部及外部因素，如自然災害、技術故障、市場變化、法規變更、競爭壓力等。
2. 可能性分析：探討危害因子發生的機率與頻率。
3. 影響分析：深入瞭解風險的性質、影響及潛在後果。

由於危害辨識、影響分析及可能性分析已在前十四章內介紹過，本章僅介紹風險分析的執行過程。由於每個意外所造成的財產損失與周圍設備的價值、新舊及種類有關，無法以標準的指數或指標表示，因此本節僅討論致命風險而不討論經濟損失的風險。

貳、發展歷程

自古以來，風險分析的概念早已存在人類的腦海中。君主出巡、狩

獵或組織舉辦任何重大活動時皆進行風險分析，例如占卜、算卦等，只不過當時的分析僅限於經驗法則或信仰而已。

1. 18世紀至19世紀：工業革命後，保險業發展迅速，系統化的數學及統計方法開始應用於風險分析上，以確定保費。
2. 20世紀初期：隨著現代工商業活動的蓬勃發展，工業安全及職業健康領域開始關注風險分析，以減少工作場所事故和傷害。
3. 20世紀中期：投資者及金融機構開始應用現代金融理論及數學模型評估投資風險及投資報酬率。
4. 20世紀末及21世紀：金融危機、環境問題、數據安全和網路風險等新型風險開始出現，大數據及機器學習等新興技術開始應用於風險分析，預計風險分析將更趨智能化及預測性。

參、適用範圍

風險分析應用於下列不同的領域及情境：

1. 安全管理：辨識及減輕工業、網路及交通安全等領域的意外事件的風險。
2. 企業風險管理：評估業務營運中可能發生的市場、財務、營運、法律等風險，有助於制定風險管理策略，以確保業務營運的穩定度及永續性。
3. 專案管理：可協助專案團隊辨識可能影響專案成功的風險因素，並採取適當的措施以降低這些風險的影響。
4. 金融領域：評估投資、信用、市場及操作等風險，以作為決策的依據。
5. 健康保健：可協助醫院、診所等醫療機構評估患者安全、醫療設備

及治療流程等風險，以提供更安全的醫療環境。
6. 環境保護：評估及管理自然災害、環境影響以及資源管理等風險，以維護生態平衡及永續性。
7. 政府及公共部門：評估政策決策的風險，以確保公共資源的有效使用。

肆、安全風險指標

一、個人風險

個人的風險程度是指估算人員在危害或可能發生意外的範圍內所接受的風險程度，例如人體的傷亡程度、受傷的頻率以及可能導致傷亡的接觸時間。

(一)表達方式

個人風險的主要表達方法有下列幾種：

1. 個人風險等值線（Individual Risk Contour）：在地圖上標明的個人風險程度的分配曲線。**圖15-1**顯示個人風險等值線圖，圖中三個同心的曲線分別代表10^{-6}次／年，10^{-7}次／年及10^{-8}次／年等三種個人死亡的頻率，凡在同一曲線上的頻率皆相等。
2. 最大個人風險：指影響範圍內，一個人所可能曝露的最大風險程度值。
3. 平均個人風險（接觸或曝露於風險的人）：為影響範圍內曝露於風險中的人的平均風險程度（**圖15-2**）。
4. 平均個人風險（總人口）：影響範圍內，所有人員的平均風險值。

Chapter 15　風險分析

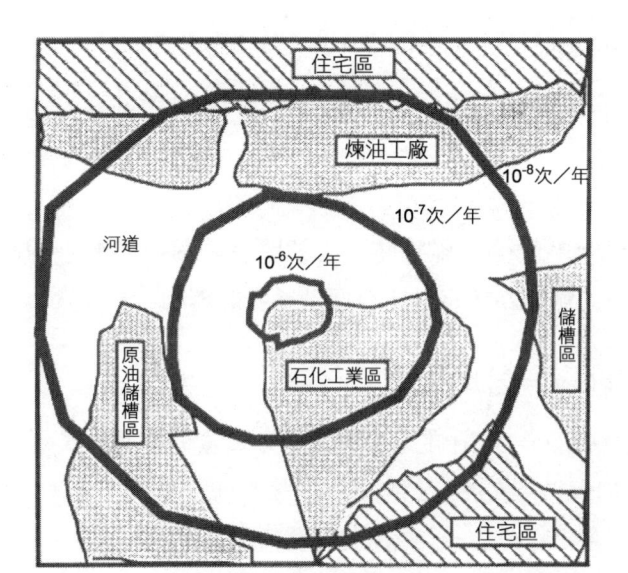

圖15-1　個人風險圖

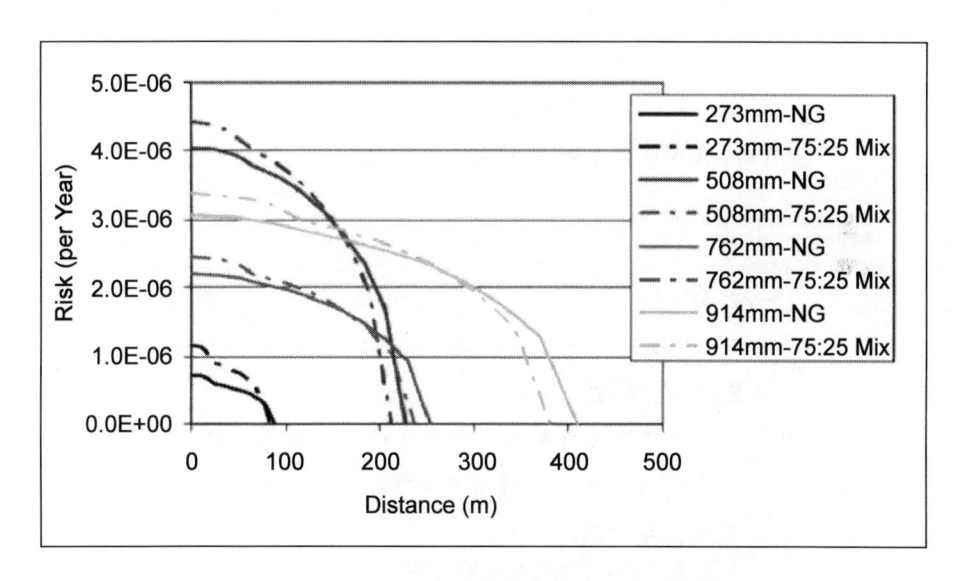

圖15-2　排放源周圍距離的個人風險圖

5.平均個人風險（接觸時間或工作時間）：平均個人風險的計算可以用風險接觸時間為基準或以總工作時間為基準計算。

(二)計算方法

計算一個定點的個人風險時，必須將每一種可能發生的影響都考慮在內，因此個人風險為該定點所有個別風險的總和[1]：

$$IR(x,y) = \sum_{i=1}^{n} IRi(x,y)$$

其中　IR (x,y)＝在x, y定點坐標上致命風險的總和（次／年）

IRi(x,y)＝在x, y坐標上，第i種意外後果狀況的致命風險（次／年）

n＝所考慮的意外後果狀況的數量總和

每種意外後果狀況發生的頻率[IRi (x,y)]則為：

$$IRi(x,y) = f_i \times Pf$$

其中　fi＝第 i 項意外後果狀況發生的頻率

Pfi＝i 項意外後果狀況可能致命的機率

意外結果發生的頻率（fi）為：

$$f_i = \Sigma F_i \Sigma P_J P_{Ji}$$

其中　F_i＝造成 i 項意外結果狀況的 I 項意外的頻率（次／年）

N＝意外事件數目

P_J＝I 項意外事件發生後，發生 J 項意外後果的機率

P_{Ji}＝J 項意外後果發生後產生 i 項狀況的機率

M＝意外後果次數

以一個易燃物質儲槽洩漏的例子來說明，可能造成易燃物質洩漏的意外事件為儲槽本身、輸入或輸出管線的破裂。這些意外事件發生的機

率為F_i,意外事件數目為N。易燃物質洩漏後會產生沸騰液體膨脹蒸氣爆炸、閃火、非侷限氣雲的爆炸、安全擴散等幾種意外後果,它們所發生的機率以P_J表示。每種意外後果發生後由於風速、風向、地形的限制,會產生不同的散布狀況,J項意外後果發生後再形成此類意外後果狀況的機率為$P_{J,I}$;每種意外後果狀況發生的總頻率則為f_i($=\Sigma F_I \Sigma P_J P_{J,i}$),其致命的機率為$P_{f,i}$。不同地點的個人風險求出後即可畫出等線圖,由於計算程序非常複雜,分析者多使用套裝風險分析的電腦軟體程式計算。**圖15-3**列出個人風險等值線的計算流程。

接觸範圍內的平均個人風險(IRAVG)為:

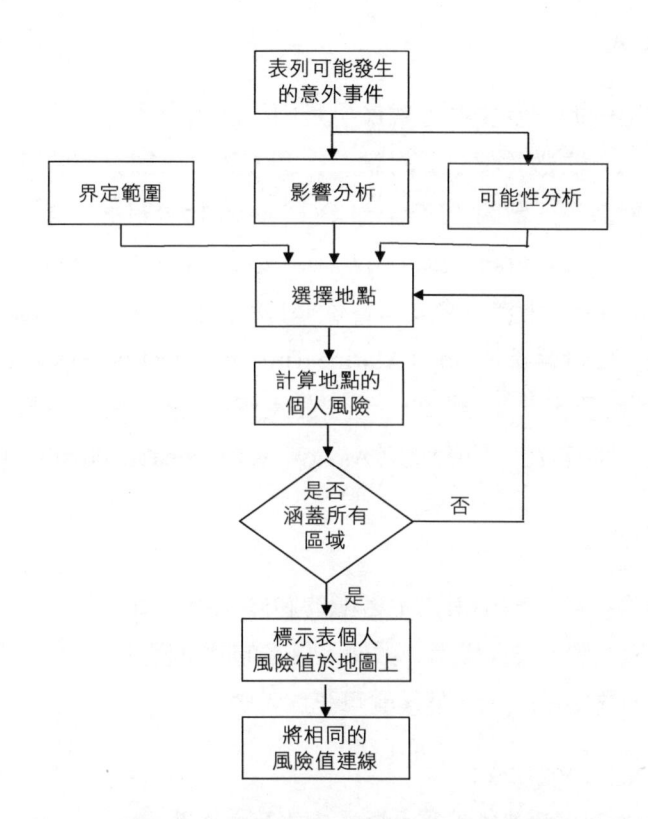

圖15-3　個人風險等值線的計算流程

$$IR_{AVG} = \Sigma IR(x,y) Px.y / \Sigma Px.y$$

其中　IR（x,y）＝x,y定點坐標上的個人風險值

Px,y＝x,y定點坐標上的人數

　　總人口的平均個人風險則為接觸範圍內的個人風險總和除以指定範圍（含接觸範圍內外地區）內的總人數。

二、社會風險

　　社會風險是指社會大眾所承受的風險程度總和。

(一)表達方式

　　社會風險的觀念及表達方式最早是由核能工業率先發展出來。它是單位時間內意外次數（頻率）對意外影響（致命人數）的曲線，此曲線通常是繪在對數—對數圖（LOG—LOG）。**圖15-4**顯示一個液化石油氣工廠的頻率—死亡人數圖。**圖15-5**為國際海事組織（International Marine Time Organization）海洋安全委員會依據1989至1998年間，英國洛伊德海上資料系統死亡資料庫（Lloyd Marine Time Information System Casualty Database）所計算出的運輸原油、化學品及液化天然氣輪船的頻率—死亡人數圖。圖中列出最合理可行的（As Low as Reasonable Possible）範圍。

(二)計算方式

　　社會風險在計算前必須界定考慮的範圍及不同時間內人口分布的狀況。計算過程如**圖15-6**所顯示，與個人風險的計算相同，首先計算意外後果影響致命的機率（$P_{f,i}$），然後計算死亡人數：

$$Ni = \Sigma Px,y Pf,i$$

其中　Ni＝i項意外後果狀況所造成的死亡人數

Chapter 15　風險分析

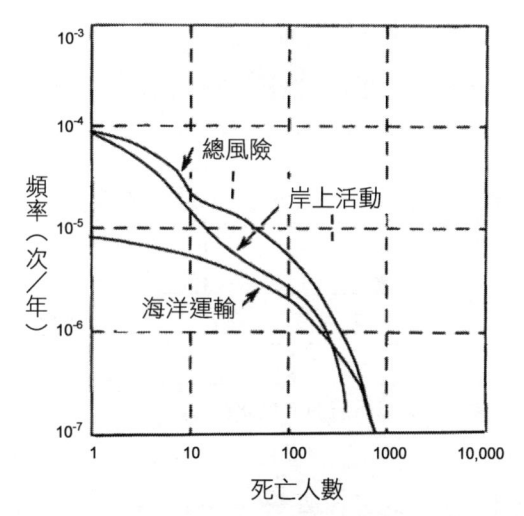

圖15-4　液化石油氣工廠的頻率─死亡人數圖[2]

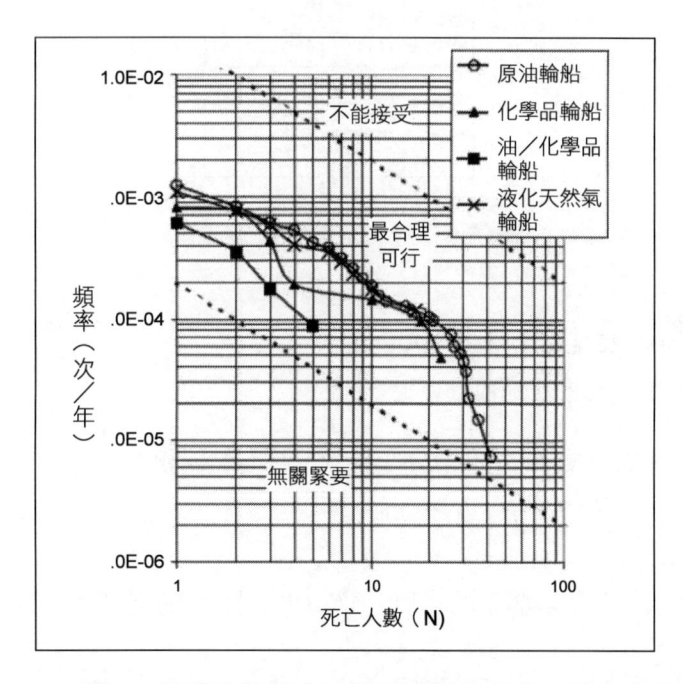

圖15-5　原油、化學品及液化天然氣輪船的頻率─死亡人數圖[3]

```
                    ┌─────────────────┐
                    │ 表列所有可能變生的 │
                    │  意外後果及影響   │
                    └─────────────────┘
                      ↓             ↓
              ┌──────────┐   ┌──────────┐
              │ 影響分析  │   │ 機率分析  │
              └──────────┘   └──────────┘
                      ↓             ↓
                    ┌─────────────────┐ ←────┐
                    │   選擇意外後果    │      │
                    └─────────────────┘      │
                            ↓                │
                    ┌─────────────────┐      │
                    │ 計算可能造成的死亡人數 │   │
                    └─────────────────┘      │
                            ↓                │
                        ╱是否考慮╲    否      │
                       ╱ 所有的後果 ╲ ──────┘
                        ╲          ╱
                         ╲        ╱
                            ↓ 是
                    ┌─────────────────┐
                    │ 表列意外後果及死亡人數 │
                    └─────────────────┘
                            ↓
                    ┌─────────────────┐
                    │   歸類及繪製     │
                    │  頻率一死亡人數圖  │
                    └─────────────────┘
```

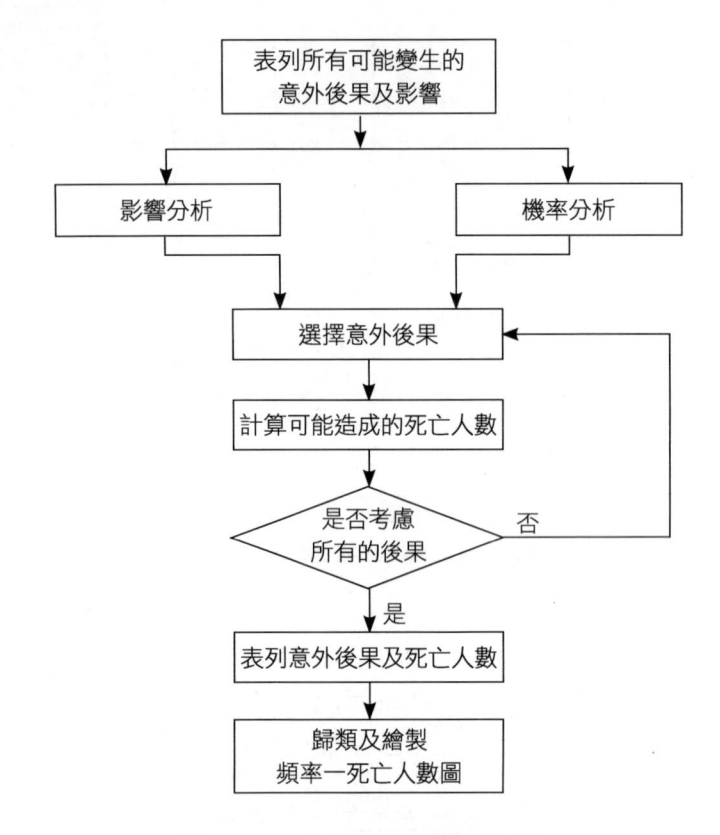

圖15-6　社會風險的計算流程

$P_{x,y}$＝x,y在定點坐標上的人數

$P_{f,i}$＝意外後果狀況的致命機率

致命的累積頻率為所有意外後果狀況頻率的總和：

$FN = \Sigma f_i$

其中，FN為累計頻率的總和，f_i為i項意外所致命的人數，N為意外後果總數。

三、風險指數

(一)致命意外率

致命意外率（Fatal Accident Rate, FAR）是一億小時（10^8小時）的接觸時間內的死亡率，它與個人風險值不同的地方僅為基準時間不同而已。

$$FAR = IR_{AVG}(1.14 \times 10^4)$$

其中　FAR＝致命意外率（10^8小時）

R_{AVG}＝平均個人風險（／年）

(二)平均死亡率

平均死亡率是所有意外發生的後果頻率與致命死亡率的乘積：

平均死亡率＝FN＝ΣfiNi

(三)個人危害指數

個人危害指數（Individual Hazard Index）為針對某種特定的危害源在接觸時間內的致命死亡率。

$$(IHIi)_t = (FAR)$$

其中　$(IHIi)_t$為 t 接觸時間內的個人危害指數

(四)經濟損失指數

經濟損失指數亦可應用個人或社會風險的計算方法，只不過將致命機率換成一定價值的損失的機率而已。有關此類的計算在參考文獻[5]、[6]有詳細的介紹。

伍、電腦程式

由於任何一個簡單的系統的風險評估皆包含繁複的計算，因此評估者皆應用套裝電腦程式以執行工作。主要電腦程式為SAFETI及WHAZAN：

1. SAFETI (DNV, Oslo, Norway)

    SAFETI是德國Technica公司所開發，由挪威驗船協會（DNV）所授權的風險評估軟體，作為行業標準，適用於化學製程工業、石油煉製、危險物品運輸、油氣管線等設計、營建及營運的各個階段。目前已被1,000家左右石油及化學公司所採用，第十三章影響分析中所介紹的PHAST影響分析軟體也是SAFETI中的一部分。

2. HAMSGPS

    HAMSGPS是印度HAMSAGARS公司所開發的量化風險評估軟體，適用於化學製程工業、石油煉製、危險物品運輸、油氣管線等設計、營建及營運的各個階段。此程式包括危害源釋放、擴散、可能性分析、影響分析、風險分析等計算（https://www.hams-gps.net/hamsfd/abothams.htm）。

3. RISKCURVES

    挪威Gexcon公司所開發的軟體（https://www.gexcon.com/software/riskcurves/）。

4. WHAZAN

    WHAZAN為德國Technica公司替世界銀行於1980年代所開發的風險分析軟體，在2000年前曾廣為石油煉製及化工業所採用。

陸、範例

　　附錄一中提供己烷／庚烷蒸餾分離與液化天然氣的評估範例。前者為美國化學工程師學會所出版的《化學製程量化風險評估指引》（*Guidelines for Chemical Process Quantitative Risk Analysis*）中所提供的範例。讀者可依據其步驟逐步理解，安全風險評估的實際作業過程。附錄二則為應用SAFTI所得的結果，兩者皆具參考價值。

柒、結語

　　風險分析整合系統中所有危害因子發生的可能性及所引發的影響，以量化數據描述風險程度。它是組織執行風險管理及決策過程中的重要依據，有助於提高對風險的認識，減少損失，並提高組織的抵禦力；目前已普遍應用於商業、金融、健康、環境和安全等多個領域。

習題

1. 解釋名詞
   (1)風險分析；(2)個人風險；(3)社會風險
2. 請舉實例說明如何將風險曲線運用在風險評估上。（97年工安技師高考）
3. 列舉風險指數。
4. 個人風險的表達方式有幾種？請逐項說明。
5. 圖解社會風險的計算流程。

參考文獻

1. NUREG (1983). *PRA Procedures Guide: A Guide to the performance of probabilistic Risk Assessment for Nuclear power plant*, 2 volumes, Nureg/CR-2300, US Nuclear Regulatory Commission, Washington D.C.
2. AIChECCPS (1989). *Guidelines for Chemical Process Quantitative Risk Analysis*, Figure 4.4, p. 271. American Institute of Chemical Engineers, Washington, DC, USA.
3. Norway (2000). Decision Parameters Including Risk Acceptance Criteria' MSC 72/16.
4. LMIS (1999). Lloyd's Maritime Information Systems Casualty Database, April, Londom.
5. Marshall, V. C. (1987). *Major Chemical Hazards*. Halsed Press. New York, USA.
6. Boykin, R. F., & Kazarians, M. (1987). Quantitative Risk Assessment for Chemical Operations, Proceedings of the International Symposium on Preventing Major Chemical Accidents, American Institute of Chemical Engineers, Washington, DC, USA.
7. Technica (1988). WHAZAN User's Guide and WHAZAN Theory Manual.

16 管線風險評估

壹、前言
貳、發展歷程
參、適用時機
肆、管線風險評估簡介
伍、指標法
陸、物理模式法
柒、機率型模式
捌、電腦軟體程式
玖、結語

壹、前言

　　現代化社會需要大量的原油、天然氣及化學品的供應才能維持正常營運。由於管線運輸具有運輸量大、易於操作及管理而且安全等優點，因此石油及天然氣多以管線輸送。至2020年止，全球長途油氣管線總長度約118萬公里，其中以美國最多，約91,067公里原油及333,366公里的天然氣管線，其次為俄國、加拿大、中國及澳洲。美國絕大多數的管線在1969年之前興建，多數將屆使用年限。

　　管線運輸較公路運輸安全，但是仍然會因疏於維修保養、管壁腐蝕、天災或人為破壞的因素而發生造成大量危害性物質的洩漏，進而導致人畜傷亡、建築物損壞及生態環境的破壞。依據美國交通部管線及危害物質安全管理局（Pipeline and Hazardous Materials Safety Administration, PHMSA）的統計，過去20年（2003-2022）來，總共發生過660次較嚴重意外事故（如人員傷亡、排放量0.8公秉或財產損失五萬美元以上），造成252人死亡及1,081人受傷，財產損失高達78億美元[1]。歷史上全球共有10次造成100人死亡的嚴重油氣管線意外，其中以1998年奈及利亞發生的汽油管線意外，造成1,078人死亡[2]。

　　由於油氣及化學品管線意外事故層出不窮，各國政府開始制定風險評估及管理相關法規，管線風險評估開始受到重視。本章重點在於介紹普遍應用於管線業界的方法與其理論基礎及步驟。

貳、發展歷程

　　管線風險評估的發展歷程可以追溯至20世紀初期美國長途油氣管線的建設時期，但在不同地區和時間內發展速度及重點可能會有所不同。以

下是管線風險評估發展的主要里程碑：

1. 早期建設時期：20世紀初期，風險評估的概念尚未成熟，重點是以工程和建設的角度為主。
2. 災害事件的觸發：20世紀中期發生油氣洩漏、火災及爆炸事件發生後，社會大眾開始關注管線系統的安全性，進而引發了對風險評估的需求。
3. 管線安全法規：許多國家開始制定管線安全法規，要求管線運營者進行風險評估並制定相應的措施。高雄市經發局於2014年發生的地下丙烯管線爆炸，於2016年制定管理辦法，要求地下管線業者每五年要進行風險評估。

    20世紀90年代，由於電腦軟硬體的快速發展，促成各種風險評估工具及方法，如數值模擬、統計分析、地理資訊系統（GIS）等，促使風險評估結果更加準確和可靠。
4. 管線安全管理體系：20世紀末期起，美國49CFR192, 195、歐盟EN14161＋A1法規及國際組織開始制定管道設施完整性管理系統（ASMBB31.8、API Standard 1160、API RBI等），皆以風險評估為管線安全管理的核心要素。

參、適用時機

管線風險評估適用於下列時機：

1. 可行性研究：在計畫建設新的管線系統時，執行風險評估，以發覺設計及建設過程中的潛在風險因素，從而減少未來運營階段的問題。
2. 定期檢查：營運單位應定期進行風險評估，以確保管線系統的安全性。

3. 意外事件後：應立即進行風險評估，以評估事件的嚴重性、原因和影響，並確定預防未來事件的措施。
4. 改建及維修：進行改建、擴建或維修工程時，應進行風險評估，以確保這些工程不會增加風險或導致問題。
5. 監管要求：配合地方或國家的法規及標準的要求，進行定期的風險評估，以確保他們的操作符合安全要求。
6. 環境變化：當管線經過的環境發生變化時，如地質條件、氣候變化、土地使用變更等，應重新評估風險，以確保管道系統的適應性及安全性。

肆、管線風險評估簡介

一、類別

管線風險評估的基本原理及步驟與一般設備的風險評估相同，不外是指標、機率性量化評估與物理模式等三類（請參閱第十二章中的介紹）。評估者自然可依據需求選擇適當的類別。

二、法規與業界標準

各國法規中的標準如下：

1. 美國：49 CFR Part 192 (Gas Pipelines) Subpart O Section 192.917。
2. 加拿大：CSA Z662: 19 Annex B- (2023) • Annex H-。
3. 歐盟：EN14161＋A1。
4. 英國：管線風險評估法規- IGEM TD/2及PD 8010 PART 3。
5. 高雄市既有工業管線管理維護辦法。

產業公認標準為：

1. 美國機械工程師學會ASME/ANSI B31.8S——氣體管線系統完整性管理（Managing System Integrity of Gas Pipelines）。
2. 美國石油協會API 1160——危害液體物質系統完整性管理（Managing System Integrity for Hazardous Liquid Pipelines）。
3. 美國氣體協會管線安全管理指引（Guidelines to Understanding Pipeline Safety Management）。

三、方法選擇原則

美國交通部管線及危害物質安全管理局（DOT PHSMA）所推薦的方法選擇原則[3]如下：

1. 所應用的方法必須能夠支持風險管理的決策。
2. 定量或機率方法所應用的數據與相對評估／指數方法的數據雖然大同小異，但是定量及機率方法係以物理模式為基礎，除應用大量業界通用數據外，並以標準風險指標作為評估的結果；因此，定量系統或機率方法的結果直接適用於預防措施的評估。
3. 定性及相對評估／指數方法的評估並未提供通用的標準風險指標（例如頻率—死亡人數圖等），難以與其他系統或不同預防措施的評估結果比較。
4. 法規明文規定風險評估的最主要的目的是預防措施的辨識及評估，因此，評估方法必須具備下列條件：
   (1) 明確反應風險降低措施執行後的差異。
   (2) 考慮所有的管線安全威脅及改善措施所產生的效應。
   (3) 輸入數據包括管線的特徵及所有可能被預防措施所影響的安全因子的資訊，可評估出預防措施對於降低風險的效應。

四、參考書籍

管線風險評估相關參考書籍如下：

1. PHMSA (2018). *Pipeline Risk Modeling Overview of Methods and Tools for Improved Implementation*. Pipeline and Hazardous Materials Safety Administration, US Department of Transportation, Washington, DC, USA.
2. Aloqaily, A. (2018). *Cross Country Pipeline Risk Assessment and Mitigation Strategies*. Gulf Professional Publishing.
3. Muhlbauer, M. K. (2015). *Pipeline Risk Assessment: The Definitive Approach and Its Role in Risk Management* (3rd Edition). Clarion Technical Publishers.
4. Singh, R. (2013). *Pipeline Integrity Handbook: Risk Management and Evaluation*. Gulf Professional Publishers, Burlington, MA, USA.
5. Muhlbauer, M. K. (2004). *Pipeline Risk Assessment Management Manual*. Gulf Professional Publishers, Burlington, MA, USA.
6. DOIBSEE (2020). *Assessment and Management for Offshore Pipelines*. Bureau of Safety and Environmental Enforcement, US Department of Interior, Washington, DC, USA.

伍、指標法

指標法是應用相對數據指標或分數以反映各種影響風險程度的因子，其過程有如相對危害指數的計算。最普遍的指標法為美國氣體協會所公布的簡易以風險為基準的完整性管理計畫（Simple, Handy, Risk-based Integrity Management Plan, SHRIMP）中的方法與美國管線風險評估專家

繆鮑爾（W. K. Muhlbauer）所開發的方法。在此簡單介紹它們的基礎假設與計算過程。

一、風險模式

繆鮑爾氏所建議的指標法曾為20世紀末期石油及天然氣管線業通用的風險評估方法。繆鮑爾氏所建議的指標法詳細描述於他的著作《管線風險管理手冊》之中，本節僅簡述其模式及計算過程。

管線風險模式如**圖16-1**所顯示，它仍然是以風險的物理模式為基礎，風險仍然是可能性與影響的組合，只不過將造成洩漏的原因（第三方破壞、腐蝕、設計、錯誤操作等）的機率或頻率與影響（洩漏衝擊因子）等以相對經驗指數取代而已。

二、執行步驟

執行步驟可分為分段、可能性估算、洩漏衝擊因子估算及相對風險分數計算等。計分原則為：

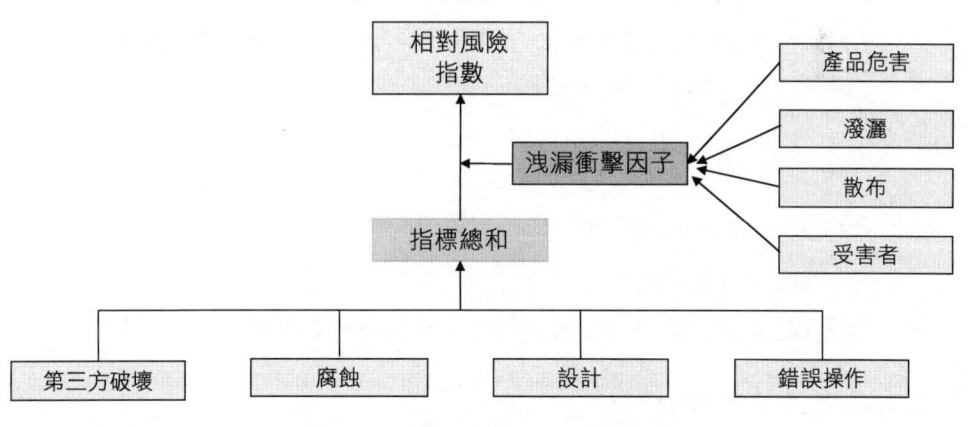

圖16-1　指標法風險模式流程[4]

1. 風險因子可能性共有第三方破壞、腐蝕、設計及錯誤操作等四項。
2. 首先假設每項風險因子分數為0,單項分數為滿分(100分)。
3. 然後依據風險程度、安全設施、環境或教育訓練等予以加分或減分。
4. 風險值為增加風險的因子值總和＋降低風險的因子值總和。
5. 增加安全程度為基準計分,得分愈高,系統愈安全,風險愈低。
6. 總風險為風險因子指數和除以洩漏衝擊因子。

(一)分段

原油或天然氣管線往往數百至數千公里,所經過的地區的生態、人口分布及工商業活動大不相同,其中包括沙漠、海底等人煙稀少的地區、小型社區邊緣、公路及儲槽區。化學品多以地下管線運輸,大都是連接鄰近工業區的工廠或海岸轉運站。它們的長度雖然較短,但可能跨越人煙稠密的都會或化學工廠。由於管線經過的地區不同,進行風險評估時,必須考慮人口密度、土壤、工商業活動、環境生態等外在條件與管線使用年限的差異而分段處理。分段方式為:

1. 固定分段法:以距離、泵浦站或截止閥區分。
2. 動態分段法:以風險變化的顯著性作為區分基準;當風險變化大時,即劃分為另一個段落。

其他考慮的條件分別為:

1. 人口密度變化超過10%。
2. 土壤腐蝕度超過30%。
3. 設置時間及管線內外殼所使用的塗布材料有顯著變化時。

(二)風險因子可能性

第三方破壞、腐蝕、設計及操作錯誤的指標分數計算如**表16-1**所示。

表16-1　第三方破壞、腐蝕、設計及操作錯誤的計分方式

項次	項目	分數	百分比	項次	項目	分數	百分比
1. 第三方破壞				D	完整性驗證	0-25	25%
A	埋設最小深度	0-20	20%	E	土地移動	0-15	15%
B	活動狀況	0-20	20%		小計	0-100	100%
C	地面上設施	0-20	10%	4. 錯誤操作			
D	線路通報位置	0-15	15%	A	設計	0-30	30%
E	公眾宣導	0-15	15%	A1	危害辨識	0-4	4%
F	路權狀況	0-5	5%	A2	壓力到達MAOP的潛勢	0-12	12%
G	巡查頻率	0-15	15%	A3	安全系統	0-10	10%
	小計	0-100	100%	A4	材料選擇	0-2	2%
2. 腐蝕指				A5	複查與確認	0-2	2%
A	大氣腐蝕	0-10	10%	B	施工	0-20	20%
A1	大氣暴露	0-5	5%	B1	檢視	0-10	10%
A2	大氣種類	0-2	2%	B2	材料	0-2	2%
A3	外部塗層	0-3	3%	B3	接合	0-2	2%
B	內部腐蝕	0-20	20%	B4	回填	0-2	2%
B1	產品腐蝕	0-10	10%	B5	處理	0-2	2%
B2	防護	0-10	10%	B6	塗層	0-2	2%
C	地下腐蝕	0-70	70%	C	操作	0-35	35%
C1	地下環境	0-20	20%	C1	程序	0-7	7%
	土壤腐蝕	0-15	15%	C2	自動監控系統／聯絡	0-3	3%
	機械腐蝕	0-5	5%	C3	藥物檢查	0-10	10%
C2	陰極防護	0-25	25%	C4	安全制度	0-5	5%
C3	塗層	0-15	15%	C5	調查／地圖／紀錄	0-5	5%
	適用性	0-15	15%	C6	訓練	0-10	10%
	狀態	0-10	10%	C7	機械失誤預防	0-6	6%
	小計	0-100	100%	D	維護	0-15	15%
3. 設計指標				D1	文件	0-2	2%
A	安全係數	0-35	35%	D2	時程	0-3	3%
B	疲勞破壞	0-15	15%	D3	程序	0-10	10%
C	壓力衝擊潛勢	0-10	10%		小計	0-100	100%

(三)洩漏衝擊因子

洩漏衝擊因子的計算如**表16-2**所示，詳細步驟及評分細節請參考繆鮑爾氏的著作*Pipeline Risk Management Manual*。

表16-2　洩漏衝擊因子計算表

項次	項目	分數	百分比	項次	項目	分數	百分比
A	產品危害	0-22	22%	C	擴散		-
A1	立即性危害	0-12	12%	C1	蒸氣溢散	1-6	-
A1-1	易燃性 Nf	0-4	4%	C2	液體潑灑	1-6	-
A1-2	反應性 Nr	0-4	4%	C2-1	擴散規模	1-5	-
A1-3	毒性 Nh	0-4	4%	C2-2	土壤穿透度	1-5	-
A2	長期性危害	0-10	10%	C2-3	修正係數	1	-
				D(=D1+D2+D3)	受害者	3-20	20%
B (=B1xB2)	洩漏體積	2	-	D1	人口密度	1-10	-
B1	溢散體積	1	-	D2	高價值地區	1-5	-
B2	修正係數	2	-	D3	環境考量	1-5	-

洩漏衝擊因子（LIF）為產品危害（A）、洩漏體積（B）、擴散因子（C）、受害者因子（D）的乘積：

$$LIF = PH \times LF \times D \times R$$

(四)風險矩陣

風險因子指數與洩漏衝擊因子可組合成**圖16-2**所顯示的風險矩陣，分析者可由圖中辨識出相對風險程度。

(五)風險管理

風險矩陣可以作為風險管理的依據，如相對風險值落入低風險範圍內，無須執行任何改善方案；落入中風險範圍內，則應評估風險消減方

風險指數總合 (IS) \ 洩漏衝擊因子 (LIF)	0＜LIF≦36	36＜LIF≦71	71＜LIF≦106	106＜LIF≦141	141＜LIF≦176
320＜IS≦400	低	低	低	中	中高
240＜IS≦320	低	低	中	中	中高
160＜IS≦240	低	中	中	中高	高
80＜IS≦160	中	中	中高	中高	高
0＜IS≦80	中高	中高	中高	高	高

圖16-2　管線風險矩陣圖

案，並擇期執行削減方案，將風險降低；如落入中高風險或高風險範圍內，必須立即執行風險消減方案。

管線業者可參考風險指數表中的項目計分執行風險改善方案，以提升風險因子分數與降低洩漏衝擊因子。具體方案例如：

1. 第三方破壞：設置專線通報系統、加強宣導與巡檢。
2. 腐蝕：安裝陰極防蝕設施、塗層、內部檢查。
3. 設計：降低壓力、水壓實驗、監測土壤位移等。
4. 錯誤操作：提升系統安全、改善操作程序、自動監控系統（SCADA）、藥物檢查、員工訓練、機械失誤預防。
5. 裝置圍堵或緊急遮斷設施，以降低排放量對廠外社區的影響。

三、SHRIMP方法

(一)基本架構

本法為美國氣體學會所公布的標準管線評估方法，其基本架構與圖16-1類似，只不過將威脅管線的因素以腐蝕、自然力量、挖掘傷害、其他外界傷害、材料劣化及焊接或接頭失效、設備失效、人為失誤為八大類

取代。相對機率為威脅評分、影響評分、洩漏歷史因子及意外因子的乘積。危害因子的相對風險分數愈多，風險愈高。

(二)執行步驟

SHRIMP指標法的執行步驟如下：

1. 資料蒐集：蒐集管線使用材料、建造、維修保養汰換、洩漏歷史等數據。
2. 危害辨識：由業界專家組成小組，應用標準問卷至現場檢視與操作者交談後，填寫問卷及評分。各類威脅的評分比重如**表16-3**所示。
3. 計算機率分數：依照指引分別計算。

相對機率＝威脅評分（1-10）×影響評分（1-1.5）×洩漏歷史因子×意外因子（1或1.25）

4. 風險評估結果驗證：經風險排序後，業者再請熟悉公司的專家們檢視此種風險排序的正確性，並驗證此風險評估是否合理。

表16-3　SHRIMP方法評分比重[5]

威脅	種類	最高分	最低分	意外機率因子	威脅	種類	最高分	最低分	意外機率因子
自然力量		19	0	1	腐蝕	內部腐蝕	30	1	1
其他		12	0	1	操作錯誤	未遵循程序	5	1	1.25
開挖	開挖次數損傷或罰單	39	0	1.25		程序不完整	5	1	1.25
						操作員資格	5	1	1.25
	操作人員失誤	34	0	1.25		藥物及酗酒	5	1	1.25
	第三方破壞	31	0	1.25	設備	-	5	1	1
	爆炸	15	0	1.25	材料／焊接	-	5	1	1
腐蝕	外部腐蝕	16	1	1	其他	-	-	-	1

2021年，工業技術研究院李信賢應用美國公用天然氣業者使用近十年DIMP建議的公用天然氣管網風險評估方法（主題專家法），並加入美國氣體協會AGA（American Gas Association）發展之Simple, Handy, Risk-based Integrity Management Plan（SHRIMP）中管網風險評估方法建構本土化公用天然氣管線風險評估架構[6]。

四、優缺點

(一)優點

1. 簡單易於學習及使用，所需消費的資源少。
2. 分析者可根據個人或組織的經驗及管線狀態修正計分方式。
3. 提供半量化風險指標，以反映管線設計及操作的安全狀態，適用於風險管理及改善的依據。

(二)缺點

1. 無法提供計量化的個人或社會風險數據及曲線（例如頻率—死亡人數圖或頻率—財產損失圖等），可能無法滿足政府、管制單位或社會團體的要求。
2. 計分的依據多來自業界及開發者個人的經驗值，其結果難以說服一般社會團體或附近社區民眾。

陸、物理模式法

指標類的管線風險評估方法雖然曾被普遍應用於油氣及化學品管線業界，作為反映管線狀態的參考，但是由於它無法提供政府管制單位或社

會團體所需的個人或社會風險等量化指標,其應用範圍逐漸受到限制。傳統量化或機率類評估方法又開始受到重視。有鑒於此,繆鮑爾氏於21世紀初期開發出適用於管線的量化風險評估方法。他除了以經驗及歷史數據取代指標法中的風險可能性指數外,並與挪威驗船協會(DNV)合作,以PHAST影響分析軟體取代洩漏衝擊因子的計算,以滿足法規需求及業界通用的標準。目前,新法已普遍應用於石油、天然氣及化學品管線業界。

一、風險模式

風險模式如**圖16-3**所顯示,可行性分析的基本架構與指標法類似,只是以失效速率或機率取代計分,並加入削減及阻抗的影響;影響分析模式仍沿用十三章中所介紹的傳統量化風險分析的架構。**圖16-4**、**圖16-5**及**圖16-6**分別列出第三方破壞、腐蝕及地質危害的暴露、消減及阻抗因子圖。隨時間變化的破裂亦可以。

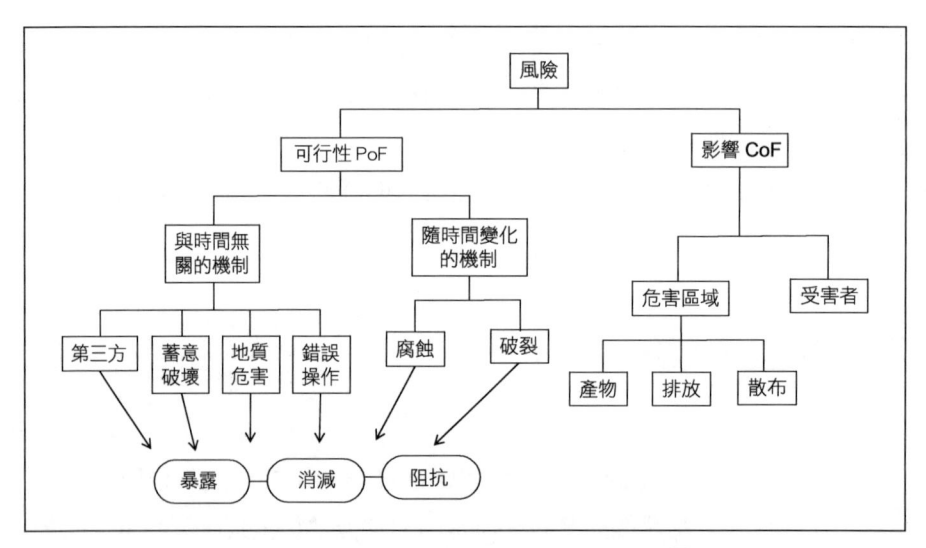

圖16-3　物理模式類的風險評估架構[7]

Chapter 16　管線風險評估

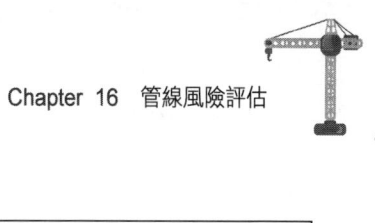

```
                        ・錨定、疏通
                        ・結構
                          建築物、電線桿、牆、樹等
  ・地區穩動性    ┌──────┐  ・設備傾覆
  ・人口密度     │ 暴露 │  ・墜落設備
  ・開挖活動     └──────┘  ・陸海空載具衝擊
                          載具特性、交通量及特徵、飛機、
                          鐵公路等

  ・土壤覆蓋、特性             ・標誌
  ・路面總類（柏油、┌──────┐    尺寸、空間、刻字、電話等
    水泥等）      │ 消減 │  ・標記
  ・警示牌或警告網 └──────┘    尺寸、空中、地面、可見度等
  ・水深度                   ・生長狀況
                            過度或不足

  巡邏頻率與效能              ・即時反應與授權
  ・地面       ┌──────┐    ・公共教育計畫
  ・空中       │ 阻抗 │      方法、草根式、郵寄、廣告、
              └──────┘      頻率等

              ・管壁厚度
              ・材料強度
              ・衝擊的種類、角
                度、速度等
```

圖16-4　第三方破壞的暴露、消減及阻抗因子[7]

參考**圖16-5**中的腐蝕模式而修改之。人為失誤的估算則可參考人因可靠度相關方法。

二、特點

繆鮑爾氏所提出的物理模式法具有下列特點：

1. 應用可確認的單位量測風險。
2. 應用工程原理計算失效機率。
3. 歸納失效影響的特徵。

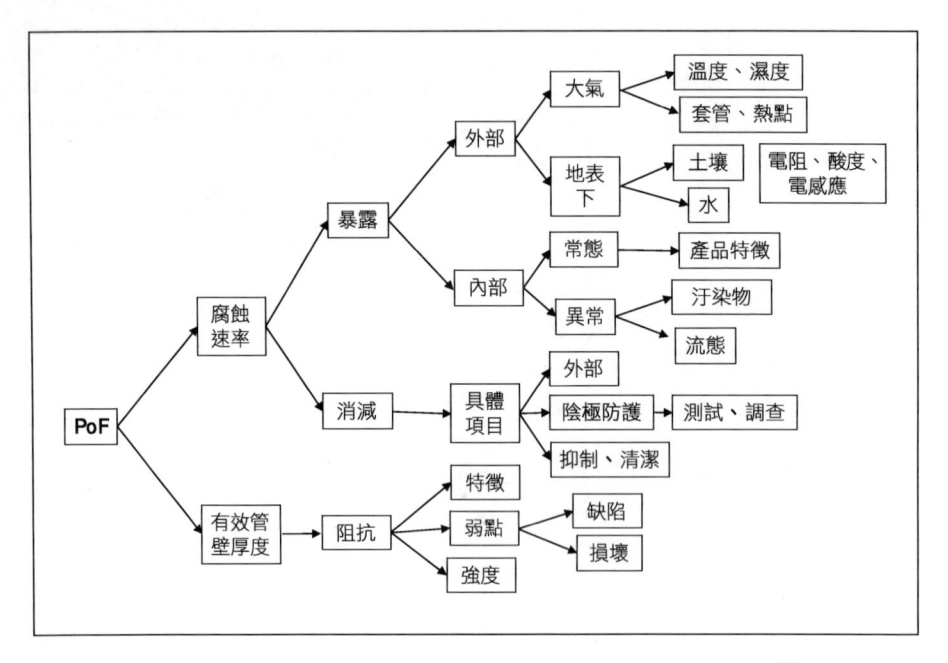

圖16-5 隨時間變化的腐蝕的暴露、消減及阻抗因子[7]

4. 描述管線沿線的風險。
5. 整合所有管線相關知識。
6. 提升準確的決策。
7. 結合挪威驗船協會的影響分析軟體PHAST及整合性風險評估軟體SAFETI的擴散模式。

三、與指標法的差異

1. 以量測值取代計分法。
2. 失效可能性三角形：暴露、消減（塗布、陰極防蝕等）與阻抗（保護層、管壁厚度等）。
3. 應用布氏代數（Boolean Algebra）組合不同危害因子的暴露、消減

Chapter 16 管線風險評估

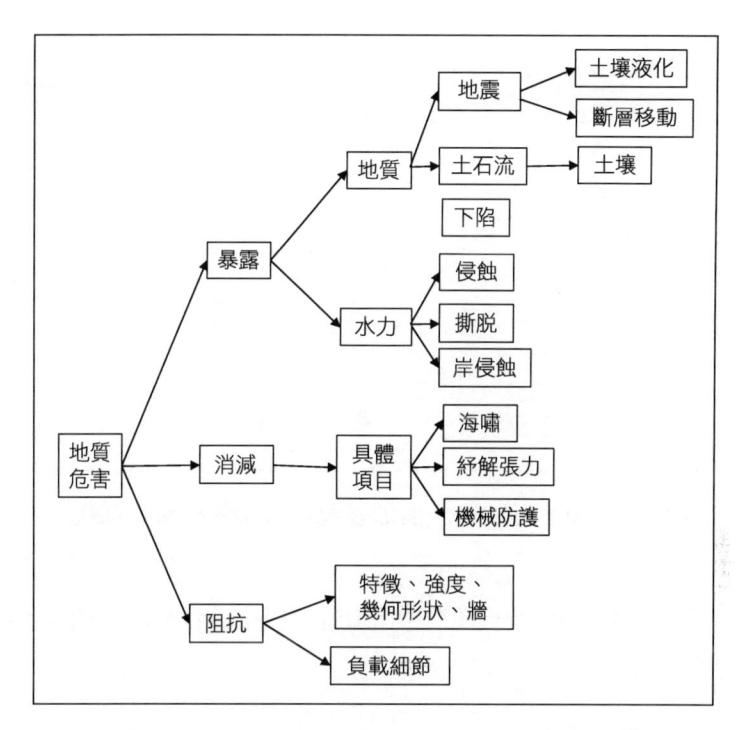

圖16-6 地質危害的暴露、消減及阻抗因子[7]

及阻抗的結果。

4. 應用量測與估算值以複製或模擬專家決策過程。
5. 計算危害區域（Hazard Zone）以估算影響程度。

四、執行步驟

執行步驟可分為分段、可能性分析、影響分析及風險分析等。

(一)風險計算架構

每一段的潛在危害或威脅的計算架構如圖16-7所顯示：

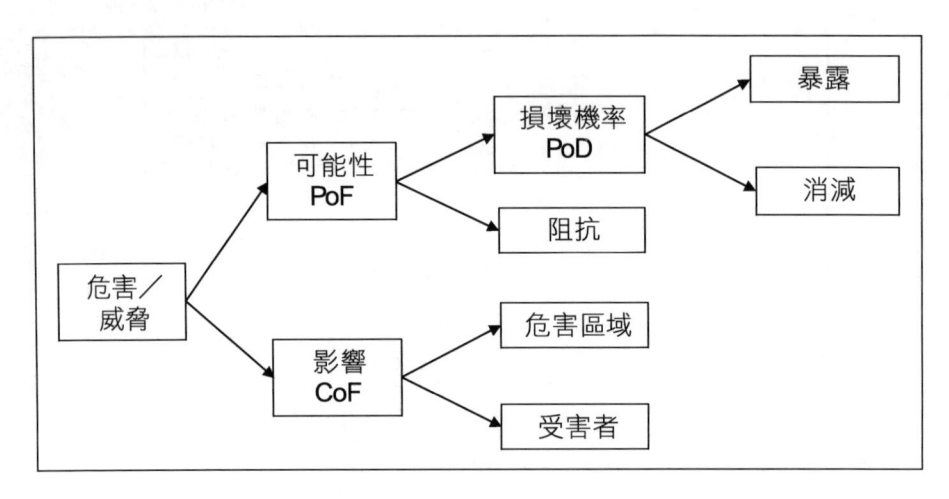

圖16-7　每小段的每一個潛在危害或威脅的評估架構

風險分析計算步驟與十五章中所介紹的方法相同，風險為發生的可能與影響的乘積：

風險（RoF）＝可能性（PoF）×影響（CoF）

(二)可能性計算

發生可能性（PoF）為與時間無關可能性（PoF_1）及與時間有關可能性（PoF_2）的組合：

PoF_1（與時間無關機率）＝暴露×（1－消減）×（1－阻抗）
PoF_2（與時間有關機率）＝f（剩餘壽命，TTF）
TTF（剩餘壽命）＝阻抗／[暴露×（1－消減）]

(三)影響分析

1.危害區域

管線風險評估應用危害區域（Hazard Zone）的概念以描述危害性物

Chapter 16　管線風險評估

質洩漏的影響。顧名思義，危害區域是指受潛在風險或危害因子威脅的區域，通常應用於緊急應變、災害管理、安全規劃及環境保護等領域中。危害區域通常是應用管線中物質洩漏後所影響的範圍的半徑——潛在衝擊半徑（Potential Impact Radius, PIR）來表示。估算潛在衝擊半徑時所應用的假設條件[7]如下：

(1)最壞可能發生的情境：管線斷裂，危害性物質由斷裂的兩端洩漏出來。
(2)不會發生蒸氣雲爆炸。
(3)主要的後果是溝火或噴射式火焰。
(4)氣體由管線洩漏後，在很短時間內著火。
(5)排放速率是所有洩漏模式所產生的最大速率的總和。
(6)熱強度恕限值為28,400瓦／平方公尺（5,000英熱單位／時·平方英尺）。此恕限值依據1%致命率而設。

氣體洩漏著火後的潛在衝擊半徑（PIR）的通用公式為：

$$PIR = k\sqrt{P \cdot D^2}$$

其中k為PIR係數（**表16-4**），P為管線中最大可許可的操作壓力（MAWP），單位為磅力／平方英寸（psi），D為管線直徑（英寸）。**表16-5**為其他氣體的潛在衝擊半徑公式。**圖16-8**顯示天然氣洩漏後的潛在衝擊半徑與管線操作壓力的關係。

表16-4　氣體的PIR係數[7]

物質	潛在衝擊半徑（英尺）
氫氣	0.47
天然氣（低濃度）	0.69
天然氣（高濃度）	0.73
乙烯	1.04
合成氣（氫／一氧化碳）	0.49

表16-5　氣體潛在衝擊半徑公式[7]

物質		PIR公式
乙炔	1psi超壓	$r = 0.021 \cdot (d^2 \cdot p)^{1/3}$
液態氨	1psi超壓	$r = 0.014 \cdot (d^2 \cdot p)^{1/3}$
	鄉間條件	$r = 0.08 \cdot (d^2 \cdot p)^{0.48}$
	都會區	$r = 0.07 \cdot (d^2 \cdot p)^{0.45}$
一氧化碳	1psi超壓	$r = 0.012 \cdot (d^2 \cdot p)^{1/3}$
	鄉間	$r = 0.04 \cdot (d^2 \cdot p)^{0.5}$
	都會區	$r = 0.03 \cdot (d^2 \cdot p)^{0.45}$
氯	鄉間	$r = 0.38 \cdot (d^2 \cdot p)^{0.49}$
	都會區	$r = 0.16 \cdot (d^2 \cdot p)^{0.5}$
乙烯	1psi超壓	$r = 0.021 \cdot (d^2 \cdot p)^{1/3}$
硫化氫	1psi超壓	$r = 0.015 \cdot (d^2 \cdot p)^{1/3}$
	鄉間條件	$r = 0.37 \cdot (d^2 \cdot p)^{0.45}$
	都會區	$r = 0.27 \cdot (d^2 \cdot p)^{0.45}$
甲烷	1psi超壓	$r = 0.019 \cdot (d^2 \cdot p)^{1/3}$
高濃度有機氣體	1psi超壓	$r = 0.020 \cdot (d^2 \cdot p)^{1/3}$

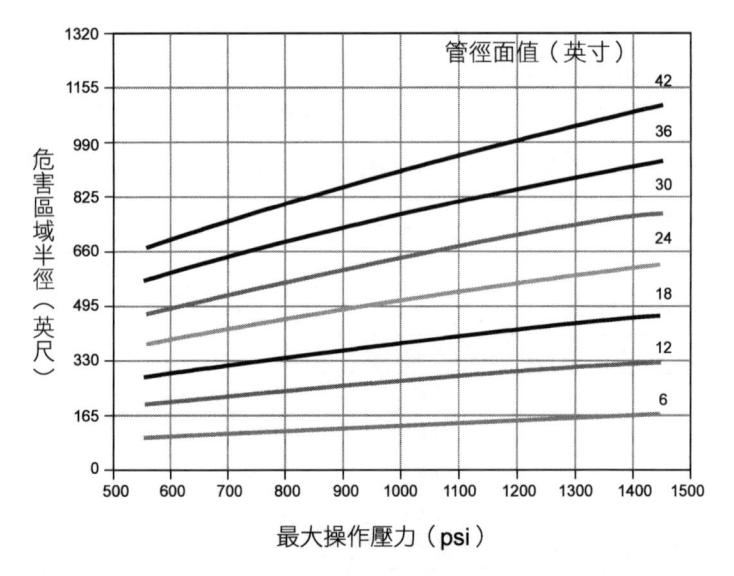

圖16-8　天然氣洩漏後的潛在衝擊半徑與管線操作壓力的關係

Chapter 16　管線風險評估

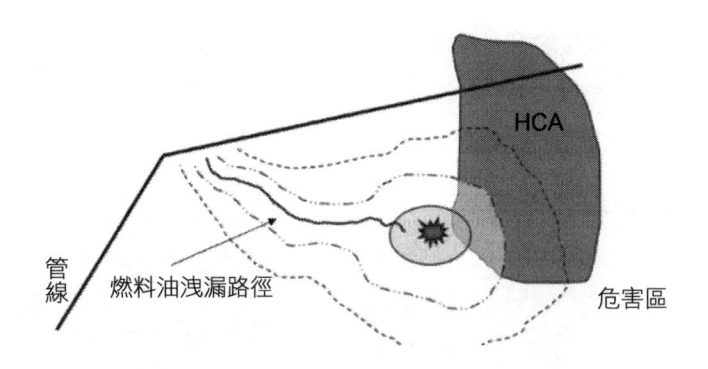

圖16-9　燃料油洩漏路徑及危害區域[8]

　　危害區域的計算可以應用第十四章影響分析中所介紹的方法，計算危害性物質從管線洩漏後散布路徑及可能造成的後果（如噴設火焰、池火、蒸氣雲爆炸等）所影響的區域。**圖16-9**顯示燃料油由輸油管洩漏後的流動途徑及危害區域。

2.受害者

　　每一個危害或威脅所產生的後果為：

$$R_i = PH \times RQ \times D \times R$$

其中R_i為受害者所承受的後果（熱輻射、人員傷亡、財物損失等），PH為物質洩漏後所造成的危害（毒性、可燃性等），RQ為排放數量，D為散布範圍。總後果R為所有後果的總和（$R = \Sigma R_i$）。

五、範例

(一)範例一

　　表16-6列出一個由四小段組成的管線風險評估的結果，危害為外部腐蝕、內部腐蝕、外部破壞及人為失誤等四項，總損失為4,782美元。

表 16-6　範例一的風險評估結果[5]

				A	B	C	D
外部腐蝕	機率PoF	暴露	失效次數/年	0.006	0.002	0.002	0.005
			0.001英寸mpy	16	8	8	12
		消減	%	0.9	0.9	0.9	0.9
		阻抗	%	0.25	0.375	0.375	0.25
內部腐蝕	機率PoF		失效次數/年	0.0002	0.0001	0.005	0.004
		暴露	0.001英寸mpy	0.1	0.1	4	2
		消減	%	0.5	0.5	0.5	0.5
		阻抗	%	0.25	0.375	0.375	0.25
外部破壞	機率PoF		失效次數/年	0.01	0.013	0.001	0.003
		暴露	0.001英寸mpy	2	5	0.2	0.5
		消減	%	0.95	0.95	0.95	0.95
		阻抗	%	0.95	0.95	0.95	0.95
人為失誤	機率PoF		失效次數/年	0.0001	0.0001	0.0001	0.0001
		暴露	0.001英寸mpy	0.1	0.1	0.1	0.1
		消減	%	0.99	0.99	0.99	0.99
		阻抗	%	0.9	0.9	0.9	0.9
機率PoF			失效次數/年	0.0167	0.0149	0.0081	0.0114
影響CoF			千元/年	50	200	50	50
損失風險			元/年	835	2973	403	570
總損失			元/年	4782			

(二)範例二

　　一個120英里長的天然氣管線，依其人口密度、土壤、工商業活動、環境生態等條件可區分為6,530個小段。**表16-7**列出一個標準的分段的可能性及財務影響的估算。每年平均財務風險為265.5美元／英里，低於美國平均風險（350美元），總財務風險為31,500美元。

表16-7　管線破裂風險評估範例二

1. 破壞機率 P_oF 計算
   (1) 第三方破壞
       已知：破壞可能性＝3次／英里・年、消減＝98%、阻抗＝75%；
       $P_oF_{第三方破壞}$＝3(1-98%)(1-75%)＝1.5%／英里・年
   (2) 外部腐蝕（土壤）
       已知：0.005英寸／年、消減＝90%，抗阻、管壁厚度＝0.22英寸
       剩餘壽命（TTF）＝抗阻（腐蝕*消減）＝0.22／[(5*(1-90%)]＝440年
       $P_oF_{外部腐蝕}$＝1/TTF＝1/440＝0.27%／英里・年
   (3) 總破壞可能性
       P_oF＝$P_oF_{第三方破壞}$＋$P_oF_{外部腐蝕}$＝1.77%（英里・年）
   (4) 影響
       假設破裂的平均財務影響（損失）為15,000美元。
   (5) 風險
       此小段的風險（Ri）為
       Ri＝P_oF（機率）xC_oF（影響）
       ＝15,000美元×1.77%（英里・年）
       ＝265.5美元／（英里・年）
   (6) 總風險
       假設所有6,530小段的平均風險為265.5美元／（英里・年），則總風險為31,500美元（＝265.5x120）。

柒、機率型模式

機率型模式的特點為應用歷史數據、專家判斷、統計分析或這些方法的結合以計算事件發生的可能性。

一、可能性數據估算

管線的失效速率是以每年每單位管線長度的失效次數（1／年公里）

表示。每個失效情境所造成的管線失效速率可以應用歷史數據及經驗公式估算。由於管線的失效速率受設計因素、施工條件、維護條件及環境情況等影響，因此，每個失效情境下的管線失效速率可以經由下列公式[8、9、10]求得：

$$\phi = \Sigma\ \phi\ iFFk\ (a_1, a_2, ...)$$

其中ϕ是每單位管線長度的預期失效速率（1／年公里），ϕ_k是第k單位管線長度的基本失效速率（1／年公里），FFi是與失效原因相關的修正函數，a_1、a_2……是校正函數的變數；下標i為失效因子（如外部干擾、施工缺陷、腐蝕、地面振動等）的編號。如果失效速率數據缺乏時，則可應用十四章中的失效速率公式修正。

二、失效可能性資料庫

管線失效速率數據可由下列資料庫取得：

1. 歐洲天然氣管道事故數據組（European Natural Gas Incident Group, EGIG）

   歐洲天然氣管道事故數據組依據陸上天然氣管線上超過4.41百萬公里年的經驗，至2016年止，每1,000公里年的總體失效速率為0.31的數據，2012-2016年間為0.131[11]。

2. 美國交通部管線及危害物質安全管理局管線數據（PHMSA Pipeline Data）。

3. 加拿大管線意外事故資料庫（https://open.canada.ca/data/en/dataset/7dffedc4-23fa-440c-a36d-adf5a6cc09f1）。

4. 英國岸上管線協會（The UK Onshore Pipeline Association, UKOPA）管線失效資料庫。

5. 澳洲APA集團管線意外資料庫（https://www.apga.org.au/resources/

pipeline-incident-database）。
6. PARLOC管線意外資料庫：蒐集英國大陸棚管線意外數據
（https://www.pipeliner.com.au/internationalnews/parloc-re-launches-database/）。
7. 歐洲跨國管線意外資料庫（CONCAWE）。

三、失效可能性數據

表16-8至表16-12分別列出各國管線失效頻率相關數據。

表 16-8　管線失效頻率

物質	期間	來源	次／公里·年	物質	期間	來源	次／公里·年
天然氣	1988-2001	美國交通部	7.20E-05	液體	2005-2015	美國交通部	4.77E-04
	1995-2015	美國交通部	8.25E-05		1988-2007	美國交通部	4.90E-04
	1971-2020	CONCOVE	5.80E-04	所有	1993-2014	英國UKOPA	4.00E-04
	1980-2007	EGIG	3.40E-04		2006-2015	中國	4.00E-04
	2012-2016	EGIG	1.30E-04		2013-2022	加拿大	7.30E-04
					2011-2021	美國交通部	1.62E-03

表16-9　美國管線失效頻率統計（2010-2017）[14]

威脅	失效頻率 次／公里·年	洩漏分率	破裂分率	失效頻率 次／公里·年	洩漏分率	破裂分率
	天然氣			危害性液體		
外部腐蝕	1.347E-05	0.49	0.51	5.895E-05	0.9437	0.0563
內部腐蝕	5.844E-06	0.57	0.43	3.281E-05	0.9873	0.0127
張力腐蝕／裂化	5.082E-06	0.35	0.65	3.738E-06	0.5556	0.4444
製造瑕疵	5.844E-06	0.43	0.57	2.741E-05	0.8333	0.1667
營建瑕疵	8.131E-06	0.69	0.31	1.869E-05	0.9111	0.0889
設備失效	1.575E-05	0.95	0.05	1.059E-04	0.9922	0.0078
第三方破壞	3.202E-05	0.87	0.13	4.361E-05	0.9429	0.0571
操作錯誤	3.049E-06	0.92	0.08	4.195E-05	0.9406	0.0594
天災	5.336E-06	0.76	0.24	7.060E-06	0.8235	0.1765

表16-10　歐洲管線破孔內徑的分布百分比[16]

失效模式	5毫米	50毫米	100毫米	破裂
機械失效	47.3%	42.8%	6.7%	3.3%
操作失誤	18.8%	43.8%	25.0%	12.5%
腐蝕	54.5%	39.5%	4.0%	2.0%
天災	43.0%	28.5%	19.0%	9.5%
第三方破壞	37.0%	32.5%	20.3%	10.2%

表16-11　歐洲及英國天然氣管線失效頻率[17]

失效原因	小孔	中孔	大孔
外界干擾	1.7E-05	2.2E-05	2.1E-05
營造瑕疵	7.6E-05	2.8E-05	7.0E-06
腐蝕	7.9E-05	2.4E-06	8.1E-07
地面移動	1.0E-06	1.1E-06	1.4E-06
其他／未知	4.0E-05	1.4E-05	5.4E-07
小計	2.1E-04	6.8E-05	3.1E-05

表16-12　歐洲管線不同失效模式的失效頻率[16]

失效模式	模式分類	1971–2006	2001-2006
機械	製造瑕疵	2.9E-05	3.3E-05
	材料瑕疵	3.0E-05	3.3E-05
操作	系統	0.0E+00	0.0E+00
	人因	1.0E-05	4.8E-06
腐蝕	外部	1.0E-04	3.8E-05
	內部	2.1E-05	1.4E-05
	張力裂化	4.4E-06	4.8E-06
天災	地面移動	1.3E-05	0.0E+00
	其他	1.1E-06	0.0E+00
第三方破壞	事故	1.2E-04	7.6E-05
	蓄意	1.9E-05	5.2E-05
	意外	2.7E-05	1.9E-05

捌、電腦軟體程式

1. 挪威驗船協會（DNV）與繆鮑爾氏（W. K. Muhlbauer）合作，共同開發的管線風險評估軟體為目前國際間最普遍應用的軟體。
2. SHRIMP是美國氣體協會所開發的線上天然氣管線完整性計畫撰寫程式，管線業者可以應用此程式執行管線風險評估及研擬管線完整性計畫。
3. 中華產業機械設備協會將繆鮑爾氏的指標法及物理模式方法的函數、參數及管線現況數據錄入Excel試算表之中，可以迅速求得所需風險數值。自2016年起即被應用於高雄市地下管線的風險評估，其結果已被國內地下管線業界所接受。
4. 高雄科技大學設備可靠度與系統安全研發中心於2023年整合美國化學工程師學會的量化法、繆鮑爾氏的物理模式、美國石油協會的基於風險的檢視（Risk Based Inspection）及保護層分析（LOPA）等的優點，開發出一套適於管線風險評估的軟體，目前尚在測試中。

玖、結語

　　管線是運輸天然氣、原油及化學品最安全及便利的載具。目前，全球管線長達118萬公里，主要分布於美國、加拿大、俄國、中國及西歐洲等地方。管線失誤頻率雖低，但是任何失誤解可能造成可燃性氣液體的洩漏及散布，進而引發火災、爆炸及環境汙染；因此，各國法規皆要求危害性物質運輸管線業者建立以風險評估為基礎的管線系統完整性管理制度，以確保管線系統的安全運營及預防事故的發生。

　　管線風險評估方法可分為指標法、物理模式、機率型量化等三類。

其基本流程及架構雖然與一般生產製程的風險評估相同，但由於管線所經過的地區變化大，必須依其人口分布、環境條件及設置年限的不同而分段評估。指標法雖可反映管線設置及營運的狀態，適於管線業主作為改善依據；然而，由於它無法提供管制單位或社會團體所要求的個人、社會風險指標以及影響範圍區域圖，已逐漸被以物理模式或機率為基礎的量化方法所取代。

習題

1. 說明在何種情況下才執行管線風險評估？
2. 列舉選擇管線風險評估方法時的原則。
3. 列舉三種管線風險評估方法類型，並比較它們的差異。
4. 列舉指標法的執行步驟。

參考文獻

1. PHMSA (2023). *Serious Incident 20 Years Trend*. Pipeline and Hazardous Materials Safety Administration, US Department of Transportation, Washington, DC, USA. Trendhttps://portal.phmsa.dot.gov/analytics/saw.dll?Portalpages&PortalPath=%2Fshared%2FPDM%20Public%20Website%2F_portal%2FSC%20Incident%20Trend&Page=Serious
2. Biezmaa, M. V., Andrésb, M. A., Agudoa, D., & Briz, E. (2020). Most fatal oil & gas pipeline accidents through history: A lessons learned approach. *Engineering Failure Analysis, 110*, 104446.
3. DOTPHMSA (2020). *Pipeline Risk Modeling Overview of Methods and Tools for Improved Implementation*. Pipeline and Hazardous Materials Management Administration, Department of Transportation, Washington, DC, USA.
4. Muhlbauer, M. K. (2004). *Pipeline Risk Management Manual* (3rd Edition). Gulf Professional Publishing, Burlington, MA, USA.
5. AGA (2013). *Simple, Handy, Risk-based Integrity Management Plan (SHRIMP) User's Guide*. American Gas Association, version 2.17.
6. 李信賢（2021）。公用天然氣管線風險評估架構。石油與天然氣輸儲設備查核及檢測研究計畫。工業技術研究院。
7. Muhlbauer, M. K. (2015). *Pipeline Risk Assessment Mini-Workshop*. Gulf Professional Publishing, Burlington, MA, USA.
8. Stephens, M. J. (2000). *A Model for Sizing High Consequence Areas Associated with Natural Gas Pipelines*. C-FER Topical Report 99068, Prepared for Gas Research Institute, Contract 8174, October.
9. Muhlbauer, M. K. (2016). *Pipeline Risk Assessment*. PHSMA Mini-Workshop.
10. Jo, Y. D., & Ahn, B. J. (2005). A method of quantitative risk assessment for transmission pipeline carrying natural gas. *Journal of Hazardous Materials, A123*, 1-12.
11. EGIG. (1999). *European Gas Pipeline Incident Data Group*. Gas Pipeline Incidents, fourth Report 1970-1998.

12. Han, Z. Y., & WenHan, W. G. (2010). An integrated quantitative risk analysis method for natural gas pipeline network. *Journal of Loss Prevention in the Process Industries, 23*, 428-436.
13. EGIG (2018). Overview developments in failure frequencies, European Natural Gas Incident Group, EGIG. https://www.egig.eu/overview.
14. DOIPHSMA (2018). *Natural Gas Pipelines (PHMSA 2010-2017)*. Pipeline and Hazardous Materials Management Administration, Department of Interior, Washington, DC, USA.
15. 鄭洪龍、王婷（2017）。〈國內外油氣管道事故統計分析〉。《管道保護》，第4期。
16. Pettitt, G., Morgan, B. (2009). *A Tool to Estimate the Failure of Cross-Country Pipelines*. IChE Symposium Series, No. 155.
17. Jo, Y. D., Ahn, B. J. (2005). A method of quantitative risk assessment for transmission pipeline carrying natural gas. *Journal of Hazardous Materials, A123*, 1-12.

附錄一

己烷及庚烷蒸餾分離設施風險評估

壹、系統／製程說明

貳、基本假設

參、影響分析

肆、可能性分析

伍、風險分析

陸、結論

本範例取材自美國化學工程師學會出版的《化學製程量化風險評估指引》(*Guidelines for Chemical Process Quantitative Risk Analysis*)第443至477頁。

壹、系統／製程說明

每小時流量為60.12公噸的己烷及庚烷混合液體（己烷58%、庚烷42%）由己烷蒸餾塔中間進入，蒸氣自塔頂逸出（己烷90%、庚烷10%），經冷凝器冷凝後由1號泵輸出；塔底混合液體（己烷10%、庚烷90%）經2號泵輸出。蒸餾塔所需熱能，由高壓蒸氣（180℃，810Pa）所提供（**圖一**）。己烷及庚烷的物理性質六於**表一**中。蒸餾塔周圍環境如**圖二**所顯示。

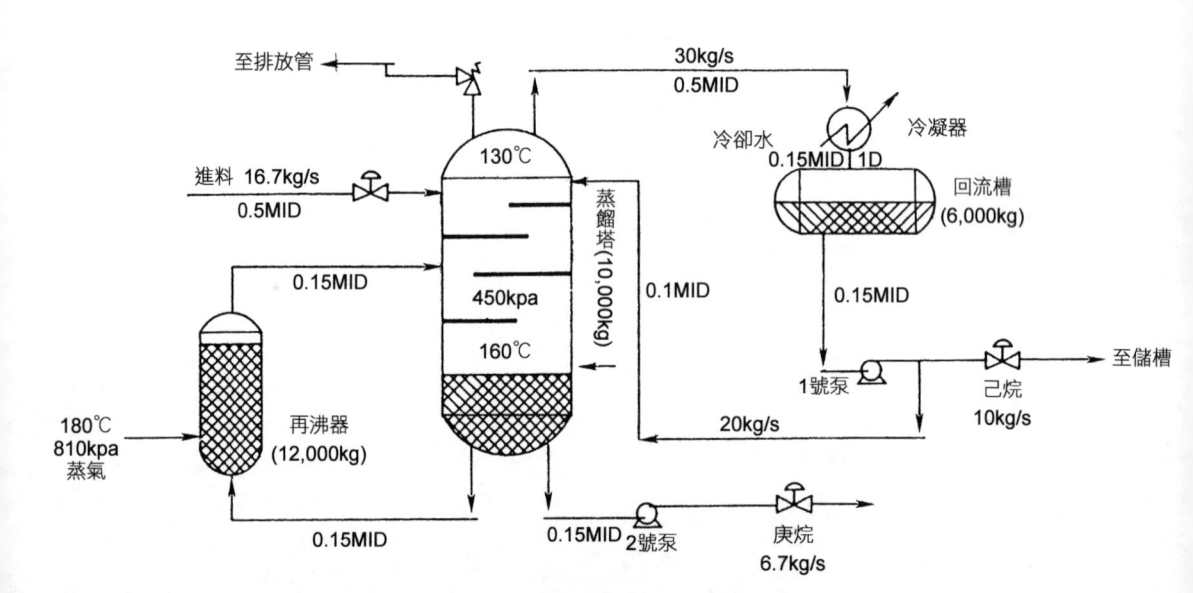

圖一　蒸餾塔及附屬設備

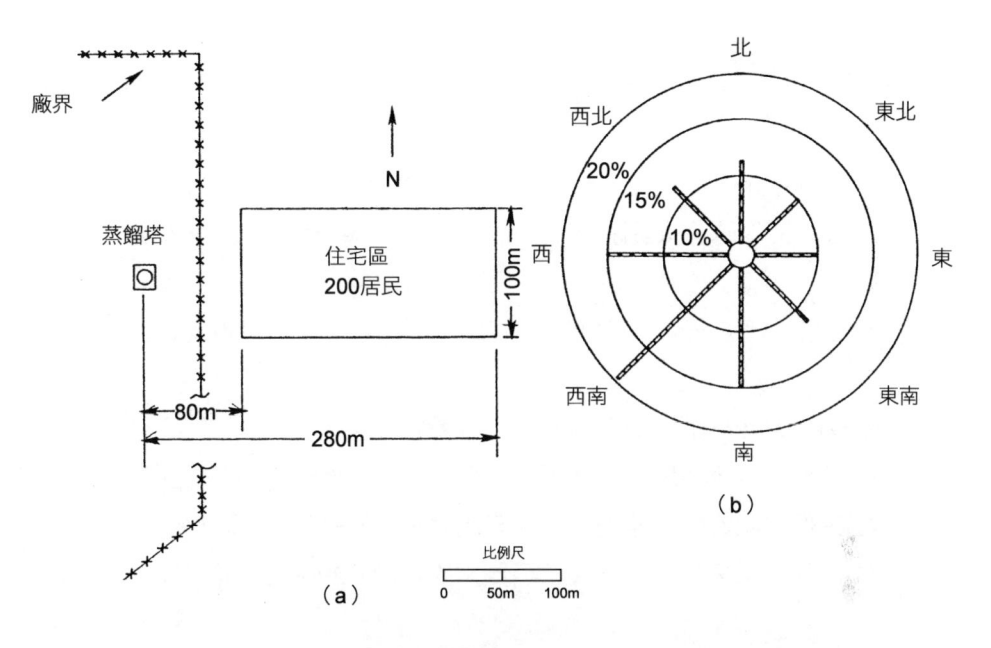

附錄一　己烷及庚烷蒸餾分離設施風險評估

433

圖二　(a) 工廠布置及周圍環境圖；(b) 風向機率分布圖

表一　己烷／庚烷物理性質表

特性	己烷	庚烷
正常沸點（℃）	69	99
分子量	86	100
著火上限濃度（體積%）	7.5	7
著火下限濃度（體積%）	1.2	1
燃燒熱（J/kg）	4.5×10^7	4.5×10^7
定壓比熱對定容比熱比例（Cp/Cv）	1.063	1.054
正常沸點時液體密度（kg/m³）	615	614
沸點的蒸發熱（J/kg）	3.4×10^5	3.2×10^5
液體的熱容量（J/kg °K）	2.4×10^3	2.8×10^3

貳、基本假設

1. 本範例僅評估在最壞可能發生的情境（1.3m/s風速及F穩定度）時蒸餾塔失效時對周圍住宅區的風險，但忽略對廠內工作人員的影響。
2. 蒸餾塔、再沸器及回流槽的容量分別為10,000、6000及12,000公斤。
3. 完成HAZOP分析，並只考慮下列三種意外：
   (1) 事件一：蒸餾塔、再沸器、冷凝器、回流槽或主要管線破裂。
   (2) 事件二：液體管線破裂（液體洩放量等於6吋管流量20%）。
   (3) 事件三：蒸氣管線破裂（蒸氣排放量等於20吋管流量20%）。

參、影響分析

一、危害源排放及散布計算

(一)意外事件一：主要設備破裂

1. 危害源排放模式

蒸餾塔、再沸器、冷凝器、回流槽等主要設備／管線破裂時，所有物質不僅會立即散失，部分液體會因壓力突然降低而氣化。液體揮發分率為

$$Fv = Cp(T-Tb)/Hlg$$

其中Fv為揮發分率，Cp為液體平均熱容量，T為操作溫度（塔頂己烷130°C、庚烷99°C），Hlg為沸點蒸發熱。由以上公式所計算出的己烷及

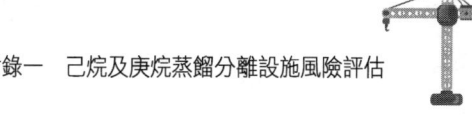

附錄一　己烷及庚烷蒸餾分離設施風險評估

庚烷的瞬間揮發量分別為0.43及0.51。

　　假設所有物質皆會散失（總散失量28,000kg），己烷在130℃時揮發，庚烷在160℃時揮發。總揮發分率為0.46（0.614×0.43+0.386×0.51＝0.46）。

2.瞬間揮發及擴散模式

　　揮發分率雖為0.46，但依據經驗顯示，容器破裂後，壓力突然降低，容器內過熱液體立即揮發，體積驟然膨脹數十倍，可將所有未揮發液體帶入空中，形成蒸氣與霧滴混合之氣雲。由於所排放的己烷與庚烷蒸氣比重分別為空氣的2倍及2.3倍，蒸氣中所夾帶的霧滴的比重更高，因此必須應用頂帽重氣體模式（Top Hat Model）以估算其在大氣中的散布。淡化比例為空氣與排放蒸氣及霧滴之體積比，氣雲形成時淡化比例約為10%左右，因己烷與空氣混合後，溫度降低，而空氣溫度升高，因此混合後己烷之體積百分比為7.8%。己烷之燃燒下限為1.2%，由**表二**可知，吹起西方時，排放57秒後，順風方向距蒸餾塔85公尺處，仍具嚴重危險性。由**圖二(a)**可知，蒸餾塔東方80公尺的住宅區會遭受火災威脅。

表二　意外事件一：己烷瞬間排放產生之氣雲散布

時間 （秒）	順風距離 （公尺）	蒸氣雲直徑 （公尺）	蒸氣雲高度 （公尺）	中心線濃度 （體積%）	蒸氣雲溫度 （°K）
0	0	32	32	7.8（註）	309
20	30	91	14	2.2	297
40	60	125	11	1.5	296
57	85	148	9.5	1.2	295

註：空氣淡化比為10。

(二)意外事件二／三：管線及破孔造成的液體及蒸氣外洩

1. 危害源排放模式

    (1) 意外事件二：部分高壓液體由破孔洩漏後，會立即揮發（與事件一相同），其餘則會形成霧滴，懸浮於空中。假設洩漏孔徑30毫米，每秒液體排放速率為9.6公斤。

    (2) 意外事件三：蒸氣管線洩漏，假設洩漏孔徑100毫米，每秒排放速率為12.6公斤。

    (3) 由於兩種意外事件皆造成蒸氣雲外洩，為簡化計算，假設兩者排放方式為連續式，排放率以兩者之平均值11公斤／秒估算。

2. 瞬間揮發及擴散模式

與意外事件一相同，可用重氣體散布模式計算，表三顯示排放散布結果，順風方向距蒸餾塔106公尺內地區之己烷濃度，皆超過其燃燒下限（體積1.2%）。若西風吹起，住宅區西部居民將受火災或氣雲爆炸之威脅。

表三　意外事件二／三：己烷連續排放產生氣雲散布

時間 （秒）	順風距離 （公尺）	蒸氣雲直徑 （公尺）	蒸氣雲高度 （公尺）	中心線濃度 （體積%）	蒸氣雲溫度 （°K）
0	0	3.7	3.7	7.8（註）	309
20	30	24	24	2.4	297
40	60	38	38	1.7	296
60	90	50	50	1.4	295
71	106	56	56	1.2	294

註：空氣淡化比為10。

附錄一　己烷及庚烷蒸餾分離設施風險評估

二、意外事件後果分析

(一)事件樹推演

三種意外事件發生後，會因著火時間不同而產生不同後果，可以應用事件樹來推演不同狀況，並計算其機率。由於每秒連續排放率僅11公斤，在排放71秒後，己烷濃度降至燃燒下限1.2%時，所有的排放量僅781公斤，低於己烷或庚烷產生非密閉空間氣雲爆炸之質量下限（約1,000公斤），因此不需考慮非密閉空間氣雲爆炸之發生。**圖三**及**圖四**分別列出意外事件在兩組不同風向下之事件樹。

(二)影響分析

爆炸及火災模式之意外後果共有下列五項：

1.後果一：沸騰液體膨脹蒸氣爆炸（BLEVE）

28,000公斤己烷排放後著火，液體迅速膨脹爆炸，其影響計算如下：

最大BLEVE直徑：$D_{maz} = 6.48 \times M^{0.325} = 181$（公尺）
火球持續時間：$T_{BLEVE} = 0.825 \times M^{0.26} = 12s$（秒）
火球中心高度：$H_{BLEVE} = 0.75 \times D_{MAX} = 136$（公尺）

在12秒接觸時間內，50%致命的熱輻射能約為75kw/m²，下一步則為計算75kw/m²的範圍。

Q_R（熱輻射量）$= \tau EP_{21}$
τ為傳遞係數 $= 2.02(P_wX)^{-0.09}$
P_w為周圍空氣的水蒸氣壓，約為2,820N/m²（2.82kpa）
X（接觸半徑）$= (H^2_{BLEVE} + r^2)^{0.5} - 0.5D_{max} = (1.362+r^2)^{0.5} - 90.5$
τ（傳遞係數）可簡化為 $= 0.99[(1.362+r^2)^{0.5} - 90.5]^{-0.09}$

危害辨識與風險評估

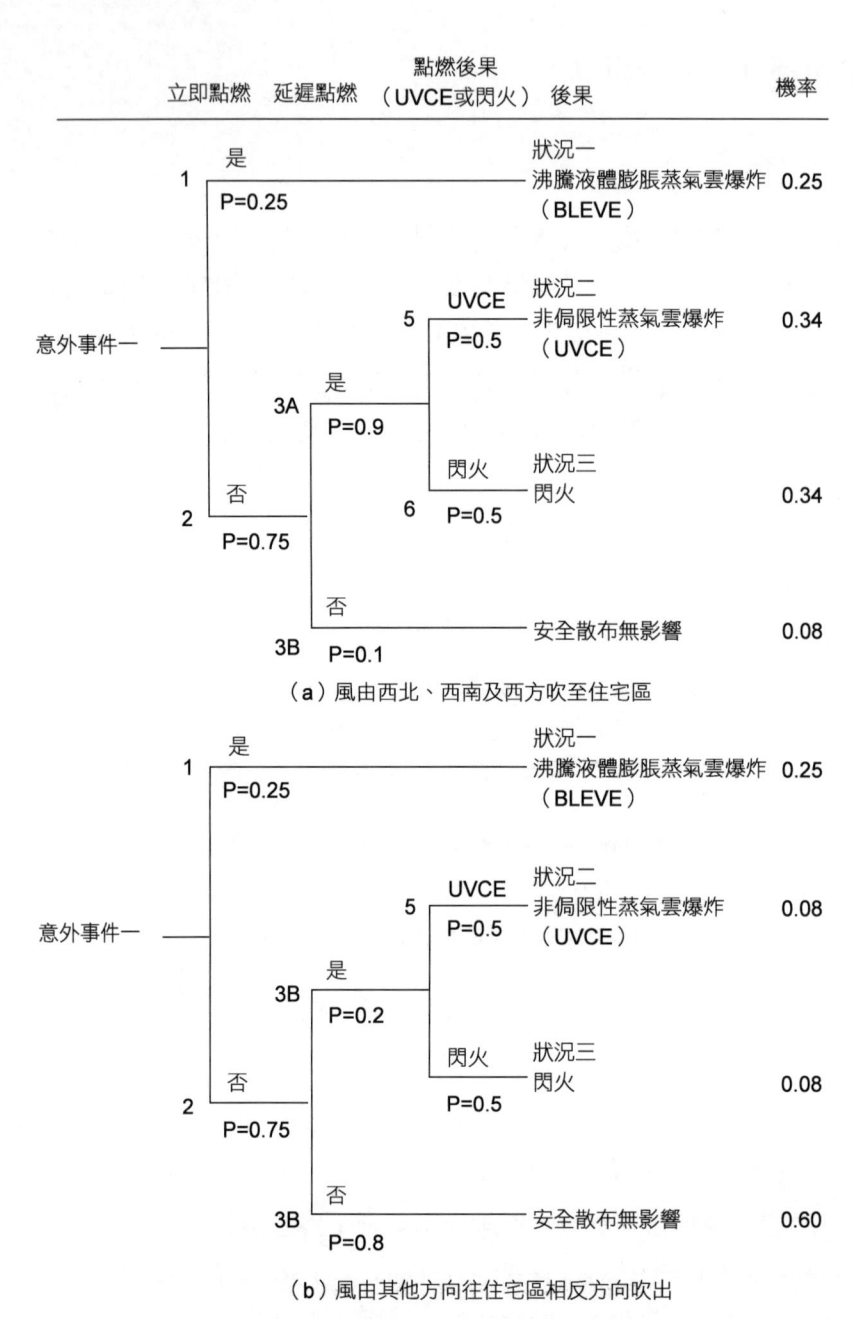

                    點燃後果
立即點燃   延遲點燃　（UVCE或閃火）　後果　　　　　　　　　機率

```
                                        狀況一
         是                              沸騰液體膨脹蒸氣雲爆炸   0.25
      1  P=0.25                         （BLEVE）

                              UVCE      狀況二
                          5              非侷限性蒸氣雲爆炸      0.34
意外事件一                   P=0.5        （UVCE）
                  是
               3A P=0.9
                              閃火        狀況三
         否               6               閃火                  0.34
      2  P=0.75              P=0.5

                              否
                           3B            安全散布無影響          0.08
                              P=0.1
```

（a）風由西北、西南及西方吹至住宅區

```
                                        狀況一
         是                              沸騰液體膨脹蒸氣雲爆炸   0.25
      1  P=0.25                         （BLEVE）

                              UVCE      狀況二
                          5              非侷限性蒸氣雲爆炸      0.08
意外事件一                   P=0.5        （UVCE）
                  是
               3B P=0.2
                              閃火        狀況三
         否                               閃火                  0.08
      2  P=0.75              P=0.5

                              否
                           3B            安全散布無影響          0.60
                              P=0.8
```

（b）風由其他方向往住宅區相反方向吹出

圖三　意外事件一的事件樹

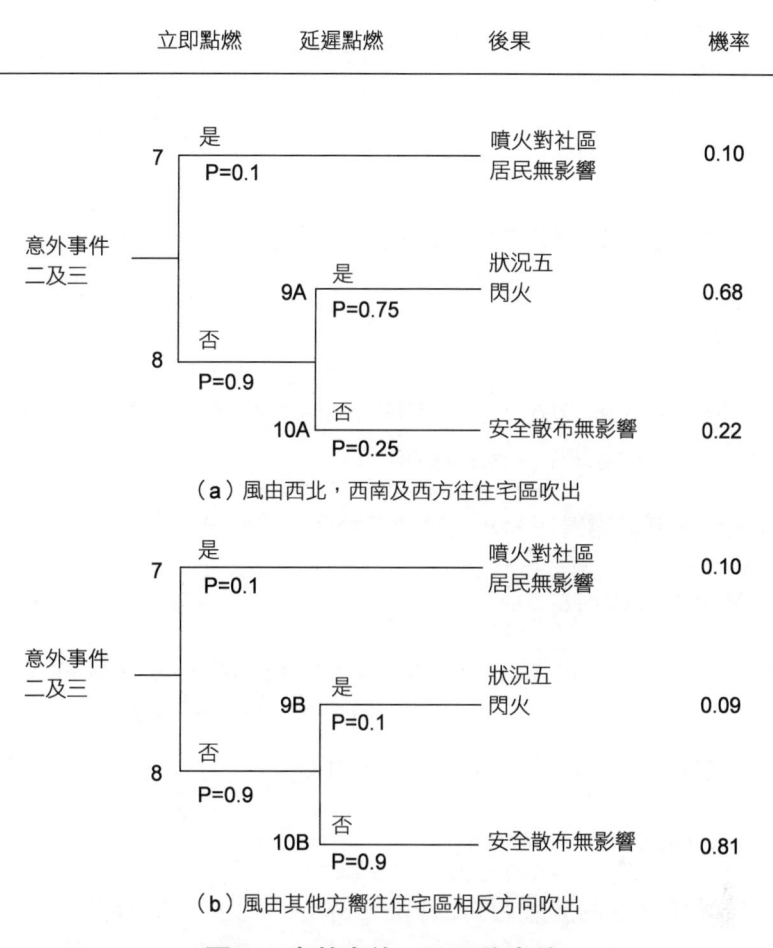

附錄一　己烷及庚烷蒸餾分離設施風險評估

| | 立即點燃 | 延遲點燃 | 後果 | 機率 |

```
                  是
               7 ┌─────               噴火對社區      0.10
                 │ P=0.1              居民無影響
意外事件 ────────┤
二及三            │         是
               9A┌─────               狀況五          0.68
                 │ P=0.75             閃火
               否┤
               8 │
                 │ P=0.9
                 │         否
              10A└─────               安全散布無影響  0.22
                    P=0.25
```

（a）風由西北，西南及西方往住宅區吹出

```
                  是
               7 ┌─────               噴火對社區      0.10
                 │ P=0.1              居民無影響
意外事件 ────────┤
二及三            │         是
               9B┌─────               狀況五          0.09
                 │ P=0.1              閃火
               否┤
               8 │
                 │ P=0.9
                 │         否
              10B└─────               安全散布無影響  0.81
                    P=0.9
```

（b）風由其他方嚮往住宅區相反方向吹出

圖四　意外事件二及三的事件

r＝蒸餾塔至受害者的距離

F_{21}（表面視角因數）＝$D_{max}^2 / 4R^2$＝$8190/R^2$

表面放出的輻射熱流 E＝$F_{radiation}$ MHC/$[\pi (D_{max}^2)^t]_{BLEVE}$

假設，$F_{radiation}$（輻射分數）為 0.25、HC（燃燒熱）＝4.5×10^7 J/kg，則

$$E = \frac{0.25 \times 28,0000 \times 4.5 \times 10^7}{\pi (181)^2 12} = 225 \text{kw/m}$$

熱輻射量$(Q_R) = rF_{21}E = 0.99[(1.36^2+r^2)^{0.5} - 90.5]^{-0.09} \times \frac{8,190}{r^2} \times 225$

將50%致命熱輻射量（75kw/m²）代入Q_R中則可求出50%致命距離(r)：

$r_{50\%} = 135$（公尺）

2. 後果二：大量易燃已／庚烷瞬間排放，形成氣雲後著火（延遲著火）造成非密閉空間氣雲爆炸

非密閉空間氣雲爆炸的威力可使用TNT模式計算：

$$W = \eta M Ec / Ec_{TNT}$$

其中W為三硝化甲本（TNT）炸藥當量，M為排放量（＝28,000kg），η為爆炸係數（＝0.1），EC為已烷的燃燒熱（＝4.6×10^6J/kg），ECTNT為TNT燃燒熱（＝4.6×10^6J/kg）。

$W = (0.1)(28,000) = 27,400$kg

由於爆炸產生的過壓超過21kpa（3psi）以上，即可導致人死亡。27,400公斤的TNT產生的超壓為21kpa（＝3psi）的半徑約239公尺，由**表二**可知，瞬間排放57秒後形成的氣雲，中心在順風方向距蒸餾塔85公尺處，其致命危害可將整個住宅區包括在內。

3. 後果三：瞬間排放後延遲著火，形成閃火

閃火形成後，範圍之內的居民會有致命危險，由**表二**可知，瞬間排放57秒後形成的氣雲，中心在順風方向距蒸餾塔85公尺處，氣雲半徑為148公尺，在此氣雲範圍之內居民即有生命危險。

附錄一　己烷及庚烷蒸餾分離設施風險評估

4.後果四：連續性排放，立即著火，形成噴射火焰

應用液化石油氣噴火模式可求得50%致命半徑（公尺）

rf，50% = $1.9t^{0.4}m^{0.47}$

其中t為噴火時間（秒），m為排放流量（公斤／秒）。

當噴火時間為100秒，排放流量為11公斤／秒時，50%致命半徑為37公尺：

rf，50% = $1.9(100)^{0.4}(11)^{0.47}$ = 37m

住宅區距離蒸餾塔80公尺，因此居民不會受到影響。

5.後果五：連性排放，延遲著火，形成閃火

由**表三**可得知，氣雲中心在蒸餾塔順風方向106公尺處時，其氣雲半徑為56公尺，噴火會形成一扇形，其長度為162公尺（106+56），扇角為38（tan(Θ/2)＝56/162），住宅區若在噴火範圍內，則必須考慮此一情況。

肆、可能性分析

表四列出設備級管線失誤頻率，這些數據皆為假設數據，僅供計算使用。

一、意外事件一

1.主要設備（蒸餾塔或附屬設備）破裂頻率為6.5×10^{-6}次／年（**表四**）。

2.55公尺長、100毫米及150毫米管線破裂頻率＝長度×小管線破裂頻

表四　管線及蒸餾塔失敗頻率

項目	失敗情況	失敗頻率
1.管線		
直徑小於50公厘	完全破裂	8.8×10^{-7}（次／公尺、年）
	裂隙孔徑約管徑之20%	8.8×10^{-6}（次／公尺、年）
直徑在50至150公厘之間者	完全破裂	2.6×10^{-7}（次／公尺、年）
	裂隙約管徑之20%	5.3×10^{-6}（次／公尺、年）
直徑大於150公厘者	完全破裂	8.8×10^{-8}（次／公尺、年）
	裂隙約管徑之20%	2.6×10^{-6}（次／公尺、年）
	嚴重洩漏	1×10^{-5}（次／年）
2.蒸餾塔	完全破裂	6.5×10^{-6}（次／年）

率為1.4×10^{-5}次／年（$=55\times2.6\times10^{-7}$）。

3.25公尺、500毫米管線破裂頻率為2.2×10^{-6}次／年（$=25\times2.2\times10^{-6}$次／年）。

綜合上述各項，得其小計為2.3×10^{-5}次／年（$=6.5\times10^{-6}+1.4\times10^{-5}+2.2\times10^{-6}$）。

二、意外事件二及三

1.55公尺長、100及150毫米管線洩漏頻率為2.9×10^{-4}次／年（$55\times5.3\times10^{-6}$）。

2.25公尺長，500公厘管線洩漏頻率為6.5×10^{-5}次／年（$=25\times2.6\times10^{-6}$）。

3.蒸餾塔洩漏頻率為1.0×10^{-5}次／年。

綜合上述各項，得其小計為3.7×10^{-4}次／年（$=2.9\times10^{-4}+6.5\times10^{-5}+1.0\times10^{-5}$）。

4.計算意外事件後果機率

附錄一　己烷及庚烷蒸餾分離設施風險評估

意外後果在不同風向的機率，可由事件樹中求出，**圖三**及**圖四**所顯示事件樹及機率。

5.計算不同風向產生的意外後果狀況頻率

由**圖五**可以看出風向不同時，其機率亦不同，因此不同風向產生的後果狀況頻率亦不相同。**表五**列出不同後果狀況頻率，其計算方式為：

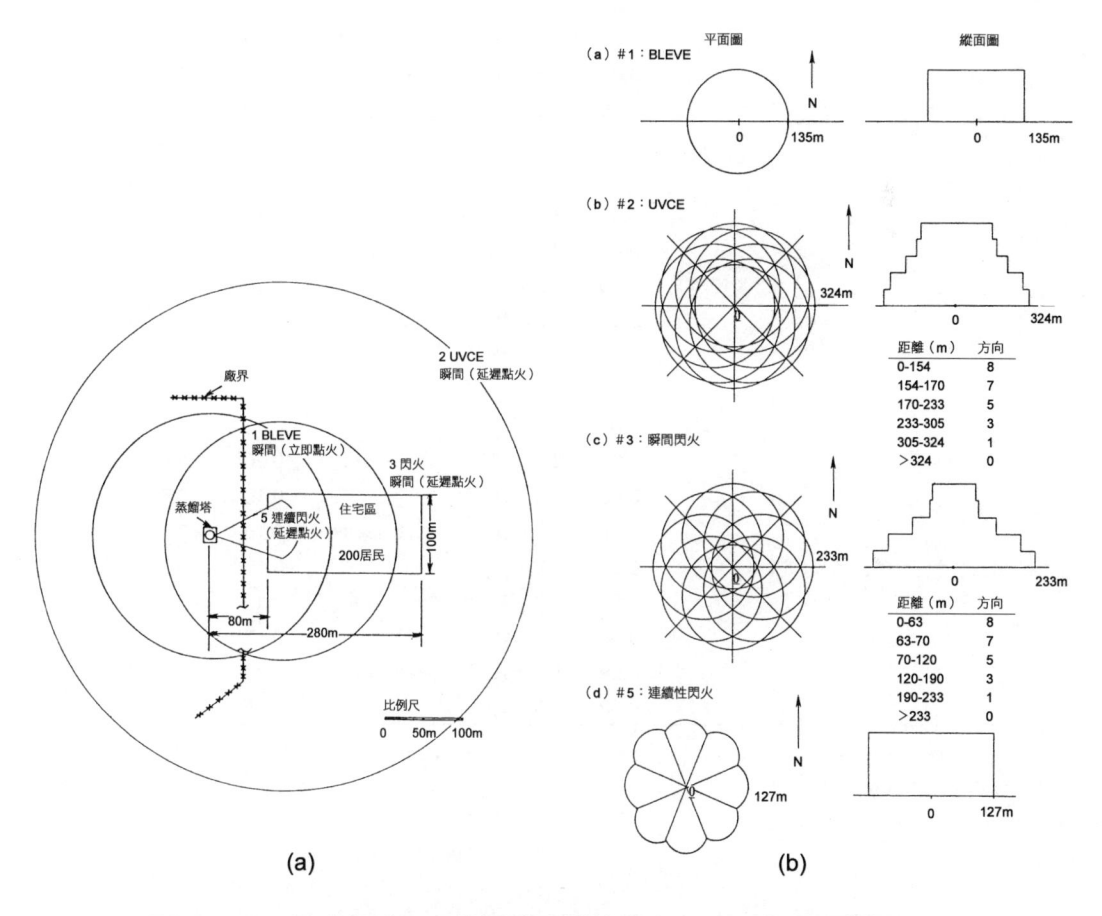

距離（m）	方向
0-154	8
154-170	7
170-233	5
233-305	3
305-324	1
>324	0

距離（m）	方向
0-63	8
63-70	7
70-120	5
120-190	3
190-233	1
>233	0

圖五　(a)西風吹起時不同後果的影響範圍；(b)不同風向影響範圍

表五　不同意外後果狀況的頻率（次／年）

意外事件	後果	意外事件發生的頻率（次／年）	後果發生的機率（註一）	後果發生的機率（次／年）	風向 出	風向 至	風向分配率（註二）	後果發生後不同狀況的頻率（次／年）
一	1-BLEVE	2.3×10^{-5}	0.25	5.7×10^{-6}	—	—	—	5.7×10^{-6}
			0.34	7.8×10^{-6}	西南	東北	0.20	1.6×10^{-6}
			0.34	7.8×10^{-6}	西	東	0.15	1.2×10^{-6}
			0.34	7.8×10^{-6}	西北	東南	0.10	7.8×10^{-7}
	2-UVCE	2.3×10^{-5}	0.08	1.8×10^{-6}	北	南	0.10	1.8×10^{-7}
			0.08	1.8×10^{-6}	東北	西南	0.10	1.8×10^{-7}
			0.08	1.8×10^{-6}	東	西	0.10	1.8×10^{-7}
			0.08	1.8×10^{-6}	東南	西北	0.10	1.8×10^{-7}
			0.08	1.8×10^{-6}	南	北	0.15	2.8×10^{-7}
二			0.34	7.8×10^{-6}	西南	東北	0.20	1.6×10^{-6}
			0.34	7.8×10^{-6}	西	東	0.15	1.2×10^{-6}
			0.34	7.8×10^{-6}	西北	東南	0.10	7.8×10^{-6}
	3-閃火	2.3×10^{-5}	0.08	1.8×10^{-6}	北	南	0.10	1.8×10^{-7}
			0.08	1.8×10^{-6}	東北	西南	0.10	1.8×10^{-7}
			0.08	1.8×10^{-6}	東	西	0.10	1.8×10^{-7}
			0.08	1.8×10^{-6}	東南	西北	0.10	1.8×10^{-7}
			0.08	1.8×10^{-6}	南	北	0.15	2.8×10^{-7}
			0.68	2.5×10^{-4}	西南	東北	0.20	5.0×10^{-5}
			0.68	2.5×10^{-4}	西	東	0.15	3.8×10^{-5}
			0.68	2.5×10^{-4}	西北	東南	0.10	2.5×10^{-5}
三	5-連續性閃火	3.7×10^{-4}	0.09	3.3×10^{-5}	北	南	0.10	3.3×10^{-6}
			0.09	3.3×10^{-5}	東北	西南	0.10	3.3×10^{-6}
			0.09	3.3×10^{-5}	東	西	0.10	3.3×10^{-6}
			0.09	3.3×10^{-5}	東南	西北	0.10	3.3×10^{-6}
			0.09	3.3×10^{-5}	南	北	0.15	5.0×10^{-6}

註一：圖三及圖四。
註二：圖二（b）。

附錄一　己烷及庚烷蒸餾分離設施風險評估

意外後果發生的頻率＝意外事件發生的頻率×後果發生的機率
意外效果狀況發生的頻率＝意外後果發生的頻率×風向分配率

伍、風險分析

一、個人風險

意外後果的影響範圍已在後果影響中討論，其結果（圖）如下：

1. 意外後果3（瞬間閃火）：以距離蒸餾塔85公尺處為中心，半徑為148公尺的圓，中心位置隨風向而改變。
2. 意外後果2（UVCE）：以距離蒸餾塔85公尺處為中心，半徑為239公尺的圓，中心位置視風向而定。
3. 意外後果3（瞬間閃火）：以距離蒸餾塔85公尺處為中心，半徑為148公尺的圓，中心位置隨風向而改變。
4. 意外後果4（連續性噴火）：對住宅區無影響。
5. 意外後果5（連續性閃火）：162公尺長度的扇形，扇形半徑為56公尺，中心距蒸餾塔106公尺，中心位置隨風向而改變。

蒸餾塔東方（住宅區方向）的個人風險圖顯示於**圖六**中。

二、社會風險

首先考慮意外發生後所造成的死亡人數，為了簡化計算，假設住宅區內的人口分布平均，而且凡有影響範圍之內的人皆有致命危險。分布圖顯示於**圖七**之中。

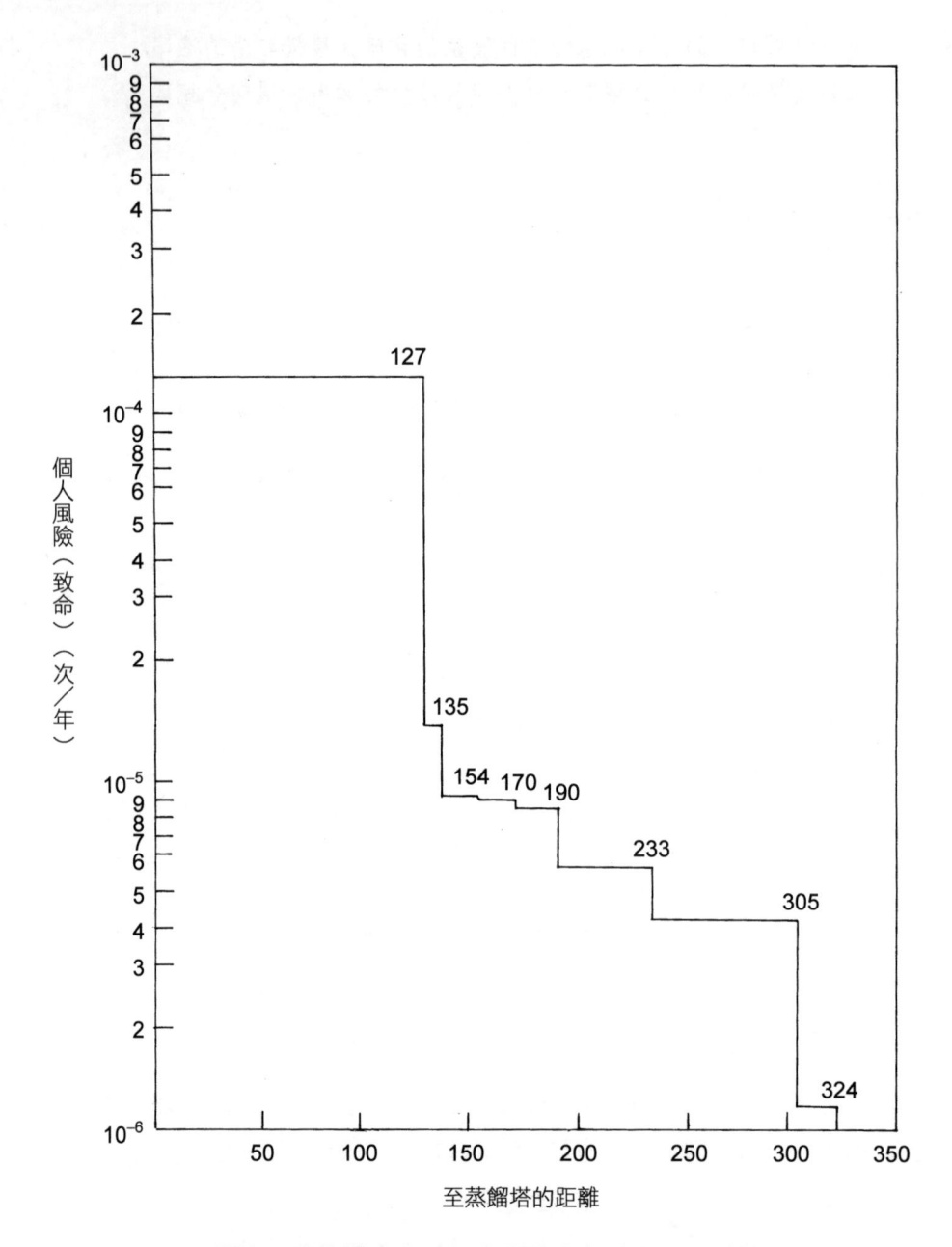

圖六　蒸餾塔東方（住宅區方向）的個人風險圖

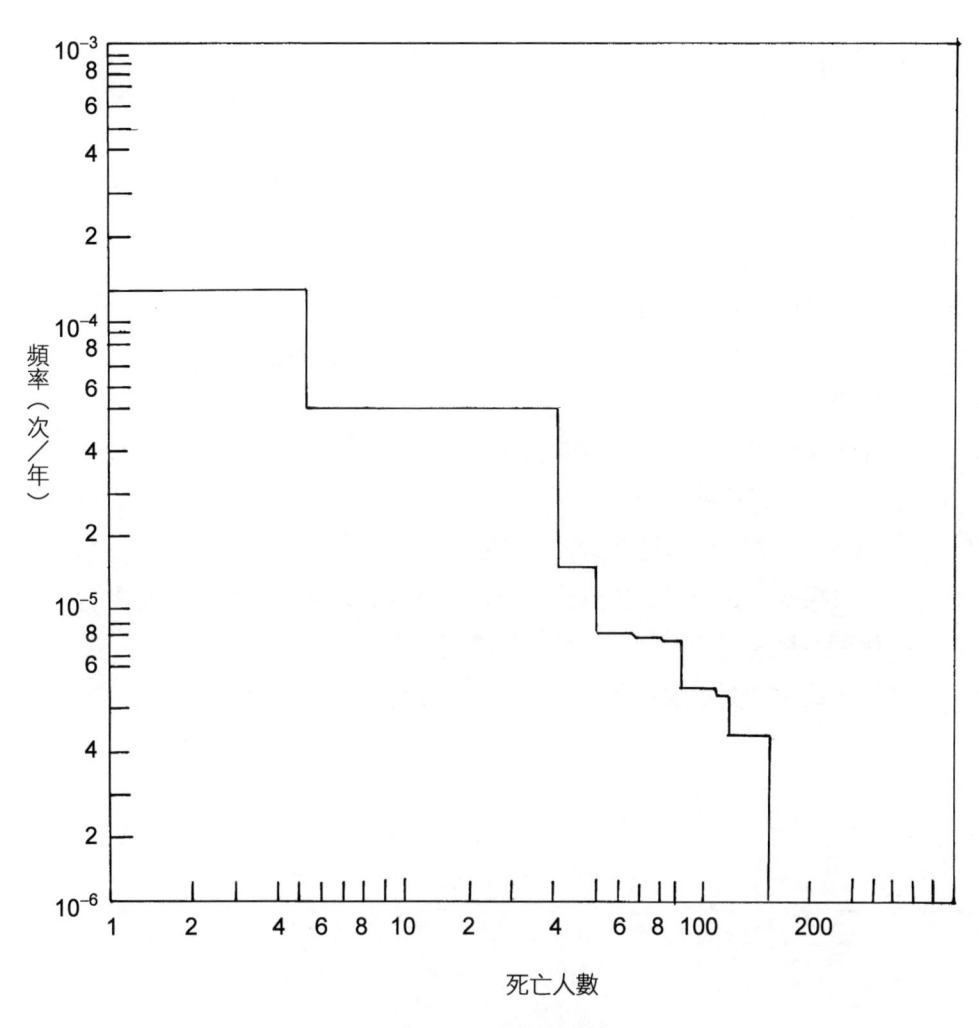

附錄一　己烷及庚烷蒸餾分離設施風險評估

447

圖七　社會風險圖

陸、結論

本範例的目的僅為顯示風險分析估算的過程,其中有下列幾個缺點:

1. 低估蒸餾塔附近的危險:未考慮噴射火焰(影響半徑39公尺)的影響,而且忽視意外發生後,所造成鄰近設備及管線的洩漏或失火的影響。
2. 僅考慮兩種著火時間(立即著火及延遲著火)。
3. 僅考慮一種風速及穩定級。
4. 高估非密閉空間氣雲爆炸(UVCE)的影響,因為此分析中使用TNT模式,而一般氣雲爆炸為突燃,而非TNT式的爆震,而且影響範圍為最大可能範圍(燃燒下限濃度)。
5. 為求簡化計算步驟,而作了一些未必完全合理的假設。

# 附錄二

液化石油氣輸儲中心風險評估
（SAFTI程式應用）

- 壹、背景
- 貳、危害辨識
- 參、影響分析
- 肆、風險分析
- 伍、結論

壹、背景

一、資料蒐集

1. 蒐集儲槽、設備、管線操作及設計等相關資料。
2. 蒐集與分析日夜氣象資料，如氣象穩定度、風向及風速。
3. 蒐集附近人口分布情形。
4. 鑑別重要的潛在火源種類和位置，包括交通道路、變壓站、變壓器、電線、燃燒塔、燃燒爐和工廠等。
5. 依儲槽基本設計和配置，確認波及社區和工業區之潛在危害。
6. 對於每一種潛在危害，鑑別主要操作參數（庫存量、壓力、流量及溫度等）、位置以及主要儀表設備等。

二、製程說明

輸儲製程及設備布置如圖一及圖二所顯示。輸送液化石油氣的輪船於港區內裝卸碼頭停靠後，與碼頭四個卸油臂銜接後，其後船上泵浦經由卸料臂16"管線，分別將槽船的丙烷及丁烷輸送至港區四個低溫冷凍槽中儲存，儲存溫度及壓力分別為攝氏零下50度及0.04～0.08公斤／平方公分。四個低溫冷凍槽中因吸收外界熱量所蒸發的氣體，則經由壓縮機壓縮後，並經由冷凝器降溫至-50℃後送回至冷凍槽；部分蒸發出的氣體則藉由回氣鼓風機，經由8吋管線送回至液化石油氣輪以平衡艙內壓力。

低溫冷凍槽內的液化石油氣亦可經由低溫輸送泵送至海水加熱器，加熱至常溫後，送至五個一千公秉的高壓球槽內暫時儲存，儲存壓力為6～13公斤／平方公分。灌裝時則藉由灌裝泵將液化石油氣輸送至灌裝島，灌裝至槽車，並藉由3吋氣管輸送氣體回高壓球槽以平衡壓力。

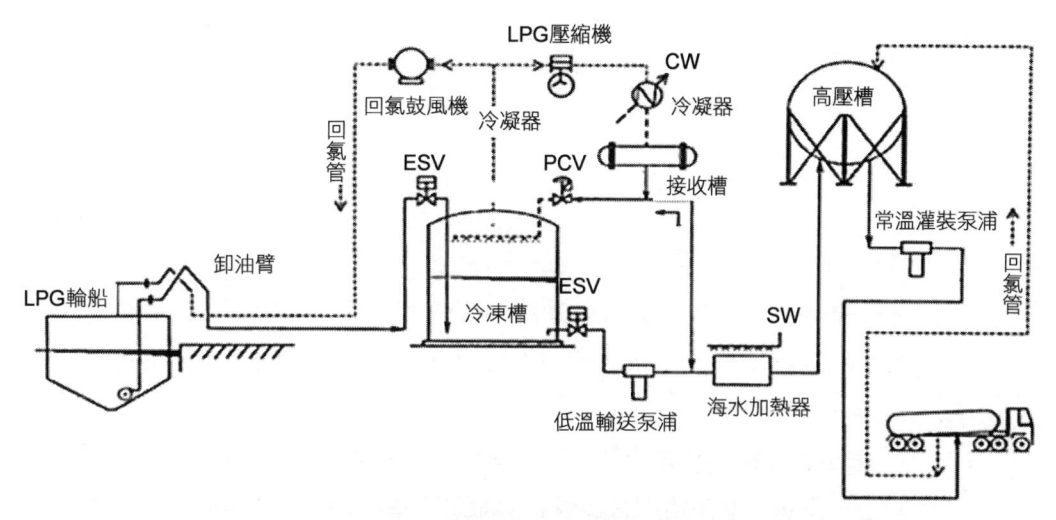

附錄二 液化石油氣輸儲中心風險評估

451

圖一 液化石油氣由輪船卸載至儲槽之裝填作業流程

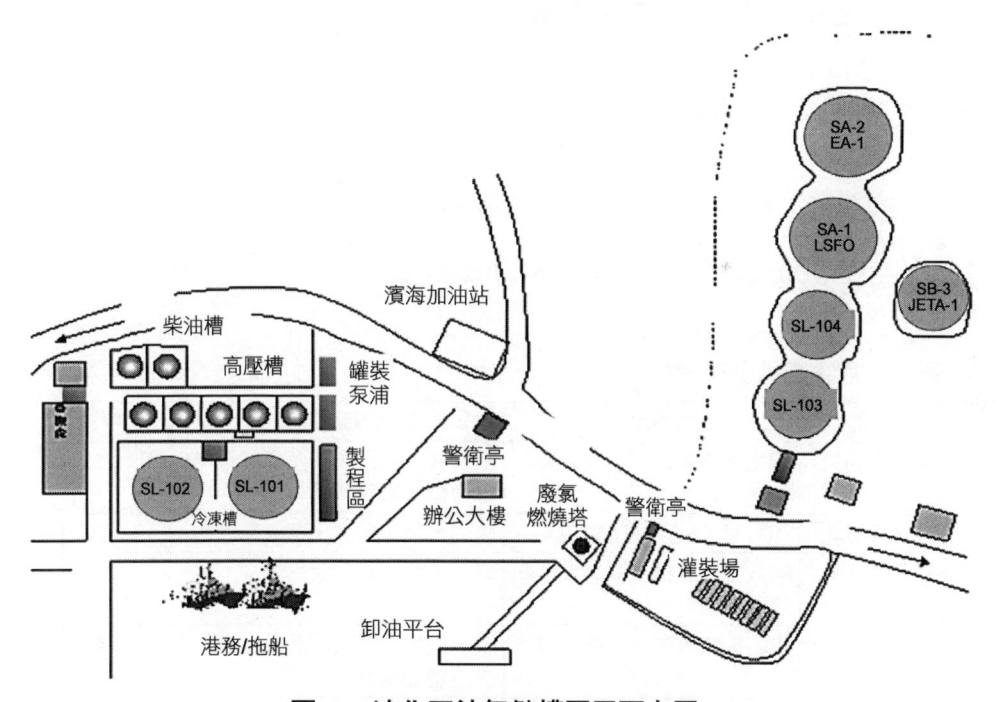

圖二 液化石油氣儲槽區平面布置

貳、危害辨識

一、危害

　　液化石油氣儲槽區最主要的風險為液化石油氣由儲槽或管線洩漏後，如接觸到點火源會引發火災及爆炸。因此，首先必須檢視所有可能造成洩漏的危害因子，並藉由硬體設備及操作程序以評估其發生的可能性。

　　可能造成設備、儲槽及管線發生洩漏的情況眾多，從5毫米直徑的針孔中的小量洩漏，到儲槽或管線破裂所產生大量洩漏不等。本研究僅針對最嚴重情況——10英寸管線完全破裂或儲槽破孔直徑為10英寸進行分析。危害辨識與其影響分析如**表一**所顯示。

二、故障案例研擬

　　經審核平面配置圖後，故障案例的位置可歸類為：

　　1.儲槽D01區內儲槽SL-101、SL-102共同圍堤。

表一　危害事件及影響模式

物質	危害事件	影響模式	等級
液化石油氣	球型槽洩漏／安全閥跳脫	噴射火災、閃火、蒸氣雲爆炸、沸騰液體膨脹蒸氣爆炸	1
液化石油氣	卸料管、軟管與管線洩漏	噴射火災、閃火、蒸氣雲爆炸	2
液化石油氣	氣低溫冷凍槽洩漏、安全閥跳脫	閃火、池火蒸氣雲爆炸	3
液化石油氣	罐裝、軟管失效與槽車洩漏	噴射火災、閃火、蒸氣雲爆炸、沸騰液體膨脹蒸氣爆炸	4
液化石油氣	管線維修更換時洩漏	噴射火災、閃火、蒸氣雲爆炸	5

附錄二　液化石油氣輸儲中心風險評估

2.儲槽D01區內槽SL-103、SL-104共同圍堤。
3.儲槽D02區內之儲槽SL-1～SL-5共同圍堤。
4.碼頭至儲槽及儲槽到灌裝工場之間的輸送管線PI（含管線更換維修HUMA）。
5.液化石油氣灌裝工場LO。

三、故障案例與故障樹分析

(一)故障事件

表二中所列出的每一個案例皆須進行故障樹分析，才可由設備或元件的故障率估算外洩的可能性。

(二)故障樹分析

為節省篇幅起見，在此僅提供案例一（**圖三**）作為參考。

(三)計算結果

故障樹分析結果顯示每小時總洩露次數為1.16×10^{-6}，全年則為0.0102g4（＝$1.16E^{-6}$次／小時×365天／年×24時／天＝0.0102次／年），約每一百年才可能發生一次大量液化石油氣洩漏事故。

表二　故障事件、設備數量及操作條件

故障事件	設備數量及長度	壓力 公斤／平方公分	溫度 攝氏度數
LPG槽安全閥跳脫	4、25000公秉	0.04	-50
LPG低溫冷凍槽洩漏	4、25000公秉	0.04	-50
LPG高壓球槽安全閥跳脫	5、1000公秉	18	25
LPG高壓球槽洩漏	5、1000公秉8	25	4
槽車儲槽破裂洩漏	1、45公秉	8	25
管線維修更換時洩漏	6英寸直徑	18	25

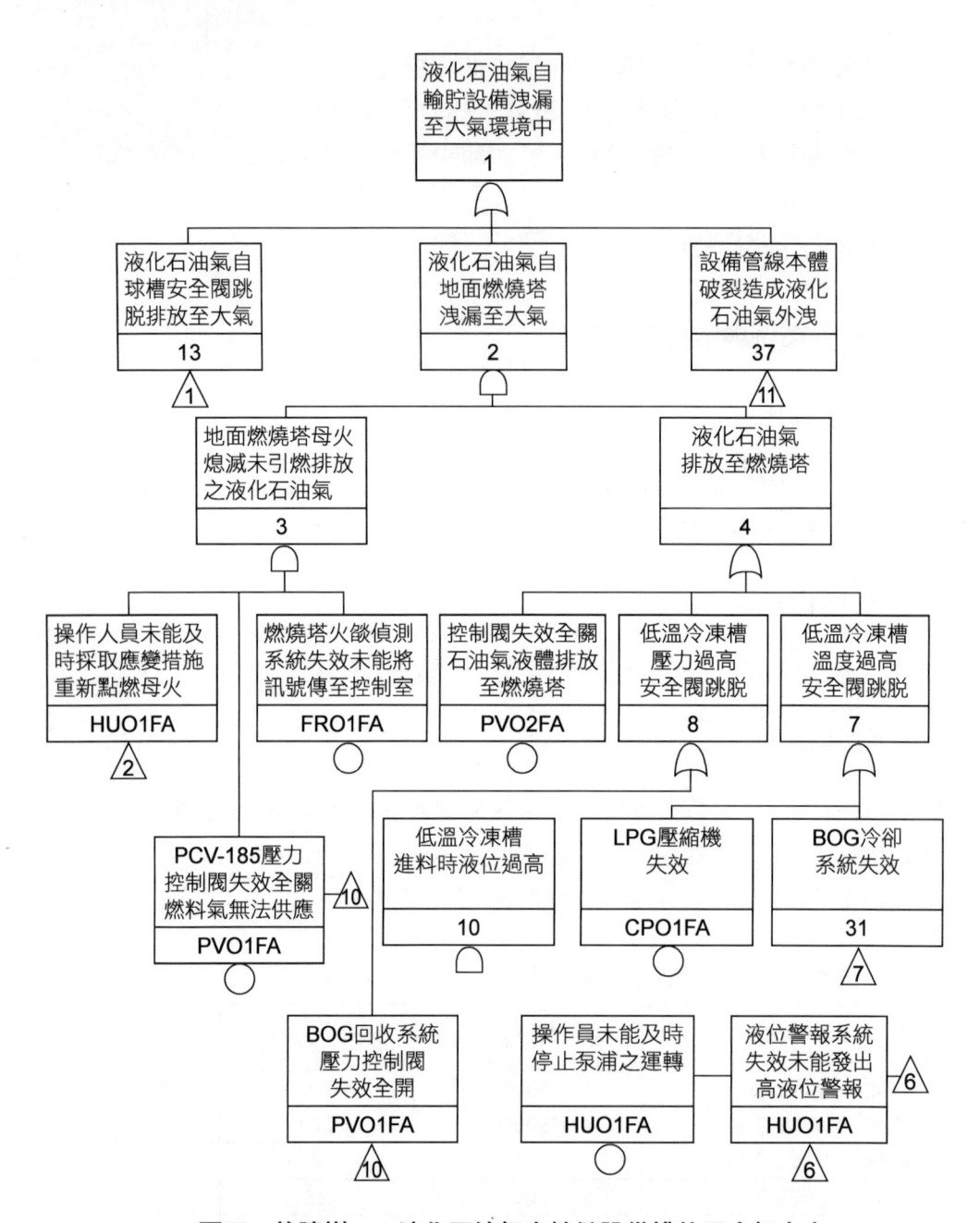

圖三　故障樹一：液化石油氣自輸儲設備排放至大氣之中

參、影響分析

一、系統界定

影響分析是針對工場的意外災害推算其可能發生後果所造成的影響，因此在進行分析之前，首先必須蒐集製程、儲存物質、物質特性、周圍狀況（如社區、學校、醫院與消防單位等之分布）與工場所在地的氣象條件（氣溫、風速、風向與濕度等）。

二、事件選擇

影響分析事件如**表一**所顯示。

三、洩漏計算

洩漏型態可分成氣態洩漏、液態洩漏，以及氣、液雙相態洩漏。當災害事件選定之後，必須根據洩漏之狀況（如設備或管線之溫度、壓力、洩漏孔徑和洩漏型態等）計算其洩漏速率。在此僅探討最嚴重的情況──儲存液化石油氣設備、管線完全斷裂後所造成的影響分析。

四、擴散計算

當計算出洩漏速率後，則可計算外洩物質可能擴散的範圍，然後依物質特性及地理環境決定其可能發生的災害形式。高壓的設備中的可燃性氣體外洩後可能會引發噴射火焰、沸騰液體膨脹蒸氣雲爆炸、閃火及非侷限蒸氣雲爆炸；低溫冷凍槽則會發生油池火災、非侷限蒸氣雲爆炸。

五、影響分析電腦模擬

　　進行影響分析時需要大量的數學計算，其複雜程度有時非人力所能勝任，故必須藉助於電腦程式的應用，始能收事半功倍之效，本計畫係以挪威驗船協會（DNV）所發展的SAFETI電腦軟體進行模擬。

　　「影響分析」是應用套裝電腦軟體來模擬預測各選定之假設事故發生時，所可能造成之影響範圍或強度。軟體所需輸入的數據包括洩漏物質的特性、方式、數量、洩漏時溫度、壓力或貯存物質的溫度、壓力等與氣象資料（氣溫、氣壓、風向、風速、穩定度等級等）。

六、分析結果

　　高壓球槽槽底破裂後，影響範圍視其外洩後的命運而異。在此僅顯示蒸氣雲延遲爆炸（**圖四**）及沸騰液體膨脹蒸氣爆炸的熱輻射影響範圍（**圖五**）。

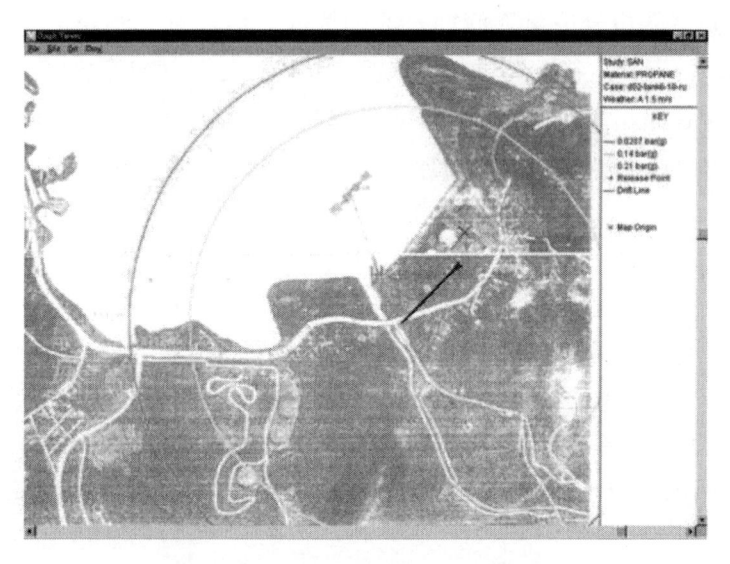

圖四　蒸氣雲延遲爆炸的影響範圍

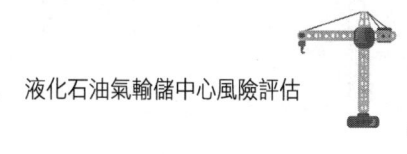

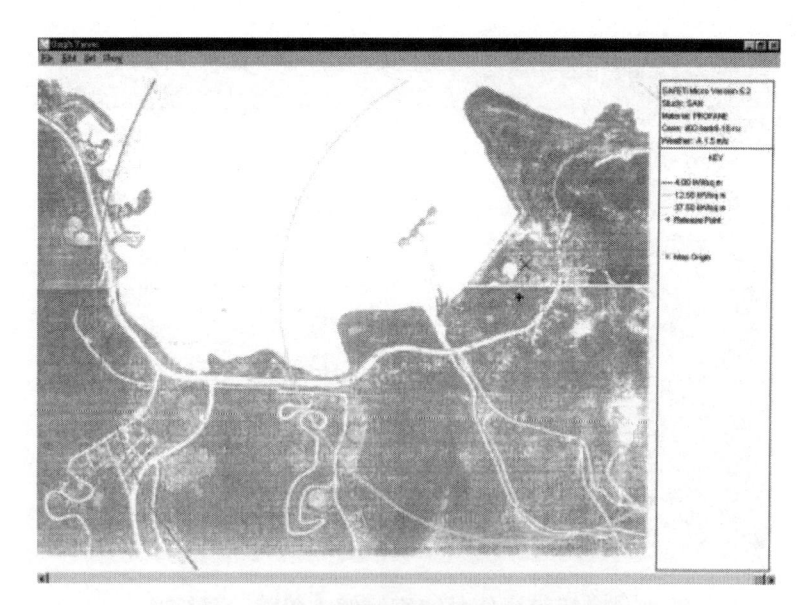

圖五　沸騰液體膨脹蒸氣爆炸的熱輻射

肆、風險分析

一、個人風險

　　個人風險通常以環繞事故洩漏地點的風險等高線圖來表示。風險等高線圖僅提供特定場所內人員的死亡機率，但未提供任何關於所受到影響的人口數目。經由前述所得的液化石油氣外洩發生頻率、洩漏速率、風玫瑰圖（wind rose plot）、風向機率、氣象資料、鄰近地圖、影響範圍、人口分布情形等資料，使用電腦模擬將計算所得結果繪製於地圖上，其風險分析結果如**圖六**及**圖七**所顯示。

　　由**圖六**中的含管線更換維修案例個人風險等高線圖的分布可知，廠

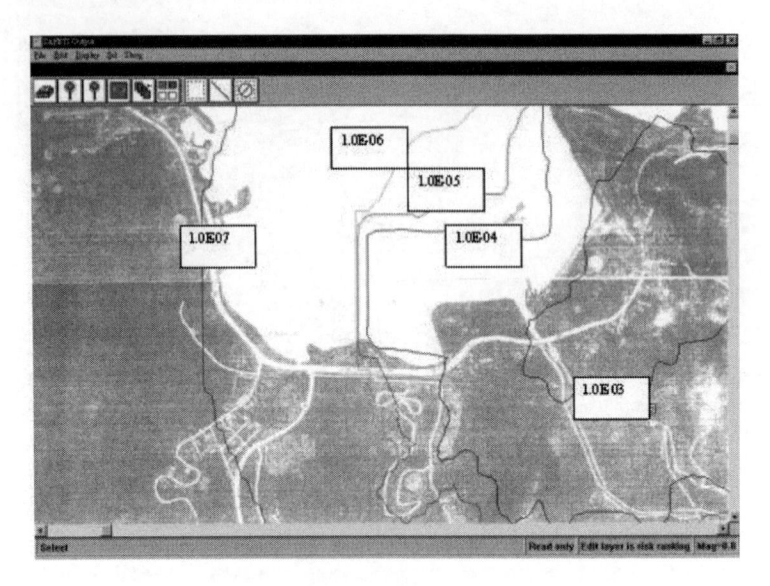

圖六　含管線維修外洩案例個人風險等高線圖

區附近的社區的個人風險皆超過用國外最寬鬆的標準（1.0×10^{-4}）。如果不考慮不含管線更換維修案例（**圖七**）時，只有一小部分場外社區的風險高於較嚴格的10^{-5}／年的荷蘭標準，但低於英國的10^{-4}／年的標準。

二、社會風險

含管線更換維修案例液化石油氣外洩事件所呈現頻率－死亡人數（F-N）曲線超出英國現有的工業社會風險標準，但如果不考慮管線更換維修案例時的風險評估，則所呈現F-N曲線位於可接受的風險曲線之內（**圖八**）。

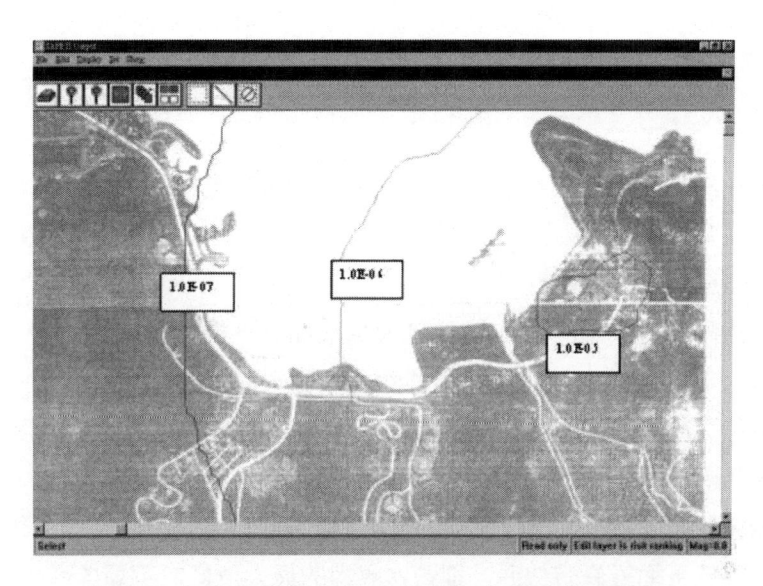

附錄二　液化石油氣輸儲中心風險評估

459

圖七　不含管線維修外洩案例個人風險等高線圖

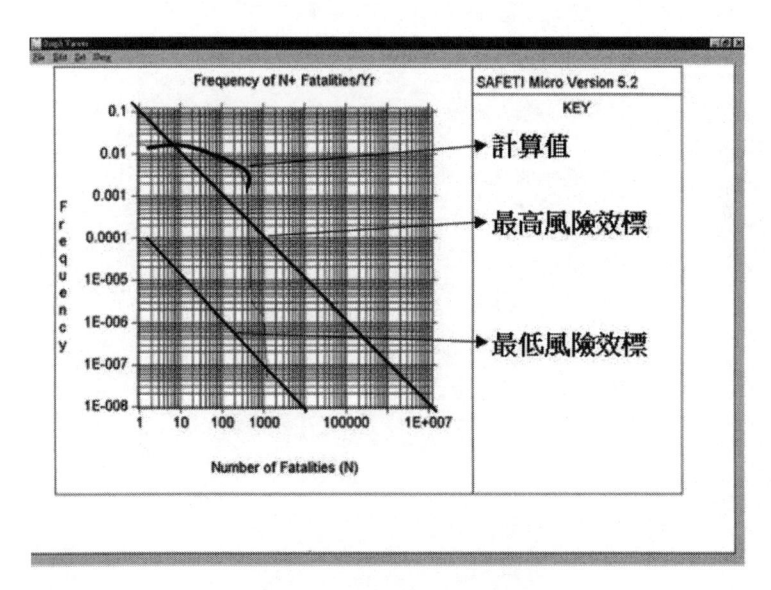

圖八　社會風險F－N圖

伍、結論

　　本範例首先辨識與模擬輸儲中心所儲存的液化石油氣設備可能發生的各類重大的意外事故，再以量化風險的評估技術，評估意外發生後所造成的風險是否可以接受。

　　經故障樹分析後，液化石油氣大量洩漏發生機率為0.0102次／年，亦即每百年才會發生一次。若能消除此液化石油氣管線更換維修時洩漏所產生的意外，洩漏發生機率大幅降低至0.0000205次／年（約五萬年一次），降幅高達98%。

　　廠區附近濱海公路東側社區的個人風險曲線超過10^{-4}／年，如果不考慮管線於更換維修時洩漏，則廠區界線的最大值低於英國標準（10^{-4}／年）。

　　誌謝：本範例取材自高鈞城先生的教材，在此向高先生致謝。

工業管理叢書

危害辨識與風險評估

作　　者／張一岑
出 版 者／揚智文化事業股份有限公司
發 行 人／葉忠賢
總 編 輯／閻富萍
特約執編／鄭美珠
地　　址／新北市深坑區北深路三段258號8樓
電　　話／(02)8662-6826
傳　　真／(02)2664-7633
網　　址／http://www.ycrc.com.tw
 E-mail ／service@ycrc.com.tw
ＩＳＢＮ／978-986-298-448-2
初版一刷 2025 年 6 月
定　　價／新台幣 600 元

＊本書如有缺頁、破損、裝訂錯誤，請寄回更換＊••

國家圖書館出版品預行編目（CIP）資料

危害辨識與風險評估 = Hazard identification and risk assessment / 張一岑著. -- 初版. -- 新北市：揚智文化事業股份有限公司, 2025.06
　面；　公分. -- (工業管理叢書)

ISBN 978-986-298-448-2（平裝）

1.CST: 工業災害　2.CST: 風險評估

555.56　　　　　　　　　　　　114005334